Recherches Asiatiques

Collection fondée par Alain Forest
et dirigée par Jérôme Martin, Bruno Péquignot et Denis Rolland

Dernières parutions

Pierre SEVAISTRE, *Chrétiens et Japonais. Histoire du catholicisme au Japon,* 2024.
Laurent CHAZÉE, *Communautés rurales du Laos : la génération de l'oubli. Peuples ruraux parler môn-khmer du nord du Laos*, 2023.
Laurent CHAZÉE, *Communautés rurales du Laos : la génération de l'oubli. Peuples ruraux parler môn-khmer du centre du Laos*, 2023.
Laurent CHAZÉE, *Communautés rurales du Laos : la génération de l'oubli. Peuples ruraux parler môn-khmer du sud du Laos*, 2023.
Lucie France DAGENAIS, *La Chine et son Grand Ouest. Une périphérie sous tension d'hier à nos jours,* 2023.
Laurent CHAZÉE, *Communautés rurales du Laos : la génération de l'oubli. Peuples ruraux de la famille linguistique tibéto-birmane du Nord du Laos*, 2023.
Laurent CHAZÉE, *Communautés rurales du Laos : la génération de l'oubli. Peuples ruraux de la famille linguistique tibéto-birmane du Nord-Ouest du Laos*, 2023.
Amritananda DAS, *Les fondements de l'économie gandhienne*, 2023.
Dominique LELIEVRE, *Les Voies de la Chine. Facettes d'une évolution contrastée,* 2023.
Laurent CHAZEE, Communautés rurales du Laos : la génération de l'oubli, *Peuples ruraux de la famille linguistique tay. Partie II*, 2023.
Laurent CHAZEE, Communautés rurales du Laos : la génération de l'oubli, *Peuples ruraux de la famille linguistique tay. Partie I*, 2023.

Les soyeux lyonnais et leur expansion en Chine

Milieu du XIXe siècle - début du XXe siècle

5-7, rue de l'École-Polytechnique ; 75005 Paris

http://www.editions-harmattan.fr/

ISBN : 978-2-336-51430-7
EAN : 9782336514307

Xiaoxuan Shi

Les soyeux lyonnais et leur expansion en Chine

Milieu du XIXe siècle - début du XXe siècle

Préface de Dominique Barjot

L'Harmattan

Publié avec le prix de l'Académie des sciences d'outre-mer.

REMERCIEMENTS

Mes remerciements vont à M. Dominique Barjot, professeur émérite d'histoire économique contemporaine à Sorbonne Université et secrétaire perpétuel de l'Académie des sciences d'outre-mer. Je lui adresse toute ma gratitude pour ses encouragements, ses conseils précieux, sa rigueur scientifique et, surtout, la patience qu'il a bien voulu me consacrer. Mes remerciements s'adressent également à M. Lyu Yimin, M. Olivier Forcade, M. Jean-François Klein, Mme Lihong Zhou, Mme Rang-Ri Park Barjot, Mme Christine Cornet, Mme Anne Mingous, M. Édouard Vasseur, M. Cyril Grange, M. Eric Anceau et M. Thierry Claeys.

Ce livre est publié avec le prix de l'Académie des sciences d'outre-mer. Je n'oublie pas Sorbonne Université et le Centre Roland Mousnier, qui m'ont accordé la bourse de « missions des doctorants à l'étranger » et de diverses subventions financières. Ainsi que la bourse AMI Doctorant par l'Île-de-France m'a permis de réaliser mes recherches dans les pays étrangers. Cet ouvrage est également soutenu par *National Social Science Fund of China (Grant Number 21&ZD248), China Postdoctoral Science Foundation (Grant Number 2024M762790), Chinese Government Award for Outstanding Self-financed Students Abroad and "Double First-Class" Funding of China.*

Je tiens enfin à exprimer ma gratitude envers mes parents, et tout particulièrement envers ma mère, qui m'a encouragée à explorer ce vaste monde. Leur ouverture d'esprit, leur soutien et leurs encouragements influencent toute ma vie. Je souhaite également remercier mon chat pour son accompagnement durant les longues nuits de recherche. Grâce à l'ensemble de ma famille, j'ai vécu une expérience de recherche exceptionnelle et inoubliable en France.

« RIEN SANS PEINE »
Devise de la famille Morel-Journel

PRÉFACE

Le livre de Shi Xiaoxuan fait honneur à la fois à l'université chinoise et à l'université française. Shi Xiaoxuan a connu un riche itinéraire : licence à l'Université du Zhejiang, à Hangzhou (Chine), en langue française et communication internationale ; master en Sciences Po, Paris, en affaires publiques, filière culture ; doctorat en histoire moderne et contemporaine à Sorbonne Université. Durant ses études, elle a acquis une expérience professionnelle certaine : assistante culturelle à l'Alliance française, assistante à l'Ambassade de France à Beijing, consultante à l'UNESCO, et a bénéficié de plusieurs bourses (Émile Boutmy de Sciences Po, Paris, AMI de l'Île-de-France et « Missions des doctorants à l'étranger » de Sorbonne Université).

De plus, bénéficiant de bonnes compétences linguistiques et informatiques, Shi Xiaoxuan est déjà l'auteure d'œuvres scientifiques reconnues à l'international (deux articles de revue à comité de lecture parus dans *History* et *Entreprises et histoire)*, deux contributions à ouvrages collectifs, cinq communications à colloques ou congrès scientifiques, secrétaire scientifique lors du 23e Congrès international des sciences historiques de Poznan, tenu en août 2022.

L'ouvrage s'intitule *Les soyeux lyonnais et leur expansion en Chine (milieu du XIXe siècle-début du XXe siècle).* Le sujet présente un intérêt objectif indéniable. Née au milieu du XVIe siècle, l'industrie lyonnaise de la soie et de la soierie se développe rapidement. Elle atteint son apogée sous le Second Empire, où elle s'impose comme leader français à l'exportation. Par ailleurs, la Chine constitue, à partir du milieu du XIXe siècle, une destination indispensable pour les soyeux lyonnais qui tirent avantage de l'établissement de concessions étrangères en Chine et de l'ouverture de la route maritime entre Marseille et Shanghai. En effet, les soyeux lyonnais organisent, à partir du milieu du XIXe siècle, un réseau mondial pour écouler leurs produits de luxe. Confrontés à une pénurie de soie du fait des ravages de la pébrine, ces mêmes soyeux lyonnais se portent vers la Chine et le Japon. Ainsi, la route de la soie devient une voie d'échanges commerciaux et technologiques (diffusion de la sériciculture et de la technique du tissage).

L'ouvrage bénéficie d'une problématique solidement appuyée sur l'historiographie la plus récente. Si l'industrie française de la soie et des soieries épouse les rythmes de l'histoire économique de la France, en comparaison des autres activités textiles, la soie et la soierie se caractérisent par un dynamisme économique supérieur. Rien d'étonnant à ce que cette branche bénéficie d'une riche historiographie, notamment grâce aux thèses de Pierre Cayez, *L'industrialisation lyonnaise au XIXe siècle*, PUL, 1978, qui met bien en évidence la dimension exportatrice, et de Mau Chuan-Hui, *L'industrie de la soie en France et en Chine de la fin du XVIIIe siècle au début du XXe siècle*, surtout intéressante pour les transferts de technologie entre les deux pays. Elle se trouve confirmée par les archives de la maison Morel-Journel : au début du XXe siècle, à Shanghai, les filatures chinoises sont compétitives avec celles de Lyon.

Il constitue une contribution inédite à la *Business History*. Certes, sur la soierie lyonnaise, il existe déjà quelques travaux incontournables, au premier rang desquels ceux de Jean-François Klein (*Soyeux en mer de Chine. Stratégies des réseaux lyonnais en Extrême-Orient (1843-1906)*, Université Louis Lumière-Lyon-II, 2002, *Les maîtres du comptoir : Desgrand père et fils (1720-1878)*, PUPS, 2013), Pierre Vernus (*Art, luxe et industrie : Bianchini Férier, un siècle de soieries lyonnaises 1888-1992*, PUG, 2006) et Jacques Canton-Débat (*Un homme d'affaires lyonnais : Arlès-Dufour (1797-1872)*, Université Louis Lumière-Lyon-II, 2000).

L'ouvrage de Shi Xiaoxuan témoigne d'un intérêt marqué pour l'analyse des réseaux et, même, la *Network Analysis* telle que pratiquée par Alain Degenne, Michel Forsé et Claire Lemercier. Appliqué aux réseaux lyonnais, ce type d'approche conduit à remettre en cause la vision d'un entrepreneur français malthusien. La Chambre de commerce de Lyon joue ainsi un rôle clé dans l'expansion du commerce extérieur français. Paraît ainsi l'opposition de deux stratégies misées sur ses propres forces pour s'implanter à l'étranger, notamment en Chine (les Desgrand) ; s'allier avec la puissante maison de commerce britannique Jardine, Matheson & Co (Arlès-Dufour, puis Chabrières, Morel & Cie). Shi Xiaoxuan a pu ainsi centrer son sujet sur les questions commerciales et entrepreneuriales autour de trois interrogations majeures : quel rôle la soie joue-t-elle dans les échanges commerciaux mondiaux ? pourquoi Lyon est-elle devenue la capitale de la soie mondiale sous le Second Empire ? comment les soyeux lyonnais ont-ils réalisé leur expansion commerciale en Chine ?

L'ouvrage s'appuie sur la richesse et la diversité des sources, tant en France qu'en Chine. Il s'agit d'abord des archives publiques françaises. Elles sont pour une part nationales (AN de Paris et ANSOM d'Aix-en-Provence, Archives du MAE de La Courneuve et de Nantes). Les Archives du Rhône et de la Métropole de Lyon se sont avérées particulièrement utiles. Depuis 2016, elles accueillent notamment les archives de l'ancienne Chambre de commerce et de l'industrie de Lyon. S'y ajoutent des archives privées, celle du fonds 242J Morel-Journel. Elles révèlent la place particulière des marchands de soie, à la fois banquiers et importateurs, à côté des fabricants de soie, à travers des correspondances, des pièces administratives et comptables ainsi que des statistiques nombreuses et inédites.

Quant aux archives chinoises, elles concernent largement l'industrie de la soie, les commerçants de soie chinois et les échanges économiques et financiers franco-chinois. Il s'agit, en premier lieu, des Archives nationales de la Chine (ANC Beijing). Elles ont été complétées notamment par les fonds de trois autres centres : les Archives nationales de Chine (ANC Nanjing), qui entretiennent une base de données concernant les archives de la douane impériale ; les Archives municipales de Shanghai (AMS Shanghai), qui contiennent des registres et des publications concernant le commerce des soies de la ville ; les Archives de la province du Zhejiang (AZ Hangzhou), l'une des plus importantes régions productrices de la soie.

Ces archives ont été complétées par les publications officielles (Annuaires du commerce extérieur, ou des statistiques d'Indochine, etc.) et les revues (*The Economist*, *Revue Shenbao*, *Revue indochinoise juridique et économique*, etc.).

Enfin, le présent livre débouche sur des conclusions robustes :

1/ Les soyeux lyonnais ont joué un rôle prépondérant sur le marché de la soie et des soieries, grâce à la conquête du marché chinois. À partir de 1868, les soyeux achètent directement leurs soies grèges en Chine, d'où Lyon supplante Londres en tant que principal marché mondial de redistribution, s'imposant aussi à Zurich, Amsterdam et Milan, pourtant bien placée. Le commerce français de la soie connaît une croissance soutenue, surtout des années 1840 au début des années 1880, avant une reprise au milieu des années 1900. Durant toute la période, le commerce de la soie demeure fortement excédentaire, en dépit des aléas de la politique douanière. Porté par l'essor de la soierie lyonnaise, Lyon bénéficie des innovations et des techniques uniques introduites par les ouvriers-tisseurs. En fait, le succès de la soierie lyonnaise résulte d'une convergence de facteurs favorables : commandes de la Cour impériale, invention du Métier Jacquard, essor de l'éducation scientifique et technique, essor spectaculaire de la chimie lyonnaise adaptation à l'évolution des modes anglo-saxonnes. En même temps, l'importation des soies chinoises se trouve favorisée par les effets positifs du Traité de Whampoo (1843), la création de La compagnie des messageries maritimes (1862) et le percement du canal de Suez.

2/ La fabrique demeure le moteur de la soierie lyonnaise. Initié par Louis XI et François Ier, ce système connait une croissance rapide aux XVIIe et XVIIIe siècles. Fondé sur le principe du capitalisme commercial, ce système est dominé par les chefs d'ateliers et les marchands-fabricants, mais il connaît une mutation autour de 1860, avec le passage à l'industrie moderne et la concentration. Les soyeux lyonnais jouent un rôle clé.

Bénéficiant d'un enrichissement spectaculaire, certains deviennent des banques. Leur succès résulte cependant de la mobilisation de tous les acteurs de la filière, mais aussi de l'importance accordée au design et de l'industrialisation de la soierie.

3/ Les Lyonnais ont réussi à conquérir le marché chinois. Dans cet essor, les *Yanghang* (marchands étrangers ou *Hongs*) jouent un rôle essentiel, à l'instar de Jardine Matheson & Co. En effet, ils détiennent le monopole des exportations chinoises de soie. Mais ces firmes étrangères dépendent énormément des compradors chinois, qui achètent les soies grèges à l'intérieur du pays. Appelés aussi *Maiban*, ce sont d'abord des traducteurs ou des assistants, sous le système du *Co-hong*, une guilde disposant d'un monopole sous les Qing. Puis ils créent leurs propres affaires, passant d'une relation salariée à une autre, de nature contractuelle avec les *Yanghong*. Soumis à une concurrence croissante des compradors de la province du Zhejiang, ceux de Canton s'établissent de plus en plus à Shanghai. Ils y investissent même dans l'industrie.

4/ La maison Chabrières Morel et Cie joue un rôle déterminant dans cette conquête du marché chinois. Les Lyonnais tirent avantage en effet de l'ouverture de la ligne directe Shanghai-Marseille en 1867, de la multiplication des initiatives diplomatiques. Au nombre des acteurs majeurs de cette percée se trouve la maison Morel-Journel & Cie. Héritière de la maison Arlès-Dufour, elle est relancée en 1885 par Emmanuel Morel, Victor Bizot et Auguste Chabrières. En 1929, une scission donne naissance d'une part à la société Morel-Journel, toujours lyonnaise et spécialisée dans la soie, de l'autre à Chabrières & Cie, active dans le commerce général. La percée en Chine remonte en fait aux années 1850, lorsqu'Arlès-Dufour enlève Rondot à P. Desgrand et se rapproche de Jardine Matheson & Co, une stratégie payante, notamment vis-à-vis des négociants chinois.

Les archives Chabrières Morel & Cie présentent un intérêt historiographique majeur. Elles livrent en effet des informations originales et neuves sur l'activité des milieux d'affaires lyonnais. Elles montrent l'importance des problèmes de change, le rôle des banques étrangères, celui des banques chinoises, qui, sous-capitalisées, se concentrent sur les opérations à court terme, et celui des courtiers de change devenus souvent très riches. Ces archives éclairent notamment sur l'action des banques françaises : d'abord le Comptoir d'Escompte de Paris, puis le Crédit Lyonnais, qui s'intéresse à la construction des filatures et à la modernisation des méthodes de la production de la soie. Un autre apport majeur de ces archives concerne les filatures étrangères en Chine ou la rencontre des technologies et des capitaux européens avec les ressources naturelles et humaines chinoises. Elles montrent clairement comment la puissante maison

Jardine Matheson & Co n'a d'autres issues que de se rapprocher des soyeux lyonnais. On l'aura compris, le livre de Shi Xiaoxuan constitue un apport majeur à l'histoire industrielle de la France et à celle des échanges commerciaux, financiers et technologiques entre la Chine et la France.

Dominique BARJOT
Professeur émérite d'histoire économique contemporaine
à Sorbonne Université
Secrétaire perpétuel de l'Académie des sciences d'outre-mer
Président du Comité français des sciences historiques

INTRODUCTION GÉNÉRALE

Née au milieu du XVIe siècle, l'industrie lyonnaise de la soie s'est rapidement développée et a atteint son apogée au XIXe siècle. De fait, durant le Second Empire, la soierie lyonnaise était devenue l'une des industries exportatrices les plus importantes de France[1]. En même temps, la Chine, où la technique de la fabrication de la soie avait été découverte sous la dynastie des Shang[2], constituait une destination indispensable pour les soyeux lyonnais[3]. À partir du milieu du XIXe siècle, les échanges entre Lyon et les ports chinois s'intensifièrent en profitant de l'établissement de concessions étrangères en Chine et de l'ouverture de la route maritime entre Marseille et Shanghai[4].

Le choix de traiter un tel sujet découle d'une certaine vision personnelle. La ville où j'ai réalisé mes études de licence, Hangzhou, se trouve toujours, aujourd'hui, au cœur de l'industrie de la soie en Chine. Le musée national de la soie de cette ville m'a permis de découvrir les différentes soies conservées, datant de différentes périodes de l'histoire de la Chine. Émerveillée et enchantée de découvrir cette noble matière, je suis constamment à la recherche de moyens pour enrichir mes connaissances sur la soie et l'industrie qui en dépend. Mes études en France m'ont amenée dans un pays où l'industrie de la soierie de luxe était l'une des branches économiques majeures et l'un des principaux secteurs d'exportation du XVIIIe siècle à la veille du premier conflit mondial.

Lyon, réputée pour être la capitale internationale de la soierie, a vu une partie de ses habitants les plus actifs, les soyeux (à savoir les patrons de la Fabrique lyonnaise, marchands de soie et marchands-fabricants qui achètent le fil de soie et le font tisser à façon avant de revendre les riches étoffes, les

---

[1] Pierre Cayez et Serge Chassagne, *Lyon et le Lyonnais*, Paris, coll. *« Les patrons du Second Empire »* (n° 9), Éditions Picard-Cénomane, 2006. *Sur la soie au XIXe siècle*. Voir aussi : Pierre Cayez, *Métiers Jacquard et hauts fourneaux. Aux origines de l'industrie lyonnaise*, Lyon, PUL, 1978 ; Michel Laferrère, *Lyon, ville industrielle. Essai d'une géographie des techniques et des entreprises*, Paris, PUF, 1960.

[2] Giovanni Federico, *An Economic History of the Silk Industry, 1830-1930*, New York, 2009.

[3] Jean-François Klein, *Soyeux en mer de Chine. Stratégies des réseaux lyonnais en Extrême-Orient*, thèse d'histoire contemporaine, tapuscrit, sous la direction de Claude Prudhomme, Université Lyon-II ; Edmond Pariset, *Histoire de la soie*, Auguste Durand Librairie, Paris, 1862.

[4] Guy Durand et Jean-François Klein, « Une impossible liaison ? Marseille et le commerce à la Chine (1815-1860) », *Revue d'histoire moderne et contemporaine*, 2010/1, n° 57-1, p. 139-167. Voir aussi la thèse de Marie-Françoise Berneron-Couvenhes, *La Compagnie des Messageries maritimes de 1851 à 1914 : entreprise de transport et service public*, thèse de doctorat d'histoire sous la direction de Dominique Barjot, l'Université de Paris-Sorbonne (Paris IV), 2002, 1 224 p.

soieries), tisser un réseau à l'échelle mondiale tant pour s'approvisionner en matières premières que pour en écouler les produits finis[1]. Les soyeux lyonnais, confrontés à une pénurie de soie du fait des ravages de la pébrine, ont porté leur regard vers l'Extrême-Orient, la Chine et le Japon, et ainsi ouvert une route française de la soie grâce à leurs efforts persistants. La route de la soie entre la Chine et la France représente une voie d'échanges non seulement commerciaux, mais aussi culturels et technologiques. Cette marchandise noble, d'une grande finesse, a attiré des marchands du monde entier, y compris des Français en Chine et a contribué à la diffusion bilatérale de la sériciculture ainsi que de la technologie du tissage. C'est mon intérêt personnel pour la soierie lyonnaise et les soyeux lyonnais, qui est à l'origine de cette recherche intellectuelle menée dans le cadre de cette démarche de thèse qui constitue une parfaite occasion pour me pencher sur ce sujet passionnant.

L'ouvrage présente deux formes d'analyse. L'une macroéconomique, examinant l'industrie et le commerce de la soie dans le contexte de la conjoncture et des politiques françaises pendant la période étudiée, ayant pour objectif d'établir un état des lieux de ce négoce. L'autre analyse, utilisant la méthodologie d'analyse de réseau, vise pour sa part à enrichir les connaissances sur les activités des marchands de soie en Chine, en adoptant notamment une approche prosopographique.

I. UNE HISTORIOGRAPHIE RICHE ET DIVERSE

Selon Dominique Barjot, la croissance économique a atteint son apogée en France entre 1840-1860, puisque s'est amorcée ensuite une décélération progressive jusqu'en 1906. Entre 1906 et 1913, une croissance est à nouveau constatée[2]. Le poids des industries textiles dans le développement économique français a été considérable : prédominance du coton (Claude Fohlen[3], Serge Chassagne[4]), notamment dans le Nord, en Normandie (Jean-Pierre Chaline[5], Dominique Barjot[6]) et en Alsace (Michel Hau[7]), importance

[1] Sur cet aspect, voir avant tout, l'incontournable thèse de Jean-François Klein, *Soyeux en mer de Chine. Stratégies des réseaux lyonnais en Extrême-Orient (1843-1906)*, *op. cit.*

[2] Dominique Barjot, *Histoire économique de la France au XIX*^e^ *siècle*, Paris, Nathan, 1995, p. 26.

[3] Claude Fohlen, *L'industrie textile au temps du Second Empire*, Paris, Plon, 1956, 534 p.

[4] Serge Chassagne, « L'innovation technique dans l'industrie textile pendant la Révolution », *Histoire, économie & société*. 1993, vol. 12, n° 1, p. 51-61.

[5] Jean-Pierre Chaline, « Les Bourgeois de Rouen », *Une élite urbaine au XIX*^e^ *siècle*, Presses de la Fondation nationale des sciences politiques, 1982.

[6] Dominique Barjot (dir.), *Les Patrons du Second Empire*, Paris, Picard/Cénomane, 1991.

[7] Michel Hau, *L'industrialisation de l'Alsace (1803-1939)*, Strasbourg, A. P. U. S., 1987.

de la laine (Jean-Pierre Daviet[1], Gérard Gayot[2], Jean-Claude Daumas[3]), du lin[4], voire du jute[5], dynamisme supérieur de la soierie[6].

L'une des grandes thèses portant sur l'histoire des entreprises françaises, *L'industrialisation lyonnaise au XIXe siècle : du grand commerce à la grande industrie*[7] de Pierre Cayez, de 1977. Il y montre que l'industrie de la soierie à Lyon a suivi un rythme de développement similaire à celui de l'économie globale de la ville, à savoir une forte croissance sous la Restauration, suivie d'une baisse continue jusqu'à la fin de la monarchie de Juillet. Cependant, grâce à la synergie entre la production et le développement commercial, la Fabrique lyonnaise a maintenu son dynamisme économique durant la première moitié du XIXe siècle. La tradition artistique des dessinateurs d'étoffes et les prouesses des marchands de soie lyonnais ont grandement contribué à ce succès[8].

À partir du milieu du XIXe siècle, l'industrie de la soie lyonnaise a dû faire face à de nouvelles conditions économiques, commerciales et techniques, entre autres, à la concurrence internationale et la mutation des débouchés[9]. La concurrence n'était pas nouvelle pour la soierie lyonnaise. Dès les années 1830, certains pays comme l'Angleterre et la Prusse rhénane, l'Italie piémontaise et la Suisse se sont attelés à la production des soieries de moins bonne qualité. L'industrie soyeuse anglaise a subi une concurrence écrasante à l'issue du traité de libre-échange franco-anglais en 1860, et s'est effondrée[10]. La concurrence d'autres pays, notamment de l'Italie, des États-Unis, de l'Autriche et de la Russie, a été plus sensible du fait de leur

---

[1] Jean-Pierre Daviet, « Le complexe industriel de Roubaix-Tourcoing et le marché de la laine (1840-1950) », *Revue du Nord*, 1987, 69, 275, p. 777-813.

[2] Gérard Gayot, *Les draps de Sedan, 1646-1870*, Paris, Éditions de l'EHESS/Terres ardennaises, 1998.

[3] Jean-Claude Daumas, *Les territoires de la laine, Histoire de l'industrie lainière en France au XIXe siècle*, Lille, Presses universitaires du Septentrion, 2004, 424 p.

[4] Jean-Marie Wiscart, « Une grande dynastie de l'industrie linière entre France et Belgique : les Mahieu d'Armentières », *Revue du Nord*, vol. 387, n° 4, 2010, p. 913-935.

[5] François Lefebvre, *Saint Frères, un siècle de textile en Picardie :* 1828-1936, Front Cover, Encrage, 2002.

[6] Jean-François Klein, *Les maîtres du comptoir : Desgrand père & fils. Réseaux du négoce et révolutions commerciales (1720-1878), Paris*, PUPS, coll. « Roland Mousnier », 2013. Voir aussi René Favier, Gérard Gayot, Jean-François Klein, Didier Terrier et Denis Woronoff (dir.), *Tisser l'Histoire. Entrepreneurs et usines textiles, XVIIIe-XIXe siècles. Mélanges offerts à Serge Chassagne*, Valenciennes, Presses universitaires de Valenciennes, 2008.

[7] Pierre Cayez, *L'Industrialisation lyonnaise au XIXe siècle : du grand commerce à la grande industrie*, thèse présentée devant l'Université de Lyon-II, le 29 janvier 1977, Service de reproduction des thèses, Université Lyon-III, 1979, 1 254 p.

[8] *Ibidem*, p. 142-146.

[9] Dominique Barjot (dir.), *Les Patrons du Second Empire*, Paris, Picard/Cénomane, 1991.

[10] François Crouzet, *L'économie de la Grande-Bretagne victorienne*, Paris, SEDES, 1978, p. 197-198. Lire aussi Jean-François Klein, « Natalis Rondot, un libéral au service des intérêts lyonnais », dans Éric Anceau et Dominique Barjot (dir.), *L'Empire libéral. Essai d'histoire globale*, Paris, Édition SPM, 2021, 376 p., p. 227-247.

industrialisation. Cependant, cette concurrence visait plutôt les tissus unis et mélangés, qui s'adaptent mieux à la production mécanique utilisant des soies d'Asie importées par les Britanniques depuis le XVIIIe siècle qui en dominent le marché. La soierie lyonnaise prévalait, quant à elle, toujours pour les tissus façonnés jugés plus fins. La mutation des débouchés s'est manifestée tout à la fois qualitativement, avec l'émergence de nouveaux goûts esthétiques, et quantitativement, avec l'apparition de nouvelles clientèles. La demande du marché extérieur a conduit à une augmentation de la part des étoffes unies et mélangées, tandis que celle des façonnés a diminué. Les débouchés européens ne représentaient alors qu'une part modeste de la production lyonnaise, alors que les marchés anglo-saxons étaient devenus prépondérants puisqu'ils absorbaient jusqu'à 80 % des produits des soieries lyonnaises exportés[1].

Au début de la seconde moitié du XIXe siècle, la soierie lyonnaise dépendait de plus en plus des marchés extérieurs. La production et l'exportation de produits soyeux ont considérablement augmenté, ce qui a entraîné une baisse progressive des prix. x situations témoignent de la transformation de cette industrie traditionnelle lyonnaise qui, d'artisanale en est venue à davantage s'industrialiser, et, d'industrie de luxe a évolué vers une industrie de consommation courante.

Dans sa thèse, Mau Chuan-Hui[2] a exposé les échanges techniques ayant eu cours entre la France et la Chine au XIXe siècle. Les archives de la maison Morel-Journel mettent en évidence un vecteur inversé de la diffusion technique de l'industrie de la soie[3]. Les rapports rédigés par les jeunes dirigeants de la société (Georges Morel-Journel et Maurice Chabrières) lors de leur voyage en Chine montrent que les filatures chinoises utilisaient des machines européennes et fonctionnaient selon des méthodes managériales modernes, similaires à celles des filatures d'Europe au début du XXe siècle à Shanghai. La productivité de ces dernières était aussi élevée que celle de leurs équivalentes en Europe[4].

[1] Pierre Cayez, *L'Industrialisation lyonnaise au XIXe siècle : du grand commerce à la grande industrie*, thèse présentée devant l'Université de Lyon-II, le 29 janvier 1977, Service de reproduction des thèses, Université de Lyon-III, 1979, 1254 p., ici t. II, p. 553.

[2] Mau Chuan-hui, *L'industrie de la soie en France et en Chine, de la fin du XVIIIe au début du XXe siècle : échanges technologiques, stylistiques et commerciaux*, thèse de doctorat en histoire des techniques sous la direction de Louis Bergeron, l'École des hautes études en sciences sociales, 2002.

[3] Xiaoxuan Shi, "Technological and managerial transfers between France and China: Inverse vector between the middle of nineteenth century and 1914", *Entreprises et histoire*, n° 112, 2023.3, p. 34-46.

[4] Rapport de Maurice Chabrières sur *Steam Filatures in Shanghai*, à Shanghai, 1907, Cote 242J225.

Les travaux fondateurs de l'histoire des entreprises nous éclairent aussi[1]. Dans sa thèse portant sur *Le Crédit lyonnais*[2], Jean Bouvier a exposé les grandes lignes du développement de cet établissement financier et mis en lumière le rôle d'Henri Germain, lui-même très proche des milieux soyeux. La thèse de Pierre Vernus portant sur la maison lyonnaise de soieries Bianchini Férier expose comment une société que l'on pourrait qualifier de *start-up* a pu devenir un groupe régional majeur, à vocation internationale. Elle l'a fait en l'espace d'un quart de siècle, entre 1888 et 1914, grâce à ses capacités d'innovation technique, d'adaptation commerciale, de création d'un produit de luxe extrêmement innovant, et en réussissant une intégration verticale totale qui marquait là une nouvelle caractéristique de la fabrique[3].

S'intéressant aux soyeux lyonnais[4], Jean-François Klein a mis en lumière les initiatives commerciales françaises en Extrême-Orient à travers un vaste jeu d'échelles, aux carrières et réseaux de personnages importants de l'économie lyonnaise, régionale, nationale et internationale, du XIXe siècle, tels qu'Ulysse Pila, Arlès-Dufour et Paul Desgrand ainsi que des principaux acteurs de la Fabrique lyonnaise de la monarchie de Juillet à la veille de la Première Guerre mondiale. À ce propos, Jacques Canton-Débat[5] apporte une contribution décisive à l'histoire d'Arlès-Dufour, homme d'affaires dont il décrit l'ascension et les interactions avec les principaux saint-simoniens de son temps.

La méthodologie d'analyse de réseau (*Network Analysis*) apparaît comme un outil très utile dans notre recherche. Comme l'a bien montré Jean-François Klein à propos des soyeux, « ces hommes, acteurs de leur temps, savaient pourtant tisser des réseaux complexes, familiaux et professionnels, à l'échelle régionale mais aussi nationale ou internationale »[6]. La saga de la maison Desgrand en particulier a pris fin avec sa chute à la troisième génération, ce qui soulève la question du capitalisme familial et de son rôle dans les défaillances de l'industrialisation française. S'agissait-il vraiment d'entrepreneurs timorés ?

Dans son article publié dans le *Journal of Economic History*, David Landes a montré que pendant la période étudiée du XIXe siècle, les

---

[1] Pierre Léon, « L'impulsion technique », *Histoire économique et sociale de la France*, chapitre premier, volume 2, p. 475-498.

[2] Jean Bouvier, *Le Crédit lyonnais de 1863 à 1882. Les années de formation d'une banque de dépôt*, Paris, 1961, 2 volumes, 937 p.

[3] Pierre Vernus, *Art, luxe et industrie. Bianchini-Férier, un siècle de soieries lyonnaises 1888-1992*, Presses universitaires de Grenoble, 2006, 431 p.

[4] Jean-François Klein, *Soyeux en mer de Chine...*, thèse, *op. cit.* : *Un Lyonnais en Extrême-Orient : Ulysse Pila, vice-roi de l'Indochine, 1837-1909*, Lyon, LUGD, 1994, 160 p.

[5] Jacques Canton-Débat, *Un homme d'affaires lyonnais : Arlès-Dufour (1797-1872)*, thèse d'histoire contemporaine, tapuscrit, sous la direction de Serge Chassagne, Université Lyon-II, 2000, 462 p.

[6] Jean-François Klein, *Les maîtres du comptoir : Desgrand père & fils. Réseaux du négoce et révolutions commerciales (1720-1878)*, Paris, PUPS, 2013, 368 p.

entreprises françaises étaient plus préoccupées par leur indépendance que par leur développement et leur croissance[1], tendance qui s'explique en partie par l'hostilité que nourrissait la structure sociale et culturelle française envers l'industrie. Dans un autre article publié en 1951, il a également souligné que la priorité du capitalisme familial français était la recherche de la sécurité[2]. John E. Sawyer corrobore cette analyse et ajoute que la violence des conflits idéologiques et sociaux a fait reculer les entrepreneurs français, qui cherchaient plutôt à maintenir la position sociale de leur famille qu'à prendre des risques et à innover, ce qui a ralenti l'industrialisation de la société française[3].

L'histoire de l'ancienne maison Arlès-Dufour & Cie, devenue Chabrières Morel & Cie, a démontré que la prudence adoptée par François Arlès-Dufour, fondateur de cette dernière, avait contribué au développement stable de cette entreprise, ainsi qu'à l'élévation de la position sociale de la famille. Or, quand cette dernière est passée à la deuxième génération, la croissance est devenue l'option privilégiée. Sous la direction de Gustave Arlès-Dufour, la stratégie radicale adoptée, ayant consisté à miser au maximum sur la croissance en installant des agences un peu partout, a épuisé financièrement la maison qui n'était pas en mesure de s'autofinancer, tout comme l'avait fait Paul Desgrand, lui, à la troisième génération. C'est d'ailleurs l'une des causes de la disparition de la firme ardéchoise devenue lyonnaise. La reprise de la maison Arlès-Dufour & Cie par la nouvelle maison Chabrières Morel & Cie, dirigée par Ennemond Morel, a relancé une stratégie de développement marquée par la prudence et supprimé les agences et les coûts excessifs[4]. Là encore, comme l'ont fait les repreneurs de la maison Desgrand, mais ces derniers n'ont jamais réussi à la hisser au niveau de la maison Chabrières Morel & Cie qui devient peu à peu la plus importante maison d'importation de soie de la place lyonnaise.

Jean-Pierre Hirsch argumente dans son livre de 1992 que dans le milieu économique, il existait deux rêves fort contradictoires associés au commerce, à savoir la liberté d'entreprise et la réglementation, à savoir la protection de l'État[5]. Les Chambres de commerce, comme celle de Lyon, au sein desquelles les hommes d'affaires partagent des renseignements, se rendent mutuellement service et formulent leurs requêtes auprès des autorités, ont

---

[1] David Landes, "French Entrepreneurship and Industrial Growth in the Nineteenth Century", *Journal of Economic History*, 9 mai 1949, p. 45-61.

[2] David Landes, "French Business and the Businessman: a social and cultural analysis", *In* Edward Meal Farle (dir.), *Modern France*, Princeton University Press, 1951, p. 334-353.

[3] John E. Sawyer, "Strains in the social structure of modern France", *in* Edward Meal Farle (dir.), *op. cit.*, p. 293-312.

[4] Cote 242J38, Origines de Chabrières, Morel & Cie, Rapport confidentiel d'Ennemond Morel.

[5] Jean-Pierre Hirsch, *Les deux rêves du commerce. Entreprise et institution dans la région lilloise (1780-1860)*, Paris, Édition de EHESS, 1992, 534 p.

joué un rôle clé dans l'expansion du commerce français. D'importants réseaux ont ainsi été formés auprès des Chambres de commerce. La mission Lagrené, première ambassade envoyée en Chine en 1843-1844, a permis à une dizaine de délégués de plusieurs institutions consulaires d'y participer afin de réaliser une véritable étude de marché du marché chinois. Au sein de la Chambre, quelques personnalités s'imposent, à l'instar de Nathalis Rondot, devenant des « personnalités nodales » à la croisée de multiples réseaux. En effet, Rondot a recueilli des renseignements essentiels en Chine tout en bâtissant sa réputation. Il passe ensuite de la laine à la soie en se mettant à la disposition de Paul Desgrand et noue le premier véritable partenariat commercial entre la Chine et la France *via* les grandes maisons de traders anglo-écossais établis en Inde et en Chine. Son départ de la maison Desgrand, et son entrée dans la maison Arlès-Dufour & Cie, lui ont permis de participer à une autre saga du capitalisme familial[1]. On a pu constater que le passage d'une personne clé d'un camp à l'autre finit aussi par élargir le réseau de celui qui l'accueille. Dans le cas de la maison Chabrières Morel & Cie, son prédécesseur, l'ancienne maison Arlès-Dufour, a pu bénéficier de l'arrivée de Natalis Rondot, personnage clé pour les affaires de la soie en Extrême-Orient. Par l'intermédiaire de ce dernier, cette maison a en effet pu travailler avec celle britannique Jardine Matheson & Co qui s'est avérée être la plus puissante en Extrême-Orient[2].

S'il est vrai que « les négociants, puissants ou non, sont tous des hommes de réseaux, en général proportionnellement mesurables à l'étendue de leurs pouvoirs »[3], la maison Chabrières Morel & Cie rassemblait, pour sa part, des individus qui disposaient de réseaux à l'échelle internationale qui ont su apprendre aux futurs dirigeants à maintenir et étendre ce réseau déjà bien établi. Les jeunes négociants, qui parlaient couramment l'anglais et étaient aptes à apprendre les langues de cette région du monde, ont eu l'opportunité de voyager dans différents pays et d'acquérir ainsi une précieuse expérience grâce à des partenariats développés avec d'autres maisons.

La Mission lyonnaise d'exploration commerciale en Chine (1895-1897), impulsée par la Chambre de commerce de Lyon et son hérault des affaires coloniales, Ulysse Pila[4], a réuni plusieurs chambres de commerce et était

---

[1] Jean-François Klein, *Les maîtres du comptoir : Desgrand père & fils (1720-1878)*, PUPS, Paris, 2013, 368 p.

[2] Jean-François Klein, « Natalis Rondot, un libéral au service des intérêts lyonnais », dans Éric Anceau et Dominique Barjot (dir.), *L'Empire libéral. Essai d'histoire globale*, Paris, Édition SPM, 2021, 376 p., p. 227-247.

[3] Jean-François Klein, *Soyeux en mer de Chine... op. cit.*, p. 5.

[4] La Mission lyonnaise d'exploration commerciale en Chine a pour objet de se rendre compte, en vue de son développement dans l'intérêt général français, des ressources économiques et commerciales des provinces chinoises avoisinant le Tonkin et de celles de la province du Se-tchouan. *Mission lyonnaise d'exploration commerciale en Chine 1895-1897*, A. Rey et Cie, Lyon, 1898, 2 vol. À ce sujet, Christine Cornet et Jean-François Klein, « La Mission lyonnaise d'exploration commerciale en Chine : un outil de propagande au service

composée de spécialistes de différents métiers et industries. Ils représentaient les intérêts des marchands de leurs régions et avaient pour rôle d'établir une présence dans les pays visités afin de les transformer en débouchés et fournisseurs de matières premières. Mais, au fil du temps, comme l'a indiqué Jean-François Klein dans sa thèse, ces ambitions ont été déçues. Les soyeux, qui avaient élaboré une stratégie visant à assurer l'approvisionnement en soie asiatique, ont fini par être désillusionnés car « les provinces du Yunnan et du Guangxi ne sont pas l'eldorado tant espéré depuis la seconde partie du XIXe siècle »[1].

II. UNE PROBLÉMATIQUE SPÉCIFIQUE

Il nous faut, en premier lieu, aborder la problématique de l'industrie de la soie et examiner son rôle à l'échelle mondiale, ainsi que celui des acteurs clés qui ont construit le marché mondial de la soie entre le milieu du XIXe siècle et 1914. L'existence d'une thèse de doctorat en français, celle de Madame Mau Chuan-hui, soutenue à l'École des hautes études en sciences sociales et consacrée à l'histoire des techniques[2] a conduit à recentrer nos questionnements sur les questions commerciales et entrepreneuriales. De ce fait, la présente thèse s'organise autour de trois axes problématiques.

A/ Quel rôle la soie joue-t-elle dans les échanges commerciaux mondiaux ?

À quand remonte la naissance de la soie ? Quels éléments essentiels constitue l'industrie de la soie ? Quel rôle la soie a-t-elle joué dans le commerce français ? Comment fonctionnent le marché de la soie et les échanges commerciaux internationaux ? Pourquoi la ville de Lyon est-elle qualifiée de premier pôle industriel européen et mondial de la soierie sous le Second Empire ? Quels sont les principaux acteurs du marché mondial des soies et soieries au XIXe siècle ? Comment les opérations essentielles se sont-elles déroulées ? L'industrie de la soie lyonnaise exerce-t-elle une influence sur le marché mondial ?

B/ Pourquoi Lyon est-elle devenue la capitale de la soie mondiale sous le Second Empire ?

La deuxième problématique traite du fonctionnement de l'industrie de la soie à Lyon et des réseaux des soyeux lyonnais. Quel rôle la fabrique a-t-elle

---

des intérêts soyeux ? 1895-1897 », dans Isabelle Moulin (dir.), *Collection soyeuse. Abécédaire libre d'un monde en soie*, vol. 2, *« R comme Routes »*, Vaulx-en-Velin, Silck Me Back Éditions, 2017, 272 p., p. 111-123.

1 Jean-François Klein, *Soyeux en mer de Chine…*, *op. cit.*, p. 11.

2 Mau Chuan-hui, *L'industrie de la soie en France et en Chine, de la fin du XVIIIe au début du XXe siècle : échanges technologiques, stylistiques et commerciaux*, thèse de doctorat en histoire des techniques, sous la direction de Louis Bergeron, EHESS, 2002.

joué dans le fonctionnement de la soierie lyonnaise à l'époque ? D'où venaient les capitaux de la soierie lyonnaise durant cette période ? Qui étaient les dirigeants des soyeux à Lyon ? Comment l'industrie de la soie de Lyon fut-elle influencée par l'innovation et la technologie ? Plus précisément, quels furent les changements dans le domaine de la chimie durant cette période et leur influence sur l'industrie de la soie lyonnaise ? Dans le domaine de la sociologie de l'entrepreneur de la soie à Lyon, il est intéressant d'étudier aussi la relation qui existait, à cette époque, entre les entrepreneurs lyonnais au milieu du XIXe siècle et l'évolution des réseaux des hommes d'affaires, ou plutôt des soyeux lyonnais.

C/ Comment les soyeux lyonnais ont-ils réalisé leur expansion commerciale en Chine ?

La troisième problématique examine les soyeux lyonnais et leur expansion commerciale en Chine. Quel rôle ce pays a-t-il joué dans la soierie lyonnaise et pourquoi les échanges commerciaux entre Lyon et la Chine se sont-ils développés durant la période traitée ? Comment les transactions commerciales fonctionnaient-elles entre les commerçants étrangers et les maisons locales ? Comment les soyeux lyonnais sont-ils arrivés en Extrême-Orient ? Ont-ils réussi à développer le marché chinois ? Comment les soyeux lyonnais ont-ils été en concurrence ou coopéré avec les négociants britanniques en Chine, à l'époque ? De plus, les recherches menées sur la vie et les activités des soyeux lyonnais en Chine nous aideront aussi à comprendre la relation économique et financière qui existait entre ces deux pays entre le milieu du XIXe siècle et le début du XXe siècle. À cet égard et pour l'ensemble des questionnements précédents, il est indispensable de procéder à une analyse des sources disponibles.

III. QUELLES SOURCES ?

Il existe de riches sources d'archives à propos de l'industrie lyonnaise de la soie et de ses rapports avec la Chine pour la période allant du milieu du XIXe siècle jusqu'en 1914. Il s'agit tout à la fois d'archives publiques et privées. De plus, les sources imprimées revêtent un intérêt plus ou moins grand pour ce sujet. Enfin, étant donné que ce même sujet concerne également les relations économiques et financières entre la France et la Chine, il est indispensable d'identifier et d'exploiter des sources en Chine.

A/ Les archives publiques

Les sources d'archives publiques peuvent être réparties en deux catégories. La première regroupe les archives des centres nationaux et institutionnels. Les Archives nationales (AN, Paris) et les Archives nationales d'outre-mer (ANOM, Aix-en-Provence) renferment les dossiers du ministère du Commerce et de l'Industrie. Ces sources publiques concernent l'exportation de la soierie lyonnaise. Les Archives du ministère des Affaires étrangères (MAE, Paris) et du Centre des archives diplomatiques de Nantes (CADN, Nantes) possèdent, pour leur part, des fonds très complets sur les échanges commerciaux entre la France et la Chine entre le milieu du XIXe siècle et 1914.

La seconde catégorie d'archives comprend les fonds des Archives départementales et ceux relevant de fonds municipaux ou d'organisations locales. Les Archives du département du Rhône et de la métropole de Lyon (ARL, Lyon) s'avèrent indispensables pour l'étude d'un tel sujet car elles renferment des archives complètes sur la soierie lyonnaise. Depuis juillet 2016, toutes les archives de l'ancienne Chambre de commerce et d'industrie de Lyon ont été transférées aux Archives du département du Rhône et de la métropole de Lyon. Ce fonds d'archives reflète parfaitement bien la vie économique locale depuis plus de trois siècles.

En fait, la Chambre de commerce de Lyon était, et demeure encore aujourd'hui, un lieu de sociabilité important pour les élites économiques lyonnaises, où se formaient et se forment toujours des réseaux commerciaux et des groupes de pression. Aux Archives départementales du Rhône, nous y trouverons les archives économiques consulaires depuis 1702 (notamment les principales collections des procès-verbaux et de la correspondance depuis 1702, les comptes rendus de travaux de 1848 à 1964) ainsi que de nombreux fonds économiques pour les XIXe et XXe siècles, notamment la Condition des soies depuis 1805, et les relations internationales (Mission lyonnaise en Chine…).

B/ Les archives privées : intérêt majeur du fonds Morel-Journel

Il existe une multitude d'archives bancaires traitant de notre sujet. En outre, il est essentiel de consulter les archives des entreprises lyonnaises pour approfondir ce sujet centré sur Lyon. À côté des fabricants de soie, les marchands de soie, qui étaient et sont toujours tout à la fois banquiers et importateurs, occupaient et occupent encore une place particulière dans l'économie lyonnaise. Ainsi, ces archives peuvent fournir un ou plusieurs exemple(s) d'entreprises du secteur de la soierie lyonnaise.

Le fonds 242 J. Morel-Journel, conservé aux Archives du département du Rhône et de la métropole de Lyon, renferme les archives de cette maison lyonnaise de soieries depuis son origine jusqu'à sa dissolution en 2013. Il est composé des archives des anciennes sociétés Arlès-Dufour & Cie (1811-1885) et Chabrières Morel & Cie (1885-1929) reprises par Morel-Journel & Cie (1930-2013). Les archives de la famille Morel-Journel sont, pour leur part, conservées dans une seconde grande partie. Elles sont composées de documents portant sur les activités d'Ennemond et Henry Morel-Journel à la Chambre de commerce de Lyon, à la Commission du Musée historique des tissus et à l'Académie des sciences, des belles-lettres et des arts de Lyon. Ces archives constituent un complément essentiel à la lecture du contexte culturel et économique de l'entreprise. La société Morel-Journel & Cie, fondée en 1811, a cessé son activité le 30 juin 2013. À cette date, le fonds a été déposé le 25 avril 2013 par Christian Morel-Journel au département du Rhône.

Ces archives ont été classées en deux grandes parties. La première réunit les archives de l'établissement Morel-Journel & Cie, qui a maintenu l'activité des anciennes sociétés Arlès-Dufour & Cie (1811-1885), Chabrières, Morel & Cie (1885-1929) reprises par Morel-Journel & Cie (1929-2013). La seconde partie rassemble les archives de la famille Morel-Journel, en particulier celles d'Ennemond Morel, de Henry et de Hugues Morel-Journel[1].

Le fonds d'archives de la maison Morel-Journel contient une importante collection de pièces d'archives de première main. Ce fonds permettra ici de retracer son développement, en particulier grâce aux correspondances des dirigeants au cours de leurs voyages, ainsi que de découvrir quelles étaient ses activités en Extrême-Orient, en particulier en Chine. La maison Morel-Journel & Cie, en tant que société d'étude du marché de la soie, avait pour habitude de produire des graphiques et des diagrammes à partir des statistiques qu'elle recueillait sur les prix pratiqués sur le marché lyonnais ainsi que sur les productions et les consommations de soie grège des pays étrangers. Ceux-ci fournissent beaucoup d'informations utilisées dans le présent ouvrage.

C/ Les archives en Chine

Le chinois étant ma langue maternelle, j'ai eu l'opportunité de tirer profit des archives que j'ai consultées dans les centres d'archives en Chine. Elles portent sur l'industrie de la soie en Chine, les commerçants de la soie chinoise et les échanges économiques et financiers franco-chinois. J'ai collecté des informations intéressantes dans les Archives nationales de la Chine (ANC, Beijing), les Archives nationales de Chine (ANC, Nanjing), les Archives municipales de Shanghai (AMS, Shanghai), les Archives de la province du Zhejiang (AZ, Hangzhou) ainsi que dans des archives d'entreprises privées. De plus, j'ai trouvé de riches archives sur les associations et les familles commerciales de la soie en Chine.

Les Archives nationales de la Chine à Beijing, également connues sous le nom de Premières Archives historiques de Chine, conservent principalement les archives des dynasties des Ming et des Qing. Nous avons souhaité nous concentrer ici sur la consultation des archives des gouvernements centraux et

[1] Marine Kohler, *Répertoire méthodique détaillé du fonds d'Établissement Chabrières Morel & Cie, Morel-Journel & Cie, Marchands de soie à Lyon 1811-2013, 242J1-1226*, Université Jean Moulin, Lyon-III, 2016-2017.

locaux sous la dynastie des Qing, en priorisant la période allant du milieu du XIXe siècle à la fin de cette dynastie, en 1912. Les archives pertinentes pour notre étude se présentent sous la forme de rapports envoyés à la Cour. Ces derniers sont des archives officielles rédigées en chinois, qui revêtent la forme de rapports présentés par les mandarins au gouvernement central, aux ministres, aux gouverneurs, aux responsables des douanes internes et maritimes, ainsi qu'à des employés étrangers tels que l'inspecteur général de la douane chinoise, Robert Hart.

Les Archives nationales de Chine à Nanjing, également connues sous le nom de Deuxièmes Archives historiques de Chine, conservent les archives des gouvernements de la République de Chine (1912-1949). Cette institution a créé une base de données contenant les archives de la douane maritime impériale (Imperial Maritime Customs, puis simplement Chinese Maritime Customs Service)[1], qui nous intéresse, en particulier les compilations par rapport au commerce extérieur. Les circulaires de l'inspecteur général (*the inspector general circulars*) contiennent des renseignements par rapport au commerce extérieur de la soie entre le milieu du XIXe siècle et le début du XXe siècle.

Les Archives municipales de Shanghai contiennent des publications et des registres du commerce de la soie de cette ville. En tant que principale place de la soie en Chine à partir du milieu du XIXe siècle, Shanghai, qui était administrée tout à la fois par les puissances étrangères dans les concessions et par l'autorité chinoise, témoigne du développement du commerce de la soie. Ces archives, riches en statistiques et en informations sur les corporations et les guildes, permettront de comprendre ce négoce florissant et son intégration dans le marché mondial de l'époque.

Le centre des Archives de la province du Zhejiang, situé dans la ville capitale de Hangzhou, conserve les archives de l'une des plus importantes régions productrices de soie en Chine. Les communes du Zhejiang se sont engagées dans l'élevage de ver à soie, la sériciculture et la filature, et ont produit des titres renommés tels que le Tsalee, dans la commune de Nanxun. Les autorités locales ont rédigé des annuaires contenant de riches informations sur l'industrie de la soie locale, qui sont conservés dans ces archives.

[1] La douane impériale maritime était un Service établi en 1843 ayant pour objet de collecter les taxes pour le gouvernement de Qing, et les gouvernements qui lui ont succédé jusqu'en 1943. Il s'agissait d'un Service sous l'auspice du Zongli Yamen (ministère des Affaires étrangères) auprès du système administratif des Qing, pourtant, ce sont principalement les Anglais qui y occupaient les postes les plus importants, ainsi, tous les inspecteurs généraux étaient anglais, selon des dispositions ayant résulté d'une promesse faite au Foreign Office du Royaume-Uni en 1898. Robert Bickers, "Revisiting the Chinese Maritime Customs Service, 1854-1950", *The Journal of Imperial and Commonwealth History*, vol. 36, n° 2, June 2008, p. 221-226.

D/ Les sources imprimées

Elles relèvent de deux groupes distincts : les publications officielles et les revues, annuaires. Les périodiques s'avèrent eux aussi utiles pour notre sujet : ainsi, les *Annales du commerce extérieur du ministère du Commerce*, l'*Annuaire des statistiques d'Indochine*, le *Rapport au président de la République sur les échanges commerciaux*, etc. On peut trouver notamment des informations dans les revues, les annuaires ou les journaux qui revêtent un intérêt plus ou moins grand. Il s'agit, entre autres, des comptes rendus des travaux de la Chambre de commerce de Lyon, de la *Revue indochinoise juridique et économique*, et de *The Economist* et *Revue Shenbao*.

IV. L'OUVRAGE : QUELLE DÉMARCHE ?

L'ouvrage s'organise ainsi en trois parties. La première partie présente l'industrie de la soie dans les échanges commerciaux mondiaux, y compris l'industrie et le commerce de la soie en France, en Chine, en Angleterre, en Italie, aux États-Unis et au Japon. Elle étudie aussi l'évolution des échanges commerciaux extérieurs de la France au XIXe siècle. Le regard y sera surtout porté en profondeur sur l'importation et l'exportation françaises de la soie. La deuxième partie relate l'histoire de la soierie lyonnaise et des soyeux lyonnais, surtout le développement de l'industrie de la soie à Lyon au XIXe siècle et son apogée sous le Second Empire. Enfin, dans la troisième partie, seront examinés l'exportation de la soie et le système des échanges commerciaux étrangers en Chine. Les réalités des transferts de technologie et de capitaux entre la France et la Chine étaient importantes pour le développement économique de ces deux pays. Ainsi, les soyeux lyonnais achevèrent leur expansion commerciale en Chine. Les archives de première main du fonds de Morel-Journel seront également étudiées en profondeur dans cette dernière partie de ma thèse.

L'ouvrage repose sur le choix d'un plan thématique. Le premier couvre la partie 1 « La soie dans les échanges commerciaux mondiaux du milieu du XIXe siècle à la veille de la Première Guerre mondiale ». Il s'agit alors d'une industrie en pleine expansion, marquée par l'irruption de nouveaux acteurs, un changement des habitudes de consommation et une transformation quantitative et technologique des échanges. Le chapitre 1 « L'industrie de la soie et les principaux acteurs du marché mondial (1850-1914) » revient sur les quatre étapes de cette industrie : sériciculture, filature, moulinage et tissage. Au milieu du XIXe siècle, ces différentes branches sont très affectées par la pébrine et la pénurie de coton, ce qui pousse les soyeux à s'approvisionner hors de l'espace méditerranée. S'ensuit une évolution des principaux acteurs du marché, recul de l'Italie et des pays méditerranéens au profit de la Chine et du Japon, contraints à une ouverture forcée, mais aux conséquences différentes (percée commerciale des Occidentaux en Chine, émergence d'une puissante industrie japonaise. Quant au « commerce français de la soie du milieu du XIXe siècle à 1914 ») (chapitre 2), il bénéficie de l'insertion croissante de la France dans le système international des changes : d'abord lyonnaise, la soierie française conquiert la suprématie.

La partie 2 traite du « leadership européen de l'industrie lyonnaise de la soie : les soyeux et la fabrique ». En effet, Lyon constitue l'un des centres commerciaux les plus importants du continent. Bénéficiant d'un site et d'une situation stratégiques, Lyon devient, dès le XVe siècle, un pôle important de l'industrie de la soie : elle le doit à Louis XI, qui, désireux de réduire les dépenses de la couronne, décide d'y établir une fabrique de soieries. Ainsi, le chapitre 3 traite-t-il de « Lyon, premier pôle industriel et mondial de la soie ». Après un essor marqué sous Louis XIV, qui impose dans toute l'Europe, le modèle français de la Cour, et au XVIIIe siècle, Lyon bénéficie de la relance du Premier Empire, puis de la monarchie de Juillet. La métropole rhodanienne atteint son apogée sous le Second Empire grâce à ses exportations de produits de haute qualité dans le monde entier. En résultent un développement rapide de l'industrie lyonnaise et une intensification des échanges commerciaux, financiers et technologiques entre Lyon et les ports chinois. Il doit beaucoup à l'établissement de concessions françaises en Chine ainsi qu'à l'ouverture de la route maritime Marseille-Shanghai. Le chapitre 4 s'intitule « Les Lyonnais et l'industrie de la soie ». Si Lyon est depuis longtemps une ville de commerce et la Fabrique lyonnaise est bien née sous Louis XI, sous le Second Empire, l'industrie prend le relai du négoce. Certes, les plus grandes fortunes demeurent celles des banquiers et des marchands de soie, se développe un nouveau dynamisme commercial basé sur la convergence entre soierie et industries chimiques (colorants, puis textiles artificiels et synthétiques), d'où un lieu renoue entre Lyon et les régions périphériques grâce aux installations usinières et au développement des rapports entrepreneuriaux. La région devient un pôle industriel majeur.

La partie 3, « Les soyeux lyonnais et leur expansion en Chine », part de l'observation que la soie chinoise joue, depuis des siècles, un rôle majeur dans le commerce international. Tel est l'objet du chapitre 5 « L'exportation de la soie et le système des échanges commerciaux en Chine ». En effet, celle-ci est l'un des plus gros producteurs mondiaux de soie grège. À cause de la fermeture des ports, sous les Qing, se produit un arrêt provisoire du commerce. Le Traité de Nankin (1842), en ouvrant la Chine au commerce international, encourage à nouveau la vente de soie chinoise sur le marché mondial. Pièces essentielles de ce commerce, les compradors constituent des intermédiaires essentiels entre les firmes étrangères et les commerçants locaux. Ils deviennent souvent eux-mêmes de riches marchands jouissant d'un prestige social certain et bénéficiant de leur position de médiateurs entre les commerçants étrangers et les autorités chinoises. Leurs réseaux apportent ainsi une contribution indispensable au développement économique, notamment pour les investissements financiers dans l'industrialisation moderne de la soierie chinoise. Le chapitre 6 a pour titre « Les soyeux lyonnais en Chine ». Si les relations commerciales entre la France et la Chine connaissent un développement important au XIXe siècle, c'est qu'elles bénéficient de vecteurs efficaces (les consulats et les missions diplomatiques, mais aussi les maisons de commerce). Des commerçants français tentent l'aventure chinoise à l'instar de Paul Desgrand ou François-Barthélémy Arlès-Dufour. Tel est le cas surtout de la maison Chabrières Morel et Cie. Si la tentative de P. Desgrand de réduire le recours aux intermédiaires anglais s'avère un échec, les dirigeants de Chabrières Morel et Cie font le choix de travailler avec les Britanniques. La monographie de Chabrières Morel et Cie démontre que le choix de coopérer avec Jardine Matheson & Co était cohérent. L'entente entre les deux firmes prend la forme d'un *joint account* même si elle n'est pas sans nuages, l'entente procure à Chabrières Morel et Cie un avantage compétitif, en réduisant les incertitudes du marché, en économisant le coût prohibitif de l'installation d'une agence en propre et autorisant la création auprès de Jardine Matheson & Co d'un nouveau département à Shanghai.

Première partie

LA SOIE DANS LES ÉCHANGES COMMERCIAUX MONDIAUX

DU MILIEU DU XIXe SIÈCLE À LA VEILLE DE LA PREMIÈRE GUERRE MONDIALE

Chapitre 1

L'INDUSTRIE DE LA SOIE ET LES PRINCIPAUX ACTEURS DU MARCHÉ MONDIAL DURANT LA SECONDE MOITIÉ DU XIXe SIÈCLE

La Chine, selon la tradition dès les vieilles chroniques, a commencé la domestication des vers à soie à l'ère de l'Empereur Hoang-ti, aux environs de 2698 avant J.-C.[1] Celui-ci aurait chargé son épouse, l'Impératrice Si-Ling-Chi[2] (Brockett 1876), de contribuer au bien-être de son peuple en testant la possibilité de filer, puis de tisser un tissu de la soie. Il s'agit évidemment d'une légende, bien caractéristique d'une civilisation ancienne et longue, qu'il est impossible de confirmer. L'industrie de la soie relève d'une histoire qui s'étend sur plus de quatre millénaires et sur quarante mille kilomètres carrés à la surface de la Terre. Si l'on en croit les découvertes archéologiques récentes, la soie la plus ancienne a été exhumée dans la province du Shanxi. La trace de la soie y montre comme une preuve que les Chinois sont le peuple qui l'utilise le plus tôt[3]. Jusqu'au troisième siècle avant notre ère, les Chinois sont le seul peuple qui maitrise la sériciculture, le dévidage et la filature de la soie. L'Inde et la Perse n'ont pas pu dévider les cocons éduqués, et ce qu'ils ont pu faire des cocons sauvages ne qualifie pas le nom de soie[4]. Même si des tissus de soie ont été découverts en Inde, du fait même qu'il existe plus de 200 espèces d'insectes produisant la fibroïne, seul celui du ver à soie (désigné sous le nom savant de *Bombyx Mori*[5]) est la soie de notre époque. Il est donc fort probable que ce sont des tissus faits de soie sauvage qui ont d'abord été produits en Inde et des tissus

[1] Ernest Pariset, *Histoire de la Soie*, Paris, Auguste Durand Librairie, 1862, p. 12.

[2] L. P. Brockett, *The Silk Industry in America: A History Prepared for the Centennial Exposition*, New York, 1876, p. 15.

[3] J. Li, *Xiyin cun shi qian di yi cun (Les reliques de haute antiquité du village Xiyin)*, Beijing, 1927.

[4] Ernest Pariset, *Histoire de la Soie*, *op. cit.*, p. 7.

[5] Le Bombyx du mûrier (*Bombyx mori*) est un lépidoptère domestique originaire du nord de la Chine, élevé pour produire de la soie. Le ver à soie est sa chenille. Groffier Valérien, « La production de la soie dans le monde », In *Annales de Géographie*, t. 9, n° 44, 1900, p. 97-118. DOI : https://doi.org/10.3406/geo.1900.6209

réalisés à partir de la matière fournie par ce papillon[1]. L'industrie de la soie, telle que développée en Chine, y fut gardée jalousement, comme un secret, pendant quasi deux millénaires. La transmission de l'industrie de la soie s'effectua dans un premier temps dans les directions de l'est, du sud, et finalement vers le nord-ouest. Le dernier était désigné par Richthofen comme « La route de la soie »[2].

I. L'INDUSTRIE DE LA SOIE

L'industrie de la soie s'appuie sur quatre éléments : la sériciculture ou l'élevage du ver à soie (*Bombyx mori*), la filature, le moulinage et le tissage.

1.1 – La sériciculture

La sériciculture comporte des activités suivantes : la culture de mûrier, l'éducation de ver à soie et la récolte de ses cocons[3]. Même le mûrier est un arbre robuste, pour que la sériciculture soit économiquement faisable, elle reste une activité se bornant aux régions disposant des éléments sociaux et économiques cruciaux : le climat et l'espèce préférée, la variété du mûrier blanc, la main-d'œuvre abondante et moins chère, la tradition de la cultiver.

A/ Une activité complémentaire

Les mûriers peuvent être cultivés dans les régions tempérées et subtropicales[4]. Leur culture ne demande pas de travail excessif, mais exige un fumier abondant. Le climat local détermine pourtant la densité de la culture du mûrier : dans leurs régions subtropicales, sept récoltes peuvent être faites tandis que dans les régions tempérées, on ne peut faire qu'une récolte. Cela entraîne des conséquences directes sur l'importance de la sériciculture au sein de l'économie locale. Dans les pays séricicoles, la sériciculture est pratiquée en général en vue d'offrir un revenu supplémentaire à la famille. Les régions subtropicales produisent plus de feuilles pour une plus grande quantité de vers à soie sans occuper plus de terre. Les régions tempérées, *a priori*, auront besoin proportionnellement de plus de terre pour nourrir plus de vers à soie. En Chine, la plupart des terres étaient réservées à l'agriculture du riz ou de blé, la sériciculture se concentrait dans trois régions, Shandong, Kiangnan et Sichuan. Après le Nan Song dynastie, la région de Kiangnan s'impose comme le centre de la fabrication de la soie. L'agriculture est considérée comme la racine de la

[1] G. Federico, *An Economic History of the Silk Industry*, *1830-1930*, New York, 2009, p. 2.

[2] Le baron Paul Wilhelm Ferdinand von Richthofen (1833-1905) est un géographe – « père » de la géopolitique – et géologue allemand, qui est connu par son invention du terme « la route de la soie ». Daniel C. Waugh, *Richthofen's "Silk Roads": Toward the archaeology of a concept. The Silk Road*, 2007, vol. 5, n° 1, p. 1-10.

[3] Chuanhui Mau, https://heritage.bnf.fr/france-chine/fr/soie-sericiculture-article.

[4] G. Federico, *An Economic History of the Silk Industry*, *op. cit.*, p. 13.

culture chinoise et la sériciculture l'une des branches[1]. Au Japon, la culture de la soie était considérée comme l'industrie d'appoint la plus profitable[2]. Dans les districts où la sériciculture servait d'activité complémentaire à l'agriculture, un système agraire fondé sur la polyculture intégrait la culture de mûrier à d'autres activités agricoles et économiques. C'était, par exemple, le cas en Chine avec la pisciculture en Chine, qui était pratiquée partout dans le monde.

B/ Une activité à forte intensité de main-d'œuvre

De plus, l'élevage du ver à soie demande énormément de travail. De façon habituelle, ce sont les femmes qui s'occupent de ce métier. En effet, non seulement elles sont capables de manipuler cet animal délicat et sensitif, mais, plus décisif encore, elles reçoivent des salaires moins élevés que ceux des hommes. L'éducation du ver à soie exige beaucoup de main-d'œuvre et une température comprise entre 20-25 degrés Celsius. Les régions tempérées et peuplées de Chine, du Japon et de l'Asie du Sud sont particulièrement dotées de ces avantages pour la sériciculture, de même que les régions méditerranéennes, en Italie, en France et au Liban, etc. Toutefois, les États-Unis, bien que disposant du climat et la plante, n'ont pas pu développer une sériciculture importante à cause du manque de main-d'œuvre. Dans le cas de l'Inde, l'influence du bouddhisme exclut les régions religieuses de la pratique de cette industrie, malgré ses avantages climatiques et sa main-d'œuvre abondante.

La sériciculture atteint son rendement maximum avec un minimum de formation seulement. Les considérations économiques (c'est-à-dire la recherche de revenus supplémentaires réguliers) prennent en compte le rapport entre les coûts supplémentaires induits par de grands espaces, l'existence d'une main-d'œuvre supplémentaire ainsi la longue période estivale. Parce que l'objectif est d'améliorer le rendement effectif du travail, la culture et l'élevage familiaux s'avèrent particulièrement adaptés à l'organisation de cette industrie : les exemples de la Chine et du Japon en démontrent bien la supériorité. Cependant, le risque d'une épidémie du ver à soie a empêché la sériciculture de bénéficier de ces avantages à une grande échelle. De fait, la pébrine, à l'origine de l'une des plus fameuses pandémies connues, a été bien étudiée grâce aux expériences scientifiques de Louis Pasteur. Cette maladie du ver à soie a ravagé la France pendant les années 1850 et 1860. D'autres épidémies du même type, comme la flacherie, avaient entrainé un effondrement des magnaneries d'abord en péninsule italienne dans les années 1830 et 1840, puis en l'Espagne, ensuite au Levant

---

[1] Lilian M. Li, *China's Silk Trade : Traditional Industry in the Modern World, 1842-1937*, *op. cit.*, p. 3-5.

[2] S. Uyehara, *The Industry and Trade of Japan*, London P. S. King & Son, Ltd. Orchard House, 1926, p. 89.

ottoman (Smyrne et Brousse principalement) avant de gagner le Cachemire indien, dans les années 1880.

La chute de la production de cocons fut constatée dès l'apparition des maladies du ver à soie en 1843 où elle apparut à Cavaillon avant de se répandre en 1845 en Avignon, Loriol, Nîmes et Montpellier. Quatre ans plus tard, le désastre se généralisa dans les Cévennes, le Var, l'Isère et l'Ardèche. Dès lors, la production française connut une crise qui gagne en ampleur au fur et à mesure que la pandémie progresse. Son paroxysme fut atteint en 1857 lorsque les soyeux lyonnais crient à « la famine de soie »[1]. Des mesures furent prises pour combattre ces épidémies. Il fut envisagé l'importation de graines d'Italie et d'Espagne. La tentative en fut faite, mais il s'avéra impossible de mener l'opération à son terme à partir du moment où ces derniers pays aussi furent touchés par l'épidémie. Par ailleurs, l'importation de graines de la Chine et du Japon ne s'avéra pas praticable à cause des mauvaises conditions de stockage et de la longue durée du transport.

Figure I.1.1 Production française de cocons

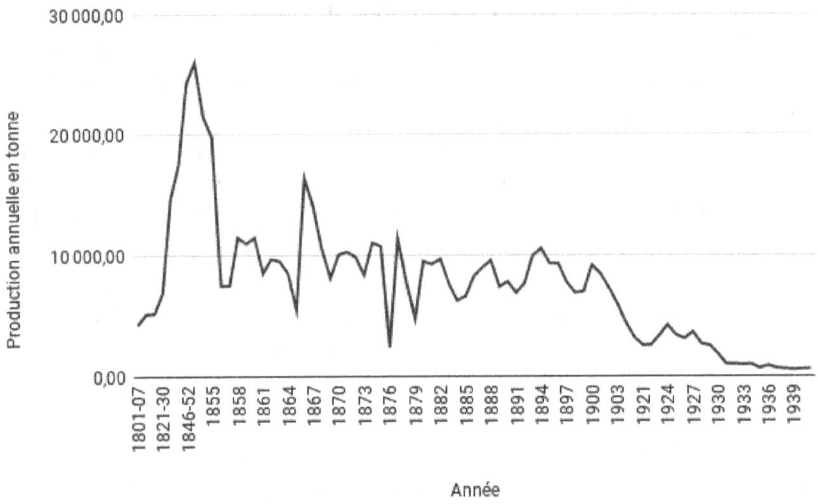

Source : P. Clerget, *Les industries de la soie en France*, *op. cit.*, p. 21.

1.2 – La filature

La filature est un processus qui consiste à dévider les cocons pour que l'on puisse en tirer le fil de soie. Elle peut être effectuée manuellement, comme le cas des petites manufactures, ou à l'échelle industrielle, avec le métier à filer moderne. Cette industrie était et restait peu concentrée jusqu'au

[1] Jean-François Klein, thèse, *op. cit.*

début du XIXe siècle. En France, elle demeura une industrie familiale jusqu'aux années 1830. Ensuite, avec l'innovation technique dite « de Gensoul »[1], une concentration a commencé aux ateliers et usines. Cette innovation de Gensoul introduisait la vapeur pour chauffer l'eau dans les bassines. Elle contribuait ainsi à l'économie de combustible[2]. Toutefois, selon les calculs de Giovanni Federico, cette économie s'avérait en fait négligeable[3].

La théorie économique postule que la localisation d'un site de production se situe près du facteur de production le moins mobile. Dans le cas de la filature, c'est la matière première qui remplit ces conditions. Avant que la filature ne se transforme en industrie moderne, les sériciculteurs français avaient l'habitude d'effectuer la filature eux-mêmes. Ses produits s'appelaient alors *paquetailles*[4] *:* ils étaient destinés à être traités à Lyon. Le développement du transport a pu réduire l'influence de ce facteur. Par exemple, en Chine, la filature se trouvait concentrée dans les villes à une distance plus lointaine du producteur de cocons. Pourtant, la localisation demeurait dispersée dans d'autres pays : en Italie, les quelque 930 ateliers et usines de filature étaient éclatés dans pas moins de 590 communes ; dans la région de Yamanashi au Japon, il existait un type de localisation similaire[5]. Les raisons de cette localisation dispersée persistaient. Il s'avérait souvent le plus rentable de s'installer dans les villages disposant de suffisamment de main-d'œuvre, qui était moins chère que celle des villes. Toutefois, en Italie et au Japon, il existait des régions où la filature était concentrée comme à Como, Milano et Bergamo en Italie ou à Nagano au Japon. D'après une étude concernant la filature au Japon en 1909-1916, la concentration des usines seule n'entraîna pas d'augmentation de la productivité. En revanche, ce fut l'effet de la compétition dans une région caractérisée par un haut niveau de concentration des usines qui produisit un effet d'augmentation de la productivité[6].

La concentration de la filature dans les villes eut pour conséquence une augmentation des coûts de production s'il n'y a pas de main-d'œuvre suffisante. Dans le cas du sud de la Chine et de la préfecture de Nagano du Japon, la trop forte demande de travail (ou pénurie de main-d'œuvre) fut satisfaite par un appel aux cultivateurs (ou laboureurs) en leur proposant

---

[1] « L'innovation (Gensoul) consistait dans une grosse chaudière, placée au dehors de la pièce de filage, qui envoyait la vapeur à chaque cuvette par des tubes empaillés ; et la paille y était tenue par des bandes de toile ou lisières », Jean-Jacques Boucher, *Arts et technique de la soie*, Fernand Lanore, 1996, p. 59.

[2] P. Clerget, *Les industries de la soie en France*, Paris, Armand Colin, 1925, p. 21.

[3] G. Federico, *An Economic History of the Silk Industry, 1830-1930*, *op. cit.*, p. 17.

[4] P. Clerget, *Les Industries de la soie en France*, *op. cit.*, p. 20.

[5] G. Federico, *An Economic History of the Silk Industry, 1830-1930*, *op. cit.*, p. 17.

[6] Y. Arimoto *et al.*, "Sources of productivity improvement in industrial clusters: The case of the prewar Japanese silk-reeling industry", *Regional Science and Urban Economics*, 46, 2014, p. 27-41.

logement et nourriture, ce qui représentait un coût supplémentaire d'environ 20 à 25 % du salaire. Les ateliers de Chine étaient ainsi les plus grands dans le monde. Le tableau dessous a été dressé à partir de l'étude de Federico, qui en a établi les données[1].

Tableau I.1.1 Main-d'œuvre dans les filatures en Chine, en Italie et au Japon

1910	Wuxi, Shanghai	Italie	Japon
Nombre de bassins	300		
Main-d'œuvre	600+	100	90
Production annuelle	20 tonnes	7,5 tonnes	

Source : G. Federico, *An Economic History of the Silk Industry, 1830-1930*, New York, 2009, p. 16.

1.3 – Le moulinage

Le moulinage consiste à traiter la soie grège en la tordant afin qu'elle devienne plus résistante, moins brillante et moins élastique. Ce procédé permet au tisseur ou au fabricant de travailler avec différents fils, mats ou brillants, fins ou plus résistants, qui, finalement, donnent aux tissus finis des aspects différents. La trame[2], l'organsin et la grenadine, etc. sont issus de ce procédé. Le moulinage demande qu'il soit exécuté près des forces hydrauliques. En plus de cette exigence, les moulins doivent se trouver souvent à proximité de la fabrique, car son approvisionnement en matières premières peut venir de loin. De plus, ses produits dépendent surtout des exigences des fabricants. La proximité avec les fabricants peut faciliter le travail afin de mieux répondre aux besoins de ces derniers.

1.4 – Le tissage

L'art du tissage des soieries a été perfectionné par les Chinois. Le commerce de la soie a participé à répandre cet art dans le monde. Après les Byzantins qui en percèrent le secret et mettant à profit les échanges commerciaux, les Persans ainsi que les Arabes l'apprirent à leur tour et en diffusèrent tout au long de sa conquête en direction vers les pays méditerranéens et Afrique du Nord, en Égypte et en Sicile. Cet art fut introduit de là dans la Sérénissime lors des croisades puis, ensuite, dans le royaume de France suite aux guerres d'Italie menées par François Ier depuis

---

[1] G. Federico, *An Economic History of the Silk Industry, 1830-1930*, *op. cit.*, p. 16.

[2] Le fil de trame est un fil placé dans le sens de la largeur. Son opposé est le fil de chaîne disposé dans la longueur. C'est l'entrecroisement de ces deux fils qui donne un tissu. L'organsin est le fil de soie qui a passé deux fois au moulin et qui est destiné à former la chaîne des étoffes. Le grenadin est la soie qu'on emploie dans la fabrication de la dentelle noire.

Lyon dont il fit, un temps, sa capitale. De plus, l'Espagne morisque, profitant la sériciculture introduite par les Arabes, devint un centre d'exportation pour les pays européens jusqu'au XVe siècle[1]. La *Reconquista* achevée, ce furent les souverains espagnols qui prirent le relais. L'émergence de la production italienne lui engendra un sérieux concurrent, l'Espagne, abandonnant peu à peu le tissage et se contentant de produire le fil tant convoité. L'Italie régnait désormais sur le tissage des soieries en Europe, et ceci, jusqu'au XVIIe siècle. À partir de cette date, la soierie fabriquée en France, qui touchait à la perfection, prit son essor grâce au quasi-monopole accordé à Lyon et à Tours par François Ier. Ce monopole devint uniquement celui de Lyon grâce à Henri IV qui figure en bonne place et en ronde-bosse sur le parvis de l'hôtel de ville de la cité d'entre Saône et Rhône. Grâce à ses innovations techniques, Lyon devint ainsi de plus en plus prépondérante. Ce fut sous le Second Empire que la soierie lyonnaise atteignit son point de décollage absolu et à la veille de la Grande Guerre son apogée.

Figure I.1.2 Nombre de métiers mécaniques en France

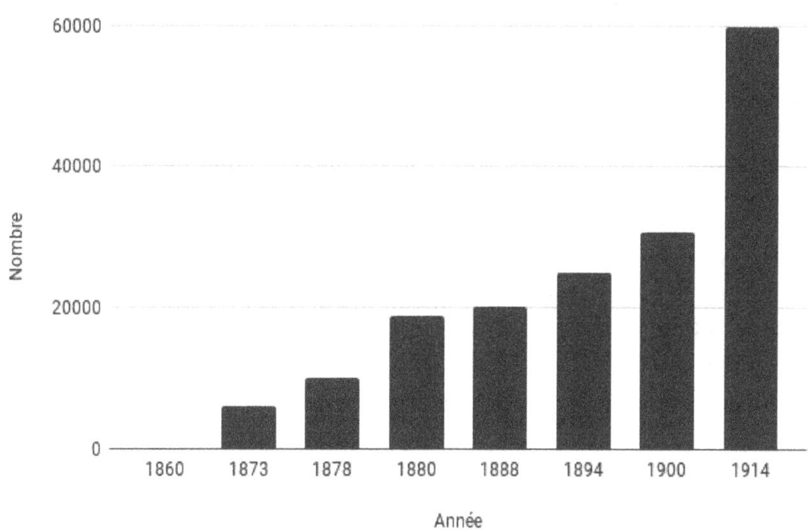

Source : Pierre Cayez, *Métiers Jacquard et hauts fourneaux. Aux origines de l'industrie lyonnaise*, Lyon, 1978, p. 45.

Le tissage des soieries était et reste étroitement lié avec la teinture. En effet, les soieries haut de gamme étaient teintées avant d'être mises à tisser, et celles moins riches pouvaient être teintées après le tissage. Durant une longue période de pratique manuelle, le métier à tisser exigeait un travail lourd et besogneux. À cause d'une expérience pénible concernant ce travail

[1] P. Clerget, *Les Industries de la soie en France*, *op. cit.*, p. 74.

de tissage, il semble que le fils d'un maître-ouvrier, Joseph-Marie Jacquard, mit au point son invention marquante. C'était en 1801 que naquit le métier Jacquard, lequel domina toute la première moitié de XIXe siècle. Cette invention marquait un grand progrès en matière de modernisation du tissage. L'apparition du métier mécanique mû par la force hydraulique et doté d'une pompe permit de faciliter davantage le tissage. Il en résultait une spécialisation des métiers qui augmenta beaucoup la productivité du tissage[1]. En même temps, l'industrie de la soie en général, qui semblait arrêter son effort et son innovation aux yeux des étrangers, restait une industrie manuelle. Pourtant, Li argumente que la soierie chinoise n'a jamais souffert littéralement d'un retard technologique. Pendant le XIXe siècle, elle était plus avancée que celle du Japon et la technique traditionnelle chinoise était performante, voire supérieure à la technique moderne. La modernisation de l'industrie de la soie chinoise était une question économique et organisationnelle, mais pas technique[2].

II. LES ACTEURS SUR LE MARCHÉ MONDIAL

Sur le marché mondial, la Chine et le Japon incarnent une tradition artisanale millénaire. La Chine est néanmoins, depuis longtemps, l'acteur prépondérant.

2.1 – La Chine, acteur prépondérant

La Chine est le berceau de cette industrie, de fait, la tradition de la sériciculture et la filature y étaient enracinées dans la vie paysanne. L'industrie était née dans le Nord et elle trouva sa voie en descendant dans le Sud vers le Ve siècle. Tout au long de l'histoire, trois régions étaient particulièrement concentrées : il s'agissait des zones médianes et aval du fleuve Jaune, de la région du Sichuan et des zones médianes et aval du Yangzi Jiang. Sous la dynastie des Ming (1368-1644), la région aval du Yangzi Jiang s'appelait KiangNan. Composée de la part sud du Kiangsu et Anhui ainsi de la part nord du Zhejiang, elle est devenue le centre de l'industrie de la soie en surpassant les deux régions du Nord et de l'Ouest[3].

La soie chinoise était depuis longtemps une marchandise fondamentale pour le commerce d'exportation et une marchandise précieuse au sein du système tributaire chinois avec les pays alentour. Byzance, capitale de l'Empire byzantin, importait la soie chinoise par des intermédiaires arabes. Néanmoins, les échanges commerciaux entre l'Occident et l'Orient se

---

[1] *Ibidem*, p. 92.

[2] Lilian M. Li, *China's Silk Trade: Traditional Industry in the Modern World, 1842-1937*, *op. cit.*, p. 35-36.

[3] *Ibidem*, p. 3.

trouveraient rompus à l'époque de l'invasion des Turcs où fermait l'Asie antérieure[1]. Depuis la dynastie des Ming, l'isolationnisme prédominait dans la politique maritime. En effet, la dynastie des Qing succéda à la dynastie des Ming. L'Empereur Yongzheng ferma tous les ports. Canton demeura le seul port ouvert aux étrangers. Cette situation persista jusqu'à la première guerre de l'opium. Survenue entre la Chine et l'Angleterre, cette guerre força l'empire céleste à ouvrir plus de ports : tel fut le cas de Xiamen, Canton, Fuzhou, Ningbo et Shanghai désormais ouverts. Cependant, parmi ces cinq ports, Ningbo et Shanghai se trouvaient dans la région de KiangNan, d'où provenait plus de la moitié de la production de cocons. La production de Canton, qui représentait un quart de la production totale, ne cessa d'augmenter des années 1880 à 1926. À cette date, elle représentait alors un tiers de la production totale. L'ouverture de ces ports facilita l'exportation des soies chinoises pendant la période en question : en fait, l'accroissement de l'exportation était même plus rapide que celle de la production[2].

A/ Caractéristiques de l'industrie chinoise de la soie

La sériciculture était pratiquée par presque chaque famille en Chine. Le but en était que les soies produites puissent être utilisées afin de régler des taxes et que la partie restante soit utilisée pour faire des vêtements. Cela était logique. En effet, les producteurs ne se permettaient pas de s'habiller avec des vêtements de soie, à cause de la grande valeur marchande de celle-ci, mais aussi de la coutume sociale. Ils s'habillaient avec des vêtements de lin. En outre, depuis la dynastie des Yuan (1260-1368), le coton était devenu l'alternative en matière de tissu pour confectionner les vêtements. Toutes les familles n'avaient besoin de pratiquer cette activité, ce qui rendait possible de la pratiquer dans les régions disposant des meilleures conditions naturelles et économiques, par exemple, dans la région de KiangNan.

À KiangNan, *morus alba* était la variété cultivée, avec des récoltes prévues au printemps, qui correspondaient à la récolte principale, et, en été, tandis qu'il existait différentes variétés dans les différentes régions : dans le Sud, la variété *morus latifolia* était cultivée et fournissait des récoltes abondantes pour l'élevage de vers à soie, récoltes qui ne pouvaient s'effectuer pas plus de sept fois. Dans le Nord, dans la région du Shandong et dans le Nord-Est, l'on trouvait une autre variété appelée *maclura tricuspidata*. Elle pouvait être aussi utilisée pour l'élevage du ver à soie, bien que la qualité de la soie produite fût rêche. Deux types de mûriers blancs, Lu-sang et Ching-sang étaient greffés pour obtenir les avantages respectifs à savoir de grandes feuilles pour la variété Lu-sang et de fortes racines pour celle de Ching-sang. La méthode de transplantation des jeunes arbres du

[1] P. Clerget, *Les Industries de la soie en France*, *op. cit.*, p. 76.
[2] Lilian M. Li, *China's Silk Trade : Traditional Industry in the Modern World, 1842-1937*, *op. cit.*, p. 99.

mûrier pouvait économiser deux à trois ans d'attente pour les cultivateurs, mais le risque existait aussi en les transplantant. La réussite de la culture du mûrier demeurait toujours de le planter à la meilleure densité et le fertiliser abondamment. La production de la région de KiangNan variait entre 800 catties et 1 300 cattie[1] per mou[2].

B/ L'élevage du ver à soie

À KiangNan, deux récoltes de cocons auraient lieu au printemps et en été. L'éducation du ver à soie demandait beaucoup de travail pendant environ 1 mois et demi. Cela implique de prendre sur le temps consacré d'autres cultures. Parfois même, il était déconseillé de s'adonner à l'élevage en été. L'éclosion des grains prend environ huit jours et ensuite les vers passaient quatre mues en 28-29 jours, dont 5 jours pour faire les cocons. Le tableau décrit le cycle de l'élevage en Chine.

Tableau I.1.2 Le cycle de 56 jours du ver à soie en Chine

Stage	Éclosion	I	II	III	IV	V	Total	Filer	Cocon	Papillon
Alimentation		4.5	2.5	3	3.5	8				
Sommeil		1.5	1.5	2	2.5					
Total	8	6	4	5	6	8	29	5	11	3

Source : C. W. Howard, *A survey of the silk industry of South China*, Shanghai, 1925, p. 7.

Le ver est un animal vorace pendant la période des mues. Ils mangent continuellement et s'agrandissent énormément jusqu'à 30 fois leur taille, laquelle passe de 3 mm à la naissance à 8-9 cm ; la consommation de feuilles est prodigieuse. Pour produire un kilogramme de cocons frais, il faut les alimenter avec 20 kilogrammes de feuilles à KiangNan, et en Italie, c'était de 19 à 35 kilogrammes de feuilles[3]. La longue tradition chinoise de l'élevage du ver à soie n'était qu'une accumulation d'expériences : la pratique y était la plus sophistiquée dans le monde entier jusqu'au milieu du XIXe siècle. À cause du manque de méthode scientifique en cas de force majeure, par exemple, irrégularités du temps, la maladie du ver, les superstitions intervenaient et produisaient des rituels et tabous, dont quelques raisonnables et d'autres ridicules pendant la période de l'élevage du ver.

Les grains du ver à soie étaient en effet un facteur crucial pour une bonne récolte. Les sériciculteurs installés à KiangNan, au lieu de produire les

---

[1] Le cattie est l'unité de poids chinoise, qui égale 16 onces chinoises.

[2] Lilian M. Li, *China's Silk Trade : Traditional Industry in the Modern World, 1842-1937*, *op. cit.*, p. 11-18.

[3] P. Clerget, *Les Industries de la soie en France*, *op. cit.*, p. 5.

grains eux-mêmes, avaient l'habitude de les acheter sur le marché, qui était de grande dimension et vraiment lucratif. Yuhang et Shaoxing étaient les deux centres principaux de la production de grains. Il existait une opinion opposée concernant l'utilisation de grains achetés, affirmant que la qualité serait plus fiable si l'on produisait les grains soi-même à partir d'une bonne récolte. Ceci semblait se vérifier encore plus après la transmission de la maladie de pébrine. En effet, avec des grains locaux et dans les meilleures conditions, la récolte d'une once[1] de grains en Chine atteignait 25 catties. Cependant, en période normale, les grands sériciculteurs récoltaient 20 catties et les paysans, 15 catties ou moins. Le problème résidait dans la qualité de grains locaux, dont 75-95 % étaient malades quand la maladie était transmise en Chine. La présentation d'attestations écrites que les grains étaient sains n'était pas adaptée à l'habitude des paysans-sériciculteurs. En effet, chacun de ces papiers, chacune de ces attestations, chacun de ces certificats ne concernaient que très peu de catégories de grains, par contraste avec celles mentionnées dans les certificats concernant les grains locaux. Une des causes de la crise de la sériciculture chinoise au début du XXe siècle résidait donc dans le fait que les sériciculteurs n'avaient pas pu adopter une méthode scientifique pour la production de grains sains.

C/ La filature

La filature chinoise était pratiquée depuis longtemps par les sériciculteurs qui produisaient des cocons. Elle restait une activité familiale et manuelle qui concurrençait la filature mécanique concentrée à Shanghai et introduite vers la fin du XIXe siècle. Les fileurs chinois utilisaient une machine à pied pour la filature. Une bassine d'eau chaude était placée au pied de la machine afin de dissimuler la séricine qui collait les fils de soie, l'importance de la qualité de l'eau était autant reconnue par les Chinois que par les fileurs d'autres pays. La soie de Huzhou était fameuse pour sa bonne qualité, qui était attribuée à l'eau de la région. Les Français le croyaient aussi et l'eau du Massif central lui convient parce qu'elle est siliceuse et contient moins de calcaire mais beaucoup d'oxygène ou d'air en dissolution[2]. La qualité supérieure, la régularité de la soie produite par la filature mécanique rendirent difficile pour la soie filée manuellement à concurrencer sur le marché.

2.2 – Le Japon, acteur émergent et hégémon éventuel

À l'exception de la Chine, le Japon était le pays où la production de soie s'était le plus développée.

---

[1] Une once est de 25 grammes. Louis Pasteur, *Études sur la maladie des vers à soie*, Paris Imprimerie de Gauthier Villars, 1870, vol. 2, p. 52.

[2] P. Clerget, *Les Industries de la soie en France*, *op. cit.*, p. 20.

A/ L'origine

L'origine de l'industrie de la soie du Japon semble remonter à une époque assez lointaine, jusqu'à 280 avant J.-C. À cette date, selon les sources écrites traditionnelles, l'Empereur O-Jin aurait accueilli certains Chinois qui avaient apporté dans l'archipel les vers à soie et les techniques de la sériciculture ainsi que de la filature. C'était le vingt-et-unième empereur, Yu-Ryaku (AD 457-480) qui avait émis un décret destiné à encourager la sériciculture. La fameuse Constitution du prince Shōtoku avait précisé le nombre de mûriers à planter selon le classement de la terre[1]. Pendant les XIIe et XVIe siècles, les guerres civiles ont ravagé le Japon, et l'industrie de la soie était alors dans sa pire période. L'ouverture du Japon en 1853 et celle du port-concession de Yokohama en 1858 et la restauration de Meiji en 1868[2] ont marqué l'épanouissement de l'industrie de la soie japonaise.

B/ Le grand développement depuis l'ouverture du Japon

En 1923, l'exportation de la soie japonaise atteignait 568,37 millions de yens[3], ce qui représentait 39,2 % de l'exportation nationale. En 1913, elle atteignait 188,917 millions de yens contre 76,859 millions en 1903[4]. Les développements remarquables de la soierie japonaise étaient étroitement liés au soutien des gouvernements. Dès l'introduction de l'industrie de la soie de Chine, les empereurs et les classes dirigeantes ont pris des mesures favorables pour cette industrie de luxe, afin de satisfaire plutôt la consommation des élites. Le Japon resta fermé aux grands marchés étrangers jusqu'à ce que le commodore américain Mathew Perry force en 1853 l'ouverture du Japon en menaçant le palais d'Edo de ses canons. Le grand bond en avant de l'industrie depuis l'ouverture jusqu'à l'époque de la Première Guerre mondiale mérite ici une rapide analyse[5]. Au début de la seconde moitié du XIXe siècle, l'industrie de la soie japonaise se trouvait encore dans une situation traditionnelle. La sériciculture était pratiquée à l'échelle familiale et la filature était effectuée par les sériciculteurs eux-mêmes. Mais tout allait changer rapidement pour plusieurs raisons :

1/ d'abord l'existence d'avantages naturels et humains :

Le Japon bénéficiait des conditions idéales pour l'industrie de la soie. Le climat et la topographie des îles montagneuses étaient favorables à la sériciculture. En outre, le développement de l'industrie japonaise de la soie était aussi en partie expliqué à l'époque par les particularités du peuple

[1] S. Uyehara, *The Industry and Trade of Japan*, *op. cit.*, p. 85-86.

[2] La Restauration de Meiji dénote la période où le démantèlement du Shogunat Tokugawa, le groupe dirigeant militariste qui dirigea le Japon au nom de l'empereur de 1603 à 1867, et le recouvrement des pouvoirs de l'empereur en 1868. W. Beasley, *The Meiji Restoration*, Stanford University Press, 1972, p. 2.

[3] Le yen est la devise japonaise : 1 yen était égal alors à 2,61 francs.

[4] S. Uyehara, *The Industry and Trade of Japan*, *op. cit.*, p. 87.

[5] *Ibidem.*

japonais : ainsi, la production de ce pays était-elle décrite par Clerget comme « propre et minutieuse »[1], donc aucune présence de pébrine.

2/ Mais aussi une demande explosive :

L'ouverture du Japon répondait à la demande du marché mondial. En effet, la crise européenne de la production de cocons avait été causée par l'épidémie de pébrine survenue en France et en Italie dans les années 1850 et 1860. Elle avait poussé les pays européens à s'approvisionner en Extrême-Orient, notamment auprès de la Chine. Le Japon devint alors le principal approvisionneur de l'Europe séricicole en pontes saines de *Bombyx* avant que les travaux de Pasteur n'en viennent à bout.

3/ … Et des mesures adaptées :

Le gouvernement shogunal, puis impérial, prit des mesures adaptées en vue de la transformation de l'organisation de l'industrie tant au niveau de la gestion que de la modernisation de l'équipement en machines à filer. L'introduction en 1872 du système de la filature à vapeur par le drômois Paul Brunat à Tomioka, dans le *gen* de Gunma[2], l'apprentissage d'une meilleure pratique, firent évoluer la conception japonaise vers la sériciculture scientifique, par exemple, grâce à l'amélioration des grains et variétés de vers à soie. Tout cela s'avérait le garant de la qualité de la soie japonaise. La modernisation de la filature rendit plus régulière la qualité de la soie japonaise qui répondait mieux à la demande de ses clients les plus importants étrangers, surtout les clients des États-Unis. L'exportation de soie grège aux États-Unis représente plus de 80 pour cent vers 1914[3]. Grâce à l'appel à des experts étrangers, le gouvernement fit de son mieux pour garantir le développement de l'industrie. De plus, il envoya des experts japonais à l'étranger pour apprendre les meilleures pratiques industrielles. De même, il invita des experts étrangers au Japon pour y former les ouvriers japonais et y mettre en œuvre les machines les plus avancées[4]. Ceci dit, l'industrie de la soie japonaise était encore inférieure au niveau de la productivité et de l'habileté[5].

C/ Les statistiques : un instrument de mesure du développement de la filature de la soie

Il existait deux méthodes différentes de filature de la soie, la filature mécanique et la filature manuelle. La tendance consistant à remplacer la filature manuelle par celle mécanique prit de l'élan à partir de 1893. Pendant la période 1889-1903, la production de la filature manuelle atteignait 587

---

[1] P. Clerget, *Les Industries de la soie en France*, *op. cit.*, p. 60.
[2] J.-F. Klein, thèse, *op. cit.*
[3] S. Uyehara, *The Industry and Trade of Japan*, *op. cit.*, p. 110.
[4] *Ibidem*, p. 87.
[5] *Ibid.*, p. 99-104.

479 *Kan*[1], ce qui représentait 57 % de la production totale de soie, la filature mécanique fournissait, quant à elle, 452 013 *Kan*, soit 43 % de la production totale. Durant les années 1899-1903, la proportion était inversée, le poids de la production mécanique, soit 1 038 568 *Kan*, atteignit en moyenne 58 % du total, en surpassant celle d'origine manuelle d'une quantité de 739 501 *Kan*[2].

Le nombre des manufactures diminuait, mais la production totale augmentait. Les statistiques de 1913 à 1920 des productions mécanique et manuelle respectives révèlent l'efficacité gagnée grâce à l'adoption de machine de filature. En 1913, le nombre de petites usines (moins de 10 *Kama*[3]) atteignait 2 172 et celui de 1920, en diminution, seulement 1 645 ; le nombre de grandes usines (plus de 100 *Kama*) en 1913 s'élevait à 546, mais, en 1920, l'on en comptait 836. En revanche, le nombre de moyennes usines (10-100 *Kama*) demeurait au même niveau : en 1913, le nombre atteignait 1 983 et, en 1920, était même de 1 990. Pendant cette période, de 1913 à 1920, le nombre total d'usines utilisant les machines diminua de 4 701 à 4 471. Le nombre total de manufactures manuelles tomba de 284 869 en 1913 à 190 785 en 1920. Le nombre absolu de manufactures manuelles restait élevé. Cela confirmait que la filature était une activité dans laquelle le coût d'entrée de nouveaux entrepreneurs était très bas. Pendant cette période, le nombre de petites manufactures, soit 283 617 en 1913, se réduisit d'un tiers, à savoir 188 894 en 1920. Quant au nombre de grandes manufactures, il atteignait à peine de cinq en 1920.

Cependant, la production totale de soie augmenta de 3 487 000 *Kan* en 1913 à 5 390 000 *Kan* en 1920. C'est-à-dire que la productivité s'était élevée en dépit de la réduction de nombre de manufactures et d'usines de filature. De fait, le nombre de *Kama* était passé, quant à lui, de 539 285 en 1915 à 535 121 en 1920. La diminution résultait du secteur manuel 83 700 *Kama* tandis que le secteur mécanique augmentait 80 000 *Kama*. L'augmentation de la production du secteur économique, soit 1 903 000 *Kan*, était produite par le secteur mécanique.

---

[1] Le *Kan* et le *Kin* étaient l'unité de poids japonaise, 1 *Kan* est égal à 8,28 lbs, 1 *Kin* est égal à 1,3228 lbs.

[2] S. Uyehara, *The Industry and Trade of Japan*, *op. cit.*, p. 91.

[3] Le *Kama* est un bassin utilisé pour la macération de cocons. S. Uyehara, *The Industry and Trade of Japan*, *op. cit.*, p. 91.

Tableau I.1.3 Production totale de soie au Japon en 1915 et 1920

	1915	1920	1915	1920
Nombre de *Kama*	Filature mécanique		Filature manuelle	
	205 588	285 147	333 697	249 974
Production (*Kan*)	3 182 000	4 869 000	575 000	521 000
Productivité *Kan/Kama*	15,48	17,08	1,72	2,08

Source : S. Uyehara, *The Industry and Trade of Japan*, London, P. S. King & Son, Ltd. Orchard House, 1926, p. 92-95.

D'après le tableau ci-dessus, la productivité de la filature mécanique était bien plus élevée, presque neuf fois, que la productivité manuelle. De plus, la productivité de la filature manuelle avait augmenté, mais l'augmentation de la productivité de la filature mécanique était de beaucoup plus importante[1]. L'augmentation de la productivité de la filature était le résultat de l'adoption de la machine à filer ainsi que l'introduction du système du travail en usine.

La distribution spécifique de l'industrie soyeuse japonaise a beaucoup le début de l'industrie soyeuse au nord du Japon. Vers la fin du XVIe siècle, la paix s'était installée et le pays pouvait reprendre ses industries longtemps en détresse y compris l'industrie de la soie. Le Shogunat Tokugawa prohiba la tenue de la soie pour les civils. C'est un privilège des samouraïs de porter des vêtements de soie. Suite à la guerre de Boshin, la fin du régime du shogunat favorisa un glissement vers le nord-est du pays. L'ouverture du port de Yokohama, à l'époque de Meiji, fit entrer le Japon sur le marché international : la demande toujours croissante de soie japonaise stimulait énormément la production et le développement technique de l'industrie. La vente de soie à l'étranger, parce qu'ayant beaucoup augmenté, occupait l'essentiel des exportations japonaises en poids et en valeur.

L'ouverture du Japon, en 1853, avait permis l'afflux de la technologie des pays avancés en direction du Japon, ouvrant ainsi la voie à la demande du marché mondial. De nombreuses mesures politiques favorables à l'industrie de la soie japonaise permirent à cette industrie de saisir l'opportunité du développement, contribuant ainsi à la modernisation du pays en général. L'augmentation de la production était le résultat à la fois de l'effet d'une amélioration de la gestion, de l'adoption d'un nombre plus grand de machines ainsi que d'inventions importées de l'étranger, notamment françaises.

[1] S. Uyehara, *The Industry and Trade of Japan*, *op. cit.*, p. 92-95.

III. LES AUTRES ACTEURS INDUSTRIELS SUR LE MARCHÉ MONDIAL DE LA SOIERIE

En plus des acteurs principaux traditionnels dans la concurrence du commerce de la soie, les autres acteurs plus industriels occupent une place indispensable dans le marché mondial de la soierie.

3.1 – Les États-Unis

Le début de la sériciculture en Amérique dans les premières années du XVIIe siècle fut imposé par le roi James Ier d'Angleterre, qui était alors le suzerain des colonies d'Amérique. L'opposition du roi envers le tabac et sa passion pour la sériciculture le conduisirent à tenter de mettre fin à la culture prospère du tabac en Virginie et de planter le mûrier pour fournir la soierie anglaise. En effet, celle-ci consommait une quantité de soie que la sériciculture d'Angleterre ne pouvait fournir. Des encouragements et primes furent mis en place en faveur de la culture du mûrier : par exemple, en 1656 ou 1657, l'Assemblée coloniale offrit une prime d'un montant de 10 000 livres de tabac, qui, à cette époque, servait en tant qu'argent, aux cultivateurs qui produiraient une valeur de cocons ou de soies supérieure à 200 livres par an[1]. La sériciculture semblait alors se développer de façon progressive. À peine une dizaine d'années plus tard, la production avait cessé de se développer. Ainsi, la sériciculture fut, au siècle suivant, abandonnée par les colons.

La Géorgie, elle aussi, était devenue un centre de production de soie depuis 1732. En 1735, 8 livres de soie furent envoyées à Londres ; puis, en 1749, le Parlement anglais passa une loi afin d'encourager la culture du mûrier à la fois en Géorgie et en Caroline, en exemptant de taxes les soies en provenance de ces deux colonies. Sous l'instruction d'un Italien, une filature fut établie à Savannah, où les soies étaient dévidées, filées et moulinées. Il est estimé qu'en 1759, plus de 10 000 livres de soie issues de la seule Géorgie étaient envoyées à Londres. Cette année constitua le couronnement de l'exportation de la soie de la Géorgie. En effet, la Révolution américaine survint, qui interrompit le commerce entre les colonies et l'Angleterre. Durant les trente ou quarante années suivantes, la production de soie demeura très faible. Les soies produites en Caroline paraissaient de très bonne qualité. Malheureusement, cela ne put continuer et la Caroline suivit le même chemin que la Géorgie. Le Connecticut, de son côté, s'engagea dans cette industrie et, malgré les efforts, il n'obtint que quelques succès passagers. Il convient aussi de mentionner que cette industrie était bien enracinée à Mansfield, dans l'Ohio. Une autre colonie, à savoir la

[1] L. P. Brockett, *The Silk Industry in America: A History Prepared for the Centennial Exposition*, *op. cit.*, p. 27.

Pennsylvanie, tenta cette industrie et y réussit à échelle limitée. Toutes les tentatives furent anéanties par la Révolution américaine.

L'industrie de la soie américaine tirait l'expérience de la faillite de la soierie anglaise. Celle-ci s'était effondrée en ouvrant la porte aux produits concurrentiels de la soie venue de la France et d'Italie à partir du traité de libre-échange de 1860. Par conséquent, elle fut protégée par des taxes, se situant entre 24 et 40 % du montant des importations, de 1857 à 1864, et entre 50 et 60 %, de 1865 à 1875, taxes imposées pour tous les produits entrant aux États-Unis. Condamnées à la faillite, les filatures de Macclesfield, dans le Cheshire, et Manchester avaient été forcées de fermer et une grande partie des machines se trouvaient ensuite travailler dans les filatures américaines[1].

Vigilants face aux concurrents étrangers, les Américains étaient conscients du fait qu'afin d'avancer dans la voie du développement de l'industrie de la soie américaine, il serait impératif d'être ouvert à toutes les technologies qui pouvaient augmenter la productivité et diminuer les coûts. Tout en admettant les avantages produits par machines technologiquement avancées, il semble qu'ils partageaient la même idée que les autres pays. En effet, les produits domestiques étaient de meilleure qualité que ceux importés[2].

En même temps, l'industrie de la teinturerie s'était aussi développée. On remarquait une concentration des teinturiers, par exemple, à Paterson, ville aussi réputée que Lyon aux États-Unis. Quelques-uns de ces teinturiers étaient de taille. Parmi eux, la maison Weidmann and Greppo était la plus grande. À Philadelphie, c'était le Quaker City Dye et Print Works qui était l'entreprise dominante. Les innovations concernant la teinturerie en France inspirèrent celles observées en Amérique. Au début du XXe siècle, les Américains affirmaient qu'ils avaient surpassé les Français au niveau de ce métier. Avec la protection douanière et l'aspiration à être le champion parmi les acteurs étrangers, l'industrie de la soie américaine bénéficia d'une reprise. Un premier succès apparut en 1875, où une dépression générale était prépondérante pour presque toutes les industries. Sa consommation de matières premières était en croissance. L'essor de l'industrie américaine peut être mesuré en considérant les chiffres de ses importations de soie[3].

---

[1] L. P. Brockett, *op. cit.*, p. 128-129.
[2] *Ibidem*, p. 130.
[3] *Ibid.*, p. 154.

Figure I.1.3 Importations américaines de soie 1868-1875

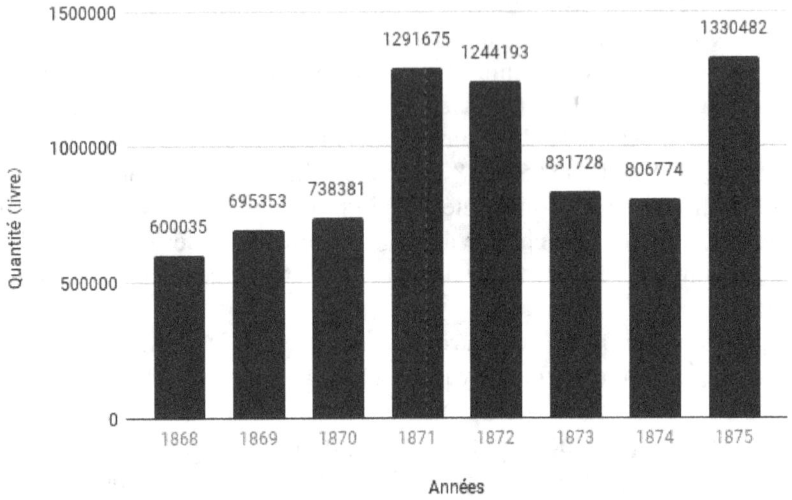

Source : L. P. Brockett, *The Silk Industry in America : A History Prepared for the Centennial Exposition*, New York, 1876, p. 154.

3.2 – L'Angleterre, une industrie au début précoce et en phase de transition

L'Angleterre, en tant qu'acteur principal traditionnel, conservait son rôle important sur le marché de la soie.

A/ La fondation de l'industrie de la soie en Angleterre

Avant la conquête normande, le peuple anglo-saxon en Angleterre vivait dans une condition primitive, la soie comme les autres articles d'excellence n'était pas connue sauf dans les légendes. En réalité, la soie se trouvait plutôt dans les monastères et était dédiée aux usages religieux. La mention la plus précoce de la soie se trouve dans une chronique saxonne, où il est dit que deux vêtements de soie furent donnés comme cadeaux de la part de l'Empereur Charlemagne. Jusqu'à l'époque de Guillaume le Conquérant, la soie ne faisait pas partie de la vie quotidienne des Anglais, même pour les membres de l'aristocratie. Les vêtements de pure soie étaient aussi d'une grande rareté. Durant le Moyen Âge, les Anglais ne pratiquèrent que la fabrication de petites pièces de soie telles que cordons et rubans, etc. Le type de pièces destinées aux vêtements et meubles ne concernait donc pas les tisserands anglais[1]. Selon Francis Bacon, dans son *History of Weaving*, les tisserands anglais parvinrent à fabriquer des tissus de soie.

[1] F. Warner, *The silk industry of the United Kingdom. Its origin and development*, London, 1921, p. 20.

Après trois siècles de quasi-monopole italien de la sériciculture, plusieurs pays tentèrent de l'adopter chez eux. La France l'avait fait dès le XIVe siècle au plus tard. Étant donné que la fabrication de la soie était aussi introduite aux Pays-Bas durant le même siècle, les vigoureux échanges commerciaux entre l'Angleterre et les Flandres y apportèrent non seulement les produits de soie, mais aussi la technique de fabrication de la soie. Il est reconnu par les historiens anglais que l'établissement en Angleterre de l'industrie textile, y compris celle de la soie, devait beaucoup aux immigrants étrangers. Deux afflux successifs de réfugiés, les Flamands au XVIe siècle et les Français au XVIIe siècle contribuèrent au fondement de l'industrie britannique de la soie. Pendant cette période, étant donné que les villes qui accueillaient les immigrants prospéraient grâce à ces nouveaux résidents, presque tous les souverains étaient ouverts à la venue de ces immigrants, à l'exception de Roi Édouard III peut-être. Parmi eux, la Reine Elizabeth Ire fut l'une des plus remarquables. Elle produisit une lettre patente permettant aux immigrants venus à Sandwich de bénéficier le plein droit d'y résider[1].

Pendant les XVe et XVIe siècles, l'industrie flamande de la tapisserie était reconnue en Europe pour sa qualité exceptionnelle. Sa technique de tissage s'était beaucoup développée. Moins remarquée est l'industrie tout autant compétente, de la soie. À cause de leur design similaire que celui d'Italie et d'Espagne, les produits de soie fabriqués aux Pays-Bas étaient considérés comme des produits importés. Cependant, en examinant le tissu, il est clair que ce n'était pas de la soie pure, mais un mélange de soie et d'autres fils, tels que du lin ou de la laine, une technique bien maîtrisée par les Flandres[2]. Deux siècles plus tard, la prospérité des Provinces-Unies se trouva soumise à la persécution. La pire situation fut atteinte au XVIe siècle. En effet, suite au siège d'Anvers en 1576, un tiers des tisserands flamands émigrèrent à destination de l'Angleterre et d'autres pays. L'Angleterre les accueillit dans ses villes littorales[3]. Consécutivement, les tisserands y apportèrent avec eux les techniques de tissage.

Ce furent largement les réfugiés huguenots de France qui fondèrent l'industrie de la soie britannique. Environ 100 000 huguenots étaient partis en bateau à destination de l'Angleterre entre 1685-1687. Ils s'étaient exilés pour fuir les persécutions après la révocation de l'Édit de Nantes. Il s'agissait de maîtres-ouvriers, des huguenots, qui pratiquaient la fabrication de la soie en France, où les soies les plus fines étaient produites depuis le XVIIe siècle. Les huguenots furent accueillis avec générosité. Des aides publiques et privées furent organisées dès leur arrivée. Ayant apporté peu de richesses avec eux depuis leur pays de naissance, ils reprirent bientôt leur métier en tant que maîtres-ouvriers. Ils s'établirent à Londres, dans le

[1] F. Warner, *op. cit.*, p. 33.
[2] *Ibidem*, p. 33.
[3] *Ibid.*, p. 31.

quartier Spitalfields pour être plus précis, au cœur de la soierie britannique naissante. Il n'est pas exagéré d'affirmer qu'en Angleterre, l'industrie de la soie était un résultat dû entièrement à l'effet des immigrations. En conséquence de quoi, l'industrie soyeuse britannique atteignit au XVIIIe siècle une position importante parmi toutes les industries du pays[1].

B/ Spitalfields, le cœur de la soierie britannique

Un développement accéléré commença avec l'installation des huguenots à Londres. Ils se rencontraient dans plusieurs quartiers, tels Bishopsgate, au Bethnal. Néanmoins, la plupart s'installèrent à Spitalfields, un quartier situé à l'est de Londres, en profitant de la proximité du centre-ville et d'un espace banlieue moins aménagé. Cela permit de construire un grand nombre de logements adaptés au mode de vie du maître-ouvrier de la soierie.

1/ L'introduction du *factory system*

Depuis 1820, le *factory system* (système de l'usine) se développait de façon plus rapide dans les provinces qu'à Londres. Il y fut introduit initialement dans la fabrication du coton et de la laine. Il surpassa rapidement la production domestique qui prédominait dans ces deux industries. Cette tendance se fit sentir aussi dans l'industrie de la soie. De fait, l'usine était montée d'abord pour la fabrication des tissus de soie de bas de gamme. En 1850, l'on comptait sept usines de ce genre fonctionnant à Londres. Il est à noter qu'ils n'étaient que des établissements secondaires d'usines situées en province. L'année 1851 vit la tenue à Londres de l'Exposition internationale des arts et des industries. L'hésitation des manufactures de Spitalfields d'y exposer leurs meilleurs designs et techniques, leur fut préjudiciable au lieu de leur bénéficier. Clairement, il s'agissait d'un signe de son insécurité et sa fermeture à l'innovation. Le manque d'innovation fut aggravé ensuite par l'échec du fonctionnement d'un établissement académique pour former les stylistes de la soie.

2/ Le coup de grâce à l'industrie de la soie à Spitalfields

Le traité de libre-échange avec la France en 1860 donna le coup de grâce à Spitalfields, où l'industrie avait existé pendant les deux derniers siècles. Le traité stipulait que les produits de coton, de laine et de soie de la France ne seraient pas taxés lorsqu'ils étaient importés à l'Angleterre, mais les produits de ce genre issus de l'Angleterre, qui avaient été interdits d'importation en France, seraient soumis à une taxe allant jusqu'à 30 % *ad valorem.* L'année 1860 marqua à la fois l'apogée de la soierie britannique et la chute à venir de cette industrie. Une fois la protection douanière ôtée, la fragilité de l'industrie de la soie britannique se manifesta immédiatement. Plusieurs facteurs contribuaient au coût élevé de la fabrication britannique des produits de la soie : le manque de matériaux primaires, une productivité plus faible, une organisation mal adaptée face au défi de concurrences fortes ainsi que

---

[1] *Ibid.*, p. 40-51.

l'apparition de nouvelles fibres textiles, qui ravageaient l'industrie de la soie à l'échelle internationale.

Figure I.1.4 Production de soie anglaise

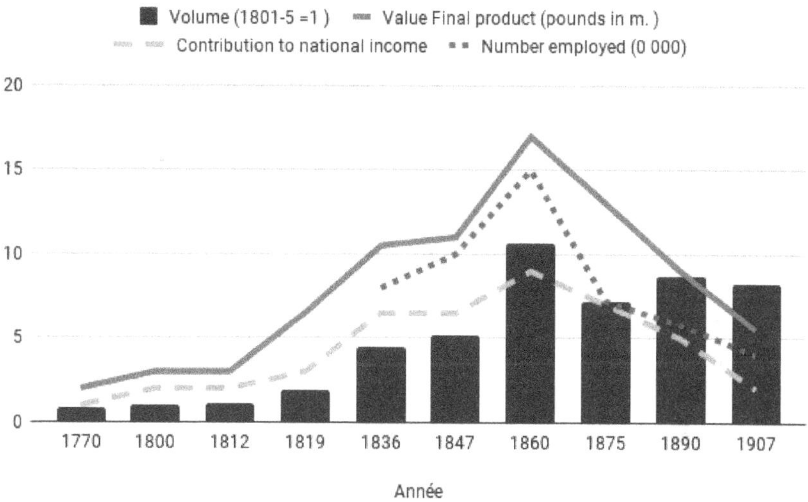

Source : Phyllis Deane and W. A. Cole, *British Economic Growth 1688-1959 : Trends and Structure*, Cambridge, Cambridge University Press, 1969, p. 210.

Les jours les plus brillants de la soierie anglaise avaient résulté de l'ouverture du pays, des politiques favorables aux immigrants, lesquels avaient apporté en Grande-Bretagne les techniques et la main-d'œuvre indispensables. À l'inverse, la faillite de l'industrie de la soie anglaise semblait le résultat direct de l'ouverture du marché domestique aux concurrents français. La théorie économique dicte que le libre-échange contribue à la spécialisation d'un pays dans certains produits et, conséquemment, lui permet de profiter des avantages comparatifs (Adam Smith, puis David Ricardo)[1]. La soierie française disposait des meilleures conditions pour s'épanouir et conquérir une position forte sur les marchés européens. En admettant cette explication et en analysant la structure de l'industrie, il s'avère que sa faillite était tout à fait possible. En effet, il n'y avait pas de sériciculture adéquate, le climat anglais ne favorisait pas la culture du mûrier[2], laquelle pouvait fournir une matière première abondante pour la fabrication de soierie anglaise.

[1] G. Federico, *An Economic History of the Silk Industry, 1830-1930*, *op. cit.*, p. 1.
[2] L. P. Brockett, *The Silk Industry in America*, *op. cit.*, p. 24.

IV. LES MARCHÉS DE LA SOIE DANS LE MONDE

Le marché des soies et soieries fut monopolisé par la Chine pendant des millénaires. Le Céleste Empire était alors le seul exportateur de la soierie et de la soie. Grâce aux caractéristiques spécifiques de cette marchandise, à savoir son apparence lustrée, sa valeur élevée par rapport à son volume, sa facilité à être transportée et stockée, la soie devint l'une des marchandises les plus commercialisées le long de l'histoire humaine. Il existait plusieurs centres de transaction de la soie en Europe, Milan, Lyon, Zurich, Amsterdam et Londres, mais il n'existait pas de marché à terme[1], car les variétés nombreuses et le manque de standardisation, tenant compte de provenances variées des soies, rendaient impossible l'émergence d'un marché unique avec un système de transaction universellement accepté.

4.1 – Le marché de Milan

À Milan, il existait un grand marché des soies grèges et moulinées. Depuis 1880, il disposait de tous les avantages de la grande taille : une sériciculture prépondérante en Europe, une excellente maîtrise de la filature, du moulinage et du tissage, l'existence en Europe centrale, de nombreux consommateurs liés à Milan par passage des Alpes, la maîtrise du transport maritime aux directions des producteurs asiatiques. Un facteur indirect a contribué aussi à son importance accentuée, les soies fabriquées en Italie ou à l'étranger et destinées à être redistribuées par le marché de Lyon aux pays consommateurs y étaient détournées par un droit douanier indiscriminé instauré en 1892 par rapport à celles venant de la France (lois Méline).

4.2 – Le marché de Lyon

Avant la Première Guerre mondiale, ce marché était le plus important. Il le devait à sa longue tradition et à plusieurs facteurs cruciaux : ainsi, par exemple, la consommation locale importante, la surabondance de capitaux ainsi que la puissance et l'influence manifestées par les soyeux lyonnais qui faisaient venir des soies des quatre coins du monde. Lyon s'imposa comme un marché de redistribution à la fois vers l'intérieur et vers l'étranger. Toutes les soies entrées en France devraient être dirigées vers Lyon afin d'acquitter un droit de 2,5 % avant d'être redistribuées vers le marché français ou exportées à l'étranger. Le marché était contrôlé par des marchands de soie, qui formaient une union puissante : l'Union des marchands de soie de Lyon. Elle intervenait de manière active sur le marché de la vente aux transactions financières. La vente directe était préférée à la consignation qui était pratiquée sur le marché. Le prix du marché était convenu entre « les marchands de soie, les courtiers et les fabricants » et endossé par la Chambre de commerce de Lyon. Pour le bon déroulement du commerce de la soie à

[1] P. Clerget, *Les Industries de la soie en France*, *op. cit.*, p. 44.

Lyon, une initiative fut prise par l'Union en vue de codifier des conditions indispensables pour que les transactions fussent satisfaites. La classification des soies était établie par la Chambre de commerce ; le pesage était défini par la Condition des soies ; les termes de paiement étaient entendus ; le processus de la transaction était donc bien cadré.

En 1860, le prix de la soie fut fortement impacté par l'épidémie du ver à soie. À cause de la production considérablement réduite de l'Europe, ce prix dépassa de 100 francs le kilogramme. Puis, avec l'arrivée des soies asiatiques, en grande quantité et croissante, le prix baissa régulièrement jusqu'à 1 890. À partir de cette date suivit une stagnation du prix, alors situé entre 42 et 55 francs le kilogramme. La fluctuation des prix pendant la guerre dépendait étroitement du change des devises[1].

Figure I. 1. 5 Prix moyens annuels des soies en francs 1900-1923

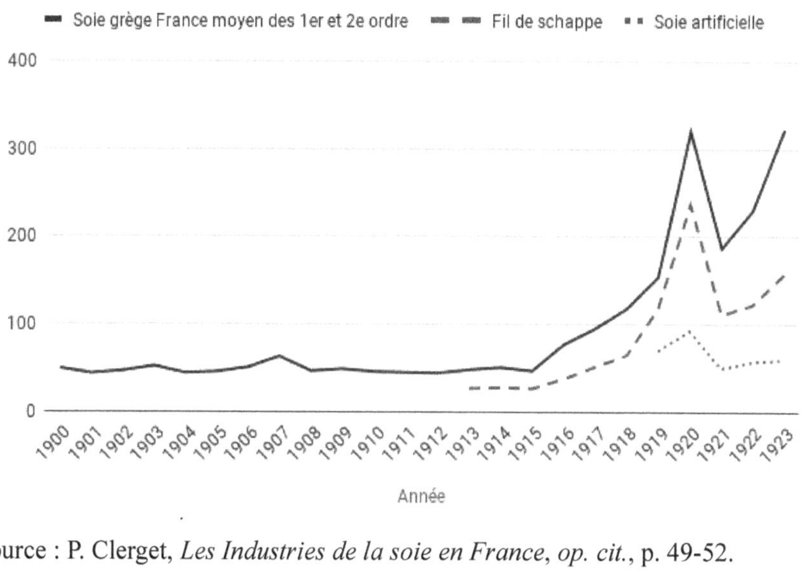

Source : P. Clerget, *Les Industries de la soie en France*, *op. cit.*, p. 49-52.

Il existait d'autres marchés moins importants en France : parmi eux, les marchés de Marseille, de Paris, de Saint-Étienne et de Saint-Chamond. Celui de Marseille connut une diminution importante du commerce de la soie, les producteurs asiatiques ayant trouvé une voie directe pour accéder à Lyon, le consommateur direct. Cependant, Marseille restait le centre du commerce de cocons venant de la région méditerranéenne et du Proche-Orient[2]. Le marché

[1] P. Clerget, *op. cit.*, p. 49-52.
[2] J.-F. Klein, *Ulysse Pila "Vice-Roy of Indo-China". From the Silk Roads to Imperial Power (1837-1909)*, Calcutta, Sampark Éd., 2021, 155 p. Voir aussi, du même auteur, « Ulysse Pila. Des routes de la soie aux coulisses du pouvoir (1837-1909) » dans Marcel Courdurié et Guy

de Paris fournissait en seconde main la soie pour les régions proches et avait des relations avec Londres, qui était devenue le centre du commerce de la soie en provenance d'Extrême-Orient après sa prise de contrôle du transport maritime. Les marchés de Saint-Étienne et de Saint-Chamond n'étaient que des marchés secondaires ou tributaires de Lyon[1].

4.3 – Le marché de New York

Le marché de New York était un important marché de consommation grâce au développement du tissage dans le pays. Lyon était un marché qui fournissait celui de New York. Marqué par des besoins croissants et particuliers, il ne se contentait plus d'un approvisionnement secondaire et s'approvisionnait de plus en plus directement en Asie, surtout au Japon, dont plus que 90 % de la production était destinée au marché américain.

CONCLUSION

Au début du XXe siècle, les pays grands producteurs de soie étaient l'Italie, la Chine et le Japon. Ces deux derniers représentaient environ 85 % de la production mondiale, dont le Japon fournissait 65 %[2].

Figure I. 1.6 Production mondiale de soie 1871-1922

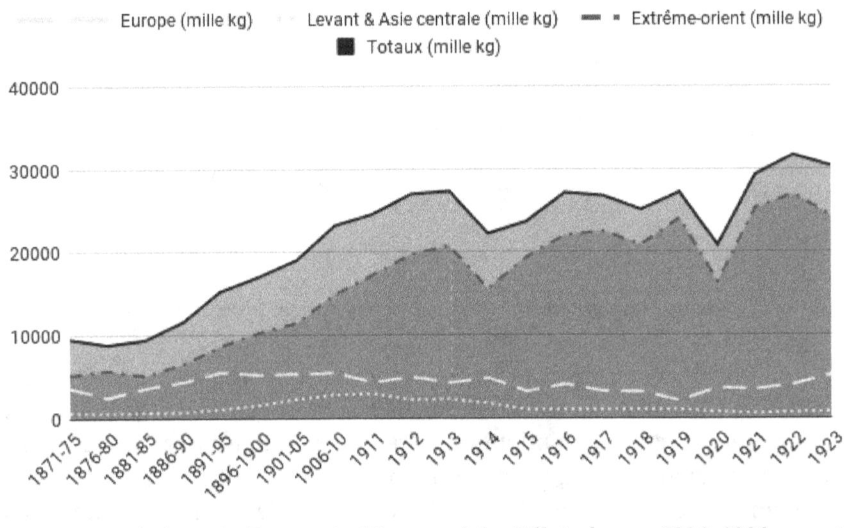

Source : G. Federico, *An Economic History of the Silk Industry, 1830-1930*, *op. cit.*, p. 7.

Durand (dir.), *Entrepreneurs d'empires*, Marseille, CCIMP, coll. « Histoire du Commerce et de l'Industrie de Marseille », tome XIII, 1998, 538 p., p. 114-196.

[1] P. Clerget, *op. cit.*, p. 54-55.

[2] G. Federico, *An Economic History of the Silk Industry*, 1830-1930, *op. cit.*, p. 7.

Du 1830 à 1914, on constate quatre phases d'importations des soies, à chaque période, les fournisseurs représentaient des poids différents. En 1830, la France s'approvisionnait en Italie, dont les statistiques comprenaient celles de l'Autriche, même son pourcentage était faible. Les soies ottomanes et celles de l'Angleterre se situaient à des rangs secondaires. À cette date, l'importation de la soie chinoise était non significative et le Japon s'était fermé aux pays étrangers[1].

Figure I. 1.7 Mouvement de la Condition des soies étrangères (en % du total)

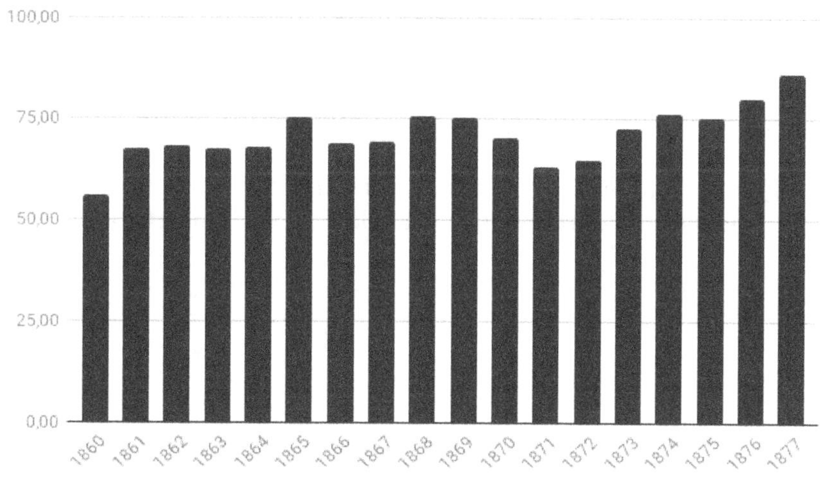

Source : Adrien Perret, *Monographie de la Condition des soies de Lyon, op. cit.*, p. 84-91.

Depuis 1860, l'Angleterre avait obtenu l'hégémonie maritime dans le monde[2], les soies venant d'Asie devaient passer par Londres à réexporter en France. Plus de 50 % de l'approvisionnement français introduisait de Londres. L'Italie et l'Autriche étaient descendues au deuxième rang. L'importance de la soie ottomane augmenta grâce aux activités des soyeux lyonnais au Proche-Orient. Les soies de Chine se caractérisaient par une augmentation régulière. On voit aussi l'apparition de la soie japonaise. En même temps, l'Inde commença aussi à exporter les soies en France. Au début des années 1900, la Chine avait affirmé sa prépondérance dans l'importation française des soies. L'Empire ottoman s'était hissé au rang de puissance secondaire avec l'Italie et l'Autriche ainsi que le Japon.

[1] Adrien Perret, *Monographie de la Condition des soies de Lyon*, Lyon, 1878, p. 84-91.

[2] J.-F. Klein, « Une thalassocratie asiatique britannique ? » dans Dominique Barjot et Charles-François Mathis (dir.), *Le monde britannique : 1815-1931*, Paris, A. Colin, 2009, p. 130-141.

L'exportation indienne commençait à perdre son élan. À la veille de la guerre, la Chine avait maintenu sa première place et était suivie par le Japon. L'Italie et l'Autriche avaient perdu leur place de second rang. Quant à l'exportation de soie ottomane, elle diminuait aussi. La France n'importait plus que des soies anglaises, c'est-à-dire des soies d'Asie (Bengale et Chine).

Depuis 1860, l'Italie, la Suisse et la Prusse étaient les trois clients les plus importants de la France. Il faut préciser qu'on parle plutôt de la réexportation des soies plutôt que de la soie produite en France, qui vécut une diminution de la production nationale. De surcroît, la plupart des soies françaises étaient consommées par les Français. L'augmentation de l'importation des soies avait permis la réexportation de la part de la France. L'Angleterre lui achetait une quantité substantielle. De leur côté, les États-Unis s'approvisionnaient en France pour la plus grande part de leur demande. En 1913, l'exportation française de soie atteignait 3,5 millions de kilogrammes, dont un tiers était des soies moulinées[1].

Figure I. 1.8 Mouvement de la Condition des soies chinoises : pourcentages respectifs de la Chine, de Canton et Total

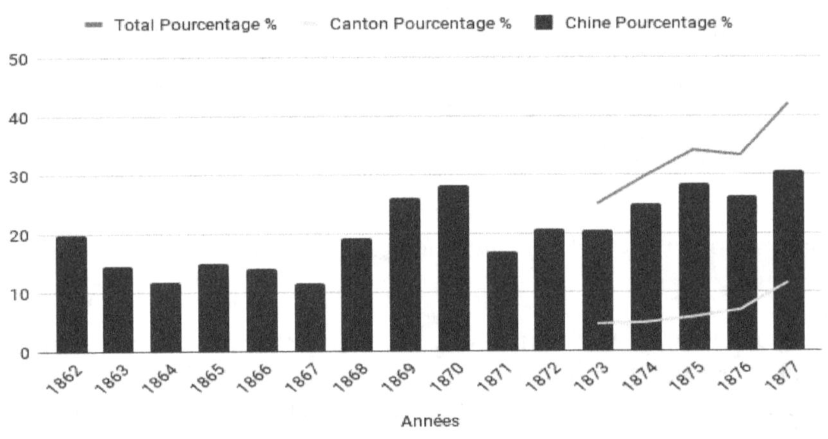

Source : Adrien Perret, *Monographie de la Condition des soies de Lyon*, Lyon, 1878, p. 84-91.

En conclusion, au début du Second Empire, l'Angleterre possédait une hégémonie maritime sur le monde. En effet, les soies venant d'Asie devaient passer par Londres pour être réexportées en France. Plus de 50 % de l'approvisionnement français était introduit de Londres. Mais, après 1868, les commerçants français commercèrent à acheter directement leurs soies

[1] Adrien Perret, *Monographie de la Condition des soies de Lyon*, *op. cit.*, p. 84-91.

grèges en Chine au lieu de Londres[1]. En conséquence de quoi, l'importation de la soie chinoise augmenta grâce aux activités des soyeux lyonnais au Proche-Orient. L'industrie de la soie américaine tira alors bénéfice de l'expérience de la faillite de la soierie anglaise et connut une reprise au Second Empire. En tant que matières premières indispensables, les soies de la Chine se caractérisèrent par une augmentation régulière, tandis que se manifestaient aussi l'apparition, puis la montée en puissance de la soie japonaise après l'ouverture de ce pays à la même époque.

[1] J.-F. Klein, *Ulysse Pila "Vice-Roy of Indo-China". From the Silk Roads to Imperial Power (1837-1909), op. cit.*

Chapitre 2

LE COMMERCE FRANÇAIS DE LA SOIE DU MILIEU DU XIXe SIÈCLE À 1914

Il est nécessaire de disposer de solides notions sur la conjoncture du XIXe siècle, en particulier sur celle de la période concernant le plus pour cette thèse, qui s'étend entre le milieu du XIXe siècle et l'année 1914. Quelle trajectoire a suivie l'économie française ? Comment la France s'est-elle intégrée au commerce international pendant cette période ? Cette conjoncture fut-elle favorable aussi bien aux industries traditionnelles qu'aux nouvelles industries françaises ? La soierie française, c'est-à-dire, dans une large mesure, la soierie lyonnaise, jouissait-elle toujours d'une suprématie dans ce secteur et quelle était sa place au sein du commerce mondial de la soie ?

L'objectif de ce chapitre est d'identifier le contexte dans lequel la soierie française se développa pendant la seconde moitié du XIXe siècle, et d'examiner sa performance dans une perspective commerciale. Il s'agit d'obtenir certains renseignements sur l'interaction des facteurs internes et externes dans le développement de la soierie française.

I. LA CONJONCTURE ÉCONOMIQUE FRANÇAISE DU MILIEU DU XIXe SIÈCLE À 1914

La France a traversé une période de mutations aussi bien économiques que sociales entre le milieu du XIXe siècle et le début du XXe[1]. Dans le domaine politique, cette période s'est caractérisée par trois changements dramatiques de régimes. La monarchie de Juillet[2] s'est achevée en 1848, suivie par la Deuxième République[3]. À l'issue de son mandat au cours de la

---

[1] Albert Broder, *L'Économie française au XIXe siècle*, Paris, Éditions Ophrys, 1993, p. 23.

[2] La monarchie de Juillet est le nom donné au régime politique du royaume de France entre 1830 et 1848. Source : Dominique Barjot, Michel Figeac, *Citoyenneté, République et démocratie en France, 1789-1899*, Paris, Armand Colin, 2014.

[3] La Deuxième République est le régime républicain de la France du 24 février 1848, qui a perduré jusqu'à ce que Louis-Napoléon Bonaparte soit proclamé empereur le 2 décembre 1852.

Deuxième République, Louis-Napoléon Bonaparte[1] s'est proclamé empereur des Français en décembre 1852. Puis, sous le Second Empire[2], a eu lieu l'expansion coloniale française et la croissance économique française a connu un pic, les défis économiques et sociaux des débuts du capitalisme ont été relevés[3]. La fin du Second Empire a ouvert la voie à la Troisième République qui a duré jusqu'à la Seconde Guerre mondiale. Sous cette République, l'industrialisation française s'est poursuivie, même si le rythme de la croissance a toutefois ralenti. Dans un second temps, au cours du XIXe siècle, l'économie française connut une modification sensible de son modèle de croissance[4]. La croissance économique du pays était « modérée mais contrastée »[5]. Cette expansion est due à une forte demande et à un domaine politico-économique actif[6].

1.1 – Le pic de la croissance économique du siècle et le tournant du fléchissement

Le Professeur Dominique Barjot indique dans son livre *Histoire é conomique de la France au XIXe siècle* que la croissance économique a atteint son apogée entre 1840-1860, puisque s'amorce ensuite une décélération progressive jusqu'en 1906[7]. Un tournant économique s'est en effet produit durant cette période. Une situation qui s'est d'ailleurs aggravée à partir de l'année 1860, avec la crise cotonnière de 1862-1863, ayant elle-même résulté des mauvaises récoltes de 1861, puis de récolte de fruits catastrophiques en 1867-1868[8]. Elle connut une autre croissance entre 1906 et 1913.

Selon les ouvrages de François Caron, la croissance du revenu national a connu une accélération entre 1815-1860. En effet, les taux de croissance du revenu national et du revenu national par tête, sont tous les deux supérieurs à 1,5 % pendant cette période. À partir des années 1860, ils ont connu une décélération progressive jusqu'en 1906, avec un taux de croissance de moins

[1] Louis-Napoléon Bonaparte (1808-1873), fut le président de la Deuxième République, le premier président de la République française, et après la proclamation de l'Empire, le 2 décembre 1852, le dernier monarque du pays sous le nom de Napoléon III, empereur des Français.

[2] Le Second Empire est le système constitutionnel instauré en France le 2 décembre 1852, qui prit fin le 4 septembre 1870. Ce régime politique succéda à la Deuxième République et précéda la Troisième.

[3] « Le face-à-face Prince Napoléon-Pierre Milza. Faut-il réhabiliter Napoléon III ? », *Le Figaro Magazine* du 26 avril 2008, p. 51-52.

[4] Dominique Barjot, *Histoire économique de la France au XIXe siècle*, Paris, Nathan, 1995, p. 26.

[5] *Ibidem.*

[6] Dominique Barjot, Éric Anceau, Nicolas Stoskopf, *Morny et l'invention de Deauville*, Paris, Armand Colin, 2010, p. 7.

[7] Dominique Barjot, *Histoire économique de la France au XIXe siècle*, *op. cit.*, p. 26.

[8] Dominique Barjot (dir.), *Les sociétés rurales face à la modernisation*, Paris, SEDES, 2005.

de 1 %, puis une augmentation est constatée entre 1906-1913, associée à un taux de croissance de plus de 1 %[1].

Le travail sur la production physique mené par Jean Marczewski[2] confirme le découpage de cette période. Les taux de croissance du revenu national et le revenu national par tête révèlent que la croissance suit un rythme comparable. Les taux de croissance de ces deux aspects de l'économie française reflètent profondément la tendance de la conjoncture, il est donc logique qu'ils soient homogènes. Le tableau ci-dessous présente précisément le taux de croissance annuel moyen du revenu national et du produit physique entre 1834 et 1913.

Tableau I.2.1 Taux de croissance annuel moyen du revenu national et du produit physique entre 1834 à 19133

	Taux de croissance annuels moyens du revenu national selon François Caron (en valeur constante en francs)	Taux d'accroissement annuels moyens du produit physique selon Jean Marczewski (francs constants)
1845-1854 à 1855-1864	1,8 %	1,8 %
1855-1864 à 1865-1874	1,5 %	1,2 %
1865-1874 à 1875-1884	0,8 %	0,8 %
1875-1884 à 1885-1894	0,9 %	0,9 %
1885-1894 à 1895-1904	1,4 %	1,5 %
1895-1904 à 1905-1913	1,1 %	1,6 %

Source : Dominique Barjot, *Économie de la France au XIX*e *siècle*, *op. cit.*, 1999.

De plus, les travaux de François Crouzet analysent plus en profondeur la croissance industrielle française du XIXe siècle[4]. Ses conclusions convergent

[1] François Caron, *Histoire économique de la France XIX*e*-XX*e *siècles*, Paris, Armand Colin, 1981, p. 23.

[2] Jean Marczewski, 1908-1990 est un universitaire français d'origine polonaise agrégé d'économie politique. Il a fortement contribué à développer le système de comptabilité nationale français et le système de comptabilité nationale des Nations Unies (SCN). Source : Félix Rosenfeld, « Nécrologie. Jean Marczewski (1908-1990) », *Journal de la société statistique de Paris*, tome 2132, n° 1, 1991, p. 82.

[3] Voir en annexe 1.2.1, Le diagramme de comparaison du tableau.

[4] Jean-Pierre Poussou (dir.), *L'économie française du XVIII*e *au XX*e *siècle, Perspectives nationales et internationales*, Paris, Presse de l'Université de Paris-Sorbonne, 2010.

avec celles de Maurice Lévy-Leboyer sur trois points. Le premier indique que la croissance industrielle est relativement lente, du fait, selon Crouzet, du point d'un secteur traditionnel fort : le textile. Le deuxième point est que la croissance a diminué à partir de 1860. Pour finir, il est établi qu'en ce qui concerne cette reprise, c'est l'année 1906 et non 1886 qui marqua le tournant de la reconstruction, que F. Crouzet a qualifiée d'expansion tardive. M. Lévy-Leboyer a en revanche expliqué que ce phénomène se caractérisait par une accélération progressive[1]. Il est évident que les perspectives des historiens économistes français convergent toujours à propos du niveau de l'industrialisation française. Celle-ci possède ses propres caractéristiques, fort différentes de celles de ses concurrents, la Grande-Bretagne et l'Allemagne.

Après avoir dépouillé les séries de l'économie française, Maurice Lévy-Leboyer indique que les historiens économistes français ont vécu l'expérience consistant à parler du concept de *take-off* à la place de celui de révolution industrielle[2]. Il écrit ensuite dans son étude menée à l'époque, que selon Jean Marczewski, la France ne vit pas une phase de *take-off*[3], qui est un concept introduit par Walt Whitman Rostow, qui a représenté une étape dans le développement moderne de l'économie, se caractérisant par une croissance forte et accélérée[4]. Le taux maximal de la croissance industrielle enregistré par Marczewski ne dépasse pas 8 % par an, chiffre souvent identique dans d'autres pays. Les taux de croissance industrielle en France étaient de 2,56 % entre 1845 et 1865, de 1,64 % entre 1865 et 1890 et de 1,5 %-2,0 % entre 1895 et 1913[5].

De plus, pendant une vingtaine ou trentaine d'années, il n'existe en France aucune industrie de pointe qui fait décoller l'économie, comme c'est le cas de la cotonnerie ou de la sidérurgie de la révolution industrielle en Angleterre. Néanmoins, en appliquant des critères d'une industrie de pointe[6], les industries françaises, de même que la soierie pendant les années 1807 à 1850 et 1870 à 1890, ou l'industrie de la chimie en 1860-1900, ont joué un rôle en tant que moteur de l'économique nationale.

Jean-Charles Asselain émet aussi l'argument selon lequel il n'a pas existé de « take-off » au niveau de la croissance industrielle française au XIXe siècle. Il continue à affirmer que la France a connu une

---

[1] Maurice Lévy-Leboyer, « La croissance économique en France au XIXe siècle. Résultats préliminaires », *Annales, Économies, sociétés, civilisations*, 23e année, n° 4, 1968, p. 788-807.
[2] *Ibidem*.
[3] Rostow Walt Whitman, *The economics of take-off into sustained growth*, Macmillan, 1963, p. 23.
[4] *Ibidem*.
[5] Entre 2,20 et 2,85 % d'après Jean Marczewski ; entre 1,52 % en 1875-1885 et 3,03 % en moyenne décennale entre 1890 et 1910 selon Lévy-Leboyer.
[6] Une industrie de pointe, selon M. Lévy-Leboyer, se caractérise par un taux de croissance de 20 % supérieur à la moyenne et représente un poids de plus de 2 % de la production industrielle (en valeur ajoutée).

industrialisation pendant une période exceptionnellement longue, depuis la fin du XVIIIe siècle, sans qu'il y ait eu pour autant de phase décisive de décollage[1]. Comme l'a confirmé Dominique Barjot dans ses études portant sur la spécificité du développement français au cours du XIXe siècle, l'idée que la France n'a pas connu de période de croissance accélérée[2], dite *take-off* fait consensus parmi les historiens économistes français. En effet, la croissance n'a pas connu de chiffres significatifs par rapport au développement industriel français ni l'existence d'industries dites de pointe.

L'économie française au XIXe siècle n'a pas connu de *take-off* et se distingue également par la variation de son rythme. Maurice Lévy-Leboyer et François Caron montrent que le développement économique s'est déroulé en trois étapes. Les années 1815-1865 se caractérisent par une croissance soutenue par la prospérité rurale, croissance qui, dans les années 1851-1865, connaît son apogée, même si jusqu'ici, le secteur industriel était toujours tributaire de l'agriculture[3]. La période de stagnation s'est étalée entre les années 1865 et 1905, même si durant tout ce laps de temps, l'industrie prit son indépendance vis-à-vis de l'agriculture. Entre 1906 et 1913, l'on assiste à une reconstruction de l'économie.

Les raisons de cette croissance « relativement harmonieuse » peuvent être résumées de la façon suivante : premièrement, du début du siècle jusqu'à 1860, la prospérité rurale et l'amélioration des échanges avec les pays étrangers encouragent une croissance harmonieuse de l'économie française ; deuxièmement, depuis l'année 1870, les implications des guerres et la difficile reconversion vers les débouchés asiatiques ne permettent pas une croissance économique très rapide ; pour finir, pendant les années qui précèdent la Première Guerre mondiale, l'économie connaît un tournant car elle se redresse grâce à la hausse du pouvoir d'achat des ouvriers dans les villes[4]. La structure économique s'est modifiée, dans le même temps, la croissance économique a commencé à suivre un nouveau modèle et à disposer d'une force motrice depuis le milieu du XIXe siècle. La seconde moitié du XIXe siècle est marquée par une transition irrévocable de la structure économique au cours du mouvement d'industrialisation : le secteur agricole céda sa place de moteur à celui industriel. Le tableau ci-dessous indique clairement le taux d'accroissement annuel moyen de la production agricole en France pendant ces trois périodes différentes.

---

[1] Jean-Charles Asselain, *Histoire économique de la France du XVIIIe siècle à nos jours : 1. De l'Ancien Régime à la Première Guerre mondiale*, Paris, Seuil, 1984.

[2] Dominique Barjot, *Histoire économique de la France au XIXe siècle*, *op. cit.*, p. 27.

[3] Jean-Luc Mayaud, « Les dynamiques des sociétés rurales en France de la révolution de 1848 à la Première Guerre mondiale », *Journal of Modern European History*, 2004 ; 2(2) : 280-302. DOI :10.17104/1611-8944_2004_2_280

[4] *Ibidem.*

Figure I.2.1 Taux d'accroissement annuel moyen de la production agricole en France entre le milieu du XIXe siècle et 1914[1]

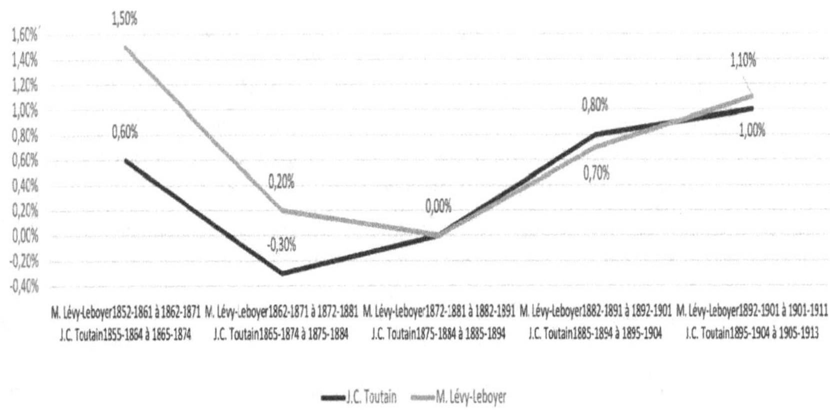

Source : J.-C. Toutain, « Le produit de l'agriculture française de 1700 à 1959 », vol. 2, « La croissance », *Cahiers de l'ISEA, AF* 2, 1961 ; M. Lévy-Leboyer, « La croissance française au XIXe siècle. Résultats préliminaires », *Annales ESC*, 23, n° 4, 1968, p. 788-807.

Selon ce tableau, l'on a observé aussi que l'agriculture s'est développée au cours de trois périodes : entre les années 1815 et 1870, elle a connu une croissance assez soutenue, mais les années 1870-1890 furent une période de stagnation et entre 1890 et 1910, le secteur agricole est progressivement reparti. Or, le secteur industriel devint le vecteur du développement économique du pays. C'est au milieu du XIXe siècle, entre 1840 et 1860, que l'industrie a été à son apogée. Par exemple, entre les années 1850-1880, l'industrie représente 34,2 % de la production globale, puis 49,1 % entre 1890 et 1910.

Le développement soutenu de l'agriculture durant la période 1815-1865 n'est pas pour autant synonyme de croissance régulière. Ce secteur fait face à des crises cycliques ; par exemple, entre les années 1847 et 1851, l'agriculture française a subi une « crise mixte », pour reprendre les termes d'Ernest Labrousse[2]. Les mauvaises récoltes de ces années engendrèrent une

[1] Taux d'accroissement annuel moyen de la production agricole en France entre le milieu du XIXe siècle et 1914, selon J.-C. Toutain et M. Lévy-Leboyer.

[2] Ernest Labrousse (1895-1988), est un historien économiste français. Il a distingué trois types de crises dans l'histoire économique française des XVIIIe et XIXe siècles : le premier type est appelé la « crise de subsistances », et a été apparemment déclenché par une sous-production de grains ; le second type, qualifié de « crise mixte », s'est caractérisé par une

hausse spectaculaire des prix des grains, ce qui a eu pour conséquence de faire baisser le pouvoir d'achat des paysans ainsi que celui des ouvriers. Ce phénomène qui concernait tout d'abord certaines activités de production industrielle, par exemple, les textiles, s'est ensuite étendu à toutes les industries. De plus, ce mauvais résultat s'accompagne toujours d'une crise ou d'un krach boursier, résultant de la spéculation monumentale liée à la construction du chemin de fer. Les capitaux émanant d'Angleterre, qui représentent 60 % des investissements destinés à la construction du chemin de fer, ont fui la France pendant cette période, à cause de la régression générale des transports nationaux ainsi que de la révolution qui mit un terme à la monarchie de Juillet[1]. Par conséquent, le réseau ferroviaire se trouvait mis à l'épreuve. Il convient de noter que la Compagnie du chemin de fer de Lyon fut sauvée de la faillite par les efforts opérés par le Nouveau Régime pour la nationaliser, en 1848[2].

De plus, les crises de surproduction entre 1880-1913 attestent aussi d'un changement de la structure économique française : elles devinrent en effet indépendantes de la crise agricole. En outre, depuis 1887, à cause de la lenteur des progrès techniques et du changement de mode de consommation, l'agriculture n'a plus exercé qu'une influence très limitée sur l'économie.

---

crise de subsistances, d'un côté, et une crise industrielle, de l'autre ; enfin le troisième type correspond à une « crise contemporaine », causée par la surproduction.

[1] Pedro Arbulu, Jacques-Marie Vaslin, « Le financement des infrastructures par la Bourse de Paris au XIXe siècle », *Revue d'économie financière*, n° 51, 1999, *Le financement des infrastructures*, p. 27-44.

[2] *Ibidem.*

Figure I.2.2 Les phases de la conjoncture selon J. Marczewski et J.-C. Toutain

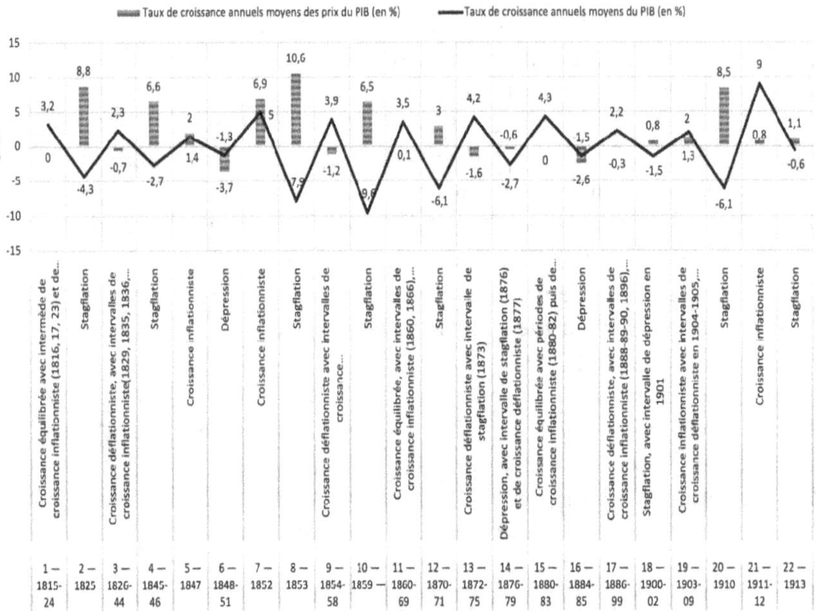

Source : J.-C. Toutain, « Le Produit intérieur brut de la France de 1789 à 1982 », *Économies et sociétés*, *Cahiers de l'ISMEA*, Série Histoire quantitative de l'économie française, n° 15, 1987.

1.2 – L'insertion de l'économie française au commerce international

Au cours du XIXe siècle, les pays européens ont affirmé leur suprématie sur le marché international. Dominique Barjot montre que cette prépondérance européenne s'avéra bénéfique pour les échanges extérieurs français[1]. Deux impulsions ont contribué à la forte expansion commerciale française dans le monde. Dans un premier temps, l'essor démographique et économique européen a offert un potentiel marché européen pour la vente des produits français, auquel se borna l'exportation française durant une bonne partie du siècle, alors qu'en revanche, sa croissance commerciale a été limitée depuis le troisième tiers du XIXe siècle. Ensuite, ces pays européens devinrent des producteurs de marchandises industrielles, chacun étant spécialisé dans un domaine, ce qui contribua à maintenir la paix sur le continent[2]. Ces pays industriels cherchaient activement, d'un côté, à avoir de nouveaux marchés pour leurs produits et à se procurer, de l'autre, les

---

[1] Dominique Barjot, *Histoire économique de la France au XIXe siècle*, *op. cit.*, p. 259.

[2] Patrick Verley, « Spécialisations industrielles, structures sociales, activités financières et intégration économique internationale au XIXe siècle : le cas de la Grande-Bretagne et de la France », *Revue d'histoire du XIXe siècle*, n° 23, 2001, mis en ligne le 19 mai 2009, consulté le 3 mai 2019. URL : http ://journals.openedition.org/rh19/361 ; DOI : 10.4000/rh19.361.

matières premières pour ces industries domestiques. L'on a observé que les pays pratiquaient le protectionnisme pour assurer un marché domestique destiné à leurs industries et mettaient tous les moyens disponibles en œuvre, par exemple, économiques ou politiques, pour conquérir de nouveaux marchés. Dans le même temps, la croissance des échanges internationaux continue à augmenter. En revanche, les tarifs de douane existants ne sont pas supprimés.

Le dynamisme des échanges internationaux repose sur deux piliers : le régime de liberté d'échange des marchandises et celui des capitaux. En réalité, l'expansion commerciale et celle financière vont de pair. La fluidité des transactions monétaires facilite les échanges commerciaux internationaux. De plus, selon Dominique Barjot, le commerce extérieur français a traversé deux phases au XIXe siècle : une phase de percée entre 1815 et 1870 et une autre de recul du commerce, mais de maintien de la position financière entre 1870 et 1914[1].

1.2.1 – L'exportation des capitaux français

La France était importatrice de capitaux jusqu'à la monarchie de Juillet, mais elle en devint exportatrice dès le Second Empire. Les capitaux se sont avérés plus chers pendant les années 1840 à 1860, qui fut une période d'équipement. En revanche, après cette date, ils devinrent plus accessibles à la fois parce que la France s'est enrichie et parce qu'ils ont mieux circulé après 1860 du fait même de l'adoption du libre-échange. On a constaté qu'après l'année 1870, la tendance du rendement des capitaux sur le marché français fut à la baisse, le taux d'intérêt moyen était compris entre 6 % et 8 % entre 1850 et 1860. Entre 1880 et 1890, le taux de rendement est tombé à un niveau assez faible, soit à 3 %, cependant, les marchés étrangers offraient un taux d'intérêt plus élevé, qui en viendra jusqu'à atteindre 8 % à 15 %, réalité confirmée par les critiques de la presse française luttant, à l'époque, contre les placements français à Berlin.

La France était la seconde exportatrice de capitaux au milieu du XIXe siècle et depuis 1860, elle assura environ un tiers des investissements mondiaux. Jusqu'au début du XXe siècle, selon Maizels, la part des exportations des capitaux français s'est encore maintenue au niveau de 20 %, donc supérieur à celui de l'Allemagne, mais loin de celui que connaissait la Grande-Bretagne, qui représentait plus de 40 % du total des investissements mondiaux[2].

---

[1] Dominique Barjot, *Histoire économique de la France au XIXe siècle*, *op. cit.*, p. 267.

[2] *Ibidem.*

Figure I.2.3 Part du total des exportations mondiales de capitaux en 1914

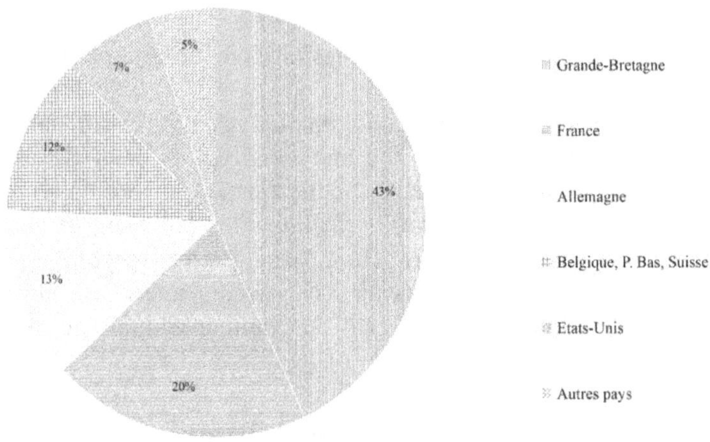

Source : Dominique Barjot, *Histoire économique de la France au XIXe siècle*, *op. cit.*, 1995, p. 286.

Deux types d'exportations de capitaux étaient réalisés par la France, à cette époque. Premièrement, les investissements industriels à l'étranger contribuaient à rapatrier les bénéfices en France. Dans le cas français, les investissements industriels étaient inférieurs à ceux liés à l'exploitation commerciale[1]. Deuxièmement, l'emprunt public des pays étrangers était réalisé par le biais des banques, qui vendaient des titres ou obligations à des épargnants français[2]. Il convient de noter que, selon Adeline Daumard, ces titres et obligations représentaient une part très importante de la fortune des foyers français, soit environ 8 % entre les années 1898 et 1908[3].

La place de Paris est devenue essentielle pendant les périodes d'expansion des capitaux français dans le monde, surtout durant la période de 1850 à 1870 et au début du XXe siècle. La cotation des valeurs étrangères était utilisée comme « l'arme financière » de la France, phénomène qui était tout spécialement vrai dans ce cas pendant la période de l'impérialisme. L'exportation de capitaux fut rendue possible tout à la fois parce qu'elle était devenue incontournable et parce que la France disposait d'un excédent croissant dans sa balance des comptes. On dispose de deux colonnes, de la colonne des crédits et de celle des débits, à partir desquelles on calcule la

[1] André Tardieu, *La France et les alliances : la lutte pour l'équilibre (1871-1910)*, Paris, Alcan, 1910.

[2] *Ibidem.*

[3] Adeline Daumard (1924-2003) est une historienne française contemporaine, spécialiste de l'histoire sociale du XIXe siècle et plus particulièrement de la bourgeoisie.

balance. Dans la colonne des crédits, elle inclut la valeur des exportations, des recettes des invisibles et de l'entrée de capitaux ; dans celle des débits, elle renferme le montant des exportations, des dépenses des invisibles et de la sortie de capitaux[1].

1.2.2 – L'évolution de la structure de la balance des paiements de la France

La balance commerciale est calculée à partir de la valeur des exportations à laquelle est soustraite celle des importations. Si la valeur des exportations est supérieure à celle des importations, la balance commerciale est dite excédentaire, dans le cas contraire, elle est déficitaire. C'est suivant la même logique que l'on calcule la balance des invisibles. On ajoute la balance commerciale à celle des invisibles pour obtenir la balance des paiements courants. Afin de calculer la balance des mouvements de capitaux, il suffit de prendre le résultat de l'entrée de capitaux auquel on soustrait la sortie de capitaux. On obtiendra la balance finale des paiements ou la balance des comptes en faisant la somme de la balance des paiements courants et de celle des mouvements de capitaux[2].

On voit que le solde de la balance des comptes a connu deux cycles de croissance. La première phase était évidemment soutenue par l'excédent du commerce, entre 1848 et 1866. Le second cycle de croissance était lié à l'essor de la partie des « invisibles ». L'on observe que le secteur du commerce devint négatif à partir de l'année 1870 et que le déficit de ce secteur a perduré jusqu'en 1914[3]. La croissance de la recette des invisibles compensa largement l'augmentation du déficit commercial.

---

[1] (a) Les « invisibles » (aux entrées, aux sorties) comprennent :
- les services : le tourisme, les primes d'assurances à l'étranger, le fret maritime puis aérien, les droits de transit.
- les transferts : les droits d'auteur (les livres puis les films et disques), les brevets d'invention, les intérêts des placements (ou des emprunts) au-dehors.

(b) Les mouvements de capitaux (aux entrées, aux sorties) se déroulent tout à la fois :
- sur le long terme (les investissements, prêts).
- sur le court terme (les crédits commerciaux, reports en bourse, au « jour le jour »).

[2] Jean Bouvier, *Initiation au vocabulaire et aux mécanismes contemporains*, Paris, SEDES, 1969.

[3] Maurice Lévy-Leboyer, « La balance des paiements et l'exportation des capitaux français », *La position internationale de la France. Aspects économiques et financiers, XIXe-XXe siècles*, Paris, Édition de l'EHESS, 1977, p. 71-142.

Tableau I.2.2 Évolution de la structure de la balance des paiements de la France entre le milieu du XIXe siècle et 1914 (moyennes annuelles en millions de francs)

	Commerce	Services	Tourisme	Revenus	Espèces	Solde
1848-49	215	88	71	6	-25	128
1850-54	281	137	124	53	-140	455
1855-59	178	200	155	138	455	484
1860-64	20	294	184	260	-35	838
1865-66	516	36	20	427	-341	1174
1870-74	-10	400	222	641	-32	134
1875-79	-487	405	244	612	-412	362
1880-84	-1258	401	296	610	31	80
1885-89	-785	367	328	635	-35	510
1890-94	-736	364	300	669	-158	427
1895-99	-440	368	307	732	-45	922
1900-04	-297	415	336	945	-286	1113
1905-09	-359	520	435	1286	-487	1395
1910-13	-1440	671	558	1565	-213	1141

Source : M. Lévy-Leboyer, « La balance des paiements et l'exportation des capitaux français », *La position internationale de la France. Aspects économiques et financiers, XIXe-XXe siècles*, Paris, Édition de l'EHESS, 1977, p. 71-142.

Les exportations de capitaux constituent une part importante et même exceptionnelle du revenu national français entre le milieu du XIXe siècle et 1913[1]. Le tableau suivant démontre le poids grandissant des exportations de capitaux du Produit national brut.

Tableau I.2.3 Rapport entre les exportations de capitaux et le PNB

Année	Rapport entre les exportations de capitaux et le PNB
1850	7,50 %
1860	25 %
1890	14 %
1901-1913	21 %

Source : Dominique Barjot, *Histoire économique de la France au XIXe siècle*, Paris, Nathan, 1995, p. 281.

[1] Dominique Barjot, *Histoire économique de la France au XIXe siècle*, *op. cit.*, p. 281.

Les pays destinataires des capitaux français se concentrent en Europe. Les trois pays méditerranéens que sont l'Italie, l'Espagne et le Portugal étaient jugés prioritaires pour les capitaux français jusqu'en 1851. Puis entre 1851 et 1881, c'est vers l'Empire ottoman et l'Égypte que furent exportés les capitaux français. Selon Rondo Cameron, les investissements reçus dans les pays européens représentaient 71 % de l'ensemble des exportations de capitaux français en 1881. En 1914, ce taux demeurait majoritaire puisqu'il se montait encore à 58 %[1]. Durant cette même année, l'investissement vers les pays européens méditerranéens a drastiquement diminué passant de 39 % à 14 %, tandis que les pays de l'Europe orientale ont reçu plus de capitaux français. En effet, l'exportation de ces derniers vers ces États a connu une augmentation fulgurante de 7 % à 28 %[2]. L'investissement outre-Atlantique a triplé puisqu'il est passé de 5 % à 16 % en 1914. On a constaté que le rôle des colonies françaises était très minoritaire, car seulement 4 % des investissements français leur ont été destinés en 1881, et atteignaient à peine 9 % à la veille de la Première Guerre mondiale.

Tableau I.2.4 Évolution de la répartition des capitaux français entre 1881 et 1914 (en % du total)

		1881	1914
Empire ottoman et Égypte	Total	20 %	11 %
Colonies	Total	4 %	9 %
Amérique latine	Total	5 %	16 %
Europe	Total	71 %	58 %
Europe	Méditerranée (Italie, Espagne, Portugal)	39 %	14 %
Europe	Europe de l'Est (Russie, Roumanie, Grèce, Serbie)	7 %	28 %
Europe	Europe centrale (Autriche, Hongrie, Allemagne, Suisse)	18 %	8 %
Europe	Nord-Ouest de l'Europe	7 %	8 %

Source : Rondo Cameron, *La France et le développement économique de l'Europe, 1800-1914*, Paris, Le Seuil, 1971.

L'expansion des capitaux évoque souvent la thèse de l'impérialisme, révélateur des tensions entre les grandes puissances, dont les moyens financiers constituent une partie essentielle. La guerre entre la France et l'Angleterre au sujet de l'Égypte en 1875-1882, illustre la tension entre ces deux puissances pour contrôler le développement économique de ce pays.

[1] Rondo Cameron, *La France et le développement économique de l'Europe, 1800-1914*, Paris, Le Seuil, 1971.
[2] *Ibidem.*

Les investissements de capitaux français en Russie, en particulier dans les sociétés industrielles de la zone ouralienne, qui favorisèrent l'essor des chemins de fer[1], et les emprunts publics français auprès du gouvernement chinois, ainsi que les investissements dans les réseaux ferroviaires de Chine, montrent que l'expansion financière s'accompagne de l'expansion économique. En résumé, entre les années 1851 et 1914, la France acquit et conserve ensuite une place importante en termes d'échanges internationaux de capitaux.

1.3 – Les échanges extérieurs de la France entre le milieu du XIXe siècle et 1914

La France traversait une période importante en termes d'expansion commerciale sur le marché mondial pendant les années comprises entre 1850 et 1914.

1.3.1 – Le régime douanier français

L'examen de l'évolution des politiques douanières françaises nous permet de comprendre la trajectoire suivie par l'expansion commerciale de ce pays. Selon Dominique Barjot, la France avait pratiqué une politique protectionniste jusqu'en 1860, année où fut signé un traité de libre-échange avec l'Angleterre[2] et furent supprimées les prohibitions[3]. Elle incluait ainsi d'autres pays[4], tels que la Belgique et l'Italie, etc., dans son réseau d'échanges, les faisant bénéficier de la clause de la nation la plus favorisée[5]. Cette libéralisation dura jusqu'en 1870, année marquée, comme nous l'avons noté, par la reprise du protectionnisme, qui se prolongea jusqu'en 1910, mais à un degré néanmoins limité[6]. Bien évidemment, les mesures protectionnistes étaient aussi notables dans d'autres pays continentaux, comme en Allemagne et en Italie ainsi qu'aux États-Unis[7]. Les tarifs français n'étaient en effet pas aussi prohibitionnistes, à peine 8 % en moyenne,

---

[1] René Girault, *Emprunts russes et investissements français en Russie : 1887-1914*, Armand Colin, Paris, 1973, 618 p.

[2] Philippe Chassaigne, *La Grande-Bretagne et le monde de 1815 à nos jours*, Paris, Armand Colin, 2009, p. 33.

[3] Dominique Barjot, *Histoire économique de la France au XIXe siècle*, *op. cit.*, p. 260.

[4] La clause de la nation la plus favorisée fut accordée à Zollverein en 1862, à l'Italie en 1863, à la Suisse, à la Suède, à la Norvège, à l'Espagne et aux Pays-Bas en 1865, à l'Autriche en 1866 aussi à la Russie en 1874. Source : Jean-Pierre Dormois, *La défense du travail national ? L'incidence du protectionnisme sur l'industrie en Europe (1870-1914)*, Presse de l'Université Paris-Sorbonne, Paris, 2009, p. 90.

[5] Gabrielle Cadier, « Les conséquences du traité de 1860 sur les échanges franco-britanniques », *in* François Crouzet (dir.), *Le négoce international, XIIIe-XXe siècle*, Éditions Economica, Paris, 1989.

[6] Philippe Chassaigne, *La Grande-Bretagne et le monde de 1815 à nos jours*, *op. cit.*, p. 39.

[7] Paul Bairoch, *Mythes et paradoxes de l'histoire économique*, collection « Sciences humaines et sociales », Paris, La Découverte, 2005.

qu'aux États-Unis, où ils se montaient à 23,2 %[1]. Dominique Barjot souligne que la plupart des historiens « ont une tendance à exagérer la portée de ce protectionnisme »[2]. À la même époque, l'Angleterre et les Pays-Bas refusaient cependant tout protectionnisme.

Figure I.2.4 Évolution du taux des tarifs français entre 1827 et 1913

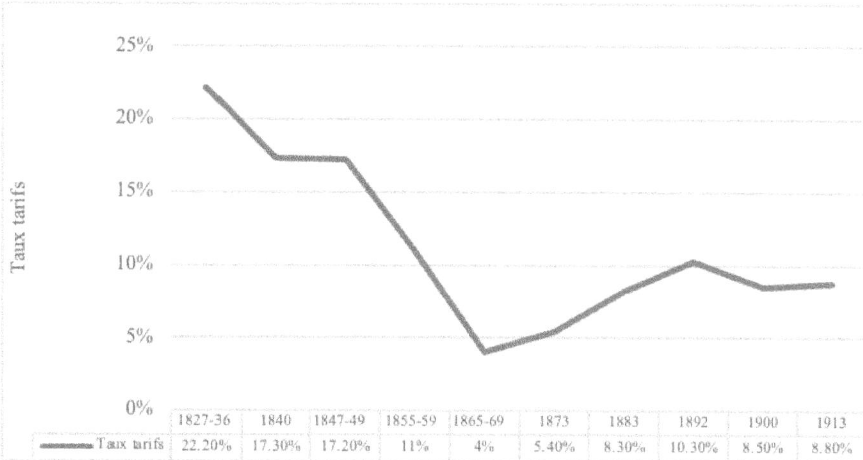

Source : Les années 1827-1869, Dominique Barjot, *Histoire économique de la France au XIXe siècle*, Paris, Nathan, 1995, p. 267. Les années 1873-1913, Jean-Pierre Dormois, « Protectionnisme et productivité du travail en Europe avant 1914 », *Revue de l'OFCE*, vol. n° 82, no. 3, 2002, p. 11-47.

1.3.2 – Le poids des échanges de la France avec l'étranger durant la période 1837-1913

Grâce au développement des transports, par exemple, à l'achèvement de la réalisation du canal du Suez en 1869[3] et aux progrès techniques permanents qui poussèrent les flottes vers l'Extrême-Orient[4], l'expansion commerciale française pouvait se réaliser avec force. De fait, jusqu'aux années 1880-1890 au moins, la France reste dans le terme aux flottes de commerce, ensuite, elle décroche face à la concurrence britannique et

[1] *Ibidem.*

[2] Dominique Barjot, *Histoire économique de la France au XIXe siècle*, *op. cit.*, p. 271.

[3] Le canal de Suez relie la ville portuaire de Port-Saïd en mer Méditerranée à celle de Suez dans le golfe éponyme. Percé entre 1859 et 1869, grâce à une levée de fonds géante à la Bourse de Paris, il permet aux navires d'aller d'Europe en Asie sans devoir contourner l'Afrique par le cap de Bonne-Espérance et sans rupture de charge par voie terrestre entre la Méditerranée et la mer Rouge. Source : Jacques Nougier, « Le canal de Suez », *Jeune Marine*, n° 247, mars-avril 2019, p. 45-47. Sur ces questions, lire J.-F. Klein, thèse, *op. cit.*, et les travaux de Caroline Piquet.

[4] Michel Vié, « La Mandchourie et la question d'Extrême-Orient, 1880-1910 », *Cipango*, n° 18, 2011, p. 19-78.

allemande[1]. De plus, le système de paiement international joua un rôle essentiel dans cette expansion des échanges.

Depuis le début du XIXe siècle, selon M. Lévy-Leboyer, le poids du commerce extérieur a triplé par rapport au PNB, étant donné qu'il est passé de 13 % en 1830 à 41 % en 1870[2]. Le tableau ci-dessous présente clairement le poids des échanges entre la France et l'étranger durant la période 1837-1913. Durant les années allant de 1837 à 1886, il continue à augmenter, pour atteindre respectivement 13,3 % et 38,6 %. Durant les années suivantes, entre 1877 et 1913, ce poids demeure stable. En 1913, les importations et exportations françaises occupent une même proportion du Produit national brut, ce qui produit un commerce extérieur peu dynamique en comparaison avec celle de la Grande-Bretagne et de l'Allemagne et des États-Unis.

Figure I.2.5 Le poids des échanges de la France avec l'étranger entre 1837 et 1913[3]

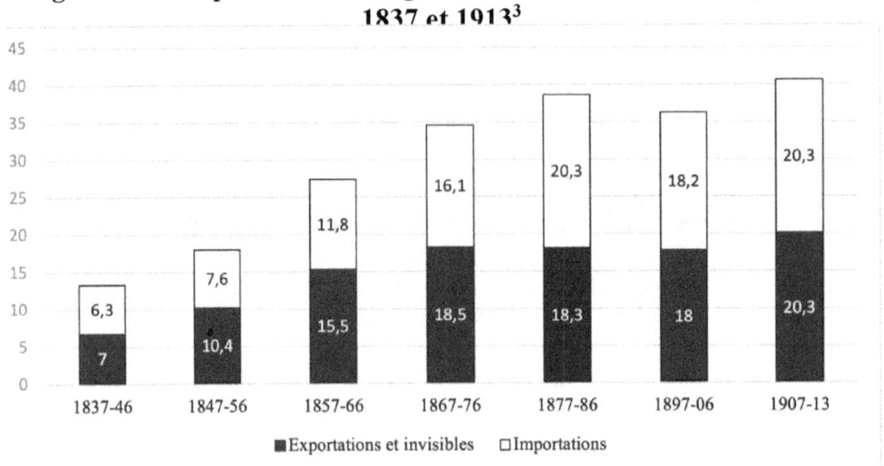

Source : La base de données a été ordonnée à partir de l'ouvrage de M. Lévy-Leboyer, F. Bourguignon, *L'Économie française au XIXe siècle : analyse macroéconomique*, 1985, Paris Économisa, p. 45.

Quant au taux de croissance, selon M. Lévy-Leboyer, celui des exportations entre 1850 et 1913 est de 3,43 % par an, et celui des importations de 3,8 % par an[4]. En revanche, d'après F. Caron, entre 1815-

---

[1] Marie-Françoise Berneron-Couvenhes, *Les Messageries maritimes : L'essor d'une grande compagnie de navigation française, 1851-1894*, Paris, Presses de l'Université Paris-Sorbonne, 2007.

[2] Maurice Lévy-Leboyer, « La croissance économique en France au XIXe siècle. Résultats préliminaires », in *Annales. Économies, sociétés, civilisations*, 23e année, n° 4, 1968, p. 788-807.

[3] En % du PNB.

[4] Maurice Lévy-Leboyer, *La croissance économique en France au XIXe siècle*, *op. cit.*, p. 788-807.

1875, la croissance annuelle des importations est de 4,9 % et celle des exportations de 4,5 %[1]. Le tableau ci-dessous présente en détail le taux de croissance des importations et exportations en France pendant les années 1850 à 1913.

Tableau I.2.5 Taux de croissance des importations et des exportations de la France

	Croissance des exportations	Croissance des importations
1850-1855	5,93	11,16
1855-1860	6,16	4,33
1860-1865	8,43	6,61
1865-1870	3,89	5,57
1870-1875	5,67	2,54
1875-1880	-0,14	6,93
1880-1885	0,49	0,51
1885-1890	2,44	1,79
1890-1895	0,64	0,71
1895-1900	3,16	1,50
1900-1905	2,88	0,21
1905-1910	2,14	4,18
1910-1913	2,88	3,31
Taux moyen	3,43	3,80

Source : Cette base de données a été ordonnée en prenant pour source M. Lévy-Leboyer, « La croissance économique en France au XIXe siècle. Résultats préliminaires », In *Annales. Économies, sociétés, civilisations* 23e année, N. 4, 1968. p. 788-807.

On note dans ce tableau que la croissance des importations est très soutenue, et que le taux le plus élevé atteint 11,16 % entre les années 1850 et 1855. Puis, le taux de la croissance des importations demeure stable, soit 5,2 % en moyenne, pendant les années 1855 à 1880. Ensuite, sa croissance se ralentit pendant la période 1880-1895 ; par exemple, entre les années 1880 et 1885, le taux des importations n'augmente que de 0,5 %. Leur croissance est donc nettement plus faible qu'entre 1875 et 1880, la période où elle a atteint le taux record de 6,9 %. Une sensible reprise est observée de 1895 à 1913 et le taux de croissance des importations est d'environ 3,3 % entre 1910 et 1913.

[1] François Caron, *Histoire économique de la France : XIXe-XXe siècle*, Armand Colin, 1981, p. 96.

1.3.3 – La structure des échanges extérieurs français

Patrick Verley[1] montre que la France a choisi un modèle très différent de celui de la Grande-Bretagne en ce qui concerne l'exportation. L'industrie anglaise s'est renforcée, tout d'abord, en raison de la pression interne. Ensuite, elle a acquis une grande supériorité sur les marchés d'extérieur[2]. Par exemple, l'industrie cotonnière britannique, qui exportait des produits industriels à des prix plus chers que ceux de la France, s'imposa grâce à sa technologie avancée, qui lui permettait non seulement de vendre des produits d'excellente qualité sur le marché européen, mais aussi de bénéficier de débouchés coloniaux, où les produits commercialisés sont de facture grossière [3]. Cependant, la France fabriquait, elle aussi, des produits hautement élaborés, qui constituaient toujours une part très importante par rapport à l'ensemble des produits exportés.

Cette structure de l'exportation française n'a pas vraiment changé pendant la seconde moitié du XIXe siècle. Selon Dominique Barjot, les produits manufacturés représentaient 56 % des exportations françaises en 1860, 47 % en 1880, puis 51 % en 1913, respectivement[4]. Il est évident que les produits manufacturés n'occupaient pas une part aussi importante qu'on l'imaginait.

En outre, la structure des marchés des exportations françaises n'a pas connu non plus de modification pendant cette même période[5]. Les principaux débouchés se trouvent toujours en Europe et représentaient en tout 65,1 % du marché en 1860 et 69,8 % en 1910[6]. Selon le tableau ci-dessous, il est possible de constater que la structure géographique des importations françaises est demeurée stable durant la seconde moitié du XIXe siècle, de plus, à cette même époque, l'Europe fournissait toujours les deux tiers des importations françaises. Par exemple, entre les années 1847 et 1856, environ 65 % des produits français étaient exportés vers des pays européens ; en revanche, les produits venant d'Europe représentaient 68 % de l'ensemble des importations françaises. Ces deux chiffres augmentèrent un peu en 1867-1876 pour demeurer stables entre 1887 et1896, soit 65 % pour l'importation et 74 % concernant l'exportation[7].

---

[1] Patrick Verley, né en 1944, est un historien français spécialiste de l'histoire économique des XVIIIe et XIXe siècles et plus particulièrement de la Révolution industrielle.

[2] Patrick Verley, « Spécialisations industrielles, structures sociales, activités financières et intégration économique internationale au XIXe siècle : le cas de la Grande-Bretagne et de la France », *Revue d'histoire du XIXe siècle*, *op. cit.*, p. 47-71.

[3] *Ibidem.*

[4] Dominique Barjot, *Histoire économique de la France au XIXe siècle*, Paris, Nathan, 1999.

[5] Alain Beltran, Pascal Griset, *La croissance économique de la France, 1815-1914*, Armand Colin, 1988, p. 158.

[6] Dominique Barjot, *Économie de la France au XIXe siècle*, *op. cit.*, 1999.

[7] Alain Beltran, Pascal Griset, *La croissance économique de la France, 1815-1914*, *op. cit.*, p. 158.

Tableau I.2.6 La structure géographique des échanges extérieurs français entre 1847 et 1913 (en % du total)

	Europe		Amérique		Reste du monde	
Année	Importations	Exportations	Importations	Exportations	Importations	Exportations
1847-1856	68	65	19	19	13	16
1867-1876	72	76	14	13	14	11
1887-1896	65	74	16	13	19	13

	États-Unis		Grande-Bretagne		Europe du Nord-Ouest (1)[1]		Pays méditerranéens		Algérie		Autres	
Année	Export	Import	Export	Import	Export	Import	Export	Import	Export	Import	Export	Import
1876	6,5	6,7	28,8	16,4	33,5	23,5	14,3	21,4	4,3	3	12,6	29
1913	6,2	10,6	21	13,2	36,5	22,3	12,8	11,5	8	3,9	15,5	38,5

Sources : Cette base de données a été ordonnée en prenant pour source Alain Beltran, Pascal Griset, *La croissance économique de la France, 1815-1914*, Armand Colin, 1988, p. 158.

1.3.4 – La place des exportations françaises dans le commerce international

Le poids des exportations françaises dans le monde a diminué entre 1860 et 1913. En 1860, elles représentaient 40 % des exportations européennes, pourcentage qui n'était plus que de 12,6 %, en 1913. À l'échelle mondiale, en 1860, la France exportait un huitième des marchandises qui circulaient dans le monde, alors qu'en 1913, les produits français ne constituaient plus que 7,2 % des exportations internationales[2]. Son poids relatif avait une douce déclivité de façon sensible.

[1] Ce groupe de pays est constitué par l'Allemagne, la Belgique, le Danemark, les Pays-Bas et la Suisse.

[2] François Caron, *Histoire économique de la France : XIXe-XXe siècle*, *op. cit.*, p. 100.

Tableau I.2.7 Évolution du poids français dans le commerce mondial (en %)

	1860	1913
Rapport des exportations françaises avec les exportations européennes	40 %	12,60 %
Par rapport aux exportations des pays industriels	16,50 %	9,30 %
Par rapport aux exportations mondiales	12,80 %	7,20 %

Source : François Caron, *Histoire économique de la France : XIXe-XXe siècle*, *op. cit.*, p. 100.

Les produits manufacturés de qualité qui caractérisaient l'exportation française se heurtaient aux barrières douanières de certains pays, mais aussi à la concurrence des produits de qualité inférieure s'adressant au marché de masse, à l'époque, en pleine croissance[1]. Par exemple, la soierie lyonnaise entrait en concurrence avec des soieries fabriquées au Krefeld[2], centre de la soierie allemande, et destinées à un marché de masse[3].

Figure I.2.6 Part des exportations françaises dans le commerce mondial entre 1847 et 1913[4]

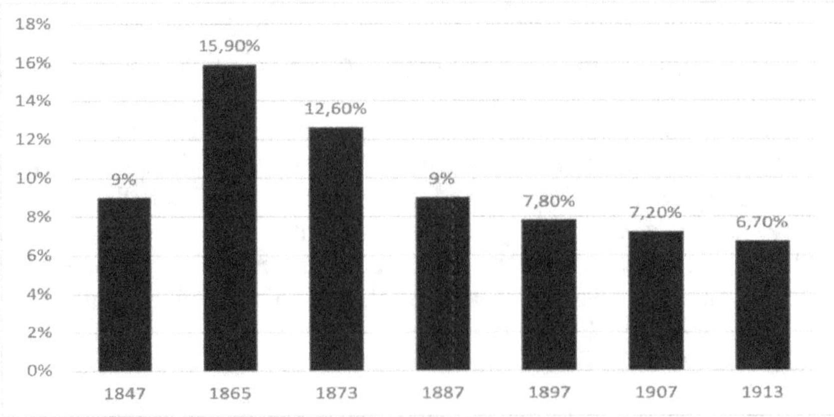

Sources : Alain Beltran, Pascal Griset, *La croissance économique de la France, 1815-1914*, *op. cit.*, p. 158.

---

[1] Alain Beltran, Pascal Griset, *La croissance économique de la France, 1815-1914*, Paris, Armand Colin, 1988, p. 158.

[2] Krefeld, ville située dans le land de Rhénanie du Nord-Westphalie, en Allemagne. En raison de son histoire économique, Krefeld est aussi appelée "Velvet and Silk City". Source : Guillaume Garner, « Le capitalisme marchand en Allemagne au XVIIIe siècle : acteurs et institutions », *Revue d'histoire moderne & contemporaine*, 2009/4, n° 56-4, p. 215-219.

[3] Alain Beltran, Pascal Griset, *La croissance économique de la France, 1815-1914*, *op. cit.*, p. 158.

[4] Les calculs de ce tableau ont été effectués à partir de données en dollars, moyennes sur trois ans, hormis en ce qui concerne l'année 1913.

En définitive, en exportant des produits de haute qualité, la France a été amenée à jouer un rôle spécifique et différent de celui de l'Angleterre sur le marché international[1]. Trois atouts français ont contribué à la percée des échanges extérieurs du pays entre les années 1846 et 1875. Tout d'abord, les avantages géographiques de la France facilitaient les échanges, surtout concernant les productions agricoles, avec ses voisins qui étaient des pays disposant d'un certain pouvoir d'achat. Deuxièmement, la puissance financière, et bien que dans une moindre mesure technique, contribuait à consolider le marché intérieur ainsi qu'à ouvrir de nouveaux marchés par le biais d'investissements à l'étranger. Finalement, l'amélioration générale de la vie du peuple européen élargit également la demande de produits européens.

En revanche, le déclin avancé depuis 1875 fut, selon la thèse défendue par Jean Marczewski, la conséquence des crises agricoles et les importations de produits alimentaires de nouveaux pays, lesquels avaient de graves impacts sur le secteur agricole français. Cette situation a été à l'origine de la loi protectionniste Méline, en 1892[2]. Cependant, M. Lévy-Leboyer et François Bourguignon réfutent une telle interprétation en émettant l'argument que le poids de l'agriculture sur l'économie française était bien moins important et que les Français avaient connu une forte augmentation de leurs salaires entre 1860 et 1913. D. Barjot et F. Caron, quant à eux, résument le débat en affirmant que ce sont ces deux causes plutôt qu'une seule qui ont engendré ce déclin : l'importation de produits agricoles, en particulier de céréales, décourageait les agriculteurs français. De plus, il existait une concurrence des produits d'autres pays concernant des débouchés dont bénéficiaient précédemment les produits français ; concurrence qui fut, entre autres, à l'origine de l'échec des soieries lyonnaises aux États-Unis[3].

II. LE COMMERCE EXTÉRIEUR DE LA SOIE ENTRE LE MILIEU DU XIXe SIÈCLE ET 1914

La consommation de la soie en France du milieu du XIXe siècle jusqu'au début du XXe siècle comprenait deux parties. La première est composée par la production nationale, soit les produits de la soie fabriqués en France, et la

[1] Jean-Pierre Dormois, *La défense du travail national ? L'incidence du protectionnisme sur l'industrie en Europe (1870-1914)*, *op. cit.*, p. 91.

[2] La loi Méline du 11 janvier 1892 a créé un double tarif douanier. Elle symbolisait le retour du protectionnisme en France à la fin du XIXe siècle. Source : Yves-André Perez, « 1892 : l'année où la France est retournée au protectionnisme », *Humanisme et Entreprise*, 2012/3, n° 308, p. 1-16.

[3] Dominique Barjot, *Histoire économique de la France au XIXe siècle*, *op. cit.*, p. 274.

seconde vient de l'importation de la soie de l'étranger. En revanche, la production nationale française fournit à la fois le marché intérieur en France, et les marchés extérieurs, à savoir le marché international. Par exemple, le commerce des soieries reste longtemps dans les premiers rangs d'exportations françaises[1] durant le Second Empire, et ce, jusqu'en 1911[2].

2.1 – Le scénario économique de la soie du milieu du XIXe siècle à 1914

Les industries subirent l'impact de la crise économique qui domina la période de 1860-1890. Néanmoins, toutes les industries ne furent pas touchées au même niveau de gravité. Par exemple, les industries de consommation continuaient à se porter à l'exemplaire de l'alimentaire, quant au secteur textile, il suit le rythme[3].

2.1.1 – La soierie lyonnaise, le monopole de l'industrie de la soie en France au XIXe siècle

Lyon était à l'époque l'un des poumons de l'industrialisation française, grâce notamment à la puissance de son industrie textile, de son négoce et de sa banque. Entre le milieu du XIXe siècle et 1914, l'industrie de la soie en particulier demeure très forte, en depuis du choc particulièrement profond de la crise de 1882-1883[4], et de l'empileuse de la dépression qui suivait jusqu'au milieu des années 1900. La soierie lyonnaise porta l'économie lyonnaise jusqu'à ce qu'apparussent les achirites à la seconde révolution industrielle.

Pendant les deux dernières décennies du XIXe siècle, grâce à la modernisation usinière et mécanique à Lyon, le développement décisif des métiers mécaniques et de façon concomitante la suppression de ceux manuels. Ainsi, disparut peu à peu le travail à domicile dans l'industrie de la soie dans les régions lyonnaises[5]. Par exemple, à partir de 1860, le métier Jacquard[6] simplifia le travail pénible des tisseurs, tandis que l'introduction des métiers mus par la vapeur, puis par l'électricité donnait une impulsion à la productivité de l'industrie lyonnaise de la soie[7]. Le nombre des métiers mécaniques était 42 000 en 1832, 57 500 en 1840, Il avait augmenté jusqu'à 120 000 en 1860[8]. De plus, il est intéressant de noter que les initiatives dans

---

1 *Ibidem.*
2 J.-F. Klein, thèse, *op. cit.*
3 Pierre Cayez, *Métier Jacquard et hauts fourneaux aux origines de l'industrie lyonnaise*, Lyon, Presses universitaires de Lyon, 1978, p. 351.
4 Jean Bouvier, *Études sur le krach de l'Union générale : 1878-1885*, Paris, PUF, 1960.
5 Pierre Cayez, « Industries anciennes et industries nouvelles à Lyon au début du XXe siècle », In *Histoire, économie et société*, 1994, 13e année, n° 2, p. 321-342.
6 Pierre Cayez, *Métiers Jacquard et hauts fourneaux. Aux origines de l'industrie lyonnaise*, Lyon, Presses universitaires de Lyon, 1978, p. 44.
7 Henry Peyret, « L'industrie française de la soie et sa crise », *Supplément au quotidien*, mai 1935, Société des Études et d'Informations économiques, Paris, p. 9-10.
8 *Ibidem.*

le secteur de l'électricité facilitaient la distribution de l'énergie à cette époque, ce dernier secteur donnant l'illusion du maintien de l'activité manufacturière à domicile.

Selon Pierre Cayez, les industries traditionnelles lyonnaises, comme la soierie, se portaient assez bien nonobstant la conjoncture difficile[1]. Ainsi, il est possible d'affirmer que la soie importée étrangère garantit et même augmenta l'activité de la Condition des soies à Lyon pendant la période de 1860-1890. En 1913, la soie brute venant de la Chine fournissait 45 % de la demande française[2]. Toutes les soies grèges étaient conditionnées dans la Condition des soies. De plus, après 1860, les matières premières soyeuses importées représentaient en moyenne plus de la moitié des soies conditionnées dans cet établissement.

Les soyeux lyonnais gagnèrent aussi une grande réussite dans le secteur de la filature. Par exemple, la Société anonyme de filature de la schappe, qui est spécialisée dans le secteur de la filature, était une société importante dans sa sphère depuis le milieu du XIXe siècle[3]. La schappe pilotait de nombreuses usines qui se trouvaient dans des régions différentes, à Saint-Lambert[4], à Troyes[5], voire franchissait la limite frontière, en Suisse, en Italie et en Russie[6]. De plus, une autre entreprise de filature et de tissage de soie, celle de Jean-Baptiste Martin, qui constituait un exemple type de l'industriel paternaliste du XIXe siècle[7], connut aussi un accomplissement presque inégalé s'agissant de son avance de l'industrialisation dans le secteur de la soierie à Lyon. Pour les industries nouvelles, bénéficiant des facteurs favorables, elles naquirent et s'épanouissaient rapidement dans la région rhodanienne au XIXe siècle. La modernisation de l'industrie de la chimie produisait une poussée pour la perfection de la teinturerie. De plus, la production en colorant a évolué d'une base naturelle à l'exploitation de chimie moderne. Toutes ces industrialisations à propos de la soie poussent le développement de la soierie lyonnaise et garantissent aussi la croissance économique stable à Lyon pendant le milieu du XIXe siècle jusqu'au début du XIXe siècle.

---

[1] *Ibid.*

[2] Jean-Pierre Dormois, *La défense du travail national ? op. cit.*, p. 72.

[3] Fernande Aulagnier, « L'industrie de la schappe : indications générales sur l'histoire de la schappe et sur le traitement de cette matière textile », *L'information géographique,* vol. 11, n° 1, 1947, p. 37-38.

[4] Saint-Rambert-en-Bugey se situe dans le département de l'Ain en région Auvergne-Rhône-Alpes, en France.

[5] Troyes se situe dans le département de l'Aube en région Grand Est, en France.

[6] Georges Martin, *La Schappe de Saint-Rambert : une aventure industrielle*, Bourg-en-Bresse, Musnier Gilbert éditions, 2004, 154 p.

[7] « Filature et tissage de soie J. B. Martin actuellement logements », Dossier IA69001378 inclus dans *Tissage, usine pensionnat Claude-Joseph Bonnet dite Manufacture de soierie C.-J. Bonnet*, Archives de patrimoine de la région Auvergne-Rhône-Alpes.

2.1.2 – La place des importations et des exportations de la soie dans les finances nationales

Dans son étude portant sur l'industrie lyonnaise, Pierre Cayez constate qu'entre 1815-1849, l'exportation française de la soie unie et façonnée stagnait, et qu'à l'inverse, l'importation de la soie française augmenta, pour sa part, beaucoup dans le même temps, croissance qui pouvait résulter de l'augmentation de la consommation intérieure de la soie en France. Cette hypothèse n'est toutefois pas retenue par Cayez, car l'industrie de la soie demeurait plutôt liée à l'exportation que destinée à la consommation intérieure[1].

La production nationale de soierie se composait, en général, de la production de soie grège, de fils et de tissus en soie. La sériciculture, la filature et la fabrique sont les secteurs productifs qui manufacturent différentes marchandises destinées à la consommation domestique ainsi qu'à l'exportation pour les débouchés étrangers. Les cocons issus de la sériciculture s'avéraient essentiels pour le travail et l'essor de la filature. Ils jouaient un rôle très important dans la production de la soie et il convient qu'ils soient abondants puisqu'ils constituaient une partie indispensable au développement de l'industrie française de la soie. Par exemple, en 1854, 98 % des soies grèges étaient manufacturées depuis des cocons d'origine française. Néanmoins, durant les années 1860, le ver à soie d'Europe a été touché par de nombreuses nouvelles maladies et la récolte de la soie grège a diminué au fil des années. La maladie du nom de pébrine a envahi les magnaneries trop petites et insuffisamment aérées, pour gagner très rapidement l'ensemble du bassin méditerranéen [2]. Par conséquent, l'importation de la soie grège a rapidement augmenté et celle venue d'Asie en est venue à occuper une place importante dans l'industrie française de la soie. En 1876, l'importation de cocons représentait environ 50 % de l'approvisionnement français de cette matière première [3]. Depuis cette époque, la production nationale et l'importation de la soie se complétaient mutuellement pour satisfaire la demande intérieure en France.

À ce titre, s'impose un dépouillement des statistiques, à partir des Annuaires statistiques de la France établis par le service de statistique générale de la France[4], concernant les échanges extérieurs réalisés par la

[1] Pierre Cayez, *Métiers Jacquard et hauts fourneaux*, *op. cit.*

[2] Louis Pasteur, *Études sur la maladie des vers à soie*, Gauthier-Villars, Paris, 1870, vol. 1, p. 3-4.

[3] Jean-Marie Legay, Gérard Chavancy, « La phase pastorienne de la sériciculture. La crise de la pébrine et ses conséquences », *Natures Sciences Sociétés*, vol. 12, n° 4, 2004, p. 413-417.

[4] *Les Annuaires statistiques de la France* sont le résultat d'un effort entrepris par le service de Statistique générale français afin d'exister sous la forme d'un seul volume, facile à manier, qui regroupe toutes les statistiques disponibles éditées par les différents départements de l'administration française. Le titre de ces annuaires statistiques a évolué au fil du temps : il s'appelait à l'origine *Annuaire statistique de la France* (annuel) en 1878-1899, est devenu

France dans le secteur de l'industrie de la soie afin de comprendre quel rythme de développement elle a suivi et les raisons qui contribuent à l'expliquer.

Dans les comptes nationaux, les importations et exportations de soie sont opérées dans le cadre d'échanges commerciaux spécifiques dont le contenu couvre plusieurs types de marchandises. Dans les tableaux analytiques de l'Annuaire statistique, les importations et exportations de soie sont regroupées sous les espèces suivantes[1] :

- Soies et bourre de soie
- Fils de soie et de bourre de soie
- Tissus de soie et de bourre de soie
- Soies
- Soieries
- Soie en cocons

Au sein de ce commerce spécial, les marchandises nommées « soies et bourre de soie » étaient considérées comme les matières nécessaires à l'industrie (signe *, AS1880[2]) ; la catégorie « Fils de soie et bourre de soie » renvoyait aux « objets fabriqués » (signe O, AS1880) ; les « tissus de soie et de bourre de soie » étaient vus comme des objets de consommation fabriqués (signe O, AS1880) ; et enfin, ce qui était qualifié de « soies » dans le cadre des exportations est associé aux produits naturels (signe +, AS1880) ou matières nécessaires à l'industrie (signe +, AS1909).

Une recherche minutieuse dans les archives de Statistique générale de la France, révèle que l'*Annuaire statistique de la France* n'avait pas pu établir de tableau dans lequel seraient répertoriées toutes les données statistiques pour toutes les années, soit à cause d'une lacune statistique, il existait, par exemple, une grande différence statistique entre les années antérieures à 1875 et celles postérieures ; soit en raison d'un changement dans la manière de dresser les tableaux. Par exemple, pour les années 1879-1888, l'on n'a pas pu extraire directement aucune donnée concernant les échanges extérieurs de soie. En revanche, il est fort probable que les « Fils de soie et de bourre de soie » aient été comptabilisés sous un nouveau titre – « Fils et tissus » – pendant les années 1885-1897. Ce ne fut qu'en 1879, que l'on pouvait clairement observer un excédent de la « soierie », soit un montant total de 188 711 961 francs pour le commerce extérieur de la soie. De plus,

l'*Annuaire statistique* (annuel) en 1900-1951, avant de reprendre le nom D'*Annuaire statistique de la France* (annuel) en 1953-1959.

[1] *Annuaire statistique de la France 1878-1915*, ministère du Commerce, de l'Industrie, des Postes et télégraphes, Office du travail, Statistique générale de la France, France. Direction de la statistique générale, Bibliothèque nationale de France, département Droit, économie, politique, 4-LC25-276.

[2] AS1880 désigne L'*Annuaire statistique* de l'année 1880.

la France exporta pour 226 745 282 francs de soie, et, à l'inverse, importa pour 38 033 321 francs de soie grège en 1897[1].

2.1.3 – Tendance du commerce extérieur français de la filière soie et soierie

En examinant la base de données recueillie, on constate que la France bénéficie souvent d'un excédent en termes d'échanges extérieurs de soieries entre 1875 et 1914. À l'inverse, comme on l'a déjà constaté dans le texte précédent, le commerce français avait une balance commerciale déficitaire pendant cette même période.

Figure I.2.7 Valeurs totales de l'importation et l'exportation de soies et soieries en France en 1875-1879 et 1889-1915 (en francs)

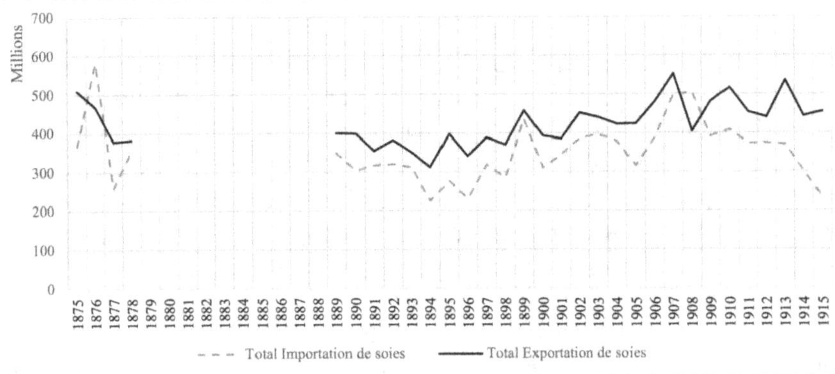

Source : *Annuaire statistique de la France 1878-1915*, ministère du Commerce, de l'Industrie, des Postes et Télégraphes, Office du travail, Statistique générale de la France, France. Direction de la statistique générale, Bibliothèque nationale de France, département Droit, économie, politique, 4-LC25-276.

Selon les chiffres publiés dans les données de l'Annuaire statistique de la France 1878-1915, nous constatons que depuis 1875, la valeur des importations françaises de la filière soie demeura stable et que les exportations furent plutôt en croissance malgré des fluctuations mineures. D'après les calculs, le montant moyen des exportations de soie par an atteignit 425 millions de francs et celui des importations de 352 millions de francs[2], ce qui signifie que la valeur du secteur de la soierie française resta généralement excédentaire durant ces années.

[1] *Annuaire statistique de la France 1878-1915*, ministère du Commerce, de l'Industrie, des Postes et télégraphes, Office du travail, Statistique générale de la France, France. Direction de la statistique générale, Bibliothèque nationale de France, département Droit, économie, politique, 4-LC25-276.

[2] *Annuaire statistique de la France 1878-1915*, ministère du Commerce, de l'Industrie, des Postes et télégraphes, Office du travail, Statistique générale de la France, France. Direction de

La valeur la plus haute enregistrée pour les importations correspondait à l'année 1876. Elle s'élevait à 582 millions de francs. En revanche, durant l'année suivante, donc en 1877, elle atteignit le montant de 258,7 millions de francs. Pendant les années 1978-1905, la valeur des importations de soie est demeurée stable, puis, elle a évidemment continué à croître après 1905 jusqu'en 1908, année où elle a atteint 505 millions de francs. Concernant les exportations, le record en termes de valeur de la soie a été atteint en 1907 avec 553 millions de francs ; en revanche, le montant le moins élevé montrait 313 millions de francs en 1894[1].

2.2 – L'importation française de soie

Deux types principaux d'importations de soie étaient répertoriés dans l'Annuaire statistique de la France, à savoir les « soies et bourre de soie » et les « tissus de soie et de bourre de soie » auxquels on pourrait, de plus, ajouter éventuellement les « Fils de soie et de bourre de soie », catégorie ayant fait son apparition dans les comptes de ce commerce spécial. Étant considérées en tant que « matières nécessaires à l'industrie », les « soies et bourre de soie » étaient évidemment importées pour satisfaire les besoins de la soierie nationale française, qui était devenue de plus en plus « unipolaire », selon P. Cayez, au profit de la soierie lyonnaise au XIXe siècle[2]. Le tableau ci-dessous, qui a été établi à partir de la base de données de l'Annuaire statistique de la France 1878-1915, indique clairement l'évolution et les détails de la valeur des importations de soie en France pendant les périodes 1875-1879, et 1889-1915 (tableau I.2.8).

Il est évident que l'importation de la soie et de la bourre de soie augmenta entre 1875 et 1876, puisqu'elle passa de l'ordre de 330 100 000 francs à 543 800 000 francs[3], puis, elle chuta en 1877 à 226 200 000 francs, avant de se stabiliser entre 1878 et la fin du XIXe siècle. En 1906, ce chiffre atteignait 345 200 000 francs, la croissance s'est poursuivie entre 1906 et 1908, et en 1909, les importations ont un peu diminué (331 500 000 francs), chiffre qui n'a pas beaucoup changé jusqu'en 1913. Il peut être observé que la valeur des importations de soie et de bourre de soie a connu certaines fluctuations en fonction de la récolte de cocons en France et des besoins de la soierie

---

la statistique générale, Bibliothèque nationale de France, département Droit, économie, politique, 4-LC25-276.

[1] *Annuaire statistique de la France 1878-1915*, ministère du Commerce, de l'Industrie, des Postes et télégraphes, Office du travail, Statistique générale de la France, France. Direction de la statistique générale, Bibliothèque nationale de France, département Droit, économie, politique, 4-LC25-276.

[2] Pierre Cayez, *Métiers Jacquard et hauts fourneaux. Aux origines de l'industrie lyonnaise*, *op. cit.*, 1978.

[3] *Annuaire statistique de la France 1878-1915*, ministère du Commerce, de l'Industrie, des Postes et Télégraphes, Office du travail, Statistique générale de la France, France. Direction de la statistique générale, Bibliothèque nationale de France, département Droit, économie, politique, 4-LC25-276.

française, ou plutôt de celle lyonnaise durant la seconde moitié du XIXe siècle.

En comparaison avec les importations de soie, celle des tissus de soie semblait plus stable pendant les années 1870, puisqu'en moyenne, leur valeur était de 35 millions de francs par an. Depuis l'année 1889, les importations de tissus réalisées à partir de soie française commencèrent à augmenter rapidement jusqu'au début du XXe siècle, soit de 58 100 000 francs à 80 400 000 francs en 1904. Puis, les importations des tissus de soie chutaient fortement en 1905. Il continuait à diminuer durant les dix années suivantes, par exemple, la valeur de cette partie était de 22 168 000 francs en 1915, ce qui ne représentait que le quart du montant de 1904. En revanche, la valeur des importations françaises de soie était beaucoup plus élevée que celle des tissus de soie : en 1889, par exemple, les importations de soie atteignaient un montant de 291 600 000 francs en France, mais ce pays n'importa que pour 58 100 000 francs de tissus de soie, ce qui représentait moins de 20 % des importations de soie durant la même année.

Tableau I.2.8 Les importations de soie en France 1875-1879, 1889-1915[1] (valeurs en francs)

	Soies et Bourre de soie	Tissus de soie et de bourre de soie	Fils de soie et de bourre de soie
1875	330 100 000	37 200 000	
1876	543 800 000	38 000 000	
1877	226 200 000	32 500 000	
1878	321 000 000	35 800 000	
1879-1888			
1889	291 600 000	58 100 000	
1890	239 700 000	63 900 000	
1891	248 800 000	68 700 000	
1892	257 700 000	62 200 000	
1893	261 200 000	51 000 000	
1894	182 600 000	41 900 000	
1895	226 400 000	50 200 000	
1896	179 900 000	50 300 000	
1897	266 400 000	52 000 000	
1898	233 900 000	50 900 000	
1899	370 600 000	65 400 000	
1900	248 000 000	62 000 000	
1901	272 700 000	71 300 000	
1902	311 700 000	73 700 000	
1903	320 900 000	75 400 000	
1904	298 200 000	80 400 000	
1905	267 200 000	48 300 000	
1906	345 200 000	42 800 000	
1907	441 500 000	56 200 000	
1908	459 000 000	46 000 000	
1909	331 500 000	59 600 000	
1910	346 311 000	57 273 000	4 529 000
1911	317 422 000	50 712 000	4 306 000
1912	319 104 000	51 006 000	3 581 000
1913	317 359 000	48 445 000	4 546 000
1914	268 111 000	31 418 000	2 410 000
1915	209 808 000	22 168 000	1 187 000

Source : *Annuaire statistique de la France 1878-1915*, ministère du Commerce, de l'Industrie, des Postes et télégraphes, Office du travail, Statistique générale de la France, France. Direction de la statistique générale, Bibliothèque nationale de France, département Droit, économie, politique, 4-LC25-276.

[1] *N.B.* Durant la période 1910-1915, la valeur totale des importations de « soies et bourre de soie » inclut celles de la catégorie intitulée « fils de soie et de bourre de soie ». Ces valeurs sont les suivantes : en 1910, 4 529 000 francs, en 1911, 4 306 000 francs, en 1912, 3 581 000 francs, en 1913, 4 546 000 francs, en 1914, 2 410 000 francs, en 1914, 1 187 000 francs.

2.3 – L'exportation française de tissus de soie

Le tableau ci-dessous a été établi à partir de la base de données de l'*Annuaire statistique de la France 1878-1915* qui présente en détail la valeur des exportations françaises des tissus de soie, de soie, de fils de soie et de colis contenant des tissus de soie durant les périodes 1875-1879 et 1889-1915. En 1875, l'exportation française de tissus de soie atteignait le montant de 376 700 000 francs, avant de chuter en 1876 et en 1877, cette valeur était de 259 200 000 francs[1]. Durant les années suivantes, la valeur des exportations de tissus de soie se maintint à un niveau très stable, et ne connut aucun changement jusqu'au début du XXe siècle (266 900 000 francs en 1901 et une légère croissance, pour atteindre 310 600 000 francs en 1902 et est demeurée stable pendant les années 1902-1906). Il est donc possible de parler de la « stabilité » afin de décrire les exportations des tissus de soie pendant cette période.

Les résultats des exportations de soie sont également relativement stables, car la valeur moyenne de ces dernières était de 135 millions de francs pendant les années 1875-1915. Ce ne fut que pendant la période 1894-1896, que la valeur des exportations de soie se monte à ce niveau inférieur à 100 millions de francs, mais cela ne faisait pas une énorme différence. Et par le biais de ce tableau, il est possible de constater qu'il n'existait pas de tendance évidente à la croissance ou au déclin. Néanmoins, il est clair que la valeur des exportations de soie était bien inférieure à celle des tissus de soie, ce qui signifie aussi que les tissus de soie, ou les produits finaux de la soie occupèrent une place essentielle dans les exportations françaises de soie à cette époque.

---

[1] *Annuaire statistique de la France 1878-1915*, ministère du Commerce, de l'Industrie, des Postes et Télégraphes, Office du travail, Statistique générale de la France, France. Direction de la statistique générale, Bibliothèque nationale de France, département Droit, économie, politique, 4-LC25-276.

Tableau I.2.9 Les exportations françaises de soieries en 1875-1879, 1889-1915[1] (valeur en francs)

	Tissus de soie et de bourre de soie	Soies et bourre de soie	Fils de soie et de bourre de soie	Colis contenant des tissus de soie et de bourre de soie
1875	376 700 000	133 000 000		
1876	295 900 000	172 100 000		
1877	259 200 000	119 900 000		
1878	252 900 000	129 600 000		
1879-1888	--	--		
1889	260 800 000	139 200 000		
1890	273 900 000	125 400 000		
1891	245 700 000	108 800 000		
1892	249 300 000	132 100 000		
1893	224 500 000	126 000 000		
1894	223 500 000	89 100 000		
1895	270 800 000	126 200 000		
1896	247 000 000	93 200 000		
1897	270 900 000	117 700 000		
1898	250 600 000	118 900 000		
1899	278 300 000	179 900 000		
1900	258 100 000	135 700 000		
1901	266 900 000	117 500 000		
1902	310 600 000	141 900 000	10 600 000	
1903	293 400 000	147 200 000	--	
1904	286 900 000	135 400 000	--	
1905	275 000 000	148 300 000	--	
1906	307 800 000	172 300 000	--	
1907	355 600 000	197 300 000	23 800 000	
1908	270 200 000	133 900 000	16 200 000	
1909	316 900 000	164 000 000	17 600 000	
1910	332 760 000	183 576 000	18 734 000	36 370 000
1911	291 955 000	162 408 000	21 954 000	35 851 000
1912	292 349 000	147 738 000	23 823 000	36 957 000
1913	374 671 000	161 755 000	22 520 000	43 335 000
1914	310 059 000	133 287 000	17 301 000	23 670 000
1915	329 317 000	125 437 000	17 802 000	7 306 000

Source : *Annuaire statistique de la France 1878-1915*, ministère du Commerce, de l'Industrie, des Postes et télégraphes, Office du travail, Statistique générale de la France, France. Direction de la statistique générale, Bibliothèque nationale de France, département Droit, économie, politique, 4-LC25-276.

[1] *N.B.* En 1902, 1907-1915, la valeur totale des exportations de tissus de soie et de bourre de soie inclut la valeur sous la catégorie des fils de soie et de bourre de soie ; en 1910-1915, il faut en ajouter une nouvelle : « Colis postaux contenant des tissus de soie et de bourre de soie. »

En conclusion, pendant cette période, le commerce extérieur de la soie demeura assez stable en dépit de différentes crises économiques auxquelles s'est retrouvée confrontée la France [1]. Les importations de soie étaient principalement celles de soie brute, à savoir de matières premières, tandis que les exportations concernaient principalement les tissus de soie, ou les produits finaux en soie. Ces chiffres illustrent le prestige de l'industrie de la soie en France et la position importante occupée par la soie dans l'économie française entre le milieu du XIXe siècle et le début du XXe siècle.

III. L'ÉVOLUTION DES DÉBOUCHÉS EUROPÉENS ET AMÉRICAINS DE LA SOIERIE FRANÇAISE

Selon Pierre Cayez, la structure des débouchés de la soie française subit une modification vers l'année 1849, moment où le déclin des marchés continentaux d'Europe se confirmait. De plus, le jadis quasi-monopole de la soierie lyonnaise sur le marché européen fut remis en question à ce moment-là, les soyeux lyonnais commencèrent ainsi à s'adapter à un marché désormais concurrentiel[2]. En 1821, les soies exportées vers les marchés européens représentaient 45 % de la totalité de l'exportation française de tissus unis, et 52 % de celle de tissus façonnés. En 1849, le poids du marché européen dans l'exportation française de soie avait sensiblement décliné. En effet, il représentait seulement 22 % de l'exportation française des tissus unis et 24 % des tissus façonnés. Or, le marché des États-Unis, en 1835, absorbait 52 % de l'exportation de soieries françaises et en 1849, il représentait encore 33 %[3].

Le traité Cobden-Chevalier de 1860 [4] fut un symbole du libre-échangisme[5] en France. Les droits furent réduits pour les produits importés de Grande-Bretagne. Puis, par le biais d'une série de traités et de la clause de la nation la plus favorisée, les pays partenaires s'accordèrent aussi pour proposer les mêmes tarifs réduits. Grâce à ce régime de libre-échangisme, la France connut une forte expansion de l'exportation des produits de la soie. En effet, depuis la monarchie de Juillet, c'était la Chambre de commerce de Lyon qui *via* son représentant à Londres, Nathalis Rondot, menait les négociations avec Richard Cobden[6].

[1] Pierre Cayez, *Métiers Jacquard et hauts fourneaux*, *op. cit.*, p. 351.
[2] *Ibidem*, p. 140-150.
[3] *Ibid.*
[4] Philippe Chassaigne, *La Grande-Bretagne et le monde de 1815 à nos jours*, *op. cit.*, p. 33.
[5] Paul Bairoch, *Mythes et paradoxes de l'histoire économique*, Paris, La Découverte, 1999.
[6] J.-F. Klein, « Natalis Rondot, un libéral au service des intérêts lyonnais », dans Éric Anceau et Dominique Barjot (dir.), *L'Empire libéral. Essai d'histoire globale*, Paris, Édition SPM, 2021, 376 p., p. 227-247.

Ensuite, la loi Méline vit le jour en janvier 1892, associée à un débat national. Dans ce jeu d'alliances pour définir la politique du commerce, l'industrie lyonnaise de la soie rejoignit le camp « libre-échangiste » ainsi que les négociants des grands ports et d'autres industries de luxe. Le camp libre-échangiste éclata suite au vote de la loi. Gabrielle Cadier-Rey, en effet, a indiqué que l'adoption de cette loi fut synonyme du retour du protectionnisme en France[1]. Yves-André Perez est d'accord sur ce point, mais est également d'avis qu'il s'agissait plutôt là d'une étape décisive en termes de régression vers un protectionnisme modéré que d'une rupture du libre-échangisme, car au début des années 1880, il existait déjà des mesures protectionnistes[2]. Selon la loi Méline, un tarif général maximum et un autre minimum étaient proposés aux pays partenaires et la plupart des pays avaient choisi d'accepter le tarif minimum hormis les quatre suivants : l'Italie, l'Espagne, le Portugal et la Roumanie. Les guerres douanières découlées de cette loi eurent principalement lieu avec l'Italie, l'Espagne et la Suisse à cette époque. La guerre des tarifs avec l'Italie se prolongea pour sa part jusqu'en 1895.

3.1 – Le commerce français de la soie avec l'Angleterre

À partir du XVIIIe siècle, les marchands de la soierie lyonnaise avaient recours à une pratique aux avantages incontestables, celle des « tissus façonnés » ou de la mode telle qu'on la connaît aujourd'hui. Les soyeux lyonnais développaient en effet un système d'introduction annuelle de nouveaux tissus, une stratégie de différenciation par rapport à leurs concurrents qui leur permit de sécuriser le marché national ainsi que de conquérir celui international. Par exemple, dans un rapport de 1713 présenté devant le Parlement anglais, il est expliqué en détail que les marchands de la soierie anglaise ont longuement hésité. Allaient-ils devoir débuter leurs productions sans imiter les nouvelles modes venues de France chaque année ? Ils attendaient l'arrivée des tissus façonnés français et les ont ensuite examinés et préparés afin de les imiter[3]. Par conséquent, l'adaptation de la production anglaise de soie prit évidemment du temps et chaque fois que les professionnels furent enfin prêts à les tisser aux endroits où la production était installée depuis peu, de nouveaux tissus façonnés arrivaient déjà d'outre-Manche. Il existait, par conséquent, toujours un décalage entre ces

---

1 Gabrielle Cadier-Rey, « Les chambres de commerce dans le débat douanier à la fin du XIXe siècle », in *Histoire, économie et société*, 1997, 16e année, n° 2 ; *Les associations économiques et groupes de pression en Europe XIXe-XXe siècle*, p. 279-298.

2 Yves-André Perez, « 1892 : l'année où la France est retournée au protectionnisme », *Humanisme et Entreprise*, vol. 308, n° 3, 2012, p. 1-16.

3 Carlo Poni, Darla Gervais, Pierre Gervais, « Mode et innovation : les stratégies des marchands en soie de Lyon au XVIIIe siècle », In : *Revue d'histoire moderne et contemporaine*, tome 45, n° 3, juillet-septembre 1998, *Acteurs et pratiques du commerce dans l'Europe moderne*, p. 589-625.

deux pays, ce qui s'avéra catastrophique au niveau des prix pour les soieries anglaises. En effet, ces tissus façonnés ne pouvaient être vendus qu'à un prix bien inférieur à ceux français.

Le vent tourna à la fin des années 1770, car le goût des principaux clients de la soierie lyonnaise commença à se porter sur les tissus simples et en coton. La reine française Marie-Antoinette[1] portait des vêtements en coton et ses amies de la cour royale suivaient sans doute ses goûts. De même qu'à l'époque où les tissus façonnés lyonnais dominaient ce marché, les femmes françaises suivaient la mode que portaient les Britanniques, et seules les étoffes en coton venues d'Angleterre leur faisaient plaisir. La suprématie remportée par le coton depuis cette date permit de reconstruire la structure de l'industrie du vêtement. Les Anglais accaparèrent le domaine de la mode, surtout celle masculine. Les hommes ne portaient désormais que des vestes et pantalons en laine ou en coton. La soierie lyonnaise plongea alors dans une crise profonde qui mettait sa survie en péril. Pour leur bonheur, les soyeux lyonnais réussiraient à reprendre leurs activités, en réorientant le goût des clients vers les tissus de soie après la Révolution française[2]. La croissance de la consommation de soie unie par les femmes en Europe et aux États-Unis s'avéra un soutien essentiel pour les soyeux lyonnais au XIXe siècle[3].

Durant les premières années du XIXe siècle, le marché britannique était protégé par des droits élevés, situation qui changea beaucoup après l'abrogation du Spitalfields Acts[4]. Ensuite, le marché anglais s'ouvrit aux soieries françaises en imposant des droits à hauteur de 30 %. Les soieries lyonnaises triomphaient toujours de leurs adversaires anglais, car le coût de la production de la soie lyonnaise était moindre par rapport à celui de l'Angleterre. Ainsi, les importations anglaises de la soierie lyonnaise augmentaient rapidement dans les années 1840.

Dans les années 1850-1860, l'économie française connut une période marquée par l'équipement, les rapports commerciaux anglo-français s'intensifièrent, en particulier l'importation française de produits

[1] Marie-Antoinette de Habsbourg-Lorraine (1755-1793), reine des Français de 1791 à 1792. Elle est la dernière reine de l'Ancien Régime. Source : Évelyne Lever, *C'était Marie-Antoinette*, Paris, Fayard, 2006.

[2] La Révolution française fut une période de bouleversements sociaux et politiques de grande envergure en 1789-1799. Source : Jean Tulard, Jean-François Fayard et Alfred Fierro, *Histoire et dictionnaire de la Révolution française, 1789-1799*, Paris, Robert Laffont, 1998.

[3] Carlo Poni, Darla Gervais, Pierre Gervais, « Mode et innovation : les stratégies des marchands en soie de Lyon au XVIIIe siècle », *art. cit.*, p. 589-625.

[4] Spitalfields Acts, « M. T. Wilson a présenté une pétition des fabricants de soie de Londres et de Westminster contre les 13e, 32e et 51e statuts du défunt roi, généralement appelés les actes de Spitalfields, qui habilitent les magistrats à fixer les salaires des compagnons fabricants de soie, et à imposer d'autres restrictions très préjudiciables au commerce. » (Traduction) Source : Spitalfields silk manufacture acts petition for the repeal thereof, HC Deb 09 May 1823, vol. 9, cc143-50.

d'équipement. La signature du traité de 1860[1] engendra un ralentissement de la croissance économique en France, les importations d'Angleterre en France chutèrent, tandis que les exportations françaises vers l'Angleterre augmentaient pour leur part. Néanmoins, durant les années qui suivirent, on observa une stagnation des exportations de la France vers l'Angleterre dans les années 1870[2].

Entre 1857 et 1861, la soie et la bourre de soie représentaient en moyenne 16,3 % de la totalité des importations françaises de l'Angleterre[3]. De plus, les soies britanniques couvraient 44 % de l'approvisionnement français de cette matière première entre 1861 et 1864. Néanmoins, durant la période 1877-1881, elles n'occupèrent qu'une part des 8 % d'importations françaises de soie. Il était évident que l'approvisionnement français de la soie était diversifié, tendance qui persisterait durant les dernières décennies du XIXe siècle. Durant la période 1894-1915, la part de la soie britannique dans les importations françaises de soie a continué à diminuer (jusqu'à 6 %, et même souvent entre 2 et 4 %).

Tableau I.2.10 Poids de l'importation de soie anglaise

	Moyenne %
1894-1899	4,40 %
1900-1904	3,90 %
1905-1909	2,40 %
1910-1915	3,10 %

Source : *Annuaire statistique de la France 1878-1915*, ministère du Commerce, de l'Industrie, des Postes et télégraphes, Office du travail, Statistique générale de la France, France. Direction de la statistique générale, Bibliothèque nationale de France, département Droit, économie, politique, 4-LC25-276.

Le traité de 1860 abaissa les droits à 3-4 % pour les rubans en tissus de bourre de soie et les étoffes en pure soie étaient quant à elles en franchise de droits. Dans une lettre, le consul de France à Londres, ferait remarquer, en 1877, qu'une pétition de la Chambre de commerce de Coventry adressée aux membres du Parlement ainsi qu'aux hauts officiers, réclamait que la France puisse également faire bénéficier aux rubans de bourre de soie la franchise de droits en les important en France[4]. Il constata de plus que l'exportation de rubans de Coventry avait subi une baisse de l'ordre de 50 % depuis la

[1] Philippe Chassaigne, *La Grande-Bretagne et le monde de 1815 à nos jours*, *op. cit.*, p. 33.
[2] Gabrielle Cadier, « Les conséquences du traité de 1860 sur le commerce franco-britannique », dans *Histoire, économie et société*, 1988, 7e année, n° 3, p. 355-380.
[3] *Ibidem*.
[4] *Ibid*.

signature de ce traité en 1860, alors que les importations en Angleterre de ces mêmes produits français avaient doublé entre-temps[1].

Selon G. Cadier, entre 1860 et 1881, la France vendit 43 % de ses soieries au marché britannique, pour une valeur moyenne annuelle de 161 millions de francs. Durant la période 1860-1870, le montant moyen atteignait, dans ce domaine, 191 millions de francs, ce qui représentait 23,5 % des exportations françaises vers l'Angleterre. De plus, entre 1871 et 1881, cette valeur moyenne était de 131 millions de francs, soit 13,7 % des exportations françaises de soie. Selon François Caron, les exportations de la soie française vers l'Angleterre ne représentaient que 12 % de la totalité des exportations de la soie française entre 1911 et 1913[2].

Selon les chiffres figurant dans les *Annuaires statistiques de la France*, le marché anglais a représenté encore un poids important pendant la période 1894-1915, en absorbant environ un tiers des exportations françaises de soie. Le tableau ci-dessous montre que le poids des exportations de la France vers l'Angleterre représentait en moyenne de 35 à 53 % de celui de l'exportation totale de la soie de la France à cette époque-là[3].

Tableau I.2.11 Poids des exportations de la soie de la France vers l'Angleterre

	Moyenne %
1894-1899	34,80 %
1900-1904	33,20 %
1905-1909	34,40 %
1910-1915	35,70 %

Source : *Annuaire statistique de la France 1878-1915*, ministère du Commerce, de l'Industrie, des Postes et télégraphes, Office du travail, Statistique générale de la France, France. Direction de la statistique générale, Bibliothèque nationale de France, département Droit, économie, politique, 4-LC25-276.

3.2 – Le commerce spécial avec l'Allemagne

L'Allemagne constituait le débouché principal des soieries françaises, puisque ce pays consommait 29 % des tissus unis et 39 % de ceux façonnés exportés par la France en 1821. L'importance du marché allemand diminua beaucoup, car sa consommation ne représentait plus que 7 % des tissus unis français et 7 % des tissus façonnés en 1849. Le recul du marché allemand

[1] *Ibid.*

[2] *Ibid.*

[3] *Annuaire statistique de la France 1878-1915*, ministère du Commerce, de l'Industrie, des Postes et Télégraphes, Office du travail, Statistique générale de la France, France. Direction de la statistique générale, Bibliothèque nationale de France, département Droit, économie, politique, 4-LC25-276.

découlait d'un côté du déclin des marchés du Nord, car l'Allemagne faisait aussi office de centre de redistribution, à l'instar de la foire de Leipzig[1] qui était réputée en tant que marché de redistribution de la soierie lyonnaise ; de l'autre, le développement de la soierie allemande ainsi que celle de Suisse allait pouvoir désormais fournir une grande partie des tissus unis pour les marchés germaniques. Deux facteurs contribuaient à l'accaparement allemand des marchés voisins : l'industrialisation allemande et la création du Zollverein, une union douanière et commerciale des pays germaniques qui facilita la circulation des marchandises.

Les échanges de soie entre la France et l'Allemagne comprenaient la « soie et la bourre de soie », marchandises principalement exportées par la France, ainsi que de « tissus de soie et de bourre de soie ». En effet, ces deux pays exportaient ce dernier type de marchandises, mais les produits exportés par la France étaient en moyenne plus chers au kilogramme que ceux d'Allemagne. Cela confirme le fait que la soierie française disposait d'un avantage compétitif sur les soieries haut de gamme. Entre 1894 et 1914, le volume des échanges de tissus de soie et de bourre de soie augmenta du côté de l'exportation allemande, mais diminua du côté français. Durant la période 1894-1903, la France jouissait d'une position excédentaire pour cette marchandise. Cependant, entre 1904 et 1914, cette position devint déficitaire.

Tableau I.2.12 Le commerce des tissus de soie et de bourre de soie entre la France et l'Allemagne

	Importation de l'Allemagne			Exportation vers l'Allemagne		
	Quantité kg	Valeur moyenne francs	Prix par kilo	Quantité kg	Valeur moyenne francs	Prix par kilo
1894-1903	226 552	10 218 831	45	270 906	19 902 213	74
1904-1914	291 109	13 190 727	46	176 900	11 470 273	64

Source : *Annuaire statistique de la France 1878-1915*, ministère du Commerce, de l'Industrie, des Postes et télégraphes, Office du travail, Statistique générale de la France, France. Direction de la statistique générale, Bibliothèque nationale de France, département Droit, économie, politique, 4-LC25-276.

Durant les dernières décennies du XIXe siècle, on constate un processus de réduction des échanges franco-allemands autour de la soie. L'Allemagne ne représenta qu'une très petite part des importations françaises de soie. Sa

[1] Éric Hamaïde indique dans sa thèse que « *Fin septembre enfin, les foires allemandes de Francfort, et surtout Leipzig, où s'écoulent une grande partie des soieries lyonnaises* ». Éric Hamaïde, *Les relations entre Lyon et la Chine au XIXe siècle*, thèse d'Histoire contemporaine, sous la direction de Christian Henriot, Université Lumière-Lyon-II, 1999, Chapitre 1.2. « Le marché de la soie, un milieu très fluctuant ».

part dans l'exportation française de la soie déclina au moins 1 % à la veille de la Première Guerre mondiale.

Tableau I.2.13 Poids de l'Allemagne dans les échanges extérieurs français de la soie

	Importation moyenne en France %	Exportation moyenne de France %
1894-1899	3,6 %	7,5 %
1900-1904	3,3 %	6,0 %
1905-1909	3,5 %	4,1 %
1910-1915	2,8 %	3,0 %

Source : *Annuaire statistique de la France 1878-1915*, ministère du Commerce, de l'Industrie, des Postes et télégraphes, Office du travail, Statistique générale de la France, France. Direction de la statistique générale, Bibliothèque nationale de France, département Droit, économie, politique, 4-LC25-276.

3.3 – Le commerce français de la soie avec l'Italie

L'Italie était un concurrent traditionnel de la soierie française, et est demeurée un producteur important de la soie au XIXe siècle. Dans le cas du commerce de la soie avec la France, l'Italie servait plutôt de fournisseur de matière première de la soie. Les marchandises exportées par l'Italie étaient enregistrées sous la rubrique « soies et bourre de soie »[1]. La France exporta la plus grande partie de sa soie aussi sous le nom de « soie et bourre de soie ». Toutefois, l'exportation italienne était bien inférieure en termes de valeur. D'un côté, la France était largement excédentaire, de l'autre, le prix moyen de la soie exportée depuis la France apparaissait plus élevé que celui de la soie importée d'Italie.

Entre 1894-1896, les quantités de soie importées d'Italie furent environ de 800 000 kilogrammes et celles de soie exportées depuis la France d'environ 1,5 million de kilogrammes. Après cette date, le volume des importations et des exportations connut une augmentation fulgurante :

[1] Dans le document AS 1897, l'importation en France de la soie d'Italie est davantage analysée pour ce qui est de la rubrique « Soie et bourre de soie » : Soies écrues, grèges, ouvrées ou moulinées. Dans l'AS 1897, en 1895, une nouvelle catégorie voit le jour : la « Soie en cocons », dont les quantités en 1896, 1895 et 1894 sont respectivement de 602 900 kg, 301 687 kg et 182 684 kg, et les valeurs de 3 888 080 francs, 1 945 881 francs et 1 233 117 francs.
Les exportations de France concernent les « Soies écrues, teintes et bourre de soie (non compris les soies en cocon) ». Les exportations de « Soie en cocons » en 1896, 1895 et 1894 furent de l'ordre de 310 500 kg, 607 831 kg et 200 878 kg en termes de quantité, et atteignirent respectivement les montants de 607 831 francs, 5 652 828 francs et 1 486 498 francs.
Ainsi, celle de « Tissus de soie et de bourre de soie » fut classée dans la catégorie des « Tissus, passementerie et rubans de la soie et de bourre de soie ».

l'importation de la soie italienne quadrupla presque. L'exportation française connut, elle aussi, une augmentation substantielle de l'ordre d'environ 50 %. Une telle augmentation découlait peut-être de la normalisation commerciale difficile avec l'Italie après les effets néfastes de la loi Méline. Entre 1894 et 1897, l'on observe que le prix moyen au kilogramme de la soie importée était supérieur à celui de la soie exportée de France. Après cette date, le prix moyen de chaque kilogramme de soie exporté était supérieur à celui importé d'Italie, ce qui signifie peut-être que les soies traitées en France, celles teintes, par exemple, avaient une plus grande valeur ajoutée.

Tableau I.2.14 L'évolution des échanges franco-italiens de la soie

	Importation en France			**Exportation de France**		
	Quantité kg	Valeur Francs	Prix moyen par kg	Quantité kg	Valeur Francs	Prix moyen par kg
1894-1896	804 286	25 281 894	31	1 500 545	34 273 152	23
1897-1899	3 063 730	40 538 249	13	2 387 412	63 042 338	26
1900-1905	2 851 133	41 360 667	15	1 936 483	48 682 333	25
1906-1909	3 418 500	55 304 500	16	2 373 150	62 040 250	26
1910-1913	3 320 125	45 674 750	14	2 125 325	52 926 750	25
1914-1915	1 468 550	27 456 500	19	1 825 700	51 308 000	28

Source : *Annuaire statistique de la France 1878-1915*, ministère du Commerce, de l'Industrie, des Postes et Télégraphes, Office du travail, Statistique générale de la France, France. Direction de la statistique générale, Bibliothèque nationale de France, département Droit, économie, politique, 4-LC25-276.

En outre et malgré l'augmentation du volume des importations de soie italienne et des exportations de soie française vers l'Italie, le poids relatif suivant ces deux activités demeura presque inchangé[1], voire diminua quelque peu comme l'indique de tableau suivant :

[1] *Annuaire statistique de la France 1878-1915*, ministère du Commerce, de l'Industrie, des Postes et Télégraphes, Office du travail, Statistique générale de la France, France. Direction de la statistique générale, Bibliothèque nationale de France, département Droit, économie, politique, 4-LC25-276.

Tableau I.2.15 Poids de l'Italie dans les échanges extérieurs de la soie de France

	Importation moyenne en France %	Exportation moyenne de France %
1894-1899	12,1 %	13,4 %
1900-1904	11,6 %	12,2 %
1905-1909	12,5 %	13,3 %
1910-1915	11,4 %	11,0 %

Source : *Annuaire statistique de la France 1878-1915*, ministère du Commerce, de l'Industrie, des Postes et Télégraphes, Office du travail, Statistique générale de la France, France. Direction de la statistique générale, Bibliothèque nationale de France, département Droit, économie, politique, 4-LC25-276.

Ce déclin relatif des échanges bilatéraux dans le commerce extérieur de la France était le résultat direct d'un élargissement international du champ des exportations françaises de soie manufacturée comme des importations de soie brute. L'une des raisons de cet élargissement tenait à la forte demande américaine.

3.4 – Le commerce français de la soie avec les États-Unis

Durant la première moitié du XIXe siècle, le marché américain augmenta. Il absorbait, à son apogée, la moitié de la quantité de soie française exportée[1]. L'augmentation de la demande américaine fut stimulée par l'insuffisance de l'offre domestique et l'expansion de la consommation intérieure. La redistribution le long des ports de l'Atlantique du commerce vers l'Amérique centrale et du Sud y contribua également. Le régime douanier des États-Unis favorisait l'échange entre ces deux pays, étant donné que le tarif imposé sur les soieries européennes était relativement faible, de l'ordre de 22 %, puis de lentement 10 % en 1832[2].

Pendant la guerre de Sécession, en 1864, les tarifs d'importation de la soie, en particulier des soies appartenant à la catégorie des produits de luxe, aux États-Unis, augmentèrent de 60 % *ad valorem*, le but était à l'évidence de financer la guerre. Pour les bourres de soie, le tarif était fixé à 35 % *ad valorem*. Ces tarifs continuèrent à s'appliquer après la guerre. Ils furent maintenus jusqu'en 1883. L'Acte de tarif de 1883 ne put réduire le tarif de la soie de plus de 10 %, c'est-à-dire que ce dernier atteignait 50 % *ad valorem* pour les soies importées. L'Acte de tarif de 1890 n'a pas pu non plus réduire

[1] Pierre Cayez, *Métiers Jacquard et hauts fourneaux. Aux origines de l'industrie lyonnaise*, *op. cit.*, p. 140-150.
[2] *Ibidem.*

le tarif, qui est demeuré autour de 50 % *ad valorem*. L'Acte de tarif de 1897 introduisait un système très complexe pour les soies importées, qui étaient classées en trois catégories. Ce système engendra même un taux de tarif plus élevé, qui revint à plus de 50 % *ad valorem*[1], de l'Acte de tarif de 1890[2].

Tableau I.2.16 Poids américain dans l'exportation française de la soie

	Moyen %
1894-1899	15,3 %
1900-1904	16,4 %
1905-1909	14,2 %
1910-1915	12,2 %

Source : *Annuaire statistique de la France 1878-1915*, ministère du Commerce, de l'Industrie, des Postes et télégraphes, Office du travail, Statistique générale de la France, France. Direction de la statistique générale, Bibliothèque nationale de France, département Droit, économie, politique, 4-LC25-276.

Le commerce de la soie entre la France et les États-Unis était principalement composé de l'exportation de la soie de France vers les États-Unis, surtout des tissus de soie. L'importation de soie américaine fut sporadique et peu importante, on peut. Il est possible, en effet, de constater qu'entre 1894 et 1915, il n'y a eu qu'une seule année où la France a importé des « soies et bourres de soie » américaines, en 1908, l'année où les États-Unis ont exporté 22 800 kg de soie, pour une valeur de 142 000 francs. Durant les dernières décennies du XIXe siècle, le marché américain représentait environ 15 % de l'exportation totale de la soie française, un débouché stable qui servit de support précieux pour la soierie lyonnaise et l'aida à surmonter la crise.

CONCLUSION

La France vécut une expérience distincte de celle des autres pays en ce qui concerne le mode d'industrialisation de la soie tout en bénéficiant du fait que le pays était en même temps inséré dans le commerce mondial. La croissance économique française du milieu du XIXe siècle jusqu'en 1914 fut « modérée mais contrastée ». Le commerce extérieur français se développa rapidement pendant les années 1850 et la période libre-échangiste. L'essor des échanges internationaux entra ensuite dans un processus de reprise du

[1] Ad valorem, est une expression d'origine latine qui signifie « suivant la valeur ». Cette expression est utilisée dans le cadre de la tarification des impôts, des transports et plus généralement des droits à payer calculés à partir de la valeur des biens sous-jacents.

[2] Frank Masonry, *The American Silk Industry, and the Tariff, American Economic Association Quarterly*, Dec. 1910, 3rd Series, vol. 11, n° 4, p. 1-182, American Economic Association.

protectionnisme. L'expansion stagnait. La soierie lyonnaise rencontra cependant des concurrents qui disposaient d'avantages sur les tissus unis. Cette réalité ainsi que la crise de 1876 obligèrent la France à investir beaucoup dans les innovations commerciales et industrielles pour survivre.

Deuxième partie

LE *LEADERSHIP* EUROPÉEN DE L'INDUSTRIE LYONNAISE DE LA SOIE :

LES SOYEUX ET LA FABRIQUE

Chapitre 3

LYON, PREMIER PÔLE INDUSTRIEL EUROPÉEN ET MONDIAL DE LA SOIE

Dès le XVe siècle, Lyon s'est révélé comme extraordinaire carrefour commercial[1]. La ville bénéficie de sa situation géographique, au confluent des bords de la Saône et du Rhône[2]. Cette ville est donc située à proximité de la Bourgogne, de la Bresse, de la Savoie et de la Suisse, des régions riches en ressources et en produits de consommation courante.

Lyon est aussi l'un des centres commerciaux les plus anciens de la soierie en Europe, et le reste pendant une longue période[3]. Né au milieu du XVIe siècle, l'essor européen de la soierie lyonnaise commence sous le règne de Louis XIV. En effet, les modes de la Cour de Versailles influencent en profondeur toutes les autres cours royales et donc la noblesse en Europe. Pendant le XVIIIe siècle[4], grâce à son innovation technique, l'industrie lyonnaise de la soie s'est développée rapidement[5]. Elle a atteint son apogée au XIXe siècle. À cette époque, Lyon devient la capitale de la soie mondiale[6]. Durant le Second Empire, la soierie lyonnaise est l'industrie exportatrice la plus importante de France[7].

---

1 Yves Lequin (dir.), *Rhône-Alpes. 500 années-lumière. Mémoire industrielle*, Paris, Plon, 1991, p. 84-129.

2 Félix Rivet, *La navigation à vapeur sur la Saône et le Rhône, 1783-1863*, Paris, PUF, 1962.

3 Jean-François Klein, *Les maîtres du comptoir : Desgrand père & fils. Réseaux du négoce et révolutions commerciales (1720-1878)*, *op. cit.*

4 Carlo Poni, « Mode et innovation : les stratégies des marchands en soie de Lyon au XVIIIe siècle », *Revue d'histoire moderne et contemporaine*, t. 45, n° 3, juillet-septembre 1998, p. 589-625.

5 François Caron, *Le résistible déclin des sociétés industrielles*, Perrin, 1985 ; *La dynamique de l'innovation. Changement technique et changement social (XVIe-XXe siècles)*, Paris, Gallimard, NRF, 2010.

6 Pierre-Yves Saunier, *Lyon au XIXe siècle : les espaces d'une cité, op. cit.*

7 Pierre Cayez et Serge Chassagne, *Lyon et le Lyonnais*, Paris, Coll. « Les patrons du Second Empire » (n° 9), Éditions Picard-Cénomane, 2006. Sur la soie au XIXe siècle, voir aussi : Pierre Cayez, *Métiers Jacquard et hauts fourneaux. Aux origines de l'industrie lyonnaise*, *op. cit.* ; Michel Laferrère, *Lyon, ville industrielle. Essai d'une géographie des techniques et des entreprises*, Paris, PUF, 1960.

En même temps, la Chine, où la technique de la fabrication de soie a été découverte sous la dynastie des Shang[1], devient, sous le Second Empire, le principal fournisseur de la Fabrique lyonnaise qui, jusqu'alors, lui tournait le dos[2]. Jusqu'au milieu du XIXe siècle, les échanges entre Lyon et les ports chinois s'intensifient donc en profitant de l'établissement de concessions étrangères en Chine et de la mise en place de la route maritime entre Marseille et Shanghai[3].

I. Lyon, une histoire de l'industrie de la soie

Lyon s'est imposé depuis longtemps comme la capitale de la soie. L'industrie de la soie s'est liée de façon inespérée avec Lyon, mais cette ville ne dispose, avant la naissance de la fameuse fabrique, ni de matières premières ni d'habitants doués de l'habileté à travailler dans ce métier[4]. Sans de conditions naturelles évidentes, d'une part, dans une économie médiévale et prémoderne, la grande fabrique se développe et s'impose éventuellement à l'Europe, voire au monde. D'autre part, d'un point de vue rétrospectif, l'innovation des ouvriers-tisseurs lyonnais fait la force du développement de la soierie lyonnaise.

1.1 – Une activité économique ancienne

Selon Justin Godart, il existe deux hypothèses d'origine de l'industrie de la soie à Lyon : la première est les suivantes, selon la Chambre de commerce de Lyon, les Lucquois[5] ont été les fondateurs de la soierie lyonnaise, ils y apportèrent cet art en fuyant leur pays d'origine à Lyon. Cette hypothèse paraît plausible en considérant l'allusion faite par Louis XI dans ses lettres patentes en 1466, « un commencement » de l'industrie soyeuse pourrait être dû à l'apport des ouvriers-tisseurs lucquois. L'auteur indiquait que cette hypothèse mérite attention. En revanche, il préfère une autre théorie, selon laquelle la soierie lyonnaise serait née d'une infiltration progressive des ouvriers-tisseurs étrangers, surtout des Italiens. Son argument s'appuie sur le fait que la papauté a séjourné pendant une longue durée à Avignon. En conséquence, la fameuse matière luxe, la sériciculture et l'art de la fabrication de la soie y ont apporté. Et la restauration du siège du pape en 1377 à Rome ne s'accompagna pas du départ de tous les ouvriers. Certainement que parmi ces ouvriers, il s'est trouvé que la sériciculture reste

1 Giovanni Federico, *An Economic History of the Silk Industry, 1830-1930*, New York, 2009.

2 J.-F. Klein, thèse, *op. cit.*

3 Guy Durand et Jean-François Klein, « Une impossible liaison ? Marseille et le commerce à la Chine, 1815-1860 », *Revue d'histoire moderne et contemporaine*, *op. cit.*, p. 139-167.

4 Justin Godart, *L'ouvrier en soie : monographie du tisseur lyonnais ; étude historique, économique et sociale*, Genève, Slatkin Reprint, 1976, p. 2.

5 Léon Mirot, *Études lucquoises*, Bibliothèque de l'École des chartes, 1927, tome 88, p. 50-86.

en France[1]. En tout cas, il est plus raisonnable de dire que le transfert de technologie et de savoir-faire d'Italie en France a fait le fondement de l'industrie de la soie lyonnaise.

De plus, il est indiqué qu'en 1450, Charles VII accorde à Lyon le monopole du commerce des étoffes de soie pour toute la France. Les foires franches attirent à Lyon de nombreux marchands italiens, qui s'installent dans la ville et perfectionnent l'art de la fabrication de soie dans les ateliers lyonnais où sont peuplés des marchands et ouvriers étrangers[2]. À ce stade, Lyon devint le centre de commerce de la soie. Sous le règne de Louis XI[3], l'activité de la fabrication de la soie est pratiquée à une petite échelle par les tisseurs lyonnais[4]. *L'ordonnance de Louis XI du 23 novembre 1466* ordonne qu'on y établisse des métiers nécessaires à la fabrication de ces tissus (de soie)[5].

D'après cette ordonnance, le fait que l'énorme déficit ait résulté de l'importation de la soie motive Louis XI à établir à Lyon le fondement de l'industrie soyeuse. En outre, Lyon fait figure alors d'un centre religieux important, la ville accueille les rois, les princes et les chanoines, de ce fait, ses somptueuses cérémonies et les splendides vêtements qu'elles requièrent ont bien évidemment créé une demande considérable de la soie. Son ordonnance contient aussi des mesures favorables pour attirer les ouvriers-tisseurs étrangers, une taxe particulièrement sert à ce but : « La somme de deux mille livres tournois estre mise sus et levée en icelle (ville de Lion)... estre convertie et emploie tant au payement et salaire desdits maitres ouvriers... » [6] qui attire de nombreux ouvriers-tisseurs étrangers. Malheureusement, l'exécution de ces mesures met le projet du roi en échec. Louis XI, en tenant compte que « le mestier des draps de soye soit faict et continue en sa ville de Tours », a ordonné le transfert de ce projet à Tours[7]. Il faut attendre jusqu'en 1536 pour voir un succès prometteur de l'industrie lyonnaise de la soie, François I[er8] accorde à Étienne Turquet[1], à Barthélemy

---

[1] Justin Godart, *L'ouvrier en soie : monographie du tisseur lyonnais ; étude historique, économique et sociale*, *op. cit.*, p. 3-5.

[2] Jean Baptiste Monfalcon, *Histoire des insurrections de Lyon, en 1831 et en 1834 : d'après des documents authentiques :* précédée d'un *Essai sur les ouvriers en soie et sur l'organisation de la fabrique*, Lyon, Louis Perrin, 1834, p. 5.

[3] Louis XI, dit « le Prudent », roi de France de 1461 à 1483, sixième roi de la branche dite de Valois de la dynastie capétienne. Source : Pierre Champion, *Louis XI*, Paris, H. Champion, 1928, 2e vol.

[4] *Ibidem.*

[5] Archives du département du Rhône 014J1 à 14J152 : répertoire numérique détaillé établi par Valérie Rey-Robert, sous la direction de Michel Ollion, conservateur en chef, 1998.

[6] *Ibidem*, p. 5.

[7] *Ibidem*, p. 8.

[8] François Rouget, *François Ier et la vie littéraire de son temps (1515-1547)*, Paris, Classiques Garnier, Coll. « Rencontres. Colloques, congrès et conférences sur la Renaissance européenne », 2017, 412 p.

Nariz, deux Piémontais, et aussi à tous les ouvriers-tisseurs étrangers, par lettres patentes, de nombreux privilèges. L'industrie soyeuse lyonnaise se développait progressivement depuis cette époque. Le soutien des rois successifs attirait à Lyon un afflux non seulement des négociants mais aussi d'ouvriers-tisseurs désireux de s'y installer. Grâce aux avantages géographiques du fleuve de Lyon ainsi qu'aux politiques favorables, les Lyonnais s'enrichissaient et le commerce de la soierie se développait rapidement.

1.2 – Lyon, pôle majeur : dès le XVIe siècle, une capitale européenne de la soierie de luxe[2]

En 1536, François Ier accorde toutes sortes de privilèges aux maîtres soyeux étrangers à Lyon ainsi qu'aux Lyonnais qui désirent exercer dans la soierie, et cela, par les lettres royales à l'intention d'Étienne Turquet et Guillaume Naris. En 1540, François Ier oblige toutes les soies étrangères à venir et acquitter par la douane de Lyon un droit d'entrée de 2,5 %. Les privilèges accordés par François Ier à Lyon facilitent vraiment l'installation des manufactures de soierie. L'échelle de la manufacture à Lyon ne doit pas être exagérée, on remarque que dix ans plus tard, en 1546, « Lyon n'avait pas encore la réputation d'être un centre de la production de la soierie »[3].

1.2.1 – Comparaison avec la ville de Nîmes

Le monopole du commerce de la soie qui est accordé à Lyon fait jouir cette ville d'un atout inégalé, si l'on compare ceux que d'autres villes connues, par exemple, Nîmes. Ses velléités d'enrichissement par la soierie sont presque asphyxiées en face de la position ultra-dominante de Lyon. La fabrique nîmoise s'efforce de tourner les impositions lyonnaises à la fin du XVIIe siècle, cela se solde par un coup de grâce venant du pouvoir royal par un arrêt du Conseil du 23 juillet 1687[4]. Ainsi, face à la concurrence d'autres villes, les politiques préférentielles du gouvernement procureront également à Lyon un avantage unique.

---

[1] Étienne Turquet, 1495-1560, est un marchand italien, qui initiera la production de tissu en soie à Lyon. Avec son compatriote Barthélemy Nari, il commence à installer des ateliers de tissage de la soie à partir de 1536 à Lyon. Source : Vital de Valous, *Étienne Turquet et les origines de la Fabrique lyonnaise : recherches et documents sur l'institution de la manufacture des étoffes de soie, 1466-1536 ; notice historique accompagnée d'une généalogie de la famille Turque,* Lyon, Librairie Ancienne d'Auguste Brun, 1868, p. 8.

[2] Jean-François Klein, « Soyeux en mer de Chine ». Thèse, *op. cit.*

[3] Justin Godart, *L'ouvrier en soie : monographie du tisseur lyonnais ; étude historique, économique et sociale*, *op. cit.*, p. 16.

[4] Line Teisseyre-Sallmann, *L'industrie de la soie en Bas-Languedoc : XVIIe-XVIIIe siècles*, Paris, Éditions de l'École nationale des chartes, 1995, p. 51.

Tableau II.3.1 Dénombrement des métiers à Nîmes aux différentes époques

Année	Nombre de métiers	Nombre des fabricants
1664	30	
1682	1 000	
1729	459+80 sans travail	232
1735	503	
1749	776	
1750	500	
1760	1 156	529
1789	2 571	1 207 +103 ourdissoirs +25 ouvriers

Source : Line Teisseyre-Sallmann, *L'industrie de la soie en Bas-Languedoc : XVIIe-XVIIIe siècles*, Paris, Éditions de l'École nationale des chartes, 1995, p. 51.

La fabrique nîmoise s'est qualifiée en tant que centre de fabrication régional de soieries de bas et bonneterie. Elle a connu son plein essor vers la fin du XVIIe siècle. Il s'agissait d'un accomplissement admirable. Cependant, compte tenu de la situation où elle s'est trouvée, malheureusement, elle n'a pas pu s'affirmer comme une vraie rivale de Lyon, qui disposait depuis longtemps de tous les privilèges et les appuis octroyés par le pouvoir royal, ce que confirmait une comparaison avec les chiffres de métiers et de maîtres. À travers ces privilèges, Lyon exerçait un contrôle général de l'importation et exportation des soieries et des matières premières. Toutes les marchandises doivent passer par la douane lyonnaise avant d'être redistribuées à l'intérieur du royaume ou réexportées vers l'étranger[1]. Lyon possède tous les pouvoirs d'agir au profit de la Fabrique lyonnaise en fournissant prioritairement les manufactures lyonnaises en matières premières. Par conséquent, « les privilèges accordés par François Ier… faisaient de Lyon la capitale européenne de la fabrication des soieries de luxe, incontestée à partir de la seconde moitié du XVIIe siècle… »[2]

Pierre Cayez, dans son étude de l'industrie lyonnaise, donne une répartition des métiers. Elle reporte sur une estimation de Roland de La Platière[3] pour l'année 1784[1]. Le nombre des métiers à Nîmes est moins d'un sixième que celui de Lyon.

---

[1] Line Teisseyre-Sallmann, *L'industrie de la soie en Bas-Languedoc : XVIIe-XVIIIe siècles*, *op. cit.*, p. 47.

[2] *Ibidem.*

[3] Jean-Marie Roland de La Platière, 1734-1793, est un économiste et homme d'État français.

Tableau II.3.2 Répartition des métiers en France en 1784 [2]

	Nombre	Pourcentages
Lyon	18 000	68,4 %
Nîmes	3 000	11,3 %
Tours	1 500	5,6 %
Paris	2 000	8 %
Avignon	1 800	6,7 %
Total	26 300	100 %

Source : Pierre Cayez : *Métiers Jacquard et hauts fourneaux. Aux origines de l'industrie lyonnaise*, Lyon, 1978, p. 45.

1.2.2 – Comparaison avec l'Italie

Dès le XVe siècle, un pays voisin de la France, l'Italie, imposa sa suprématie sur le marché européen. La domination de la soierie italienne s'appuyait principalement sur les trois avantages : la sériciculture, la matière première en très bonne qualité, moins chère et abondante, ainsi que la supériorité de la technologie. Le déclin de cette supériorité résulta, d'abord, des troubles nationaux et de la crise générale du XVIIe siècle. D'autres causes plus spécifiques agissaient, qui incluaient la rigidité des régulations régissant ce métier, celles qui causaient directement l'impuissance de la soierie génoise à répondre aux nouveaux critères de la demande. Au cours du XVIIe siècle, vu que la clientèle des fabricants génois reposa sur les cours européens et une classe principalement noble, la mode connait un changement de goût : l'ostentation remplace la durabilité, la soierie génoise avait du mal y répondre ; de plus, les mesures prises par les responsables de la soierie étaient inadaptées, il semblait qu'ils réagissent trop tard et fournissaient trop peu d'encouragement pour l'innovation[3].

Tableau II.3.3 Cas génois

	Nombre de métiers	**Nombre d'ouvriers**
1565	10-11 000	30-35 000
1608	3 000	
1675	2 539	1 866 maîtres-tisseurs

Source : Line Teisseyre-Sallmann, *L'industrie de la soie en Bas-Languedoc : XVIIe-XVIIIe siècles*, Paris, Éditions de l'École nationale des Chartes, 1995, p. 42.

[1] Pierre Cayez, *Métiers Jacquard et hauts fourneaux. Aux origines de l'industrie lyonnaise*, *op. cit.*, p. 45.

[2] *Ibidem.*

[3] Line Teisseyre-Sallmann, *L'industrie de la soie en Bas-Languedoc : XVIIe-XVIIIe siècles*, *op. cit.*, p. 37-43.

1.2.3 – Comparaison avec Londres

En 1801, la population à Londres était de 958 863, il y avait au moins 30 000 personnes qui travaillent dans la soierie à la ville. Et la population qui dépendait de l'industrie de la soie à Londres faisait environ un trentième par rapport à la population totale. En 1831-1832, au cœur de l'industrie de soieries anglaise, à Spitalfields près de Londres, il y avait environ 17 000 métiers et 50 000 personnes entièrement qui travaillaient dans le domaine, et une autre 50 000 en dépendaient indirectement[1].

Les documents de l'époque disponibles sur le nombre des ouvriers variaient énormément. En regardant de près les chiffres donnés par *la Communauté de la soierie*[2], il était évident que les chiffres étaient beaucoup gonflés à cause d'une motivation sur les intérêts industriels, soit une motivation d'obtenir plus de politiques favorables. Toutefois, les enregistrements officiels par le gouvernement semblaient plus raisonnables. En 1555, *la Communauté de soierie à Lyon* déclara qu'il y avait douze mille habitants qui travaillaient dans la soierie. Ce chiffre exagéré visait à obtenir une ratification du « Règlement touchant l'art et manufacture des draps d'or, d'argent et de soyer qui se feront dans la ville de Lyon et fauxbourgs d'icelle et en tout le pays de Lyonnais ». Dans un mémoire personnel de la même époque, il est indiqué qu'à Lyon, trente mille personnes sont employées dans la soierie. Cependant, en 1575, dans les attestations d'octroi des bénéfices, le nombre des ouvriers apparaît dramatiquement inférieur. En effet, on compte « *164 veloutiers, 34 taffetasers, 11 filleuls de soyer, 15 teinturiers* »[3]. L'on estima leur nombre à 224. Même on le doubla pour inclure les apprentis et auxiliaires, cela faisait à peine moins de 500 personnes dans l'industrie. Un recensement en 1621 à Lyon relevait :

> « 716 (sept cent seize) maîtres,
> 428 (quatre cent vingt-huit) compagnons,
> 265 (deux cent soixante-cinq) apprentis,
> 1 698 (mille six cent quatre-vingt-dix-huit) métiers. »

En 1660, un document intitulé *« Le livre de visitte commansé le 28 janvier 1660 par les maistres jurés de la ditte anné »* nous donnait *« 841 maistres ouvriers, 809 compagnons et aprentifs sans y comprendre les fils de maistres qui composent un si grand nombre que les compagnons et les aprentifs, 3 019 tout compris »*[4].

---

[1] Frank Warner, *The silk industry of the United Kingdom. Its origin and development*, London, Danegeld House, 1921, p. 45-62.

[2] La Communauté est une sorte de corporation soierie composée par les veloutiers et taffetatiers, etc.

[3] Pierre Cayez, *Métiers Jacquard et hauts fourneaux. Aux origines de l'industrie lyonnaise*, *op. cit.*, p. 44.

[4] *Ibidem.*

À ce stade, la proportion que représentaient les ouvriers par rapport à la population de Lyon était minuscule.

« En 1739, il y avait 14 000 personnes en soierie. En 1752, le nombre des travailleurs soierie s'est élevé à 19,074, en même temps Lyon comptait 103 000 habitants. En 1788, on comptait 38 500 personnes dans la fabrique, environ un quart de la population lyonnaise. Un recensement de population à Lyon en 1788 nous donne un chiffre de 143 388, et en 1789, il y avait à peu près 200 000 habitants à Lyon, cependant en 1790, une évaluation de la population lyonnaise nous donne 130 000 habitants. »[1]

Tableau II.3.4 Main-d'œuvre de la fabrique entre 1777 et 1788

	1788	1777
Chef d'atelier	5 844	4 777
Compagnon	3 214	1 786
Apprentis	352	507
Enfants des chefs	14 222	13 138
Domestiques	2 236	
Filles sans droit	1 015	2 268
Sous-total	24 576	25 103
Épouses des chefs	5 884	
Liseuses, ourdisseuses, metteuse en main	10 000	
	38 500	

Source : Pierre Cayez, *Métiers Jacquard et hauts fourneaux. Aux origines de l'industrie lyonnaise*, Lyon, Presses universitaires de Lyon, 1978, p. 44.

Avec les chiffres donnés par P. Cayez en 1788, Lyon comptait 143 388 habitants, dont 38 500 dépendaient directement de la grande fabrique. Cela indiquait qu'à ce stade, la proportion ouvriers de la soie s'élevait jusqu'aux environs de 25 % des habitants lyonnais.

[1] *Ibid.*

Tableau II.3.5 Dénombrement des métiers : d'après les estimations de Godart

Années	Nombre de métiers
1621	1 698
1720	5 067
1739	8 331
1752	9 404
1761	9 027
1769	11 007
1777	11 356
1783	9 200
1788	14 777

Source : Justin Godart, *L'ouvrier en soie monographie du tisseur lyonnais ; étude historique, économique et sociale,* Genève, Slatkin Reprint, 1976, p. 26.

Lyon s'imposait donc, depuis le XVIe siècle, comme la capitale de la soie en Europe. Sa forte position s'appuyait sur une main-d'œuvre abondante et sur un nombre énorme de métiers.

Tableau II.3.6 Dénombrement des métiers à Lyon à diverses époques

Année	Nombre de métiers	Note
1600-1686	6-9 000 à 12 000	
1699	4 000	
1756-1786	12 000	
1786-1788	15 000-18 000	
1789	7 500	
1795-1800	2 500-3 500	
1801-1812	11 000-12 000	
1815	20 000	
1820-1823	24 000	
1824-1825	27 000	
1826	15 000	
1833	31 083	31 083 dans le département du Rhône 40 000 + en ajoutant ceux de la Loire, du Saône-Loire, de la Drôme, de l'Isère et de l'Ain
1834	27 000	Dont 18 000 à Lyon et 9 000 en banlieue Dont métier en soie 16 689 Dont métier de tulles et bas 556 Dont métier de passementerie 405 Dont métier en repos 840

Source : Selon les chiffres détaillés de L. Boitel, *Revue du Lyonnais*, 1835, p. 165.

1.3 – L'essor de l'industrie de la soie à Lyon de la seconde moitié du XVIe siècle au milieu du XIXe siècle

Dans une étude sur le développement industriel de Lyon, P. Cayez affirma que Lyon n'était qu'en mi-route vers la fin du XVIIIe siècle en devenant une ville industrielle[1]. En effet, Lyon s'imposait depuis longtemps comme un centre de commerce, mais sans industrie. Ses avantages géographiques lui permettaient de s'enrichir au fil du temps au fondement d'une économie d'entrepôt. Parmi des marchandises commercialisées, la soie prenait de plus en plus d'importance et la soierie connait ses vicissitudes au cours des siècles avec ou sans appui de la Cour royale. Une raison plus importante était que les soyeux lyonnais ne cessaient pas de promouvoir l'innovation dans l'industrie de soierie et de perfectionner des organismes qui servent aux soyeux lyonnais.

[1] Pierre Cayez, *Métiers Jacquard et hauts fourneaux. Aux origines de l'industrie lyonnaise*, *op. cit.*, p. 53.

1.3.1 – Origine de la Condition des soies à Lyon

D'un point de vue hygrométrique, la soie contenait au moins 8 % d'eau en situation de grande siccité. De plus, elle pouvait renfermer jusqu'à 15 % d'eau de son poids sans paraître mouillée. Ainsi, les marchandises en soie étaient difficiles à placer par des commerçants indépendants. Pour résoudre ce problème, les Italiens ont trouvé une première solution en fondant des établissements travaillant à rendre la soie prête à la vente avec une humidité unifiée, et les acheteurs ne devaient pas se préoccuper par le poids de la soie. Le mot « Condition » provenait de ce processus par lequel on fixe le taux de l'humidité de la soie. C'était à Turin[1] que fonctionnait la première Condition des soies. Elle était ouverte en 1750 par l'ordonnance du roi de Sardaigne[2]. C'était une grande salle de quatre cheminées, équipée de crochets en fer fixés sur le mur. La température donnée était maintenue, d'octobre jusqu'à mai, par l'instrument du chauffage. Cependant en été, soit entre juin et septembre, la salle était tempérée par l'action de l'air extérieur[3].

1.3.2 – L'établissement de la Condition des soies privée à Lyon

Le 2 juin 1779, Jean-Louis Rast Le Maupas[4], un agronome lyonnais, tentait pour la première fois de remettre une requête sur l'installation d'une Condition des soies privée à Lyon auprès du contrôleur général des finances, néanmoins, après une étude de la Chambre de commerce à Lyon, ce projet était refusé. En avril 1980, Rast-Maupas renvoyait une nouvelle requête au prévôt des marchands et aux échevins de Lyon, cette fois, la Chambre de commerce donna un avis moins hostile, et la Condition devait être établie par le corps municipal, Rast-Maupas épousait cette idée de la Chambre de commerce à Lyon, mais il se méprenait les conditions d'établissement et demandait au consulat le droit de l'administration et de la gestion de la Condition[5]. Enfin, le consulat a rejeté son projet. Compte tenu des appuis reçus des industriels et des commerçants, Rast-Maupas essayait une fois de plus de déposer une nouvelle demande auprès du gouvernement, mais il n'obtenait toujours pas de réponse favorable.

Finalement, il décidait de réaliser ce projet à son propre compte. En 1780, Rast-Maupas fonda la Condition à Lyon, laquelle fonctionne jusqu'en 1792[6]. Le début était difficile. Plusieurs crises ont eu lieu pendant cette période. De ce fait, le fonctionnement de la Condition était suspendu pendant deux ans.

---

[1] Turin est chef-lieu de la région du Piémont en Italie. Elle a été la capitale du royaume de Sardaigne de 1720 à 1861.

[2] Sardaigne (Royaume), Ordonnances des rois de Sardaigne, de 1740 à 1779, 1740-1779. Source : Bibliothèque nationale de France, département Droit, économie, politique, F-3135.

[3] Adrien Perret, *Monographie de la Condition des soies de Lyon*, *op. cit.*, p. 3.

[4] Jean-Louis Rast-Maupas, né à La Voulte dans le Vivarais en 1731, est un agronome, le fondateur de la Condition de soies de Lyon.

[5] Adrien Perret, *Monographie de la Condition des soies de Lyon*, *op. cit.*, p. 4.

[6] *Ibidem*, p. 5.

Grâce aux interventions des grands négociants lyonnais, Rast-Maupas reprenait la direction de son établissement. Néanmoins, le privilège qu'il a obtenu était inutile pour protéger ses intérêts commerciaux. Il a perdu donc son procès devant la Cour de la paix[1]. En même temps, les autres conditions privées ont causé une anarchie absolue en ne servant que les intérêts propres de leurs fondateurs. Cela conduit à l'arrêt du Conseil du commerce de Lyon 24 floréal An X. Cet arrêt mettait fin aux conditions privées. Le Conseil se décida à créer une Condition publique unique. L'assemblée des marchands de soie et celle des fabricants de soierie prenaient la décision à l'unanimité de mettre fin au désordre des conditions particulières.

La Chambre de commerce de Lyon proposait donc une création d'un établissement unique et public de conditionnement de la soie. Passant au gouvernement, le projet parcourt dans les mains du Conseil général du commerce. Après un examen, le Conseil général du commerce décida que la condition de la soie doit être administrée par un organe public, que la Chambre de commerce se chargeait de gérer et de surveiller[2]. En avril 1805, en voie d'être couronné roi d'Italie à Milan, l'empereur Napoléon signa un décret en donnant le monopole du conditionnement de la soie à la Chambre de commerce de Lyon[3]. Finalement, la nouvelle Condition s'installait en 1805 à la place Saint-Pierre, au deuxième étage de la maison d'Ambérieu, Reverony est nommé directeur par la Chambre de commerce.

Au début, la Condition publique des soies visait à acquérir les matériaux des conditions particulières, mais les trois conditions privées lui proposaient un prix inadmissible et Rast-Maupas, évidemment, ne répondait du tout à cette demande. Enfin, la condition publique commandait de nouveaux matériaux et jusqu'en octobre 1805, l'ouverture officielle de la condition unique et publique mettait fin à toutes les conditions privées, et la condition de Rast Maupas était fermée par les huissiers[4].

1.3.3 – Les fonctionnements de la Condition publique à Lyon

Les premières activités de la nouvelle condition publique engendraient des mécontentements des marchands et des fabricants lyonnais, car l'humidité de la soie dépassa la norme du marché. En général, il était obligatoire de passer à la seconde épreuve de 48 heures si la soie perd plus de 4,5 pour cent de poids pendant la première épreuve de 24 heures, et une seconde épreuve de 24 heures était aussi exigée obligatoirement au cas où le poids perdu serait entre 2 à 4,5 pour cent. La substitution du thermomètre métallique par celui à mercure devait être mentionnée, son inventeur était

---

[1] *Ibid.*, p. 6.
[2] *Ibid.*
[3] Barrot Odilon *et al.*, *Recueil général des lois, décrets, ordonnances, etc. : depuis le mois de juin 1789 jusqu'au mois d'août 1830*, Administration du Journal des Notaires et des Avocats, Paris, 1839, p. 392-394.
[4] Adrien Perret, *Monographie de la Condition des soies de Lyon*, *op. cit.*, p. 7.

Monsieur Dourdouillon et l'horloger Monsieur Deville Glosner, qui ajouta aussi un système de sonnerie dans l'instrument de contrôle de la température, mais ces essais n'étaient jamais reconnus dans la Condition des soies. En 1809, étant donné que l'espace de la Condition des soies publique ne répondait pas aux besoins des marchands soyeux, un projet de construction d'une nouvelle condition publique était passé par les travaux de la construction de la condition qui prennent cinq ans, dont les derniers deux ans étaient consacrés à la réparation de la voûte qui s'était écroulée un an après l'achèvement du bâtiment. À noter également que, comme d'autres projets de construction, la dépense avait bien dépassé le budget, il faut encore une somme d'emprunt de 150 000 francs pour assurer la fin des travaux. La totalité du coût s'éleva jusqu'à 440 000 francs[1].

L'achèvement de la condition conduit à l'exploitation de l'établissement. Malheureusement, le mode de conditionnement cause plein de réclamations car la dessiccation subit des facteurs non maitrisés. Le temps, les saisons ainsi que l'atmosphère et la position des soies, toutes ces causes influencent la dessiccation. Afin de résoudre ces problèmes, certaines tentatives de contrôle de la température sont réalisées. La Chambre de commerce fixe la température de la salle de conditionnement pour tous les mois de l'année[2].

Tableau II.3.7 Température de la salle de conditionnement pour tous les mois de l'année

Mois	Degrés Réaumur	Degrés Celsius*
Janvier	De 16 à 18	De 20 à 22,5
Février	De 16 à 18	De 20 à 22,5
Mars	De 17 à 19	De 21,25 à 23,75
Avril	De 18 à 20	De 22,5 à 25
Mai	De 19 à 21	De 23,75 à 26,25
Juin	De 20 à 22	De 25 à 27,5
Juillet	De 21 à 23	De 26,25 à 28,75
Août	De 21 à 23	De 26,25 à 28,75
Septembre	De 21 à 23	De 26,25 à 28,75
Octobre	De 19 à 21	De 23,75 à 26,25
Novembre	De 18 à 20	De 22,5 à 25
Décembre	De 17 à 19	De 21,25 à 23,75
*Pour obtenir le degré Celsius, il convient de multiplier par 1,25		

Source : Adrien Perret, *Monographie de la Condition des soies de Lyon*, Lyon, Imprimerie Pitrat Ainé, 1878, p. 30.

[1] *Ibidem*, p. 25.
[2] *Ibid.*, p. 30.

Malgré ces efforts, la dessiccation restait souvent irrégulière. Cependant, il y avait plusieurs améliorations faites au cours de l'opération de l'établissement. Par exemple, l'installation de ventouses dans la salle de conditionnement, elle obtenait une satisfaction partielle en 1824. En outre, le conditionnement était pratiqué d'une façon malsaine que celui en Italie, « le personnel se trouvant constamment dans une atmosphère sèche, chargée de poussière, saturée de vapeurs délétères »[1].

II. LE COMMERCE DE LA SOIE À LYON SOUS LE SECOND EMPIRE

La soierie lyonnaise se développait rapidement dans le premier mi-XIXe siècle et elle commençait à jouer un des plus importants rôles dans le marché de soie en Europe sous le Second Empire. De plus, la soie, ou le produit de soie française, était devenue la marchandise la plus demandée par les cours royaux à cette époque.

2.1 – L'apogée du commerce de soierie lyonnaise

Sous le Second Empire, les ventes de soieries représentaient le premier poste des exportations françaises[2].

2.1.1 – La plus puissante industrie exportatrice en France

En fait, une croissance intense du commerce de la soie était soutenue dans le premier mi-XIXe siècle, la consommation française de soie quadruple, les équipements (métiers à tisser) triplent, la croissance de la production de soieries oscille autour de 4,2 % par an[3]. Jusqu'au Second Empire, le commerce et l'industrie de la soierie lyonnaise atteignaient un apogée brillant[4]. En plus du commerce national, l'exportation des produits français en soie jouait aussi un rôle important dans le développement économique de l'Empire. Pendant les années 1850 et 1890, les exportations de soieries augmentaient au taux de 3,3 % par an. Surtout, dans les années 1850 et de l'année 1875 à 1880, il existait de sensibles poussées dans l'exportation de la

---

[1] Adrien Perret, *Monographie de la Condition des soies de Lyon*, *op. cit.*, p. 30.

[2] Dominique Barjot, « Napoléon III et la modernisation de la France : la prospérité impériale (1852-1869) », *Études danubiennes*, tome XXII, n°s 1-2, année 2006, p. 47-65 ; « L'Empereur entrepreneur : le Second Empire, une première industrialisation de la France », dans Pierre Milza (dir.), *Napoléon III. L'homme, le politique*, Paris, Napoléon III Éditions, 2008, p. 269-294. Voir aussi : Dominique Barjot, *Histoire économique de la France au XIXe siècle*, *op. cit.* ; François Caron, *Histoire économique de la France XIXe-XXe siècle*, *op. cit.*

[3] Pierre Cayez, *Crises et croissance de l'industrie lyonnaise*, Paris, CNRS, 1980.

[4] Claude Fohlen, *L'Industrie textile au temps du Second Empire*, Paris, Plon, 1956.

soie. Diverses indications montraient que la soierie devenait la plus puissante industrie exportatrice française[1].

2.1.2 – Une croissance rapide du commerce de soierie lyonnaise

Il était évident que la crise dans les années 1780 et la Révolution française causaient un recul de la soierie à Lyon. Néanmoins, cette influence n'entrava pas l'expansion de la soierie sur la longue durée. Surtout, l'aide de l'Empereur et les commandes de la soie venant de la Cour poussent directement la croissance de la soierie à Lyon. De plus, la mode de la soie impulsée par la Cour s'étend dans toutes les cours d'Europe. Et puis, cette tendance parvenait aux pays situés hors d'Europe, et la soie lyonnaise devenait vite une consommation très populaire[2]. De 1825 à 1850, la sériciculture connait une situation brillante ; les plantations de muriers se sont multipliées ; les récoltes sont passées de 5 000 000 de kilos en 1824 à 11 000 000 en 1840.

> « De 1841 à 1845, la moyenne des récoltes s'éleva à 17 500 000 kilos donnant 1 520 000 kilos de soie grège ; de 1846 à 1852, à 24 250 000 kilos de cocons laissant 2 100 000 kilos d'une soie jaune, d'un très bel aspect et hautement appréciée par la fabrique »[3].

Au milieu du XIXe siècle, la mode néogothique, symbolisée par de nombreuses rénovations de Paris venant de la Cour de l'Empereur, se répand dans toute la France. Elle atteint son apogée dans le Second Empire. Cette mode touche presque tous les domaines de l'art et de l'artisanat. Elle exerce aussi une influence profonde sur le style des vêtements en soie. Durant les années 1855 à 1867, de nombreuses maisons de fabrication des soieries lyonnaises produisent de grandes quantités de tissus à l'aide des motifs néogothiques, par exemple :

> « Arthur Martin dessine des motifs résultant de mélanges de style médiévaux et plus moderne. Et l'abbé Franz Bock, compilateur de plusieurs études sur les vêtements ecclésiastiques du Moyen Âge, fournit au fabricant lyonnais des copies exactes d'étoffes qu'il a collectées et analysées. »[4]

En plus du *design* textile à la mode et de l'influence de la Cour impériale, l'industrialisation de la fabrication pousse aussi à l'avancement de la soierie lyonnaise. En 1801, l'invention du métier Jacquard, qui permet de supprimer

---

[1] Rondo Cameron, *La France et le développement économique de l'Europe (1800-1914)*, *op. cit.*

[2] Jean-Claude Daumas, *La révolution matérielle. Une histoire de la consommation. France XIXe-XXe siècles*, Paris, Flammarion, 2018, p. 22-59.

[3] Henry Peyret, *L'industrie française de la soie et la crise*, Paris, Société d'études et d'informations économiques, 1935, p. 3.

[4] Florence Valantin, « Les acteurs du mouvement néogothique et la soierie lyonnaise », *Textiles anciens*, Lyon, Centre international d'étude des textiles anciens, n° 74, 1997, p. 171-181.

les ouvriers chargés de tirer les lacs sur le métier à la tire et le semple[1], ouvre la voie d'une époque d'industrialisation de la soierie à Lyon. Depuis cette époque, les usines de la fabrication, ou les canuts, commencent à déménager à la Croix-Rousse où ils ont une espace plus vaste et large à installer le métier Jacquard. Cette industrialisation assure une augmentation de la production de la soie à Lyon. Ainsi, la soierie lyonnaise poursuit son expansion dans le monde entier.

Durant le XIXe siècle, les pays anglo-saxons sont bien développés. Ils deviennent le marché le plus important au lieu des pays en Europe, jusque-là les marchés traditionnels pour l'exportation de la soierie lyonnaise. De plus, la soierie lyonnaise atteint le marché américain. À partir de là, les États-Unis deviennent une destination d'exportation importante de la soie pour une durée longue. Dès 1835, le marché nord-américain absorbe 52 % des exportations, et encore 33 % en 1849. En 1840, la Grande-Bretagne achète 20 % des soieries françaises vendues à l'étranger. À partir de 1873, ces deux grands pays clients réalisent 70 à 80 % des achats de soieries.

2.1.3 – L'approvisionnement en matières premières de pays étrangers

En cas d'une croissance rapide de la production, outre la soie grège traditionnelle à Lyon, l'approvisionnement en matières premières de pays étrangers garantit également le développement de la soierie à Lyon. Et les négociants lyonnais achètent de plus en plus de matières premières à l'étranger, en plus des pays fournisseurs traditionnels en Europe, par exemple, l'Italie et l'Espagne ; les matières premières originaires des pays d'Extrême-Orient, en Syrie, au Liban, etc. sont importées aussi par les marchands lyonnais[2].

Ce développement se continue jusqu'en 1865. Durant les années 1860, de nombreuses maladies sont apparues dans le ver à soie en Europe, et la récolte de la soie grège diminue an par an. La maladie, et en particulier la pébrine, envahit les magnaneries trop exiguës et sans air, la maladie gagne bientôt tout le bassin méditerranéen. Et voici des chiffres officiels de la quantité de cocons produite annuellement en France[3] :

[1] Archives départementales du Rhône, *passim*.
[2] J.-F. Klein, thèse, *op. cit.*
[3] Louis Pasteur, *Études sur la maladie des vers à soie*, *op. cit.*, p. 3-4.

Tableau II.3.8 Quantité de cocons produite annuellement en France

Année	Quantité de cocons produite annuellement : de kilogrammes
De 1821 à 1830	10 000 000
De 1831 à 1840	14 000 000
De 1841 à 1845	17 000 000
De 1846 à 1852	21 000 000
En 1853	26 000 000
En 1854	21 500 000
En 1855	19 800 000
En 1856	7 500 000
En 1863	6 500 000
En 1864	6 000 000
En 1865	4 000 000

Source : Louis Pasteur, *Études sur la maladie des vers à soie*, Gauthier-Villars, Paris, 1870, vol. 1, p. 3-4.

Dans ce tableau, il est noté qu'en 1853, la production nationale de cocons atteint son apogée avec 26 millions de kilos, mais après l'apparition de la maladie pébrine, la qualité de la soie s'amoindrit, le rendement baisse, la récolte de 1865 ne laisse que 4 000 000 de kilos de cocons. De plus, les prix, par suite de la rareté du produit, passèrent de 136 frs le kilo en 1850 à 480 frs en 1856. Malheureusement, la sériciculture lyonnaise n'échappe pas à cette crise.

> « Depuis quelques années, les magnaneries étaient en désarroi, ravagées par des fléaux inconnus. Les vers, sans motifs appréciables, tombaient en déliquescence putride, se durcissaient en pralines de plâtre. Le paysan atterré voyait disparaître une de ses principales récoltes ; après bien des soins et des frais, il fallait jeter les chambrées au fumier. »

C'est ce que Jean-Henri Fabre raconte en introduction à sa rencontre avec Pasteur[1].

Pour cette raison, la sériciculture lyonnaise comme celles implantées en Europe ne peuvent plus fournir assez de soies grèges aux fabricants à Lyon. Ainsi, les marchands lyonnais commencent à importer la matière première de grande quantité en Chine. Durant le Second Empire, les marchands lyonnais se déplacent fréquemment entre les ports de Shanghai, Guangzhou et celui de Marseille pour le commerce de la soie[2]. Pendant une longue durée,

[1] Jacques d'Aguilar, « Pasteur et le ver à soie », *Histoire des sciences*, n° 99, 1995, p. 99-118.

[2] Frank H. King, *The History of the Hongkong and Shanghai Banking Corporation: Volume 1, The Hongkong Bank in Late Imperia China 1864-1902: On an Even Keel,* Cambridge, Cambridge University Press, 1988.

la Chine devient le premier fournisseur de la matière première pour la soierie lyonnaise grâce à sa haute qualité et au prix favorable.

En fait, les Lyonnais ont déjà fait le premier pas pour se lancer en Chine avant le Second Empire. En 1843, Théodose de Lagrené, ministre plénipotentiaire, est envoyé en Chine par Guizot pour ratifier, à la suite du traité de Nankin sino-britannique et du traité de Wangxia, sino-américain, un traité franco-chinois avec une base commerciale importante. Il est accompagné dans cette incroyable mission diplomatique par une dizaine de délégués des principales chambres de commerce de France[1]. Ce traité est le premier traité franco-chinois politique et commercial. Après le traité de Whampoa, la France obtient le droit à un accès maritime jusqu'aux pays d'Extrême-Orient, à l'installation des concessions étrangères en Chine ainsi qu'à la mise en place de la route maritime directe entre le port de Marseille et le port de Shanghai.

De plus, en 1862, la création de la ligne dite « d'Indo-Chine » de la Compagnie des Messageries impériales a permis d'établir une ligne de navigation directe de Marseille en Extrême-Orient[2], et le percement du canal de Suez en 1872[3], la fondation d'une succursale en Chine par le Comptoir national d'escompte de Paris, tout permet de réaliser les échanges commerciaux plus facilement qu'avant entre la France et la Chine. Une nouvelle route de la soie vient d'être tracée, qui redonnait à Lyon sa suprématie[4].

En conclusion, grâce au développement de la production, à sa diversité grandissante et à l'expansion commerciale de la soierie, les marchands de soieries lyonnais accumulent rapidement des richesses. Parmi eux, les grands marchands-fabricants deviennent les banquiers. Tel est le cas, par exemple, des maisons de banque telles celles de Bontoux, Dugas, Veuve Guérin et Payen. Ce succès résulte de la conjonction de tous les secteurs de la soierie à Lyon. Premièrement, les marchands-fabricants fournissent principalement la matière première et se chargent des commandes commerciales. De plus, leurs larges investissements assurent toujours un renouvellement du marché. Les maisons de fabrications, les canuts ainsi que de nombreux tisseurs indépendants fournissent les marchandises de soie en grande quantité. Puis, comme cela a déjà été dit dans la première partie, la France reste toujours le

---

[1] Jean-François Klein, thèse, *op. cit.*

[2] Marie-Françoise Berneron-Couvenhes, *Les Messageries maritimes. L'essor d'une grande compagnie de navigation française, 1851-1894*, *op. cit.* J.-F. Klein, thèse, *op. cit.*

[3] Caroline Piquet, *Histoire du canal de Suez*, Paris, Perrin, 2009 ; *La Compagnie de Suez. Une concession française en Égypte*, Paris, PUPS, 2008.

[4] Daniel C. Waugh, *Richthofen's "Silk Roads": Toward the archaeology of a concept. op. cit.*, p. 1-10 ; L. M. Li, *China's Silk Trade : Traditional Industry in the Modern World, 1842-1937*, *op. cit.*, p. 35-36 ; J.-F. Klein, « Un système saint-simonien. La route maritime française des soies asiatiques au tournant de l'Empire libéral », dans Dominique Barjot et Jean-François Klein (dir.), *Rencontres impériales : l'Asie et la France. Le « moment Second Empire »*, Paris, Hémisphères Éd., Coll. « Mers & Empires », 2023.

centre de la mode à l'époque. De fait, le design et l'industrialisation de la production de la soie donnent une base solide à la réussite de la soierie à Lyon. Tout cela explique pourquoi Lyon devient bien réellement la seconde capitale de l'Empire à l'époque.

2.2 – Le Magasin général des soies de Lyon

C'est dans ce contexte qu'au début de 1857, un grand projet de création d'un entrepôt général des soies est proposé par un homme d'affaires parisien, Sautel[1].

2.2.1 – La réalisation du grand projet du Magasin général

Ce grand entrepôt général peut non seulement résoudre la crise d'approvisionnement que la soierie de Lyon rencontre à l'époque, et consolider la situation exceptionnelle de Lyon sur le marché de la soie en France et dans le monde[2]. Le projet obtient rapidement le soutien d'une partie des soyeux et banquiers lyonnais. Mais en raison de « l'intrusion des financiers parisiens dans des affaires considérées comme une prérogative lyonnaise et le risque de mise en place d'un véritable monopole qui ne serait pas contrôlé par les soyeux »[3], ce projet n'est pas accepté par les consuls lyonnais.

Arlès-Dufour, puissant commissionnaire soyeux lyonnais, propose un projet similaire[4]. Il obtient une réponse positive de la Chambre de commerce de Lyon[5] et de son président, le très libéral Claude-Joseph Brosset[6]. Ensuite, il présente cette affaire avec son associé, Millaud, un banquier parisien, soutenu à Paris par Prosper Enfantin, Napoléon III et les consuls lyonnais. Selon eux, en plus de sa fonction d'entrepôt des soies, ce grand Magasin général des soies de Lyon procédera aussi à l'escompte et à la négociation de warrants, qui permettent les opérations régionales et internationales, notamment les échanges commerciaux avec la Chine[7].

---

[1] *Le Magasin général des soies de Lyon. Décrets, statuts et rapports*, Lyon : Imprimerie Louis Perrin, 1863.

[2] Hubert Bonin, Catherine Hodeir et Jean-François Klein (dir.), *L'esprit économique impérial ? Réseaux et groupes de pressions du patronat colonial en France et dans l'Empire (1830-1962)*, Paris, SFHOM, 2008.

[3] Jean-François Klein, thèse, *op. cit.*

[4] « Arlès-Dufour François Barthélemy », dans Pierre Cayez et Serge Chassagne (dir.), *Dictionnaire des patrons du Second Empire. Lyon et le Lyonnais*, *op. cit.*, p. 37-44.

[5] Audrey Soria, « La Chambre de Commerce de Lyon au XIXe siècle, 1832-1908 », thèse d'Histoire contemporaine, tapuscrit, sous la direction d'Yves Lequin, Université Lyon-II, 1997, 3 vol.

[6] J.-F. Klein, « Claude-Joseph Brosset, dit Brosset l'Aîné (1799-1872) et François Barthélemy Arlès-Dufour (1797-1872) » dans Anne Mingous (dir.), *Les Archives de la Chambre de commerce et d'industrie de Lyon à l'épreuve de l'Histoire*, Lyon, Archives départementales du Rhône/CCI Lyon, 2021, 176 p., p. 37-38.

[7] Jean-François Klein, *Ulysse Pila, "Vice-Roy of Indo-China". From the Silk Roads to Imperial Power (1837-1909)*, *op. cit.*

En septembre 1859, se constitue la Société anonyme du Magasin général des soies de Lyon. Elle est autorisée par le décret du 29 octobre 1859. Cette société a pour objet l'établissement et l'exploitation d'un Magasin général, d'une salle de vente publique des soies et d'une institution de crédit destinée à faire des prêts sur warrants. Ce décret définit aussi la statue suivante de la Société anonyme du Magasin général des soies de Lyon :

> « 1. À recevoir en entrepôt, dans ses magasins, les cocons, les soies grèges & ouvrées, les douppions[1], les bourres & les déchets de soie, enfin, toutes les matières soyeuses pures ou mélangées, indigènes ou exotiques, autres que les tissus ;
>
> ……
>
> 4. À faire la vente publique des soies & autres matières soyeuses pour le compte des personnes qui l'en chargeraient, ou seulement à louer la salle de vente à celles qui désireraient diriger elles-mêmes leurs ventes. »[2]

2.2.2 – Capital et fonctionnement du Magasin général

Au début, si le capital social vient des soyeux et des banquiers lyonnais, les banquiers parisiens occupent aussi une place importante[3]. Le Conseil d'administration comporte principalement les membres suivants : Arlès-Dufour, président ; Henry Aynard, banquier lyonnais[4] ; Paul Chartron, négociant et marchand de soies ; Oscar Galline, banquier[5] ; Adolphe Girodon, fabricant d'étoffes de soie[6] ; Louis Guérin, banquier[7] et Saint-Olive, ancien fabricant d'étoffes de soie. Il faut noter que presque tous les membres clés du Magasin général des soies sont des Lyonnais et peu de membres parisiens sont présents dans ce projet final.

En plus du décret général d'autorisation, un règlement particulier assure le bon fonctionnement du Magasin général des soies de Lyon. Outre le dépôt des soies dans le Magasin général, la Compagnie se charge de faire couvrir

[1] Douppions : Il arrive parfois que deux vers filent leur cocon trop près l'un de l'autre et au lieu de produire deux cocons distincts, ils feront un seul cocon double aux fils entremêlés. Ces cocons doubles sont filés par un procédé spécial et fourniront un fil de soie grossier et irrégulier qui donne au tissu final un aspect très apprécié par la mode. Source : https://www.thedecoralist.com/dictionnaire/douppion/

[2] Archive départementale du Rhône : « Le Magasin général des soies de Lyon. Décrets, statuts et rapports », p. 6.

[3] Nicolas Stoskopf, *Les Patrons du Second Empire. Banquiers et financiers parisiens*, Paris, Picard/Cénomane, 2002.

[4] Joseph Buche, *Essai sur la vie et l'œuvre d'Édouard Aynard*, Lyon, Rey, 1921 ; Sylvie Geneste, « Édouard Aynard, banquier, député, mécène et homme d'œuvres, 1837-1873 », thèse d'Histoire contemporaine, tapuscrit, sous la direction de R. Ladous, Université Lyon-III, 1998.

[5] « Galline Oscar-Louis et ses successeurs », dans Pierre Cayez et Serge Chassagne, *Lyon et le Lyonnais*, p. 141-149. *op. cit.*, p. 5-28.

[6] « Girodon Adolphe et Alfred », *Ibidem*, p. 176-180.

[7] « Guérin Louis César », *Ibid.*, p. 184-186. Sur Saint-Olive et ces hommes cf. J.-F. Klein, thèse, *op. cit.*

les risques d'incendie. Le décret du 12 mars 1859[1] définit précisément les services assurés dans la Salle de ventes publiques. Afin d'attirer les acheteurs et les vendeurs de soie du monde entier, une vente publique de toutes les soies est organisée le 20 de chaque mois (ou le lendemain, si le 20 est un jour férié) dans cette même Salle de ventes publiques[2]. Les ordres de vente doivent être remis au 13 et les marchandises jusqu'au 16 du même mois. Toutes les soies qui sont vendues dans la Salle de ventes publiques doivent être payées : « 25 p. 100 dans les 24 heures après la clôture de la vente ; 75 p. 100 dans les neuf jours qui suivent le premier versement. Si l'acheteur n'est pas domicilié à Lyon, il doit fournir caution »[3]. Tous ces règlements pratiques assurent un bon fonctionnement commercial du Magasin général.

2.2.3 – Une nouvelle opportunité : le traité Cobden-Chevalier

Situés dans l'ancien hôtel de la Succursale de la Banque de France, le Magasin général et la salle de ventes publiques commencent leurs diverses opérations en juin 1860. Selon les archives de la Chambre de commerce à Lyon, les débuts sont difficiles : les pertes se poursuivent jusqu'au quatrième exercice semestriel. Et puis, les entrées des marchandises et les activités du Magasin général de Lyon se développent, sans jamais atteindre leur objectif initial pendant cette période.

Tableau II.3.9 Tableau comparatif de l'activité du Magasin général des soies de 1860 à 1862

Des cinq exercices semestriels du 1er juillet 1860 au 31 décembre 1862	ENTRÉES		SORTIES		Entrées Sorties réunies		WARRANTS délivrés		BULLETINS de garantie		STOCK en fin d'exercice
	Nombre de Balles	Poids en kilogram	Nombre de Balles	Poids en kilogram	Nombre de Balles	Poids en kilogram	Nombre de warrants	Montant des warrants	Nombre de bulletins	Montant des bulletins	Nombre de Balles
du 1er juillet au 31 décembre 1860	85	5 184	49	2 627	134	7 811	54	249 998	41	176 556	34
du 1er janvier au 30 juin 1861	515	34 661	438	28 915	953	63 576	230	1 691 295	146	833 325	113
du 1er juillet au 31 décembre 1861	921	74 368	523	40 058	1 444	114 426	394	2 333 094	332	1 412 850	509
du 1er janvier au 30 juin 1862	1 555	120 326	1 213	94 619	2 768	214 945	774	6 471 233	523	2 645 232	851
du 1er juillet au 31 décembre 1862	1 847	140 485	1 953	150 757	3 800	291 243	1 142	8 602 289	946	5 297 505	745[4]

Source : *Le Magasin général des soies de Lyon. Décrets, statuts et rapports.* Lyon, 1863, p. 12.

---

[1] Décret du 12 mars 1859, portant RAP (règlement d'administration publique) pour l'application de la loi du 28-05-1858 sur les négociations des marchandises déposées dans les Magasins généraux et sur les ventes publiques, *JORF* du 21 août 1944, p. 55.

[2] « Le Magasin général des soies de Lyon. Décrets, statuts et rapports Lyon, 1863, Règlements particuliers », art. 14, p. 42.

[3] « Le Magasin général des soies de Lyon. Décrets, statuts et rapports », *op. cit.*, p. 42.

[4] *Ibidem*, p. 12.

Le traité de libre-échange franco-britannique, signé le 23 janvier 1860, abolit les taxes douanières sur les matières premières et la majorité des produits alimentaires entre ces deux pays[1]. Suite à ce traité, les soies étrangères, surtout les soies grèges chinoises transmises par les entreprises anglaises, sont beaucoup encouragées à entrer dans le Magasin général à Lyon. Le Conseil d'Administration du Magasin général décide que toutes les soies étrangères apportées à Marseille par les services maritimes de la Compagnie des Messageries impériales bénéficieront d'un mois d'entrepôt gratuit dans le Magasin général[2]. De plus, l'établissement des Magasins Généraux à Avignon, à Marseille et à Paris permet à la France de devenir plus concurrentielle sur le marché mondial de la soie.

En conclusion, grâce au développement de la production, la diversité et l'expansion commerciale de la soierie, les marchands de soieries lyonnais accumulent rapidement des richesses. Parmi eux, les plus grands marchands-fabricants deviennent des banquiers : ainsi, par exemple, les maisons Bontoux[3], Dugas[4], Guérin, Payen[5]. Ce succès est le résultat de la conjonction de tous les secteurs de la soierie à Lyon. Premièrement, les marchands-fabricants fournissent principalement la matière première et se chargent des commandes commerciales ; de plus, leurs larges investissements assurent toujours un renouvellement sur le marché. Les maisons de fabrications, les canuts et de nombreux tisseurs indépendants livrent les marchandises de soie en grande quantité. Puis, comme nous en avons déjà parlé dans la première partie, la France reste toujours le centre de la mode à l'époque. De fait, ce sont à la fois le design et l'industrialisation sur la soie qui assurent la base de sa réussite à la soierie à Lyon, et ceci, pour encore longtemps[6]. Tout cela explique pourquoi Lyon est bien devenu la seconde capitale de l'Empire dans les années 1850 et 1860.

---

[1] Philippe Chassaigne, *La Grande-Bretagne et le monde de 1815 à nos jours*, *op. cit.*, p. 39. Voir aussi : David Todd, *L'Identité économique de la France. Libre-échange et protectionnisme 1814-1851*, Paris, Grasset, 2008 ; Jean-Pierre Dormois, *La défense du travail national ? L'incidence du protectionnisme sur l'industrie en Europe (1870-1914)*, *op. cit.*

[2] Guy Durand, « Le marché marseillais des soies », dans Marcel Courdurié (dir.), *Marseille sur les routes de la soie*, Marseille, CCIMP, 2001, p. 77-108.

[3] « Bontoux Jean Auguste », dans Pierre Cayez et Serge Chassagne, *Lyon et le Lyonnais*, *op. cit.*, p. 5-28.

[4] « Dugas Prosper », dans Pierre Cayez et Serge Chassagne, *Ibidem*, p. 122-124.

[5] « Guérin Louis-César », *Ibid.*, p. 184-186.

[6] Pierre Vernus, *Art, luxe et industrie. Bianchini-Férier, un siècle de soieries lyonnaises 1888-1992*, Grenoble, Presses universitaires de Grenoble, 2006.

2.3 – Les soyeux lyonnais sous le Second Empire

Sous le Second Empire, l'industrie lyonnaise de la soie connaît son apogée[1]. C'est dans ce contexte que s'affirment les spécificités du patronat lyonnais.

L'enquête engagée, autour de Dominique Barjot et de Nicolas Stoskopf, a beaucoup apporté à cette connaissance de l'industrie lyonnaise de la soie.

A/ Apports de l'enquête sur les patrons du Second Empire

Il s'agit d'un projet ambitieux, lancé en 1980 visant à constituer une base de données d'environ 1 500 individus[2]. Il s'agissait à établir une typologie régionale autour de quelques thématiques majeures (famille et démographie, famille et forme d'organisation des entreprises, famille et éducation, famille et mobilité). Elle a pu ainsi remettre en cause une vision uniformément pessimiste du patronat français[3]. Pour y parvenir, l'enquête adopte une approche prosopographique. Celle-ci se fonde sur la mobilisation de deux instruments : un questionnaire – type et un corpus d'entrepreneurs – établi à partir de la liste des déposants lors de l'enquête relative au Traité franco-britannique de libre-échange de 1860. Ces instruments ont permis une démarche fructueuse :

1/ Rassemblement de biographies particulières (vie privée, histoire de l'entreprise, vie publique) ;

2/ Reconstitution de la vie des personnages ;

3/ Définition d'une typologie des comportements (entre Karl Marx, Max Weber, Raymond Aron, Joseph Schumpeter).

L'enquête a abouti à des résultats significatifs puisque 57 % de l'échantillon a été constitué. Elle permet d'opposer ainsi, d'une part, de grandes régions industrielles (Nord, Haute-Normandie, Basse-Normandie-Maine-Anjou, Bourgogne, Franche-Comté, Alsace, Champagne-Ardenne, Picardie), de l'autre, de grandes places de négoce et d'industrie (Marseille, Bordeaux et la Gironde, Lyon, Loire, patronat parisien des grands magasins, banquiers et financiers parisiens). Il en ressort un certain nombre de conclusions provisoires :

---

[1] Pour une présentation d'ensemble, voir : Pierre Cayez et Serge Chassagne, « Présentation », dans Pierre Cayez et Serge Chassagne, *Lyon et le Lyonnais*, *op. cit.*, p. 5-28.

[2] Dominique Barjot, « Les entrepreneurs du Second Empire. Un premier bilan », *in* Rainer Hudemann et Georges-Henri Soutou (dir.), *Eliten in Deutschland und Frankreich im 19. und 20., Jahrhundert: Strukturen und Beziehungen*, Band 1, Munich, Oldenburg, 1994, p. 137-152.

[3] David S. Landes, "French Entrepreneurship and Industrial Growth in the Nineteenth Century", *Journal of Economic History*, t. IX/1, mai 1949, p. 45-61 ; "Social Attitudes Entrepreneurship and Economic Development", *Explorations in Entrepreneurial History*, vol. VI/4, p. 245-272. Pour une vision plus nuancée, Jean-Claude Daumas, « La Business History à la française : deux ou trois choses que je sais d'elle », dans Jean-Claude Daumas (éd.), *L'Histoire économique en mouvement entre héritages et renouvellements*, Lille, Septentrion, 2012, p. 189-218.

1/ le Second Empire constitue l'apogée d'un premier cycle d'industrialisation de la France ;

2/ dans tous ces ensembles régionaux ou ces pôles économiques, le patronat apparaît majoritairement autochtone, d'où l'importance essentielle de la famille, du cursus et de la religion ;

3/ entre ces patronats, il existe des contrastes marqués sur le plan social et culturel (ainsi entre les patronats du nord de l'Alsace, de la Haute-Normandie, de Bourgogne, de Lyon ou de Marseille).

B/ Dynamisme économique du pôle lyonnais

Sous le Second Empire, servi par l'essor des chemins de fer[1], le pôle lyonnais constitue l'une des régions économiques les plus prospères et dynamiques de France[2]. Il s'agit en effet d'une région attractive, marquée par la prépondérance écrasante de Lyon (patentes créations de sociétés) et de l'industrie de la soie. Celle-ci apparaît dominée par des marchands de soie, banquiers très puissants qui exportent surtout vers le monde anglo-saxon (70 % des ventes à l'étranger sous le Second Empire). Deux traits majeurs caractérisent Lyon à cette époque : d'une part, une révolution de la consommation (de l'aristocratie à la bourgeoisie), de l'autre, une concentration croissante au profit de la Grande fabrique (par opposition à la Petite)[3]. Il en résulte une structure sociale élaborée et organisée autour des marchands-fabricants. Ils exercent un métier proche de la banque[4]. En même temps s'observent à la fois une hiérarchie sociale subtile (appel aux banques et négociants britanniques, grands commissionnaires) et un glissement vers Paris (Crédit Lyonnais[5]).

L'industrie et le négoce de la soie exercent un effet d'entraînement sur l'ensemble de l'économie[6]. Les activités d'amont se développent (teinture, filature de la « schappe », ou déchets de soie[7]), mais aussi d'autres activités plus ou moins liées (chimie, navigation fluviale). Cela se traduit par le dynamisme du patronat local. Dans l'enquête sur le patronat du Second

[1] François Caron, *Histoire des chemins de fer en France*, Paris, Fayard, tome 1 – 1740-1883, Paris, 1997 ; tome 2 – 1883-1937, 2005 ; *Les grandes compagnies de chemin de fer en France 1823-1937*, Paris, Archives économiques du Crédit Lyonnais, Genève, Droz, 2005.

[2] François Caron, *Les deux révolutions industrielles du XXe siècle*, Paris, Albin Michel, 1997.

[3] Sophie Chauveau, « Le patronat de la Fabrique lyonnaise de soieries dans la seconde partie du XIXe siècle, 1860-1900 », mémoire de maîtrise, sous la direction de François Caron, Paris IV, 1991.

[4] Bertrand Gille, « La banque de Lyon », *Cahiers d'Histoire*, 1960, p. 191-209 ; Louis de Larrard, *La banque de Lyon, 1835-1848*, Paris, 1920.

[5] Jean Bouvier, *Le Crédit lyonnais de 1863 à 1882, Les années de formation d'une banque de dépôts*, Paris, SEVPEN, 1960, 2 vol.

[6] Henri Hours et Olivier Zeller, *Lyon, l'argent, le commerce de la soie*, Lyon, La Manufacture, 1986.

[7] Philippe Melinand, « Naissance et ascension d'une filature de déchets de soie : Franc et Martelin, 1838-1883 », mémoire de maîtrise sous la direction de S. Chassagne, Lyon-2, 1998, 208 p.

Empire, 56 % de 73 Lyonnais appartiennent au secteur de la soie, qui constitue bien l'activité dominante. Se révèle ainsi le rôle majeur joué par les marchands-banquiers, mais aussi les commissionnaires et les négociants, tels qu'Arlès-Dufour[1]. De fait, le monde de la fabrique gagne assez d'argent pour investir dans d'autres secteurs (teinture, schappe, chimie, mais aussi métallurgie, Compagnie générale de navigation des frères Bonnardel[2], Crédit Lyonnais[3]).

C/ Spécificité du patronat de Lyon, « Seconde Capitale de l'Empire »

« Seconde Capitale de l'Empire » selon un rapport de la Banque de France de 1859, Lyon le doit à la force de ses entrepreneurs[4]. Dans l'échantillon de l'enquête, ceux-ci sont en grande majorité des industriels (62,5 % du total), les autres, pour la plupart banquiers (28,5 % du total). Quatre éléments permettent de mettre en lumière la spécificité forte des patrons de Lyon.

– Origines géographiques et socioprofessionnelles

Sous le Second Empire, trois patrons sur dix sont extérieurs au département du Rhône. Mais si ce patronat est fortement endogène, beaucoup ont immigré à Lyon sous l'Empire et réussi, durant ces années, une ascension sociale par rapport à leurs pères. Leur insertion dans la société s'effectue de façon différenciée : mariage tardif (34 ans en moyenne), fréquence des remariages au sein des mêmes familles, rôle fondamental de l'apprentissage, rareté de la formation d'ingénieur, avec néanmoins un changement d'une génération à l'autre au profit de ce type de formations.

– Fondateurs, repreneurs ou héritiers ?

L'enquête sur le patronat du Second Empire confirme l'existence d'une hiérarchie classique des fortunes[5] :

1/ Il existe une exception majeure, avec les Bonnardel (transport fluvial), immensément riches[6] ;

2/ La banque enrichit le plus ;

---

[1] Jacques Canton-Debat, « Un homme d'affaires lyonnais : Arlès-Dufour (1797-1872) », thèse d'Histoire contemporaine, sous la direction d'Yves Lequin, 2000, 2 vol ; Lucien Jeanmichel, *Arlès-Dufour, un saint-simonien à Lyon*, Lyon, 1993.

[2] Jean Bouvier, « Une dynastie d'affaires lyonnaise au XIXe siècle : les Bonnardel ». *Revue d'histoire moderne et contemporaine*, tome 2, n° 3, juillet-septembre 1955, p. 185-205. « François Bonnardel », dans Pierre Cayez et Serge Chassagne, *Lyon et le Lyonnais*, *op. cit.*, p. 59-62.

[3] Jean Bouvier, *Naissance d'une banque : le Crédit Lyonnais*, Paris, Flammarion, 1968.

[4] Pierre Cayez et Serge Chassagne, « Présentation », dans Pierre Cayez et Serge Chassagne, *Lyon et le Lyonnais*, *op. cit.*, p. 5-28. Sur la Banque de France et ses rapports avec les intérêts lyonnais : Alain Plessis, *Régents et gouverneurs de la Banque de France, 1852-1870*, Genève, Droz, 1985.

[5] Pierre Leon, *Géographie de la fortune et des structures sociales à Lyon au XIXe siècle, 1815-1914*, Lyon, 1974.

[6] « François Bonnardel », dans Pierre Cayez et Serge Chassagne, *Lyon et le Lyonnais*, *op. cit.*, p. 59-62.

3/ Après les banquiers, les marchands-fabricants du secteur de la soie sont ceux qui accumulent les plus grosses fortunes ;

4/ Puis viennent les autres activités économiques, moins propices à un enrichissement rapide.

Par ailleurs, l'on note, à Lyon, une domination des commandites simples ou par actions, ces dernières permettant un plus large appel à la famille. Au contraire, la société anonyme attire moins, malgré l'exception du Crédit Lyonnais. Il est possible de présenter une hiérarchie des fortunes dans diverses activités commerciales.

– *Deux types de politiques sociales*

Au sein du patronat lyonnais, s'opposent deux types de politiques sociales. En ville, il existe des patrons progressistes, chez qui l'on identifie une influence possible du saint-simonisme (Arlès-Dufour) [1]. Ils accordent souvent de l'importance aux écoles de formation (La Martinière, École centrale de Lyon[2], promotion des adultes, Société des sciences industrielles, École de commerce de Lyon). En revanche, hors de Lyon, le paternalisme traditionnel résiste. Il s'agit d'un paternalisme absolu, d'où l'importance de l'usine-pension, où vivent en permanence des jeunes filles non encore mariées (La Sauvagère, Jujurieux).

- *Une propension modérée à la notabilité*

Les entrepreneurs lyonnais ne manifestent qu'un goût limité pour la notabilité[3]. Ils exercent avant tout des mandats locaux ou économiques. Souvent bénéficiaires de la Légion d'honneur, ils sont de multiples résidents (un immeuble à Lyon, un château ou une maison de campagne, une résidence hivernale sur la Côte d'Azur). Si leurs activités intellectuelles apparaissent plutôt réduites, ils constituent un groupe idéologiquement hétérogène : importance des protestants activismes saint-simoniens, force des catholiques pratiquants (Congrégation des Messieurs de Lyon, puis Cercle de Lyon), mais absence d'une opposition entre catholiques et progressistes.

---

[1] Sébastien Charlety, *Histoire du saint-simonisme (1825-1864)*, Paris, 1896 (rééd., 1931).

[2] Auguste Jouret, *École centrale lyonnaise 1857-1957*, Lyon, 1957.

[3] Voir notamment Éric Anceau, *Dictionnaire des députés du Second Empire*, Rennes, PUR, 1999 ; Catherine Pellissier, *La vie privée des notables lyonnais au XIXe siècle*, Lyon, 1996.

III. L'INDUSTRIE DE LA SOIE À LYON ET SON DÉCLIN

En plus de sa position géographique prioritaire, l'avancement de l'industrie, de l'éducation et de la science est aussi le fond du développement de la soierie lyonnaise. Comme le centre commercial de la soie en Europe, Lyon ne cesse jamais l'essai dans l'industrie de la soie. Mais jusqu'au XXe siècle, en face de la baisse de production de la soie, de la concurrence des tissus artificiels et des fibres synthétiques et de l'évolution sociale, la soierie lyonnaise a commencé malheureusement son déclin.

3.1 – L'avancement de l'industrie de la soie

L'industrie de la soie est bien développée dans la région lyonnaise et la modernisation de l'industrie de la soie grandit la croissance de la soierie lyonnaise. Au milieu du XIXe siècle, l'apparition du métier Jacquard a changé totalement le moyen de fabrication de la soie à Lyon.

3.1.1 – L'évolution du métier de la soie

Jean le Calabrais a inventé le métier à petite tire ou à bouton au XVe siècle : le travail sur ce dernier était long et pénible. Et puis, Galantier et Blanche, en 1687, inventent un métier qui nécessite deux personnes à l'opérer. Pour faire travailler ce métier à la tire, il faut deux personnes, un ouvrier et un auxiliaire à travailler ensemble. La manipulation du métier est complexe et demande une minutieuse attention, à défaut, cela engendrait d'immense perte du temps et de la dépense. « On voit quelle douloureuse gymnastique était imposée toute la journée à des enfants »[1]. Et « à leurs membres grêles et difformes, à leur parole traînante, à leur physionomie pâle et résignée, on voyait bien que le travail altérait en eux le principe de la vie »[2].

Au XVIIe siècle, avec l'introduction du métier « à la tire » inventé par un ouvrier, Claude Dangon, le tisseur lyonnais se spécialise dans la production d'étoffes façonnées. Ce métier est utilisé jusqu'en 1820, puis il est remplacé par le métier Jacquard, qui est apparu en 1801 à une exposition[3]. Au début, l'introduction du métier Jacquard n'est pas bien reçue du tout par les fabricants de soieries lyonnais. Il y a une phase donnée par un jury, qui accorde une médaille de bronze à Monsieur Jacquard pour cette invention, peut-être qui explique la préoccupation des ouvriers qui ameutent contre lui à Lyon. La phrase dit « inventeur d'un mécanisme qui supprime un ouvrier

---

[1] Justin Godart, *L'ouvrier en soie : monographie du tisseur lyonnais ; étude historique, économique et sociale, op. cit.*, p. 72.

[2] Léonard Boitel, Aimé Vingtrinier, *Revue du Lyonnais,* Lyon, Imprimeur-Directeur, 1868, n° 19, p. 52.

[3] Léonard Boitel, Aimé Vingtrinier, *Revue du Lyonnais*, *op. cit.*, p. 55.

dans la fabrication des tissus brochés »[1]. En revanche, en face de nombreux avantages de ce métier, on ne peut plus ignorer que l'invention de métier Jacquard est révolutionnaire pour l'industrie lyonnaise de la soie. Et plus précisément, la supériorité de la soierie de luxe lyonnaise se maintient grâce à ce dernier.

Tableau II.3.10 Le nombre de métiers Jacquard évolue

	Nombre de métiers	Nombre de métiers façonnés/Jacquard
1788	14 782	240
1801	7 000	2,800
1812	10 700	1/3 du total de métier
1825	20 101	1/3 du total de métier
1835	32 000	1/3 du total de métier

Source : Léonard Boitel, Aimé Vingtrinier, *Revue du Lyonnais,* Lyon, Imprimeur-Directeur, n° 19, 1868, p. 58-60.

Au XVIIIe siècle, la fabrique s'impose comme le fournisseur principal des soies pour les cours, les produits étaient très recherchés. Début du XIXe siècle, grâce à Napoléon (loi du 22 germinal An XI qui organise l'industrie française ; 1806 : institution des conseils de prud'hommes). La fabrique réussit de s'imposer toujours sur le marché de soies de luxe.

3.1.2 – L'éducation scientifique, le fond du développement de l'industrie de la soie à Lyon

L'éducation scientifique constitue l'une des bases du développement de l'industrie de la soie à Lyon. Les ouvriers de la soierie se communiquent régulièrement entre eux les expériences et les nouvelles technologies, dont ils peuvent retirer le maximum de bénéfices de leur travail. De plus, la fédération de la soie a fondé la *Revue bimensuelle de la sériciculture.* Son but est de faire connaître à tous les fermiers et propriétaires qu'ils peuvent aider à la consolidation de la prospérité nationale en assurant la leur.

La *Revue bimensuelle de la sériciculture* apporte non seulement les nouvelles informations techniques que les ouvriers, les contremaîtres et les ingénieurs, quand il en existe, peuvent utiliser dans leur travail. C'est aussi un grand encouragement pour tous les ouvriers qui peuvent apprendre les nouvelles informations :

> « *La Revue bimensuelle de la sériciculture*... les tient au courant de la sériciculture dans le monde et des principaux faits dans l'industrie des soies et soieries »[2].

---

[1] *Ibidem.*
[2] Chronique de la fédération de la soie.

Dans sa part scientifique, la technologie de l'élevage de ver à soie est beaucoup développée par les écoles et les laboratoires de Lyon. Par exemple, en France, les baves de ver ne sont pas toujours satisfaisantes au milieu du XVIIIe siècle, malgré l'éducation scientifique de la soie à Lyon, les cocons sont bien améliorés et la bave de ver en France est en une meilleure qualité, elle est même plus fine que la bave de ver en Chine. « On a fait de nombreux essais d'acclimatation de l'*Antherœa Pernyi*. L'élevage de l'*Antherœa Pernyi* qui a été fait en 1885, par M. Charrin, à Calvinet, dans le Cantal, et par M. Dusuzeau, à Lyon, à la magnanerie expérimentale de la Société d'agriculture de cette ville, a permis à ce dernier, directeur du laboratoire d'étude de la soie à Lyon, de faire de cette espèce, de son cocon et de sa soie l'étude la plus complète. Les épreuves de la bave et de la soie ont été faites au Laboratoire, et l'on jugera, par l'exposé que nous allons donner des résultats, de la somme de faits qu'il est possible d'obtenir dans le cours de ces travaux conduits avec tant de méthode et de sagacité. »[1]

3.2 – Le développement de la chimie dans l'industrie de la soie

Lyon est un des lieux de naissance de la chimie française. Et cet intérêt favorise aussi le développement de l'industrie de la soie à Lyon dans la seconde révolution industrielle. Étant une partie importante dans la fabrication de la soierie, le colorant du textile influence directement la vente des marchandises en soie à Lyon.

A/ Colorants synthétiques

Il faut noter qu'à l'époque, on ne connaissait que les colorants organiques qui sont extraits du monde végétal. Par exemple, les couleurs garance, cochenille, orseille, quercitron, bois de Campêche, etc. Les fabricants de soie lyonnais sont toujours troublés par le manque de couleurs plus brillantes et plus variées à l'impression sur soie. De fait, le coût des colorants artificiels est beaucoup moins élevé que celui des colorants organiques dans la fabrication de la soie. De plus, « la maison Gilliard allait se trouver engagée dans l'une des affaires les plus compliquées et les plus malheureuses de l'histoire de l'industrie française : la naissance et le premier développement des colorants artificiels tirés du goudron de houille »[2]. À partir de ces mêmes colorants, il est possible d'envisager la construction d'une chimie organique.

Le premier colorant organique de synthèse découvert est le colorant jaune, inventé par Guinon à Lyon en 1847. Plus tard, August Wilhelm von Hofmann[3], un chimiste allemand, découvre l'aniline à partir de ses

---

[1] Natalie Rondot, *L'Art de la soie*. Imprimerie Nationale, Paris, 1885-1887, p. 149.

[2] Pierre Cayez, *Rhône-Poulenc 1895-1975*, Armand Colin/Masson, Paris, 1988, p. 13.

[3] August Wilhelm von Hofmann, 1818-1892, est un chimiste allemand, passé à la postérité pour ses travaux sur la chimie organique.

recherches sur le naphta et le gaz de ville obtenu à partir du charbon. Puis, sir William Henry Perkin[1], étudiant sous la direction de August Wilhelm von Hofmann au Royal Collège of Chemistry de Londres, parvient à produire artificiellement de la quinine, et obtient le premier colorant à la base d'aniline[2]. Ce brevet est déposé le 26 août 1856. Ce dernier colorant rouge-mauve a gagné un certain succès dans la fabrication de la soie à Lyon, et il est nommé mauvéine. Dans ce contexte technologique, en 1859, François-Emmanuel Verguin[3] découvre une autre couleur plus brillante, la fuchsine, qui est utilisée comme teinture textile à Lyon[4]. Ancien élève de l'école de La Martinière de Lyon, ce jeune Lyonnais travaille à partir de 1855 comme contremaître dans l'usine de produits chimiques Louis Raffard, implantée près de Saint-Maurice-l'Exil (Isère). Pendant ses travaux chez Raffard, François-Emmanuel Verguin découvre ce nouveau colorant, et le brevet est déposé le 8 avril 1859. « Trop pauvre pour en mettre sur pied la fabrication industrielle, il vendit son procédé aux frères Renard, teinturiers lyonnais, qui firent l'acquisition de brevets complémentaires (Girard et de Laire, Hofmann, Nicholson »)[5]. Dans le même temps, Prosper Monnet fabrique le violet d'aniline. « Il mit au point une fabrication économique du benzène et, avec Dury, s'orienta vers l'utilisation du brevet Gerber-Keller »[6]. Et enfin, Prosper Monnet multiplie les brevets pour la fabrication de colorants artificiels, violets, verts, bleu Monnet, brun zoulou, rose Bengale et jaune.

B/ Groupe Rhône-Poulenc

La réussite obtenue dans le domaine de chimie encourage l'innovation de teinture et de textile dans la fabrication de la soie, en revanche, de nombreuses entreprises de chimie bénéficient également de la soierie bien développée à Lyon.

C/ La Société chimique des usines du Rhône

La Société chimique des usines du Rhône (SCUR) est une entreprise de chimie et de la fabrication des matières colorantes à Lyon. Étant origine du Groupe Rhône-Poulenc[7], la Société chimique des usines du Rhône (SCUR) est fondée le 15 juillet 1895, au capital de 3 millions de francs répartis en

[1] Sir William Henry Perkin, 1838 à Londres, 1907 à Sudbury, est un chimiste anglais, il est inventeur de la mauvéine, le premier colorant synthétique.

[2] François Caron, *La dynamique de l'innovation. Changement technique et changement social (XVIe-XXe siècles)*, Paris, Gallimard, NRF, 2010, p. 210.

[3] François-Emmanuel Verguin est un chimiste français. Il est célèbre pour avoir synthétisé la couleur magenta et l'avoir utilisée comme teinture textile.

[4] Jean Bouvier, *Le Crédit Lyonnais : naissance d'une banque*, Édition Flammarion, Paris, 1968, p. 152.

[5] Pierre Cayez, *Rhône-Poulenc 1895-1975*, *op. cit.*, p. 14.

[6] *Ibidem.*

[7] Le Groupe Rhône-Poulenc est combiné par la Société chimique des usines du Rhône (SCUR) et les établissements Poulenc frères.

30 000 actions[1]. En 1869, il existe déjà une entreprise Gilliard, Monnet et Cartier qui travaille pour la production du colorant, et continue les recherches chimiques sur le colorant artificiel. Et puis, deux industriels allemands, Jules Machiels et Jules Bonné, eux éjointent et créent cette société anonyme.

La Société chimique des usines du Rhône (SCUR), ses activités principales sont premièrement, la vente des produits de droguerie, matière première de teinture ; deuxièmement, la fabrication de produits chimiques, pharmaceutiques et thérapeutiques ; troisièmement, la fabrication de parfums synthétiques ; et enfin, la préparation de produits bactériologiques[2]. Et la fabrication de colorant est toujours une part importante des activités de la société. Et la SCUR collecte un portefeuille de brevets, « de 1886 à 1894, une cinquantaine de brevets avaient été déposés, dont vingt-cinq concernaient les colorants et douze, le chlorure d'éthyle »[3].

D/ La maison Guimet

En 1826, Jean-Baptiste Guimet, un ingénieur des poudres, découvre l'invention du bleu outremer artificiel, qui peut remplacer le bleu outremer naturel dans les opérations de coloration. Étant l'extrait du lapis-lazuli, une pierre très précieuse, il est très rare d'obtenir le bleu outremer naturel et le prix est trop cher pour le colorant dans le textile. Après l'invention du bleu Guimet, qui est plus pur et coûte beaucoup moins cher, il s'étend dans le marché de colorant très rapidement.

La maison Guimet est fondée en 1831 pour la commercialisation de ce bleu outremer artificiel. Avec un prix fort bas, 60 francs la livre contre près de 150 francs pour le bleu naturel, la maison Guimet réussit à accumuler sa richesse rapidement. En 1834, le bleu Guimet est présenté dans l'Exposition des produits de l'industrie à Paris et il gagne la médaille d'or. Jusqu'en 1860, la maison Guimet contrôle près de 50 % de la production nationale de l'outremer. Le bleu Guimet est aussi utilisé dans la soierie lyonnaise. Il est employé dans l'azurage des organsins et dans le blanchiment. « Les sériciculteurs français, principaux fournisseurs avant les ravages de la pébrine, élevaient des bombyx à cocons jaunes, alors que la mode était souvent au blanc, surtout pour des articles comme les mousselines, les tulles, les dentelles. Pour blanchir la soie, on plongeait les flottes dans les vapeurs d'acide sulfureux, ou dans des bains d'alcool additionné d'acide muriatique, suivis d'un azurage au bleu de Prusse ou à la poudre de cobalt »[4]. Un prix très favorable, une couleur d'éclat, le bleu Guimet gagne sans aucun doute son succès dans l'industrie de la soie lyonnaise.

---

1 Pierre Cayez, *Rhône-Poulenc 1895-1975*, *op. cit.*, p. 24.

2 *Ibidem.*

3 *Ibid.*, p. 25.

4 Michel Laferrère, « Des colorants à la grande chimie organique », dans Yves Lequin (dir.), *Lyon, 500 années-lumière, mémoire industrielle,* p. 185.

3.3 – Un déclin de la soie lyonnaise au début du XXe siècle

Après une longue période brillante, la soierie lyonnaise connait son déclin de l'industrie de la soie et la crise commerciale dès le début du XXe siècle[1].

3.3.1 – Un abandon de la sériciculture à Lyon

Après la maladie du cocon et malgré le traitement de Louis Pasteur[2], la sériciculture à Lyon ne rattrape plus son apogée à l'époque. En face de la concurrence de cocons étrangers, spécialement les matières premières venant de l'Extrême-Orient, les sériciculteurs lyonnais abandonnent d'abord son métier de vie. En 1890, la récolte de cocons atteint 7 millions de kilos à peine, avec une belle taxe à l'entrée des cocons étrangers, à partir de 1888 et renforcée en 1892. À cette date, le droit à l'entrée se traduit par une prime négative de 50 centimes par kilo de cocons récoltés en France. De ce fait, les sériciculteurs lyonnais se détournent de cet élevage. Ces agriculteurs plantent les vignes, les légumes et les fruits dans leurs champs au lieu de mûriers[3]. En outre, en raison d'une main-d'œuvre moins chère et plus abondante permettant plusieurs récoltes de cocons par an, la sériciculture française ne peut pas demeurer concurrentielle en matière de prix sur le marché des matières premières avec les fournisseurs d'Extrême-Orient. De meilleures qualités, de grandes quantités et un prix plus attiré, la sériciculture française reçoit un coup mortel.

En 1913, la production de cocons n'atteint qu'environ 4 400 000 000 kilos, soit l'équivalent de 350 000 kg de soie. En 1930, elle tombe jusqu'au chiffre de 1 827 366 890 kg. Ce déclin continue jusqu'à un minimum de 996 671 640 kilos de cocons frais en 1931. La chute ne s'arrête pas là. En 1934, cette même production tombe à 970 000 kg de cocons, ce qui donne 70 000 kg de soie. En 1913, la valeur de la production, qui monte encore à 15 655 000 frs en 1933 tombe en une seule année à 1 885 000 francs. « En 1935, 16 048 personnes s'occupent de sériciculture alors qu'en 1852, on en compte 171 096 et en 1913, 90 517 »[4]. Selon Le *Journal officiel* du 22 novembre 1934, l'activité des sériciculteurs françaises en 1913 et les cinq dernières années de 1934 se résume ainsi :

---

[1] Pierre Vernus, *Art, luxe et industrie. Bianchini-Férier, un siècle de soieries lyonnaises, 1888-1992*. Presses universitaires de Grenoble, 2006, p. 432.

[2] Louis Pasteur, chimiste de formation, sera à l'origine des plus formidables révolutions scientifiques du XIXe siècle, dans les domaines de la biologie, l'agriculture, la médecine ou encore l'hygiène. En commençant ses recherches sur la cristallographie, Pasteur s'engagera sur un chemin jalonné de découvertes qui le conduiront à la mise au point du vaccin contre la rage. https://www.pasteur.fr/fr/institut-pasteur/notre-histoire

[3] Gilbert Garrier, *Paysans du Beaujolais et du Lyonnais, 1800-1970*, Presses universitaires de Grenoble, 1973, 2 vol., p. 335.

[4] Henry Peyret, *L'industrie française de la soie et la crise*, Société d'études et d'informations économiques, Paris, 1935, p. 4.

Tableau II.3.11 L'activité des séricicultures françaises en 1913-1934

	Nombre de séricicultures	Production totale de cocons frais/kilo	Rendement en cocons frais de 25 grammes	Valeur totale de la production (francs)
1913	90 517	4 423 046 000	34 910	15 655 016
1930	35 670	1 827 366 890	46 806	14 714 002
1931	22 055	996 671 640	44 186	5 573 255
1932	18 286	986 802 580	48 871	4 221 523
1933	15 894	942 972 250	50 539	4 829 334
1934	16 048	970 469 355	48 887	1 883 186

Source : Henry Peyret, *L'industrie française de la soie et la crise*, Sociétés d'études et d'informations économiques, Paris, 1935, p. 5.

3.3.2 – Un déclin de la production des soieries

Sous l'influence de la sériciculture lyonnaise, il est évident que la production des soieries se baisse avec la crise. En 1928, la production de la soierie lyonnaise atteint la valeur de 5 150 000 000 de francs, ce qui a beaucoup baissé par rapport à l'année 1913. Ce déclin ne cesse pas, en 1933, la production de la soierie lyonnaise tombe jusqu'à 1 650 000 000 et seulement environ 1 200 000 000 francs en 1934, soit une baisse de 75 % de 1928 à 1934. Dans ce cas, l'exportation de la soie française, qui occupe la place la plus importante dans l'économie française durant le XIXe siècle, continue à décliner avec la crise de la production de la soie. En 1928, la valeur des exportations de soieries françaises peut atteindre 3 308 000 000 francs, néanmoins, ce chiffre tombe à 872 058 000 francs en 1933, soit environ 26 % sur ceux de 1928. En 1934, la valeur exportée n'est plus que d'environ 670 000 000 francs. Les exportations de l'industrie française de la soie ne peuvent plus revenir à son niveau de la belle époque.

Cette crise influence directement les fabricants et les personnels qui travaillent dans le métier de la production de la soie. De plus en plus de filateurs sont obligés de fermer leurs portes. En fait, ils ne peuvent plus continuer à soutenir leur activité. En 1933, sept filatures nouvelles ferment leurs portes. Alors qu'en 1928, 53 400 métiers mécaniques et 5 000 métiers à bras étaient encore en fonctionnement, leur nombre est tombé respectivement à 28 000 et 1 000 en 1934. Le personnel des usines de tissage de Lyon et des départements voisins s'élevait à 50 000 il y a six ans ; il est aujourd'hui de 25 000. Les salaires payés dans les entreprises de tissage mécanique aux ouvrières rurales sont en baisse de 60 % sur ceux de 1928, en ce qui concerne la rayonne[1].

On ne peut pas ignorer la situation de la main-d'œuvre dans cette crise. Si les statistiques ne sont pas évidentes à traiter en vue de nos calculs, mais leurs salaires sont leur source de vie. En période normale, les femmes

[1] Henry Peyret, *L'industrie française de la soie et la crise*, *op. cit.*, p. 29.

utilisées à la surveillance des métiers peuvent gagner 25 francs par jour, mais en 1934, c'est seulement 6 à 10 francs, soit une baisse d'environ 70 %. C'est un coup fatal pour la famille qui en vit. Avec une rémunération si faible, la main-d'œuvre est obligée de quitter le secteur où les travailleurs et les travailleuses ont l'habitude de vivre. Les jeunes filles qui travaillent dans l'usine ne peuvent pas payer de quoi assurer leur vie quotidienne. Elles retournent donc aux champs travailler avec leurs parents à une agriculture dure et pénible. Au point de vue du poids, la consommation de l'industrie française de la soie en matière première est tombée de 6 435 000 kg en 1928 à 2 793 000 kg en 1933 et en 1934 à 2 875 000 kg accusant ainsi une très légère augmentation par rapport à 1933[1]. Mais dans l'ensemble, la baisse du volume est évidente et, au final, la situation ne s'est pas améliorée : elle s'est même dégradée.

Tableau II.3.12 Les quantités conditionnées sur la place de Lyon de 1913 à 1932

Années	Quantités conditionnées à Lyon (en kilos)
1913	8 414 341
1921	3 956 068
1925	6 559 241
1926	6 608 885
1927	5 781 871
1928	7 082 290
1929	5 651 753
1930	4 830 362
1931	3 563 236
1932	2 288 855

Source : Henry Peyret, *L'industrie française de la soie et la crise*, Société d'études et d'informations économiques, Paris, 1935, p. 30.

3.3.3 – Les causes du déclin de la soie lyonnaise

Quelles sont les causes de ce déclin ? Premièrement, il est dit que c'est d'abord un changement général des habitudes de la vie et de consommation. Avec l'apparition des tissus artificiels et des fibres synthétiques, les consommateurs préfèrent choisir les matières plus pratiques et moins chères. La soie n'est plus le seul choix pour les vêtements ainsi que pour la décoration de la maison. Et, bien entendu, le ralentissement économique s'accompagne d'une baisse du pouvoir d'achat, c'est aussi une raison pour que les gens choisissent les tissus bon marché. Ensuite, la disparition des cours royales et le changement de mode sont aussi des raisons importantes

[1] *Ibidem.*

pour ce déclin. Comme cela a déjà été dit au début de ce chapitre, les cours royales françaises et européennes consomment toujours de grande quantité de soie, même grâce à elles, la soierie lyonnaise atteint son apogée à l'époque. Avec l'influence des cours royales, la tendance de la soie est aussi répandue dans la société. Mais avec la disparition des cours impériales, cette mode si luxe a aussi largement disparu.

CONCLUSION

Comme un ancien centre commercial, Lyon est aussi un capital de la soie mondiale, et il est devenu le premier pôle de la soie pendant le Second Empire. Grâce au développement de la production, la diversité et l'expansion commerciale de la soierie, les marchands de soieries lyonnais accumulent rapidement des richesses. Parmi eux, les grands marchands-fabricants deviennent souvent des banquiers. Ces grands marchands-fabricants investissent largement dans la soierie et ces investissements assurent un renouvellement sur le marché. Puis, la France, restant toujours le centre de la mode à l'époque, le design et l'industrialisation de la production offrent ses bases à la réussite de la soierie à Lyon. Enfin, l'avancement de l'industrie de la soie, de la science et de l'éducation, tout cela explique pourquoi Lyon s'affirme de façon bien réelle comme la seconde capitale de la France à l'époque.

Chapitre IV

LES LYONNAIS ET L'INDUSTRIE DE LA SOIERIE

Lyon était une ville de commerce depuis une longue durée, grâce à ses avantages géographiques et les marchands lyonnais s'approvisionnaient en tous les types de marchandises provenant de Méditerranée, y compris en soieries. La Fabrique lyonnaise est née des préoccupations du roi Louis XI au sujet de ses trésoreries, à une époque où le commerce entre la France et les pays producteurs de soieries engendrait une dépense annuelle de quatre à cinq cent mille écus d'or. Il n'est donc pas étonnant qu'en tenant compte de ces éléments, le roi ait choisi cette ville pour résoudre ses problèmes de finances. Par l'ordonnance du 23 novembre 1466[1], puis, une lettre patente datant du lendemain[2], le roi exprimait son vif souhait d'établir l'industrie de la fabrication des articles en soie à Lyon, projet qu'il confirmerait aux Lyonnais par une lettre du 15 décembre 1466[3], en leur démontrant les avantages. Ainsi, la soierie lyonnaise commençait à jouer un rôle important dans les domaines d'industrie et aussi d'économie en France.

I. LA FABRIQUE LYONNAISE À UNE ÉPOQUE CHARNIÈRE ET DURANT LA PREMIÈRE MOITIÉ DU XIXe SIÈCLE

L'industrie de la soie de Lyon a fait la fortune des Lyonnais et contribué à une accumulation de richesses aussi bien pour la ville que pour le pays. Une rétrospective du cheminement suivi par cette activité fructueuse permet d'avoir une vue d'ensemble des acteurs qui animaient la fabrique.

---

[1] Transcription de l'ordonnance de Louis XI, Vital de Valous, *Étienne Turquet et les origines de la Fabrique lyonnaise : 1466-1536*, *op. cit.*, p. 8-10. Original sur vélia, grand sceau, Archives municipales de Lyon, Cote HH124.

[2] Vital de Valous, *Étienne Turquet et les origines de la Fabrique lyonnaise : 1466-1536*, *op. cit.*, p. 10.

[3] *Ibidem.*

1.1 – La naissance de la Fabrique lyonnaise

La Fabrique lyonnaise est née des préoccupations du roi Louis XI au sujet de ses trésoreries. Par l'ordonnance du 23 novembre 1466[1], puis, une lettre patente datant du lendemain[2], le roi exprimait son vif souhait d'établir l'industrie de la fabrication des articles en soie à Lyon, projet qu'il confirmerait aux Lyonnais par une lettre du 15 décembre 1466[3], en leur démontrant les avantages. Ainsi, l'époque de la soierie lyonnaise.

Les mesures prises étaient même raisonnables aux yeux des contemporains. En vue de l'établissement de cette nouvelle industrie, il fallait attirer des talents, ceux des ouvriers-tisseurs qui disposaient, à l'époque, du savoir-faire nécessaire. Des privilèges furent donc accordés aux ouvriers-tisseurs, par exemple, l'exemption des octrois et des impôts, des aides financières pour le transfert de leur savoir-faire, etc. Cependant, cette décision, susceptible d'ouvrir la voie qui permettrait à Lyon de devenir progressivement la capitale de la soierie ne fut pas bien reçue par ses habitants. Son corps consulaire la contestait, en s'appuyant, parmi d'autres avis professionnels, sur les remarques des marchands de la soierie qui lui avaient exposé le frein commun rencontré par une industrie naissante. Selon eux, le coût de revient d'une fabrication locale des soieries serait trop élevé, ainsi, le prix des étoffes fabriquées à Lyon reviendrait à un demi-écu d'or de plus par aune, donc un établissement de ce genre ne pourrait concurrencer ceux italiens ; d'autre part, les frais pour faire venir des maîtres qualifiés seraient plus élevés que le roi ne l'avait prévu, à moins qu'il ait volontairement négligé d'en parler. La réalité confirma, plus tard, que tous les frais engagés pour la réalisation de ce souhait du roi seraient pris en charge par les Lyonnais. Un autre fait gonflerait encore le coût de l'établissement de cette industrie, car il ne suffisait pas de faire venir les ouvriers-tisseurs, il fallait également acquérir les métiers à tisser et les matières premières, car les maîtres et ouvriers de l'époque n'étaient pas propriétaires des métiers. « Puis les maîtres et ouvriers étrangers sont pauvres. Les riches ne s'exposeraient pas à perdre leurs biens et leurs vies en transportant leurs métiers hors de leur pays et on n'osait pas confier les matières précieuses aux pauvres »[4]. Cela engendrait davantage d'investissements qui alourdiraient la pression fiscale de la ville de Lyon.

Le consulat de Lyon, organe administratif de la ville, hésitait à procéder, tout autant préoccupé par l'établissement d'une manufacture en dehors de sa

---

1 Transcription de l'ordonnance de Louis XI, Vital de Valous, *Étienne Turquet et les origines de la Fabrique lyonnaise : 1466-1536*, *op. cit.*, p. 8-10. Original sur vélia, grand sceau, Archives municipales de Lyon, Cote HH124.

2 Vital de Valous, *Étienne Turquet et les origines de la Fabrique lyonnaise : 1466-1536*, *op. cit.*, p. 10.

3 *Ibidem.*

4 Vital de Valous, *Étienne Turquet et les origines de la Fabrique lyonnaise : 1466-1536*, *op. cit.*, p. 16.

gestion qui pourrait s'avérer néfaste aux intérêts de la ville, car c'était une commission envoyée par le roi qui l'aurait dirigée. La réponse mitigée du consulat de Lyon rencontra une réaction qui le fit fléchir. En effet, le rusé Louis XI menaçait de transférer deux des quatre foires de Lyon à Genève. Ainsi, Lyon, pour conserver son statut de ville de commerce, céda à cette pression et demanda au roi de lever 2 000 livres tournois sur plusieurs années. Cette demande fut acceptée par le roi. Il exigeait un délai de trois ans pour ces paiements destinés aux maîtres ouvriers des soieries : à savoir en 1467, 800 livres tournois et pour chacune des deux années suivantes 600 livres tournois. Mais les versements ne furent pas versés avec beaucoup de bonne volonté. Ce retard des paiements constituait l'une des manifestations du mécontentement des Lyonnais.

Louis XI, courroucé par les Lyonnais et voulant résider à Tours dès son arrivée en 1469, décida d'y transférer de Lyon la manufacture des étoffes de soie, au détriment des intérêts des Lyonnais. L'ordonnance fut promulguée le 12 mars 1469 et le déménagement, achevé en juin 1470[1]. Il fut moins effectué en l'espace de moins de trois mois. Les premiers essais de fabrication des étoffes de soie et de drap d'or de soie qui firent la prospérité de la ville de Tours furent réalisés.

Néanmoins, une partie de l'activité de tissage de la soie subsistait à Lyon. L'année 1536 fut essentielle, puisqu'en mai 1536, le consulat de Lyon recevait les lettres royales octroyant à la ville de Lyon le monopole de l'importation des soieries[2]. Un peu plus tard, en octobre 1536, François Ier, par des lettres patentes, ordonna d'encourager aussi bien les ouvriers étrangers que ceux locaux à exercer le travail de fabrication de soieries en les exemptant tous de taxes[3]. Il avait pour objectif de satisfaire son goût du luxe avec des soieries fabriquées à Lyon ainsi que de détruire la fabrique de Gênes où régnait la rébellion et qui constituait une menace commerciale pour le royaume[4].

Il s'avère utile de mentionner le rôle que joua l'entrepreneur Étienne Turquet[5], qui n'était pas lyonnais de naissance, mais dont la vie fut étroitement liée à cette source de prospérité de la ville. Il serait arrivé à Lyon

---

1 À cette époque, l'année commençait le jour de Pâques, le 20 mars en 1467, le 17 avril en 1468, le 2 avril en 1469, le 22 avril en 1470. Vital de Valous, *Étienne Turquet et les origines de la Fabrique lyonnaise : 1466-1536*, *op. cit.*, p. 15, 28 et 34.

2 Archives municipales de Lyon, Cote AA 151. Lettres royales datées de Montbrison, 2 mai 1536 et de Lyon, 31 mai 1536, *Ibidem*, p. 35.

3 Archives municipales de Lyon, Cote AA 151. Les lettres patentes furent publiées et enregistrées au Parlement de Paris, le 31 août 1537, à la seule condition que les héritiers et successeurs des ouvriers étrangers privilégiés seraient régnicoles. *Ibid.*, p. 43.

4 Vital de Valous, *Étienne Turquet et les origines de la Fabrique lyonnaise : 1466-1536*, *op. cit.*, p. 35-36.

5 Étienne Turquet, originaire de Turin, naquit vers 1495, il établit, en 1524, une entreprise de fabrication d'étoffes de soie et devient honorablement connu en tant que le fondateur de cette industrie à Lyon. *Ibidem*, p. 61.

au plus tard en 1524 où il développa une activité commerciale[1]. En raison de ses capacités exceptionnelles, il devint rapidement un notable de la ville. C'est grâce à son initiative qu'un projet d'établissement d'une grande industrie de la soie à Lyon fut présenté au roi François Ier[2] et finalement accepté[3]. Il installa des métiers pour fabriquer du velours afin que Lyon puisse produire les étoffes les plus somptueuses. Mercantilisme : la politique du roi, exporter les produits luxe pour rapporter les argents au royaume. Il fut peut-être le premier entrepreneur à Lyon à employer les pensionnaires des établissements charitables pour préparer les soies à filer[4]. Son but était de faire baisser le coût de la fabrication, afin de diminuer les prix et ainsi, d'augmenter la consommation des produits. Pour accroître l'essor de sa manufacture, il joua avec les privilèges accordés par le roi et parvint à s'associer aux banquiers qui voulaient apporter de l'argent à l'entreprise, en échange de la jouissance des mêmes privilèges[5]. Une pratique commerciale qui le caractérisa et contribua à la prospérité du commerce lyonnais consistait à « payer comptant et vendre à terme »[6].

On peut résumer de façon concise cette histoire de l'établissement de l'industrie de la soie lyonnaise en disant que c'est sous l'impulsion d'un roi que la ville de Lyon commença à créer cette industrie, mais que c'est grâce à un autre roi que la soierie lyonnaise put réellement démarrer. Les difficultés rencontrées par cette industrie concernaient le financement, la technique, le savoir-faire, la main-d'œuvre ainsi que la concurrence, dont certaines l'ont constamment accompagnée. Comme cela a été indiqué plus haut, les privilèges accordés et les aides financières ont permis à des entrepreneurs étrangers de s'installer à Lyon, d'y apporter leur savoir-faire et d'y attirer des capitaux locaux. L'exemption de taxes[7] sur les denrées contribuait à réduire le coût de la subsistance, par conséquent, celui de la fabrication. En employant de la main-d'œuvre meilleur marché pour le travail préparatoire, la manufacture pourrait aussi réduire le coût et renforcer sa compétitivité. Ces approches pour développer une industrie naissante s'avèrent récurrentes dans les différentes phases du développement de celle-ci.

Du XVIe siècle au XVIIIe, l'importance de la ville au niveau de son poids commercial demeurait déterminante, car son industrie était nourrie par sa

---

[1] *Ibidem.*

[2] François Ier, roi de France de 1515 à 1547, est considéré comme le roi emblématique pendant la Renaissance française. Robert Jean Knecht, *Un Prince de la Renaissance : François Ier et son royaume*, Paris, Fayard, 1998, p. 3.

[3] Bernard Tassinari, *La soie à Lyon : de la Grande fabrique aux textiles du XXIe siècle*, Lyon, Éditions lyonnaises d'art et d'histoire, 2005, p. 14.

[4] Vital de Valous, *Étienne Turquet et les origines de la Fabrique lyonnaise : 1466-1536*, *op. cit.*, p. 49.

[5] Yves Krumenacker, *Lyon 1562, capitale protestante : une histoire religieuse de Lyon à la Renaissance*, Lyon, Éditions Olivétan, 2009, p. 19.

[6] Vital de Valous, *Étienne Turquet*, *op. cit.*, p. 52-54.

[7] *Ibidem*, p. 11.

puissance commerciale[1]. Les anciens centres de soieries d'Avignon, de Nîmes et de Tours ont régressé au fil du temps, à cause du retour du pape, alors que la soierie lyonnaise a, quant à elle, acquis une position unipolaire au cours de la première moitié du XIXe siècle[2]. Le roi de France habitait toujours à la Loire, bénéficie du cours, l'industrie se développe à la Loire.

1.2 – Les problèmes de la fabrique pendant la période révolutionnaire et sous l'Empire

L'industrie lyonnaise connut de nombreux problèmes à l'époque de la Révolution. Le premier concernait le besoin de numéraire. Il fallait compter annuellement en moyenne 30 à 35 millions de livres pour assurer l'échange des marchandises et faire fonctionner le commerce, soit 3 à 4 millions de livres en circulation selon la Chambre de commerce de Lyon[3]. La demande impérative de numéraire métallique émanait principalement du milieu rural, les producteurs ruraux préférant un règlement en monnaie sonnante et trébuchante. Par exemple, en ce qui concernait la soierie, pour les achats de soies auprès des sériciculteurs en France, il fallait disposer d'au moins 15 à 18 millions de livres, auxquels il était nécessaire d'ajouter 6 à 8 millions de livres de façon à payer le produit de leur travail aux maîtres-ouvriers ; toutefois, les achats transfrontaliers pouvaient se faire avec de la monnaie de papier, dont le centre d'échange se trouvait à Livourne, en Italie. Cette période instable engendra un sentiment d'insécurité, qui fit davantage augmenter la demande de numéraire de la part des entreprises. De ce fait, la pénurie de numéraire métallique eut un impact significatif sur le bon déroulement du commerce.

Le deuxième problème tenait à la fuite de la main-d'œuvre et des marchands. En effet, si la Révolution n'avait pas vraiment ébranlé la fabrique en 1789-1791, le siège de 1793 a momentanément étranglé les activités industrielles de la ville. Ce fut un tiers de la population lyonnaise qui s'enfuit, principalement des ouvriers. De plus, la Révolution eut un impact sanglant sur le milieu commercial. En effet, environ 15 % de la totalité des membres appartenant à ce milieu social furent exécutés[4]. Pour autant, toutes les professions ne furent pas touchées de façon homogène. Certaines furent particulièrement visées, notamment les marchands de fer qui étaient occupés à la fabrication des armes. Dans ce contexte, le départ des habitants concernait aussi bien les ouvriers que les marchands, dont une partie avait fui de Lyon pour retourner dans ses villages et bourgs d'origine, tandis qu'une autre s'était réfugiée à l'étranger, en Suisse ou en Italie[5]. La

---

[1] Pierre Cayez, *Métier Jacquard et hauts fourneaux : aux origines de l'industrie lyonnaise*, *op. cit.*, p. 1-2.
[2] *Ibidem*, p. 143.
[3] *Ibid.*, p. 61.
[4] *Ibidem*, p. 80.
[5] *Ibid.*, p. 83.

fuite des marchands-négociants aggrava ainsi la condition financière de la ville.

La période tumultueuse du Premier Empire engendra des effets complexes sur la Fabrique lyonnaise. D'une part, des conditions favorables existaient, qui consistaient dans des facilités d'approvisionnement en matières premières de la soie, dans l'ouverture de nouveaux débouchés au sein du système continental ainsi que dans la prise de contrôle du transport transalpin, résultant elle-même de l'expansion territoriale survenue sous l'Empire. D'autre part, aux menaces constantes de la guerre militaire ainsi qu'à la fragilité des situations politiques s'ajoutaient des crises économiques plus fréquentes et graves qui engendraient, en revanche, des difficultés commerciales, financières et monétaires et touchaient les acteurs économiques de la ville, ceux essentiels pour le bon déroulement des activités productives de la soierie lyonnaise[1].

Selon Pierre Cayez, les périodes de la Révolution et de l'Empire, marquées par les sièges, la répression et les guerres, ne freinèrent pas cependant le dynamisme de la fabrique[2]. Le cadre et les conditions d'un développement à long terme furent posés durant ces quinze années de l'Empire[3]. De plus, l'industrie de la soie connut un renouveau immédiat dès la Restauration. Les pénuries de main-d'œuvre furent palliées par les innovations techniques, telles que le métier Jacquard, qui permit d'augmenter la productivité de tissus façonnés et d'employer des tisseurs moins qualifiés[4]. La coupure technique résultant du Blocus n'avait pas affecté la fabrique, à la différence de ce qui s'était passé pour les nouvelles industries, celles qui dépendaient du transfert de techniques britanniques[5].

Cette conclusion peut être confirmée par les taux de croissance de la production de la fabrique, qui était en moyenne de 1,7 % sous l'Empire[6]. Ce taux de croissance, bien qu'étant inférieur à celui de la croissance générale de la France, retrouva son meilleur niveau après 1815. Le rattrapage était dû à un taux de croissance annuel moyen de 4,7 % entre 1815 et 1849. C'est ce que montrent les chiffres revendiqués par la Chambre de commerce de Lyon.

---

[1] Pierre Cayez, *Métier Jacquard et hauts fourneaux : aux origines de l'industrie lyonnaise*, *op. cit.*, p. 141.

[2] Pierre Cayez, « Entreprises et entrepreneurs lyonnais sous la Révolution et l'Empire », *in* François Caron (dir.), *Entreprises et révolution*, sous la direction de François Caron, *Histoire, économie et société*, 1993, 12e année, n° 1, p. 17-27.

[3] François Crouzet, « La première révolution industrielle », *in* Maurice Lévy-Leboyer (dir.), *Histoire de la France industrielle*, Paris, Larousse, 1996, p. 62-93.

[4] Éric Boël, « Tisser des fils et tisser des liens », *Le journal de l'école de Paris du management*, vol. 131, n° 3, 2018, p. 22-28.

[5] François Crouzet, « La première révolution industrielle », *in* Maurice Lévy-Leboyer (dir.), *Histoire de la France industrielle*, *op. cit.*, p. 62-93.

[6] Pierre Cayez, *Métier Jacquard et hauts fourneaux : aux origines de l'industrie lyonnaise*, *op. cit.*, p. 120.

Cette croissance très soutenue s'accompagna de la reconquête des anciens marchés ainsi que de l'ouverture de nouveaux, en particulier aux États-Unis[1].

1.3 – La Fabrique lyonnaise durant la première moitié du XIXe siècle

Entre 1815 et 1849, l'industrie de la soie de Lyon traversa, toujours selon Pierre Cayez, quatre phases d'évolution : le redémarrage de 1815-1820, le plein essor de 1821-1830, la stabilisation de 1831-1839 et les crises de 1840-1849. Malgré une baisse des taux de croissance, qui passèrent de 46,2 % durant les années 1821-1825 à 10 % pour la période 1846-1849, la soierie lyonnaise put toutefois réaliser une croissance absolue remarquablement soutenue[2].

Pendant cette période, la Fabrique lyonnaise fit face aux défis et aux crises de l'époque, celles-ci engendrées par la hausse du prix des matières premières de la soie, par les répercussions du système continental, elles-mêmes incarnées par les protectionnismes douaniers des pays qui constituaient traditionnellement des débouchés pour les soieries lyonnaises, enfin par les concurrences étrangères au niveau des tissus unis.

Le coût des matières premières représentait environ 67 % de celui total pour les fabricants et 47 % de la structure du chiffre d'affaires moyen des entreprises, dans laquelle il fallait aussi compter 24 % pour la main-d'œuvre et 10 % pour d'autres frais, le solde constituant les bénéfices. Cette structure se maintiendrait jusqu'au milieu du XIXe siècle[3]. On voit clairement que cette proportion prépondérante du coût des matières premières représentait un lourd fardeau financier pour les marchands-négociants. Cela impliquait, par conséquent, qu'ils se montrent vigilants à l'égard du commerce des soies[4]. À cette époque, la plupart des soies utilisées dans la fabrique pour la fabrication des tissus haut de gamme étaient importées d'Italie ; il s'agissait en particulier des soies piémontaises, dont la qualité était supérieure et régulière grâce à une technique avancée de filature ainsi qu'au système de la condition publique des soies, qui assurait le bon déroulement de leur commerce[5]. Ce modèle de Condition des soies introduit par Rast-Maupas à Lyon ne s'avérait pas fructueux au début, étant donné que les conditions étaient gérées par des particuliers[6]. Il a fallu attendre l'établissement de la

---

[1] *Ibidem*, p. 150.

[2] Pierre Cayez, *Métier Jacquard et hauts fourneaux : aux origines de l'industrie lyonnaise*, *op. cit.*, p. 196-203.

[3] *Ibidem.*, p. 183.

[4] David Todd, *L'identité économique de la France. Libre-échange et protectionnisme (1814-1851)*, Paris, Grasset, 2008. François Jarrige, « David Todd, L'identité économique de la France. Libre-échange et protectionnisme (1814-1851) », *Revue d'histoire du XIXe siècle* [En ligne], 38 | 2009, mis en ligne le 4 septembre 2009, consulté le 22 septembre 2020. URL : http://journals.openedition.org/rh19/3892 ; DOI : https:// doi.org/10.4000/rh19.3892

[5] Maitte Corine, « État, territoire et industries au Piémont au XVIIIe siècle », *Revue du Nord*, vol. 352, n° 4, 2003, p. 747-779.

[6] Adrien Perret, *Monographie de la Condition des soies de Lyon, op. cit.*, p. 3.

Condition des soies unique et publique en 1805 pour que celles-ci puissent circuler efficacement sur la place de Lyon. D'autre part, des inventions techniques étaient menées par les acteurs afin d'améliorer l'utilisation et l'économie des matières premières, ainsi que l'ennoblissement des tissus fabriqués. Les efforts étaient principalement visés en amont et en aval de la filature. Signalons des innovations techniques de la filature menées par Villard[1], le précurseur du système Gensoul en 1803[2] ; les apports techniques de Rigault[3] et Baumé d'un procédé de blanchissement par l'alcool ; les efforts pour améliorer la teinture de la soie par des colorants naturels en essayant les colorants chimiques, car il s'agissait d'un produit pour lequel l'utilisation de colorants chimiques était très rare à l'époque.

La clientèle traditionnelle des soieries lyonnaises couvrait une grande partie de l'Europe et se distinguait, au sens social et économique, par sa richesse et un goût assimilé pour les étoffes de soie lyonnaises, dont la qualité, la finesse et l'aspect sublime l'enchantaient[4]. Cependant, la géographie des débouchés des soieries lyonnaises avait beaucoup évolué. À l'issue de l'Empire, la donne de l'exportation de soierie lyonnaise était en train de connaître un changement, car les marchés du Nord, maintenus par le biais des centres de redistribution allemands, qui absorbaient la plupart des étoffes lyonnaises aussi bien unies que façonnées, ont reculé[5]. Il convient de noter cependant qu'il s'agissait là d'un recul relatif. En effet, en cette même période, la production de la Fabrique lyonnaise augmentait de façon considérable. Ce recul était dû, d'un côté, au développement des fabriques allemandes et suisses, dont les étoffes unies gagnaient les marchés allemands, de l'autre, à la prolongation du protectionnisme des pays pratiqué sous le système continental[6]. Dans ce contexte, les soyeux lyonnais se sont tournés vers l'outremer, à partir du milieu des années 1820, tout d'abord vers le marché anglais, puis, en pratiquant une ouverture au marché d'Amérique, surtout aux marchés nord-américains, ce qui a contribué à absorber une grande partie des exportations de la soierie lyonnaise[7].

En ce qui concernait les marchés nord-américains, il ne s'était pas simplement agi d'un changement géographique des débouchés. En effet, la consommation de ce nouveau continent annonçait l'arrivée d'une nouvelle

---

1 Pierre Cayez, *Métier Jacquard et hauts fourneaux*, *op. cit.*, p. 69.

2 Louis Hénon, *Extrait du Propagateur de l'Industrie de la Soie. Biographie séricicole. Notice sur Ferdinand Gensoul*, Lyon, Imprimerie de Carrère Aîné, 1838, p. 3.

3 Pierre Cayez, *Métier Jacquard et hauts fourneaux*, *op. cit.*, p. 69.

4 Jérôme Rojon, « Les soieries lyonnaises dans la seconde moitié du XIXe siècle et au début du XXe siècle : du produit artisanal de luxe au produit industriel de (demi-) luxe », Pierre Lamard éd., *Art & Industrie, XVIIIe-XXIe siècle*, Picard, 2013, p. 121-132.

5 Arnaud Bartolomei, Claire Lemercier et Silvia Marzagalli, « Les commis voyageurs, acteurs et témoins de la grande transformation », *Entreprises et histoire*, vol. 66, n° 1, 2012, p. 7-21.

6 Jean-Pierre Dormois, *La défense du travail national ? L'incidence du protectionnisme sur l'industrie en Europe (1870-1914)*, *op. cit.*, 2009.

7 Pierre Cayez, *Métier Jacquard et hauts fourneaux*, *op. cit.*, p. 147-148.

ère, avec une clientèle élargie, mais moins exigeante en matière de richesse des étoffes, ayant un goût pour ce que représentait la soierie, mais néanmoins plus sensible au prix[1]. Derrière ce phénomène, la course à l'industrialisation succédait à celle commerciale. De fait, la course des pays vers l'industrialisation conduisait à l'émergence d'une classe dont le pouvoir d'achat avait augmenté et qui représentait les marchés à venir.

D'un autre côté, la mutation ressentie concernant la demande des marchés bouleversait la façon d'opérer des acteurs de la fabrique. Le négociant aussi bien que le chef d'atelier subissaient les effets de la demande éphémère, du caprice des modes et se voyaient contraints de courir après les clients, de réaliser des montages fréquents et coûteux[2]. Dans ce contexte, *L'Écho de la fabrique* décrit de manière plus positive la situation de cette même fabrique.

En outre, la fabrique avait procédé à des adaptations qui contribuaient à la croissance soutenue de la première moitié du XIXe siècle. Dans un premier temps, les nouveaux articles commençaient à prendre un poids remarquable dans la production de la soierie lyonnaise. Ainsi, il convient de mentionner surtout le châle, qui permettait d'utiliser, d'une part, des déchets de soie et, de l'autre, de la laine cachemire[3]. En 1849, 35 des 417 fabricants se spécialisaient ainsi dans la fabrication de châles. Un tel phénomène pourrait être confirmé d'une certaine manière par l'importation de bourres de soie, lesquelles alimentaient ce secteur des tissus et représentaient en moyenne 27 % de l'importation des matières premières destinées à la soierie[4].

Pour faire face aux concurrences étrangères, la Fabrique lyonnaise, en profitant des avantages intrinsèques, avait eu recours, depuis 1810, aux usines, pour réduire le coût de fabrication, mais, ce, à une échelle très limitée et avec peu d'enthousiasme. En effet, il lui était facile de choisir d'utiliser en même temps la main-d'œuvre rurale.

L'invention du métier Jacquard, en 1801, s'avéra, à l'époque, plutôt n'être qu'une opération publicitaire réussie. Selon Pierre Cayez, la mécanique Jacquard, qui associait des inventions déjà existantes, le métier Vaucanson et la carte perforée de Falcon[5], n'a pas vraiment fonctionné. Cela pouvait être explicable par la lente propagation de ce métier dans la ville. Ce furent les améliorations successivement apportées par Jean-Antoine Breton en 1807 et

---

[1] Georges Lefranc, *Histoire du commerce*, Paris, Presses universitaires de France, 1972, p. 95.

[2] *L'Écho de la fabrique*, 17 novembre 1833, numéro 46.

[3] Manuela Martini, Pierre Vernus, « Tisseurs et tisseuses en soie au travail dans les ateliers de la fabrique de Lyon au milieu du XIXe siècle », *Le Mouvement social*, 2021/3, n° 276, p. 71-92.

[4] *Ibidem.*

[5] *Revue scientifique et industrielle*, tome I, sous la direction du docteur Quesneville, Libraire et Éditeur Louis Colas, Paris, 1844, p. 112-113.

1812 qui permirent le bon fonctionnement du métier Jacquard[1]. Le génie de Jacquard pour son innovation mérite sans doute l'admiration, mais les travaux et développements continus réalisés par d'autres mécaniciens ne doivent pas non plus être négligés.

Selon les courbes établies par Pierre Cayez, l'importation des soies étrangères et la production nationale de soie française furent multipliées par quatre durant la première moitié du XIXe siècle. Ces augmentations concordaient avec celle des métiers employés : en 1847, près de 60 000 métiers fonctionnaient pour la Fabrique lyonnaise alors que ce chiffre n'était qu'à peu près 20 000 à la veille de la Révolution ; quant à la diffusion du métier Jacquard amélioré, elle progressait au même rythme : en 1847, environ 9 000 métiers Jacquard, leur nombre ayant au moins triplé par rapport à celui de la fin du Premier Empire[2]. La productivité du métier Jacquard amélioré était quatre fois supérieure à celle de l'ancien métier, ce qui donnait donc lieu non seulement à une consommation élargie des soies, mais aussi à une production accrue des étoffes façonnées, d'où, par conséquent, un rendement plus élevé[3].

Les critiques visant le système de la fabrique étaient particulièrement vives dans les années 1820, pendant lesquelles s'amorçait déjà, en Europe continentale, la prépondérance du capitalisme industriel. Les accusations se concentraient sur l'organisation de la fabrique, qui apparaissait trop dispersée et qui, du fait du grand nombre des fabricants, devait supporter un coût général élevé dans son ensemble. Les solutions proposées se tournaient vers l'adoption de la forme usinière comme organisation productive. L'usine de la Sauvagère[4] constitua le premier essai, dans les murs de Lyon, de ce type de production. Elle a été fondée en 1817 par Jean-Charles Berna, venu de Francfort, qui s'associa à Pierre Sabran[5]. La Sauvagère se spécialisa dans la fabrication des châles, qui constituaient un article nouveau et marginal par rapport aux productions courantes de la fabrique. Il semble que cette usine ait pu intégrer toutes les opérations en un même endroit, et fonctionnât sous une forme d'usine-pensionnat en employant de la main-d'œuvre féminine plutôt moins qualifiée et jeune[6].

Hors des murs de Lyon, l'entreprise J.-B. Martin[7], installée à Tarare vers 1839, fabriquait des crêpes et velours. Une autre entreprise, appelée

[1] Jean Huchard, « Entre la légende et la réalité : Jean-Antoine Breton, le véritable inventeur de la mécanique à la Jacquard », *Bulletin municipal officiel de la ville de Lyon*, n° 5220, mai 1998.
[2] Pierre Cayez, *Métier Jacquard et hauts fourneaux*, *op. cit.*, p. 144.
[3] *Ibidem*.
[4] *Ibidem*, p. 161-162.
[5] *Ibidem*, p. 162.
[6] Laura Strumingher, « Les canuts de Lyon (1835-1848) », *Le Mouvement social*, n° 105, 1978, p. 68.
[7] Pierre Cayez, *Métier Jacquard et hauts fourneaux*, *op. cit.*, p. 162.

Chartron, possédait des sites de filature et de moulinage à Saint-Donat et de tissage à Saint-Vallier[1]. Le défaut commun à ces initiatives d'usines était qu'elles n'utilisaient pas de métiers à force motrice. Les établissements qui employaient des forces motrices se trouvaient en Isère, où il existait une abondante force hydraulique. L'entreprise C.-J. Bonnet installa à Jujurieux, en 1834, un moulinage en profitant de la force hydraulique. Or, cette usine ne put disposer de machine à vapeur qu'à partir de 1843[2]. En ce qui concernait la machine à vapeur dans ces usines, on n'en comptait que deux à la fin de la première moitié du XIXe siècle. Par rapport aux 400 fabricants lyonnais de la fabrique, la réalisation des projets d'usines, à peine une douzaine, démontrait à l'évidence les limites de ce courant d'organisation concentré sur cette industrie[3].

La baisse du coût de la fabrication lyonnaise, loin d'être le résultat de l'industrialisation, comme c'était le cas en Angleterre, s'appuyait sur l'avantage de l'approvisionnement des marchands lyonnais en matières premières de soies ainsi que sur le fait d'accepter des matières premières de moins bonne qualité ; d'ailleurs, en ce qui concerne la baisse du coût de la main-d'œuvre, la fabrique poussait à la réduction du prix des façons et avait aussi recours aux métiers ruraux.

Durant la première moitié du XIXe siècle, selon l'estimation de Bowering, le taux de bénéfice moyen était de 7 %[4]. Malgré tous les incidents qui s'étaient produits durant cette période, la soierie lyonnaise put néanmoins accumuler des profits importants. Les maisons de la fabrique ont en général réinvesti leur fortune accumulée dans cette industrie. Grâce à leur autofinancement, la soierie lyonnaise a pu supporter et surmonter les épreuves affrontées[5].

Deux forces permanentes constituaient des facteurs spécifiques ayant permis à la fabrique de résister aux difficultés. Tout d'abord, la fabrique entretenait un lien étroit avec l'art, ce qui correspondait au stéréotype des Anglais définissant les Français comme « un peuple artistique et catholique »[6]. La finesse exceptionnelle des soieries lyonnaises tirait, en effet, son origine des exigences aristocratiques de sa clientèle traditionnelle. Les dessinateurs lyonnais purent y répondre grâce à leurs excellentes qualités créatives et à leur imagination. Ainsi, C. Beaulieu fait remarquer qu'« un bon dessinateur est à Lyon, une partie essentielle d'une fabrique, et

---

1 Bernard Delpal, *Entre paroisse et commune. Les catholiques de la Drôme au milieu du XIXe siècle*, Valence, Peuple libre, 1989, p. 248-249.

2 Julien Turgan, *Les grandes usines de France*, Paris, Lévy éditions, 1867, p. 210.

3 Pierre Cayez, *Métier Jacquard et hauts fourneaux*, *op. cit.*, p. 164.

4 *Ibidem*, p. 181.

5 Dominique Barjot et Isabelle Lescent-Giles (dir.), « Éditorial », in « L'Autofinancement », *Entreprise et Histoire* n° 22, octobre 1999, p. 5-15.

6 Pierre Cayez, *Métier Jacquard et hauts fourneaux*, *op. cit.*, p. 188.

quand il a du talent, sa seule industrie lui fait avoir une part considérable dans la société »[1].

Évidemment, la fabrique avait pris conscience de la nécessité de nourrir les talents des dessinateurs en créant des écoles professionnelles[2]. Cette pratique fut imitée par les Anglais à Spitalfields en tant que moyen de sauver leur industrie soyeuse en déclin[3]. Le second facteur positif tenait au dynamisme commercial. Animé par les marchands de soies de la ville, il avait été favorisé par la loi du 1833 supprimant le droit d'entrée pesant sur les importations de matières premières de soies[4]. Entre 1827 et 1853, la taille du groupe des marchands gonfla de façon sensible, passant ainsi de 61 à 110 membres[5]. Ces marchands actifs assuraient l'approvisionnement en matières premières pour la fabrique, en faisant venir à Lyon des soies italiennes, turques et du Proche-Orient. Malgré le lent changement géographique de l'approvisionnement lyonnais en soies, depuis 1834, on constatait néanmoins l'apparition de soies anglaises dans les importations françaises, mais il s'agissait, en fait, de soies asiatiques réimportées en faible quantité[6].

Cela dit, il existait une certaine inertie de la fabrique en cette époque d'industrialisation rapide. La structure productive, financière et commerciale connut peu de changements, ce qui marquait l'immobilisme de cette même fabrique durant la première moitié du XIXe siècle. Des caractéristiques développées durant les siècles passés montraient que cette industrie avait pu se maintenir à un certain degré de prospérité, en résistant au mouvement d'industrialisation rapide à travers la stabilité de ses structures productives : petite organisation sociétale (2-3 associés), faible fonds des acteurs commerciaux (rarement plus de 100 000 francs jusqu'en 1840), modique coût d'entrée dans cette affaire[7]. Étant donné que les marchands-fabricants étaient partie prenante dans le système de la fabrique dont ils bénéficiaient ; l'adoption du travail en usine, en diminuant drastiquement le nombre

---

1 C. Beaulieu, *Histoire du commerce, de l'industrie et des fabriques de Lyon : depuis leur origine jusqu'à nos jours*, Auguste Baron, 1838, p. 64.

2 Jean-Baptiste Monfalcon, *Histoire des insurrections de Lyon, en 1831 et en 1834, d'après des documents authentiques ;* précédée d'un *Essai sur les ouvriers et sur l'organisation de la fabrique*. Lyon, 1834, p. 18.

3 Frank Warner, *The silk industry of the United Kingdom. Its origin and development*, *op. cit.*, p. 76.

4 Jean-Baptiste Monfalcon, *Histoire des insurrections de Lyon, en 1831 et en 1834, d'après des documents authentiques ;* précédée d'un *Essai sur les ouvriers et sur l'organisation de la fabrique*, *op. cit.*, p. 23.

5 Pierre Cayez, *Métier Jacquard et hauts fourneaux : aux origines de l'industrie lyonnaise*, *op. cit.*, p. 172-173.

6 Valérien Groffier, « La production de la soie dans le monde », *Annales de géographie*, 1900, n° 44, p. 97-118.

7 Pierre Cayez, *Métier Jacquard et hauts fourneaux : aux origines de l'industrie lyonnaise*, *op. cit.*, p. 167.

d'entreprises, indiquait par conséquent le déclin d'une grande partie de ce groupe, dont la réticence envers l'usine ne paraît pas étonnante.

Malheureusement, il faut noter que les efforts mis en place pour surmonter les difficultés auxquelles se trouvait confrontée la fabrique s'avéraient peu importants et peu efficaces à long terme. En effet, ces difficultés résultaient plutôt des mutations du marché, de l'évolution de la consommation que du décalage technique entre les établissements[1]. Il s'agissait, pour ainsi dire, d'une latence idéologique, tenant compte de la réalité selon laquelle la soierie était en décadence, alors qu'elle avait été, jusqu'aux environs de 1830, l'industrie la plus porteuse de l'économie nationale en exportant plus de la moitié des articles manufacturés en France[2]. Cette mémoire d'une industrie par excellence nationale[3] était si vive que les Lyonnais s'étaient convaincus de cette prépondérance commerciale et qu'ils essayaient de perfectionner le système du *statu quo* pour relever le défi et répéter ses réussites. En conséquence de quoi, l'avènement de l'époque de l'industrialisation était mal reçu par la fabrique.

Alors que le succès de la fabrique était fortement engendré par le capitalisme commercial, l'engouement pour l'investissement dans les nouvelles industries faisait généralement défaut chez les Lyonnais. Il convient de constater l'accumulation considérable de fortune et de capital des Lyonnais, à la fin de l'Ancien Régime, bien que la concentration des richesses soit flagrante : 2 % des foyers détenaient 20 % de la richesse totale de la ville, alors que 70 % se partageaient à peine 30 % de cette richesse[4]. Les élites lyonnaises disposaient de la capacité à entreprendre des projets ambitieux dans de nouvelles industries. Mais les capitaux détenus par ce groupe d'élites lyonnaises ne se sont pas traduits en investissements dans les nouvelles générations d'entreprise ; au contraire, ce furent principalement des capitaux extérieurs qui contribuèrent au développement des nouvelles industries dans la ville.

Des efforts institutionnels furent faits pour maintenir l'ordre dans la fabrique. La Réunion des fabricants[5], créée en 1825, avait pour objectif de

---

[1] *Ibidem*, p. 69-71.

[2] Jean-Baptiste Monfalcon, *Histoire des insurrections de Lyon, en 1831 et en 1834, d'après des documents authentiques ;* précédée d'un *Essai sur les ouvriers et sur l'organisation de la fabrique*, *op. cit.*, p. 5.

[3] Toussaint Loua, *L'industrie de la soie à Lyon*, Journal de la société statistique de Paris, tome 24, 1883, p. 328-334.

[4] Pierre Cayez, *Métier Jacquard et hauts fourneaux : aux origines de l'industrie lyonnaise*, *op. cit.*, p. 77.

[5] *Ibidem*, p. 168. La Réunion des fabricants, formée et autorisée par le maire à la fin de l'année 1825, avait pour objectif officiel de perfectionner la filature et le moulinage, d'empêcher les altérations de la soie et de favoriser les découvertes. Elle surveillait aussi la concurrence étrangère et les tentatives de débauchage.

lutter contre la fraude et de favoriser les découvertes[1]. Une pratique particulièrement dénoncée par cette Réunion des fabricants était celle du piquage d'onces, qui fournissait des soies altérées émanant du processus de fabrication au marché clandestin. Mais cette Réunion fut interdite, en 1827, par le gouvernement central. En 1843 et 1846, deux organisations ayant la même vocation furent créées par les fabricants, respectivement. La Société de garantie contre le piquage d'onces[2] et La Société lyonnaise des déchets[3]. Ces initiatives pourraient être considérées comme la manifestation d'une sorte d'entente des fabricants afin de supprimer la fraude et la concurrence déloyale, ainsi que d'empêcher l'arrivée de nouveaux entrants dans la profession. D'après les statistiques dénombrant les effectifs de la fabrique, l'on a remarqué que sous l'Empire et la Restauration, le nombre des fabricants avait doublé, mais qu'entre la fin de la Restauration et le début du Second Empire, il est demeuré stable, en moyenne d'un peu plus de 400[4]. Il ne s'agissait certainement pas toujours des mêmes effectifs, car des maisons en faillite étaient remplacées par de nouveaux acteurs.

II. LA SOIERIE LYONNAISE PENDANT LA SECONDE MOITIÉ DU XIXe SIÈCLE

Si la soierie lyonnaise connut une situation relativement stable durant la première partie du XIXe siècle, pendant la seconde au contraire, cette industrie entra dans une phase plus mouvante et évolutive[5]. La Fabrique lyonnaise perdit graduellement sa compétitivité. Comme L. Reybaud l'a

---

[1] Pierre Vernus, « Contrôler et définir la fraude dans la soierie lyonnaise (au XIXe siècle et au début du XXe siècle) », Gérard Béaur (éd.), *Fraude, contrefaçon, contrebande de l'Antiquité à nos jours*. Librairie Droz, 2007, p. 491-509.

[2] Pierre Cayez, *Métier Jacquard et hauts fourneaux*, *op. cit.*, p. 168. Le piquage d'onces est un phénomène issu de nombreuses manipulations, de la division du travail du soyeux permettant de subtiliser des fractions de soie qui alimentaient un marché clandestin. La Société de garantie contre le piquage d'onces fut autorisée, le 13 décembre 1843, à représenter l'intention commune des fabricants, qui, comme cela fut déclaré lors de son assemblée générale, portait sur « la prévoyance et les efforts qui nous concernent pour arriver à une production économique consistant à nous occuper avec zèle et persévérance de la réduction des frais généraux, à étudier l'application des soies les plus avantageuses à chaque tissu. L'isolement dans lequel nos fabriques marchèrent si longtemps a facilité la propagation de ces nombreux et coupables désordres qui sont les principales causes de nos souffrances. Grâce à Dieu, nous avons compris que l'union fait la force et fournit les moyens de rétablir l'ordre et la loyauté, ces premières conditions d'une fabrication à bon marché ».

[3] *Ibidem*, p. 168. La Société lyonnaise des déchets fut créée en 1846, dans le même but que la Société de garantie contre le piquage d'onces et avait, elle aussi, pour objectif la protection collective contre la fraude et la concurrence déloyale.

[4] *Ibidem*, p. 168.

[5] Pierre Cayez, *L'Industrialisation lyonnaise au XIXe siècle : Du grand commerce à la grande industrie, Tome II, Service de reproduction des thèses*, Université de Lille III, 1979, p. 537.

remarqué dans son enquête de 1859, la fabrique rencontrait « les concurrences les plus redoutables, les plus actives venant de la Prusse pour le velours, et la Suisse pour les étoffes courantes et les rubans »[1]. Cet affaiblissement de la compétitivité lyonnaise concernait non seulement les produits mais aussi la pratique commerciale.

2.1 – Les changements affrontés par la Fabrique lyonnaise

A/ Une augmentation de la production

Entre 1858 et 1912, l'exportation des soieries françaises a diminué en passant de 438 à 347 millions de francs[2]. Mais pendant la période 1850-1890, l'exportation de la soierie française en poids connut une croissance annuelle moyenne de 3,3 %[3], selon Pierre Cayez. Elle était inférieure à celle de la première moitié du XIXe siècle, qui atteignait 4,2 %, mais beaucoup plus élevée que le 0,5 % correspondant à l'estimation de Markovitch[4].

Tableau II.4.1 Taux de croissance de l'exportation de soieries françaises en poids

Année	Taux	Année	Taux
1851-1855	3,1 %	1871-1875	2,26 %
1856-1860	4,33 %	1876-1880	3,7 %
1861-1865	3,3 %	1881-1885	2,4 %
1866-1870	3,1 %	1886-1890	0,98 %

Source : Pierre Cayez, *L'Industrialisation lyonnaise au XIXe siècle : Du grand commerce à la grande industrie*, Tome II, Service de reproduction des thèses, Université de Lille III, 1979, p. 540.

Cependant, il convient de considérer avec prudence les statistiques compilées par la douane, lesquelles servent de base pour l'établissement du tableau précédent. En effet, il y eut une réforme douanière en 1875. Depuis cette date, c'étaient les poids nets qui étaient enregistrés ; de plus, ils ne comprenaient plus l'emballage, qui, au contraire, était inclus dans les données jusqu'en 1875. Ainsi, la comparaison de l'exportation avant et après ce changement exige que l'on prenne en compte cette différence, qui représentait entre 30 % et 50 % du poids au niveau des tissus façonnés et unis et s'avérait beaucoup plus sensible pour des tissus encore plus légers

[1] Louis Reybaud, *Études sur le régime des manufactures : Condition des ouvriers en soie*, Paris, Michel Lévy frères, 1859, p. 2.

[2] Jérôme Rojon, thèse sur « L'industrialisation du Bas-Dauphiné : le cas du textile (fin XVIIIe siècle à 1914) ». Université Lumière-Lyon II, 2007.

[3] Pierre Cayez, *L'Industrialisation lyonnaise au XIXe siècle*, *op. cit.*, p. 539.

[4] Tihomir J. Markovitch, *Histoire quantitative de l'économie française : L'industrie française de 1789 à 1964 ; sources et méthodes*, Cahiers de l'Institut de sciences économiques appliquées, mai 1966, p. 142.

tels que, respectivement, les tulles et gazes, par rapport aux autres articles plus lourds exportés. Par conséquent, une baisse de l'exportation en poids n'indiquait pas forcément une contraction de la production lyonnaise de soieries ni, non plus, sa défaite par rapport aux concurrences étrangères[1].

En analysant les indices de croissance de l'exportation en poids et à prix constants fournis par Pierre Cayez, l'on constate qu'en 1890, le premier taux est représenté par un indice 360, le deuxième taux de 304, la période 1850-1856 étant prise en tant que la base 100 de chacun des deux indices. La croissance de l'exportation en poids était supérieure à celle de l'exportation à prix constants. Cela indiquait soit une baisse des prix, soit une dégradation de la qualité des tissus. Dans le cas de la soierie lyonnaise, ces suppositions sont toutes deux vérifiables, car l'exportation des tissus mélangés augmenta de façon considérable et l'indice des prix des tissus unis diminua de 100 à 41 ; quant à celui des prix des tissus mélangés, il connut une diminution de 100 à 59[2].

B/ La diversification de l'approvisionnement en matières premières

Le prix des matières premières en général avait augmenté sur la place de Lyon, en raison des conséquences désastreuses de la pébrine en France, hausse qui s'était poursuivie jusqu'à la fin du Second Empire, puis le prix régressa sous la Troisième République[3]. Les soies moulinées, la soie grège et les bourres de soie constituaient les principaux postes d'achat de la Fabrique lyonnaise. La hausse de ces différents types était homogène, mais la régression était également due à divers autres facteurs, notamment à la demande, à l'approvisionnement et aux valeurs intrinsèques de ces matières premières. Les soies moulinées passèrent de 66,9 francs à 112 francs le kilogramme en 1868, soit une hausse de 67 % la soie grège de 42 francs à 71 francs le kilogramme avec une hausse de 69 % pour les bourres de soie de 6 francs à 17,75 francs le kilogramme avec une hausse de 195 %[4]. En 1911, le prix de la soie grège d'Europe et du Levant était compris entre 41 et 51 francs le kilogramme, celui des soies de Chine entre 43 et 52 francs le kilogramme. C'étaient les filatures de Canton qui fournissaient les soies les moins chères, à savoir entre 33 et 40 francs le kilogramme, alors que celles venues du Japon atteignaient de 44 à 46 francs le kilogramme[5]. Les prix étaient à peu près au même niveau qu'en 1850.

La Fabrique lyonnaise put néanmoins répondre à la demande croissante des marchés étrangers ; de plus, une augmentation de la production de la soierie put être réalisée malgré la crise séricicole en France, puis la propagation de la pébrine dans les pays producteurs en Europe et au Proche-

---

[1] Pierre Cayez, *L'Industrialisation lyonnaise au XIXe siècle*, *op. cit.*, p. 545-546.
[2] *Ibidem.*
[3] Louis Pasteur, *Études sur la maladie des vers à soie*, *op. cit.*, p. 3-4.
[4] Pierre Cayez, *L'Industrialisation lyonnaise au XIXe siècle*, *op. cit.*, p. 580.
[5] *Bulletin des soies et des soieries*, 7 janvier 1911, n° 1757.

Orient[1]. Le décalage de la propagation de l'épidémie séricicole en Italie a permis à la fabrique de bénéficier d'un délai en se tournant vers les matières premières asiatiques[2], qui étaient de 30 à 60 % moins chères[3].

La production de cocons française chuta drastiquement à partir de 1855, alors qu'elle était encore de 2 100 tonnes en 1853, mais en 1855, la France n'avait produit que 600 tonnes de cocons[4]. Il s'agissait là d'un repli étonnant qu'il fallut combler par l'approvisionnement en soies étrangères, car la production française ne retrouva jamais son niveau d'avant 1855, pas même après l'intervention de Louis Pasteur[5], achevée en 1865, sur la prévention de la pébrine ; pour la période 1880-1889, la production séricicole française n'était que de 648 tonnes[6].

C'est ainsi que s'amorça le déclin de la sériciculture française. Victime de la pébrine, le nombre de sériciculteurs diminua de 44 %, ce qui illustrait bien la réalité de la faiblesse séricicole française et le manque de volonté dont les autorités firent preuve pour surmonter cette crise. La plupart des sériciculteurs maintenaient cette activité en tant que source de revenu complémentaire, qui dans certaines régions, le Bas-Dauphiné, par exemple, s'avérait indispensable pour les foyers des masses miséreuses[7].

Ce déclin eut, par conséquent, des effets néfastes sur la filature. Pendant la période 1849-1854, la production de soie des filatures françaises à partir des cocons français s'élevait à plus de 2 000 tonnes par an ; or, entre 1855 et 1878, elle n'était plus que d'environ 600 tonnes par an. De ce fait, la production de soie avec les cocons importés augmenta, en passant de 63 tonnes par an à 251 tonnes. Afin d'accroître la disponibilité des cocons importés, fut expérimentée une méthode de traitement de ceux-ci en les rendant transportables sur une longue distance : elle consistait en un procédé de séchage par le soleil afin d'asphyxier la chrysalide et en un autre permettant d'aplatir des cocons séchés pour réduire leur volume ; puis les cocons plats étaient mis dans des caissons ou des ballots pour être expédiés vers les ports de Marseille ou de Londres[8].

Toutefois, la taille de la filature française recula : en 1878, sa production était en effet à peine un peu plus d'un tiers de celle de 1854. La diminution du nombre de filatures concordait avec ce déclin : entre 1873 et 1882, ce

---

1 Valérien Groffier, « La production de la soie dans le monde », *Annales de géographie*, *op. cit.*, p. 97-118.

2 Pierre Cayez, *L'Industrialisation lyonnaise au XIXe siècle*, *op. cit.*, p. 565.

3 *Ibidem*, p. 564.

4 *Ibid.*, p. 558-559.

5 Daniel Raichwarg, *Louis Pasteur, l'empire des microbes*, Découvertes Gallimard, Paris, 1995.

6 Louis Pasteur, *Études sur la maladie des vers à soie*, *op. cit.*, p. 3-4.

7 Jérôme Rojon, thèse : « L'industrialisation du Bas-Dauphiné : le cas du textile (fin XVIIIe siècle à 1914) », chapitre 9, *op. cit.*

8 Louis Reybaud, *Études sur le régime des manufactures : Condition des ouvriers en soie*, *op. cit.*, p. 12.

nombre tomba de 642 à 385 dans les départements séricicoles. Les concurrences étrangères de la soie conduisirent la France à abandonner ce secteur afin de profiter de matières premières bon marché[1]. Par exemple, la vigoureuse reconstitution italienne de la production séricicole marquait la différence d'approvisionnement entre la France et l'Italie : la nécessité motrice de l'industrie soyeuse italienne imposait une fourniture plutôt nationale, parce qu'en Italie, l'on n'avait pas accordé à la soie de place commerciale aussi puissante que celle de Lyon, laquelle avait pu pallier la pénurie française en se procurant des soies étrangères. D'un autre côté, la vigoureuse reconstitution italienne permettait à la soie italienne de figurer en bonne place dans l'importation française des soies au cours de la seconde partie du XIXe siècle[2].

Tableau II4.2 La reconstitution de la production séricicole italienne et française

Années	Production italienne	Production française
Avant la crise	Entre 3 461 et 3 710 tonnes	2 100 tonnes en 1853
1855		600 tonnes
1863	1 607 tonnes	
1865	826 tonnes (le niveau le plus bas)	
1866		1 093 tonnes
1873	2 336 tonnes	594 tonnes (moyenne 1870-1879)
1880	3 000 tonnes	
1883	3 200 tonnes (90 % du niveau avant la crise)	648 tonnes (moyenne 1880-1889)

Source : Natalis Rondot, *Les soies*, tome 1, Paris, Imprimerie Nationale, 1887, p. 345-346, et Pierre Cayez, *L'Industrialisation lyonnaise au XIXe siècle : Du grand commerce à la grande industrie*, tome II, Service de reproduction des thèses, Université de Lille III, 1979, p. 558-560.

Du fait que la sériciculture en France a subi les méfaits de la pébrine, la fabrique faisant venir les matières premières dans les ports européens ; à partir des années 1860, les soies grèges de la Chine, du Japon et de l'Inde firent leur apparition pour combler le manque de matières premières. Un important marchand lyonnais Desgrand[3] prétendait qu'il avait établi des affaires directement avec la Chine depuis 1851[4]. En réalité, il s'était mis en

[1] Natalis Rondot, *Les soies*, tome 1, Paris, Imprimerie Nationale, 1887, p. 345-346.
[2] Pierre Cayez, *L'Industrialisation lyonnaise au XIXe siècle*, *op. cit.*, p. 558-560.
[3] Jean-François Klein, *Les maîtres du comptoir : Desgrand père et fils. Réseaux du négoce et révolutions commerciales (1720-1878)*, *op. cit.*, 368 p.
[4] Archives Nationales, F^{12} 7288, Lettre de Desgrand au ministre du Commerce.

relation par Montigny[1] avec l'Anglais Dent Beal à Shanghai, intermédiaire avec lequel Desgrand travaillait en vue d'importer des soies asiatiques[2], mais jusqu'en 1877, il n'avait pas établi de relation directe avec les commerçants chinois[3]. Il est fort probable qu'il n'a pas existé de relation commerciale directe entre les marchands de soies lyonnais et ceux chinois avant 1857, date à laquelle les soies importées directement de Chine figurèrent, pour la première fois, dans les statistiques du commerce. Les importations de soies par le biais de Londres indiquaient que les marchands anglais jouaient un rôle d'intermédiaire dans l'approvisionnement en soies asiatiques. Les pourcentages des soies anglaises représentaient 16 % en 1850, 34 % en 1854 et 48,8 % en 1861 respectivement[4], une augmentation considérable. Il convient de noter qu'en 1854, la pébrine n'avait pas encore fait s'effondrer la production européenne, l'augmentation de l'importation de soies anglaises laissait donc supposer que les prix imbattables des soies asiatiques convergeaient avec la prévision pessimiste de la répercussion épidémique sur la production européenne.

Les soies asiatiques importées étaient moins chères, mais leur qualité n'était pas aussi satisfaisante. L'importation de soies grèges imparfaites venant de l'étranger, par exemple, de la Chine, engendrait davantage de travail pour que ces fils puissent entrer dans le tissage lyonnais[5]. En 1867-1878, 63,2 % du travail de moulinage français était réalisé à partir de soie grège importée. Le moulinage français connut cependant une évolution différente de celle de la filature. La production de moulinés eut un développement médiocre, comme l'indiquent les chiffres suivants[6] :

[1] Pierre Cayez, *L'Industrialisation lyonnaise au XIXe siècle : Du grand commerce à la grande industrie*, *op. cit.*, p. 566.

[2] Jean-François Klein, « Une histoire impériale connectée ? Hải Phòng : jalon d'une stratégie lyonnaise en Asie orientale (1881-1886) », Revue *Recherche en sciences humaines sur l'Asie du Sud-Est*, 13-14 2009, Vietnam : Histoire et perspectives contemporaines, p. 55-93.

[3] Archives des affaires étrangères, Correspondances consulaires, Shanghai, volume 11.

[4] Pierre Cayez, *L'Industrialisation lyonnaise au XIXe siècle*, *op. cit.*, p. 564.

[5] Louis Reybaud, *Études sur le régime des manufactures : condition des ouvriers en soie*, *op. cit.*, p. 12.

[6] Pierre Cayez, *L'Industrialisation lyonnaise au XIXe siècle*, *op. cit.*, p. 562.

Tableau II.4.3 Production française de moulinés annuelle en poids (Tonnes)

Années	Production
1849-1854	2 600
1855-1860	1 900
1861-1866	1 900
1867-1872	2 140
1873-1878	2 430
1879-1883	2 550

Source : Pierre Cayez, *L'Industrialisation lyonnaise au XIXe siècle : Du grand commerce à la grande industrie,* Tome II, Service de reproduction des thèses, Université de Lille III, 1979, p. 562.

La période creuse se trouvait correspondre à la crise séricicole française et à la diversification de l'approvisionnement en soies étrangères. En revanche, à partir de 1866, le moulinage connut un essor grâce à l'élargissement des soies grèges importées[1]. Par la suite, les quantités des soies traitées par le moulinage diminuèrent à cause de la modification structurelle de la production de la fabrique. La soie grège entrait directement dans la confection des soieries à cause de la demande des marchés en faveur de soieries plus légères.

Ainsi qu'Arlès-Dufour l'a constaté, « cinq mauvaises récoltes ont fait ce que 25 ans de contact et de concurrence avec les fabricants anglais, auxquels les nôtres abandonnaient le monopole des soies asiatiques, n'avaient pu faire »[2], la crise a exercé une pression sur les marchands de soies lyonnais en les obligeant à se tourner vers les soies asiatiques. La réussite de l'approvisionnement en soies asiatiques et le recours aux intermédiaires anglais permirent d'éviter une crise de la fabrique qui aurait pu gravement toucher sa production. Mais cette diversification de l'approvisionnement devint une dépendance des soies monopolisées par les Anglais : ainsi, la position commerciale des marchands lyonnais s'affaiblissait et se dégradait en tant que consignataires et revendeurs vis-à-vis des marchands anglais[3].

La position prédominante de Londres, en tant que principal marché des soies[4], s'appuyait sur son avance dans les rapports directs au niveau du transport maritime, ses facilités financières ainsi que la présence humaine en Chine. Les Lyonnais prirent assez vite conscience de cette situation. Brosset[5]

---

[1] Pierre Cayez et Serge Chassagne, *Lyon et le Lyonnais*, Paris, A. et J. Picard, Coll. « Les patrons du Second Empire », n° 9, 2006, *op. cit.*, p. 10.

[2] Archives Nationales, F[12] 2520, Rapport d'Arlès-Dufour, mars 1858. Voir aussi notice « Les Patrons du Second Empire : Lyon et le Lyonnais », *op. cit.*

[3] Audrey Soria, « Au XIXe siècle : la suprématie lyonnaise », in *Les grandes heures de la soierie lyonnaise*, *Dossier de l'art*, Éditions Faton, n° 92, 2002, p. 82-101.

[4] Archives de la Banque, Rapport du 10 juin 1860.

[5] Pierre Cayez, *L'Industrialisation lyonnaise au XIXe siècle*, *op. cit.*, p. 566.

suggéra, en 1860, l'établissement de trois institutions visant à renforcer la stratégie commerciale lyonnaise : un service de navigation par Suez, une banque pour faciliter le commerce en Inde et en Chine, et un magasin général des soies[1]. La première étape pour se mettre en relation directe avec la Chine consistait à envoyer des personnels sur place. Malheureusement, la plupart de ces tentatives ne furent pas encourageantes. Parmi ces tentatives, l'on pouvait néanmoins remarquer quelques cas fructueux. Un soyeux lyonnais, Buissonnet[2], qui était, tout d'abord, représentant de la maison Chartron, Brisson et Cie, arriva à Shanghai en 1854, puis, en travaillant pour son propre compte à partir de 1860, put réaliser des chiffres d'affaires substantiels. Une autre maison Lacroix Cousins [3], en raison des inconvénients du commerce consignataire des Anglais, se trouvait à Shanghai en 1871 et put se bâtir assez vite une réputation dans la ville de Shanghai[4]. Ulysse Pila, en 1865, a installé sa propre maison, après avoir travaillé pour une maison anglaise[5]. La France était en retard, alors que les autres pays étaient fortement présents à Shanghai, ainsi, en 1874, on comptait quarante à soixante-dix maisons anglaises, douze allemandes, neuf américaines et seulement deux françaises, dont la maison Lacroix et la maison Pila qui faisaient le commerce de la soie. En 1876, six maisons françaises se sont installées en Chine, en 1883, leur nombre s'éleva à dix-huit, dont deux faisaient le commerce de la soie[6]. Pendant les années 1860, le manque de capitaux contraindrait le renforcement de la position lyonnaise en concurrence sur le marché de la soie avec ses confrères anglais et allemands. En observant cette contrainte, le consul français à Shanghai proposait de grouper les commandes et les capitaux français, en formant une position plus avantageuse lors de négociations[7].

Dans ce cadre désavantageux, les Lyonnais purent assumer une part croissante de l'importation directe de soies asiatiques[8]. La part des soies anglaises commença à diminuer à partir de 1861. Elle fut même dépassée par l'importation directe par la route maritime Shanghai-Marseille en 1872, mais

---

[1] Archives de la Chambre de commerce de Lyon, Brosset : Note sur le tarif des soieries, 1860. Archives du département du Rhône et de la métropole de Lyon.

[2] Pierre Cayez, *L'Industrialisation lyonnaise au XIXe siècle*, *op. cit.*, p. 568.

[3] *Ibidem*, p. 569.

[4] Série 3 M, Dossier de Légion d'honneur Jean Lacroix. Archives du département du Rhône et de la métropole de Lyon.

[5] Pierre Cayez, *L'Industrialisation lyonnaise au XIXe siècle : Du grand commerce à la grande industrie*, tome II, Service de reproduction des thèses, Université de Lille III, 1979, p. 569 ; Clément Ulysse Pila, homme d'affaires lyonnais, 1837-1905, fut décoré officier de la Légion d'honneur en 1895.

[6] Correspondance commerciale, Shanghai, volume 4. Archives du ministère des Affaires étrangères.

[7] *Ibidem*.

[8] Audrey Soria, « Au XIXe siècle : la suprématie lyonnaise », *Dossier de l'art*, *op. cit.*, p. 82-101.

il convient de noter que les contraintes mentionnées auparavant ne permettaient pas aux Lyonnais d'être entièrement autonomes pour effectuer ces importations, puisqu'une part était assumée par leurs confrères anglais et suisses qui expédiaient directement les soies asiatiques à Marseille sans passer par Londres[1]. À partir de 1890, les principaux fournisseurs de la Fabrique lyonnaise n'étaient plus les mêmes. En effet, les soies chinoises et japonaises représentaient plus de la moitié des importations françaises ; parallèlement, les pourcentages des fournisseurs d'autres pays diminuaient proportionnellement, mais il s'agissait là d'une baisse relative, car leurs quantités exportées ne cessèrent d'augmenter[2].

Une autre modification concernait la position lyonnaise sur le marché européen de la soie, Lyon conservait sa place de première consommatrice des soies en Europe, mais son influence sur le marché européen diminuait[3]. Les chiffres de la réexportation montrent que le marché de la soie lyonnais s'orientait de plus en plus vers la consommation intérieure : entre 1855-1865, 22,6 % des soies importées étaient réexportées, et le taux n'était que de 12,6 % entre 1880 et 1890[4].

2.2 – La modification des marchés de la soie

Durant 1850-1860, le développement simultané de l'exportation des tissus unis, façonnés et mélangés poursuivait le processus de la première moitié du XIXe siècle, époque où l'exportation de différents secteurs de la soierie augmenta simultanément[5].

A/ La modification du type des produits soyeux

Cependant, cette décennie se distinguait par la forte croissance de l'exportation des tissus mélangés dans une proportion notable. Mais depuis 1863, le pourcentage des tissus mélangés baissa fortement ainsi que celui des tissus façonnés au niveau du poids de l'exportation, alors que celui des tissus unis s'envolait et occupait une position dominante jusqu'en 1875 ; à partir de cette date, l'essor des tissus mélangés reprit et l'équilibre s'inversa dès 1880, puis, les tissus unis se stabilisèrent notablement dans l'exportation de la soierie, en revanche, l'augmentation de celle des tissus mélangés se

---

[1] Correspondance commerciale, Shanghai, volume 11. « Pendant la campagne 1876-1877, 73 000 balles furent envoyées de Shanghai vers L'Europe, dont 31 000 vers l'Angleterre, 33 000 vers la France, dont 12 000 avaient été expédiées par les maisons françaises, 21 000 par des maisons anglaises et suisses ». Archives du ministère des Affaires étrangères.

[2] Audrey Soria, « Au XIXe siècle : la suprématie lyonnaise », *Dossier de l'art*, *op. cit.*, p. 82-101.

[3] Pierre Cayez, *L'Industrialisation lyonnaise au XIXe siècle*, *op. cit.*, p. 575.

[4] *Ibidem.*

[5] Anne Forray-Carlier et Florence Valantin, « La reconnaissance internationale : des Expositions des produits de l'industrie française aux expositions universelles », dans *L'art de la soie : Prelle, 1752-2002 : des ateliers lyonnais aux palais parisiens*, Paris, Éditions internationales, 2002, p. 143.

poursuivit jusqu'en 1890[1]. La production des tissus divers était équivalente au niveau de la valeur de l'exportation à celle des tissus façonnés et constituait une part non négligeable, comme le démontrent les chiffres de la Chambre de commerce.

Tableau II.4.4 L'évolution de la production soyeuse (en millions de francs)

	1874	1879	1884	1889
Tissus unis	356	149	126	153
Tissus façonnés	37	37	34	48
Tissus mélangés	39	124	152	155
Divers	19	35	43	46
TOTAL	451	345	355	402

Source : Pierre Cayez, *L'Industrialisation lyonnaise au XIXe siècle : Du grand commerce à la grande industrie*, tome II, Service de reproduction des thèses, Université de Lille III, 1979, p. 547.

B/ La modification géographique des marchés

Pourquoi la fabrique se tourna-t-elle vers la fabrication des tissus unis et mélangés ? Afin de répondre à cette question, il convient d'examiner l'évolution des marchés d'exportation des soieries lyonnaises. La force motrice qui stimulait l'exportation des soieries unies et mélangées fut évidemment la demande des marchés, et surtout le rôle déterminant que jouèrent les deux marchés anglo-saxons pendant la seconde moitié du XIXe siècle pour la soierie lyonnaise[2].

Les débouchés des tissus unis lyonnais suivirent, jusqu'en 1873, les mêmes proportions que pendant la première moitié du XIXe siècle, période pendant laquelle les marchés nord-américains et anglais représentaient une proportion de 50 % à 60 %, les autres pays acheteurs du monde se partageaient le reste[3]. Cette période fut marquée par la restriction de la part des États-Unis pendant la guerre de Sécession, mais le marché anglais semblait vigoureux, récupérait la totalité de la part américaine et absorbait plus de la moitié de l'exportation française des tissus de soie unis[4]. Il est fort probable que Londres absorbait une si grande quantité en tant que centre de réexportation aux pays tiers. Le traité de libre-échange de 1860 entre la France et le Royaume-Uni contribua à cette augmentation de l'importation anglaise, car les soieries lyonnaises pouvaient y entrer en franchise de droits.

---

[1] Pierre Cayez, *L'Industrialisation lyonnaise au XIXe siècle*, *op. cit.*, p. 547.

[2] Bernadette Angleraud et Catherine Pellissier, *Les dynasties lyonnaises : Des Morin-Pons aux Mérieux, du XIXe siècle à nos jours*, Paris, Perrin, 2003, p. 17.

[3] André Pelletier, Jacques Rossiaud, *Françoise Bayard et Pierre Cayez, Histoire de Lyon : des origines à nos jours*, Lyon, Éditions lyonnaises d'art et d'histoire, 2007, p. 678.

[4] Pierre Cayez et Serge Chassagne, *Lyon et le Lyonnais*, *op. cit.*, p. 8.

La part importante prise par les États-Unis ne retrouva son niveau qu'après 1870[1].

À partir de 1873, la part des deux marchés anglo-saxons devenait de plus en plus importante. Il existait presque un duopole, étant donné que ces deux pays absorbaient jusqu'à 80 % de l'exportation française des tissus unis de soie. Entre 1873 et 1890, le débouché anglais achetait en moyenne 45,29 % des tissus unis de soie exportés de France, ce qui montre les conséquences favorables à long terme du traité libre-échangiste de 1860. Les marchés des tissus mélangés étaient eux aussi stimulés par la demande des deux pays anglo-saxons, dont la part atteignait 80 % en 1853, puis régressa et fluctua autour de 60 % en 1873 pour retrouver son niveau de 80 % après 1880[2].

L'accroissement du marché américain durant la seconde moitié du XIXe siècle résultait de la mise en valeur et du peuplement du pays, celui du marché anglais s'appuyait sur la consommation intérieure de l'État, ainsi que sur son rôle de centre de la réexportation. Il constituerait un défi pour le commerce français, comme l'a signalé Arlès-Dufour dans son rapport pour la Chambre de commerce de Lyon, selon lequel « elle verra bientôt lui échapper l'entrepôt général de ses propres articles manufacturés qui, entrant sans droit en Angleterre et réunis aux marchandises de tous les pays du monde, formeront un ensemble qui fera de Londres, au détriment de Paris, le véritable marché universel »[3].

2.3 – Le déclin commercial de la Fabrique lyonnaise

Les industries soyeuses étrangères concurrençaient la Fabrique lyonnaise depuis les années 1830. Tout d'abord, leurs productions reconquéraient ses marchés nationaux et, progressivement, elles développaient leurs exportations vers les pays qui constituaient traditionnellement des débouchés des soieries lyonnaises. La concurrence se concentrait sur les tissus unis et mélangés de soie, étant donné que ces deux types de tissus s'avéraient plus adaptés à l'industrie plus mécanique, à la différence des tissus façonnés qui demeuraient pour leur part la spécialité de la Fabrique lyonnaise, qui conservait une tradition plutôt artisanale.

Au milieu du XIXe siècle, les trois quarts des produits de la soie dans le monde provenaient de France, en particulier de la Fabrique lyonnaise, part qui tombait à deux cinquièmes en 1882. Ainsi, la prédominance de la soierie française reculait, alors que les industries soyeuses étrangères progressaient. Il s'agissait de celles d'Allemagne et de Suisse, dont la concurrence était la plus redoutable, surtout sur le marché américain. L'exportation suisse vers les États-Unis atteignit, en 1880, son niveau maximum de 40 millions de

---

[1] Audrey Soria, « Au XIXe siècle : la suprématie Lyonnaise », *Dossier de l'art*, *op. cit.*, p. 82-101.

[2] Pierre Cayez, *L'Industrialisation lyonnaise au XIXe siècle*, *op. cit.*, p. 551.

[3] Archives de la Chambre de commerce, Rapport d'Arlès-Dufour, 1860. Citer Canton-Debat, *passim*. Archives du département du Rhône et de la métropole de Lyon.

francs, alors qu'en 1879, la valeur des exportations de Lyon n'était que de 38 millions de francs. En ce qui concerne l'exportation allemande aux États-Unis, en 1883, elle avait une valeur d'à peu près 30 millions de francs contre une valeur de 60 millions de francs pour l'exportation lyonnaise ; or, en 1887, ces deux valeurs respectives étaient à peu près équivalentes autour de 47 millions de francs. Les chiffres donnés dans un article d'E. Morel, datant de 1887, indiquent que l'exportation lyonnaise n'était que de 33,5 millions de francs contre les 50 millions de francs, qui étaient la valeur moyenne pendant la décennie précédente[1]. La taille de l'importation américaine de la soie avait cependant augmenté en passant de 112 millions à 120 millions. L'on pourrait donc en déduire que la part des tissus suisses et allemands avait gonflé proportionnellement du fait qu'ils étaient davantage exportés.

La concurrence étrangère avait finalement des conséquences sur le marché national français. En effet, le ratio entre l'importation et l'exportation de la soierie est passé de moins de 3,4 % avant 1866 à 22,3 % en 1889, ce qui révélait la détérioration catastrophique des termes de l'échange du commerce de la soie[2].

Les réflexions faites sur cette réalité portaient sur les maladresses de la Fabrique lyonnaise au niveau de la fabrication des produits bon marché, d'un côté, de l'autre, sur l'infériorité commerciale lyonnaise. Dans une lettre adressée au ministre du Commerce en 1887, était fait le constat suivant : « Les Allemands qui fabriquent le velours mécanique étudient avec soin les détails de la fabrication et du finissage des basses qualités dont la demande est la plus importante... Tandis que les fabricants lyonnais qui ont essayé de fabriquer ces articles l'ont fait sans y donner l'étude nécessaire dans tous les détails, surtout pour la production de l'article à bon marché »[3]. Les industries concurrentes s'étaient dotées des avantages engendrés par l'utilisation des métiers mécaniques les plus avancés et, d'autre part, opéraient avec une organisation davantage industrialisée, plus efficace et adaptée pour faire baisser le coût de fabrication et produire en masse.

---

[1] E. Morel, « La Fabrique lyonnaise et le débouché des États-Unis », *Compte rendu des travaux de la société d'économie politique*, 4 février 1887.

[2] Pierre Cayez, *L'Industrialisation lyonnaise au XIXe siècle*, *op. cit.*, p. 554.

[3] Archives nationales de France, F[12] 6894. Lettre de J. Kahn au ministre du Commerce, 20 août 1887.

III. LES DEUX PROTAGONISTES DE LA SOIERIE LYONNAISE

La soierie lyonnaise fonctionnait sous la forme de la fabrique[1]. Son activité consistait, pour l'essentiel, en moulinage et teinturerie, tissage et ennoblissement. Elle présentait un système industriel encore dominé par le capitalisme commercial[2]. Dans la chaîne de l'industrie de la soie, en amont, se trouvent les sériciculteurs qui fournissent les cocons aux filatures pour la production de la soie grège ; ensuite, cette dernière est fournie aux mouliniers ; puis, les marchands ou les négociants achètent des fils auprès de ces filatures ou de ces mouliniers ; ils les confient aux ouvriers-tisseurs qui, à leur tour, confectionnent les étoffes pour le compte de ces mêmes marchands ou négociants. Ainsi, les compagnons et apprentis, les chefs d'atelier, les négociants ainsi que les marchands-fabricants constituaient les maillons les plus importants de la chaîne de la création de valeur de la fabrique.

Il existait trois préoccupations inhérentes au fonctionnement de la fabrique. Premièrement, il fallait que le chef d'atelier comprenne bien l'ordre donné par le négociant ou le fabricant. Du fait qu'il existait énormément de détails concernant les articles commandés, la parfaite compréhension du chef d'atelier au niveau de l'exigence du négociant s'avérait essentielle pour maintenir une relation stable et de confiance, basée sur un grand nombre d'ordres donnés par ce même négociant. La deuxième préoccupation concernait la crainte du négociant d'un détournement des soies remises au chef d'atelier. En vue de ce cas, il s'avérait important d'établir un accord préalable définissant quelle était la proportion raisonnable de déchets engendrés pendant le tissage, aussi bien afin d'assurer la quantité et la qualité des produits que pour établir la confiance entre les deux parties. La troisième préoccupation, qui concernait la qualité des produits finis, était partagée mutuellement par le négociant, car elle impliquait sa réputation auprès de ses clients, et par le chef d'atelier, du fait que c'était la qualité qui dictait le prix de la façon ainsi que les ordres à venir. La bonne gestion des délais constituait une autre préoccupation que partageaient à la fois le négociant, qui serait fortement impliqué si jamais la

[1] « On appelle à Lyon, du nom générique FABRIQUE, l'ensemble des industries dont le résultat est la confection des étoffes de soie. Ce mot s'entend, non de l'ouvrier ou du fabricant en particulier, mais de l'un et de l'autre, et de quelques arts accessoires », cité dans Jean-Baptiste Monfalcon, *Histoire des insurrections de Lyon, en 1831 et en 1834, d'après des documents authentiques ;* précédée d'un *Essai sur les ouvriers et sur l'organisation de la fabrique*, *op. cit.*, p. 3.

[2] Arnaud Houssel, Jean-Pierre Houssel, « L'évolution de la Fabrique lyonnaise de soieries/Change in silk manufacturing in the Lyon region », in *Revue de géographie de Lyon*, vol. 67, n° 3, 1992, *L'industrialisation en milieu rural dans la région Rhône-Alpes*, p. 187-198.

livraison des articles saisonniers était retardée et le chef d'atelier, qui devait préparer le métier en attente de la réception du négociant des soies, si la remise des soies était retardée, les jours morts représentent une perte[1].

3.1 – Les chefs d'atelier

Au niveau légal, s'agissant des règles qui régissaient la relation entre chefs d'atelier, négociants et fabricants, il n'existait pas de relations d'exclusivité entre ces différentes catégories, mais des rapports totalement indépendants[2]. Les négociants et les fabricants pouvaient employer plusieurs chefs d'atelier et les chefs d'atelier accepter les ordres de différents négociants ou fabricants, ceci en même temps. Les chefs d'atelier disposaient de compétences polyvalentes. Par conséquent, le négociant pouvait confier la production de différents types d'étoffes à un même chef d'atelier [3]. Les nombreux chefs d'atelier constituent par ailleurs une communauté, au sein de laquelle la transmission du savoir-faire s'opérait de génération en génération, tandis qu'une concurrence implicite incitait à innover.

3.1.1 – La situation sociale et économique des chefs d'atelier

Selon la description de Monfalcon[4], le chef d'atelier se distinguait du compagnon, du fait qu'il était le propriétaire des métiers qu'il utilisait. Les compagnons prenaient la moitié de la façon et le chef d'atelier se réservait l'autre moitié. Ils travaillaient de longues heures, jour après jour, dans des conditions pénibles ; les membres de la famille du chef d'atelier participaient eux aussi aux divers travaux de confection des étoffes. Normalement, les femmes pouvaient se voir confier le travail sur les étoffes unies, et les enfants les aidaient. « L'ouvrier en soie est la fortune de Lyon », déclarait Monfalcon, en précisant que le chef d'atelier n'était pas prolétaire[5]. Il indiquait aussi que la situation économique réelle des chefs d'atelier était exagérée par la sévérité de beaucoup de descriptions ; en effet, les chefs

---

[1] Pierre Vernus, « Relations contractuelles, tarifs et usages dans la Fabrique lyonnaise de soierie au XIXe siècle », Lyon, *in* A. Stanziani (dir.), *Le travail contraint en Asie et en Europe XVIIe-XXe siècles*, Paris, Éditions de la MSH, p. 147-178.

[2] Jean-Baptiste Monfalcon, *Histoire des insurrections de Lyon, en 1831 et en 1834, d'après des documents authentiques* ; précédée d'un *Essai sur les ouvriers et sur l'organisation de la fabrique*, *op. cit.*, p. 34.

[3] Alain Cottereau, "The fate of collective manufactures in the industrial world : the silk industries of Lyons and London, 1800-1850", *in* C. Sabel & J. Zeitlin (dir.), *World of possibilities*, Cambridge, Cambridge University Press, p. 91-93.

[4] Jean-Baptiste Monfalcon (1793-1874), fut médecin hospitalier à l'Hôtel-Dieu de Lyon, puis à la Charité. Esprit encyclopédique, il devint bibliothécaire de la ville de Lyon et écrivit une histoire monumentale de Lyon en 9 volumes. Il fut rédacteur en chef du *Courrier de Lyon*, 1832-1834.

[5] Jean-Baptiste Monfalcon, *Histoire des insurrections de Lyon, en 1831 et en 1834, d'après des documents authentiques ;* précédée d'un *Essai sur les ouvriers et sur l'organisation de la fabrique*, *op. cit.*, p. 27-34.

d'atelier avaient acquis des habitudes de vie assez aisées et ainsi étaient souvent logés dans des maisons spacieuses. Est-il vrai que des chefs d'atelier vivaient dans l'aisance ? Les courants ouvriéristes ont souligné partiellement leurs difficultés économiques et les ont exagérées. Examinons les tranches dans lesquelles il est possible de classer la catégorie des chefs d'atelier en fonction de leurs revenus. Louis Reybaud avait repéré quatre tranches correspondant aux différents niveaux de leur recette annuelle[1] :

- Tranche très privilégiée, recette brute annuelle, 20 000 à 30 000 francs ;
- Tranche bonne, recette brute annuelle, 3 000 à 4 000 francs ;
- Tranche moins favorisée, recette brute annuelle, 2 500 à 3 000 francs ;
- Tranche de la masse, recette brute annuelle, 2 000 francs, voire moins, en dessous de 1 000 francs.

On constate que la différence des recettes entre la première tranche, la tranche privilégiée, fort peu nombreuse, et la deuxième est très grande. Celle entre la troisième et la moins favorable est tout aussi grande. Pour atteindre la première tranche, il fallait savoir combiner l'habileté technique et la stricte économie à un esprit entrepreneurial. La dernière tranche représentait la masse des chefs d'atelier qui se trouvaient dans des conditions défavorables, car ils ne disposaient pas d'assez de métiers, ou bien l'état de ceux-ci était défectueux. En ce qui concernait les compagnons, les mains les plus habiles gagnaient facilement entre 800 et 1 500 francs par an, moyennant 300 jours de travail ; en revanche, les moins bien lotis ne percevaient pas plus de 500 francs.

En ce qui concernait les dépenses, celles-ci étaient nombreuses pour les chefs d'atelier. Prenons, tout d'abord, l'exemple du loyer : il était de 200 à 350 francs par an selon les dimensions de l'atelier[2]. Ensuite, concernant les dépenses pour la nourriture, Reybaud estimait qu'elles représentaient entre 1 franc et 1 franc 25 centimes par tête et par jour pour la famille du chef d'atelier et, pour les compagnons, entre 75 centimes et 1 franc[3]. À cela s'ajoutaient, pour le chef d'atelier, les frais d'entretien, de chauffage et d'éclairage, soit 1 franc et 25 centimes et, pour chacun des compagnons, 50 centimes. On peut alors estimer que la dépense journalière par tête se montait entre 2 francs 25 centimes et 2 francs 50 centimes pour la famille des chefs d'atelier, pour celle des compagnons entre 1 franc 25 centimes à 1 franc 50 centimes[4] ; cette dépense s'élevait au moins à 800 francs par tête et par an pour les chefs d'atelier et, pour les compagnons, à peu près à 500 francs. Si l'on considérait qu'en moyenne, la famille d'un chef d'atelier se composait de l'homme et de sa femme, de deux ou trois enfants, la

[1] Louis Reybaud, *Études sur le régime des manufactures : Condition des ouvriers en soie*, *op. cit.*, p. 168-171.
[2] *Ibidem*, p. 154.
[3] Louis Reybaud, *Études sur le régime des manufactures : Condition des ouvriers en soie*, *op. cit.*, p. 168-171.
[4] *Ibidem*, *op. cit.*, p. 169.

dépense annuelle pour eux s'élevait à 4 000 francs. En suivant ce calcul, l'on constatait que même la tranche favorisée risquait de s'endetter lors des périodes où les commandes se faisaient rares.

Reybaud relate que, pendant sa visite au foyer d'un tisseur-ouvrier indépendant comprenant un couple âgé dans le quartier de Saint-Georges de Lyon[1], il prit connaissance du prix perçu respectivement par l'ouvrier et l'ouvrière, qu'ainsi l'homme gagnait 35 centimes par mètre et la femme 30 centimes, pour une durée journalière de 12 heures de travail, et qu'ils faisaient chacun 2 mètres, ce qui représentait un gain d'1 franc 30 centimes par jour pour les deux tisseurs [2]. L'étoffe qu'ils travaillaient était particulièrement simple, ce qui expliquait la modique somme perçue. En tout, ce foyer touchait une recette d'à peu près 400 francs par an.

Le revenu du chef d'atelier dépendait uniquement des prix de la façon des étoffes qu'il avait confectionnées dans son foyer[3]. Ses dépenses étaient cependant nombreuses, entre le loyer de son atelier, la partie de la façon versée aux compagnons, l'entretien des métiers, l'achat d'objets de première nécessité dont les prix, à Lyon, étaient, la plupart du temps, très élevés, etc.[4] Quand les ordres des fabricants-négociants étaient nombreux, le chef d'atelier pouvait subsister, voire faire des économies, mais lorsqu'ils n'avaient pas de travail, un grand nombre de chefs d'atelier se voyaient dans l'obligation de recourir à l'aumône, ou à la caisse de prêts.

Le problème de la baisse continue des prix de la façon et du prix élevé des denrées de première nécessité à Lyon s'avérait insoluble. Les négociants-fabricants ne pouvaient pas augmenter le prix de la façon, puisque, d'un côté, la concurrence étrangère devenait de plus en plus féroce et, de l'autre, la concurrence interne ne le permettait pas non plus. La concurrence étrangère était-elle vraiment si importante ? Des voix le contredisant émanaient de *L'Écho de la fabrique* : « Ne devrait-il pas avouer franchement que la seule qu'il redoute est celle que lui fait son confrère qui, moins humain et moins délicat que lui, spécule sur le salaire de l'ouvrier, en le payant à 15 et quelquefois à 20 c. au-dessous du cours ; ne fait employer que des matières inférieures ou dénaturées par une teinture trop chargée, matières qu'il tient encore dans des placards humides, et que, par ces moyens, il peut livrer à tout prix aux commissionnaires ? »[5].

---

[1] Situé au pied de la colline de Fourvière, Saint-Georges est l'un des 3 bourgs constituant, avec Saint-Paul et Saint-Jean, Vieux Lyon.

[2] Louis Reybaud, *Études sur le régime des manufactures : Condition des ouvriers en soie*, *op. cit.*, p. 134.

[3] Pierre Vernus, « Relations contractuelles, tarifs et usages dans la Fabrique lyonnaise de soierie au XIXe siècle », Lyon, dans A. Stanziani (dir.), *Le travail contraint en Asie et en Europe XVIIe-XXe siècles*, Paris, Éditions de la MSH, p. 25.

[4] *Ibidem.*

[5] *L'Écho de la fabrique*, 11 décembre 1831, numéro 7.

L. Reybaud suggérait qu'il s'agissait là d'un épouvantail que les négociants avaient inventé pour diminuer le prix de la façon. En effet, il évoquait le fait que des commissionnaires achetaient à un prix fort élevé des étoffes lyonnaises par rapport à celles étrangères. Mais nous pouvons signaler aussi que, selon la structure du prix de la soierie lyonnaise évoquée plus tôt, la marge de bénéfice représentait environ 10 % du prix de vente, la main-d'œuvre environ 20 %, c'est-à-dire qu'une augmentation générale du prix de la façon signifiait une diminution du bénéfice des fabricants, qui n'acceptaient pas volontiers la possibilité d'un tarif figé. Pendant la période d'affluence des commandes, cela s'avérerait possible, car en raison du grand volume des affaires, le fabricant pourrait accorder un prix de la façon même plus élevé que le tarif normal, mais en revanche, cela serait complexe au cours d'une période calme, car s'il existait un tarif fixé et que la marge ne lui permette pas de payer au niveau du tarif, le fabricant préférerait tout simplement ne pas faire travailler les ouvriers plutôt que subir une perte.

3.1.2 – Les luttes et la revendication des chefs d'atelier

Les luttes des chefs d'atelier visaient à rétablir l'égalité des rapports et à réduire les abus du négociant-fabricant dont ils étaient victimes[1]. Ils revendiquaient donc l'instauration d'un tarif stable pour réduire l'abaissement néfaste du prix de la façon pendant les périodes de reflux des affaires et l'établissement des règles pour mettre fin aux abus des négociants-fabricants qui auraient été coupables.

À la fin de l'Ancien Régime, la loi régissant les rapports entre le chef d'atelier et le négociant-fabricant était celle du 18 mars 1806[2], qui avait permis la création du Conseil des prud'hommes de Lyon[3]. Au sein de cette institution, la parité des membres élus entre les chefs d'atelier et les négociants-fabricants n'était pas instaurée, parmi les 9 membres, 5 étaient des négociants-fabricants et 4 des chefs d'atelier, il faudrait attendre 1870 pour que la parité soit établie.

Le titre III de la loi du 18 mars 1806 imposait un double livret d'acquit délivré par le Conseil des prud'hommes dans le but d'enregistrer toutes les affaires passées entre eux[4]. Ce double livret, émanant de la bienveillance des

---

[1] Pierre Vernus, « Relations contractuelles, tarifs et usages dans la Fabrique lyonnaise de soierie au XIXe siècle », Lyon, in A. Stanziani (dir.), *Le travail contraint en Asie et en Europe XVIIe-XXe siècles*, *op. cit.*, p. 2.

[2] La loi du 18 mars 1806, promulguée par Napoléon, permit l'institution du premier Conseil des prud'hommes à Lyon. Texte intégral http://larhra.ish-lyon.cnrs.fr/cdeprudhomme2/loi18mars1806.htm

[3] Jean-François Klein, *Soyeux en mer de Chine. Stratégies des réseaux lyonnais en Extrême-Orient (1843-1906)*, *op. cit.*, p. 40.

[4] Voir aussi : Guicheteau, Samuel. « Chapitre 4 – Les ouvriers des Lumières », *Les ouvriers en France, 1700-1835*, sous la direction de Guicheteau Samuel. Armand Colin, 2014, p. 97-120 ; Stanziani, Alessandro. « Chapitre 3 – Qu'est-ce que le « travail libre » aux XVIIIe et XIXe siècles ? », *Les métamorphoses du travail contraint. Une histoire globale (XVIIIe-*

législateurs, avait néanmoins provoqué un abus des négociants-fabricants, car ces derniers détenaient souvent les deux livrets qui subissaient des modifications déloyales par rapport aux termes convenus par de mauvais négociants-fabricants [1]. Cet abus faisait évidemment l'objet de conflits permanents entre les chefs d'atelier et les négociants-fabricants, et rendait, par conséquent, nécessaire le recours au Conseil des prud'hommes, ce qui témoignait de son rôle prééminent, de 1806 à 1880, dans la conciliation ou le jugement de ces conflits individuels[2]. Dans le cadre de ce système, le statut indépendant des chefs d'atelier et la liberté proclamée n'étaient qu'une promesse vide, selon laquelle les chefs d'atelier étaient en droit de ne pas accepter un prix à leurs yeux insuffisant, mais en réalité, face aux lois de la nécessité, de la subsistance, les chefs d'atelier n'avaient pas d'autre choix que d'accepter les prix dictés par les négociants[3].

La revendication de la fixation d'un tarif général, d'un seuil minimum pendant une mauvaise conjoncture, des prix de la façon, à l'égard de la liberté du commerce et de la libre relation contractuelle entre les chefs d'atelier et les négociants-fabricants, s'était heurtée à des difficultés. En effet, il était difficile de déterminer un salaire général en raison du mode de fonctionnement de la fabrique : les ouvriers ne travaillaient pas de façon régulière, les étoffes qu'ils fabriquaient étaient variées et, par conséquent, les prix perçus pour la façon étaient différents ; l'habileté des ouvriers n'était pas la même non plus, et il fallait compter sur la forte influence de la demande du marché des étoffes, etc.[4]

Comme l'expliquait Montfalcon, la prétention avec laquelle les ouvriers avaient demandé l'établissement d'un tarif était une chimère, qui allait à l'encontre de la liberté du commerce. De fait, un tarif pourrait certes être fixé, mais sa base, à savoir le prix de la façon, était changeante. Il était préférable d'instaurer une relation particulière entre les fabricants et les ouvriers afin de déterminer le prix de la façon.

> « La force des choses et les intérêts communs des fabricants et des ouvriers les portent à s'entendre ; mais la concurrence seule et le libre débat entre le manufacturier et l'ouvrier qu'il emploie doivent amener entre eux cet accord sur le prix de la main-d'œuvre. L'administration n'a

---

XIXe siècles), sous la direction de Stanziani Alessandro. Presses de Sciences Po, 2020, p. 97-131.

[1] Pierre Vernus, « Relations contractuelles, tarifs et usages dans la Fabrique lyonnaise de soierie au XIXe siècle », Lyon, *in* A. Stanziani (dir.), *Le travail contraint en Asie et en Europe XVIIe-XXe siècles*, *op. cit.*, p. 3.

[2] Monique Kieffer, « La Législation prud'homale de 1806 à 1907 », *Le Mouvement social* n° 141, 1987, p. 9-23.

[3] Justin Godart, *L'ouvrier en soie : monographie du tisseur lyonnais ; étude historique, économique et sociale*, Lyon et Paris, Bernoux et Cumin – Arthur Rousseau, 1899, p. 262.

[4] Louis Reybaud, *Études sur le régime des manufactures : condition des ouvriers en soie*, *op. cit.*, p. 166-167.

ni le droit, ni le moyen, d'intervenir dans ces fixations, et encore moins de les déterminer par des tarifs »[1].

En face des difficultés et de l'opposition de certains dans la fabrique, des tarifs furent formulés. Ils le furent grâce aux langages techniques communs de la fabrique qui réduisaient l'incertitude de la fixation de termes et de prix et qui étaient appliqués temporairement ou avec tolérance. Dès 1789, un arrêt du Conseil du Roi du 5 septembre 1789[2] avait autorisé « la convocation d'une commission paritaire de maîtres ouvriers et de maîtres marchands devant fixer provisoirement les prix de façon »[3]. Le tarif de 1802, instauré par le Conseil des prud'hommes de Lyon, appliquait les prix de la façon concernant les étoffes unies. Par la suite, en 1811, le « tarif additionnel au minimum de façon des étoffes de soie façonnées » fut accepté lors d'une séance de la Chambre de commerce de Lyon en présence du Conseil des prud'hommes, du préfet, des autorités locales ainsi que des négociants importants. Ce tarif de 1811 fut rappelé et restauré en 1817 à l'issue d'une pétition des négociants-fabricants, dans le but d'empêcher la concurrence déloyale des fabricants-négociants, qui exploitaient la détresse des chefs d'atelier en leur payant des prix inférieurs au niveau du tarif de 1811[4]. Il convient de noter que la légalité des tarifs faisait toujours l'objet de contestations et que, pendant les années 1820, les tarifs ne furent ni renouvelés, ni rappelés. Ce fut la révolte des canuts, du 21 au 23 novembre 1831, qui mit fin à la tolérance de l'existence du tarif. Selon le Code municipal de Lyon de 1840, tout tarif existant était déclaré nul, parce qu'il allait à l'encontre de la liberté du commerce. Bien entendu, le tarif n'était pas le prix répondant à la loi de la demande et de l'offre, mais il ne constituait pas non plus une extorsion : il s'agissait simplement d'une rémunération ou d'un salaire minimal rétribuant les façons pour les chefs d'atelier, soit un montant à peine suffisant pour « la reproduction de sa force de travail »[5].

---

[1] Jean-Baptiste Monfalcon, *Histoire des insurrections de Lyon, en 1831 et en 1834, d'après des documents authentiques ;* précédée d'un *Essai sur les ouvriers et sur l'organisation de la fabrique*, *op. cit.*, p. 41-44.

[2] Pierre Vernus, « Relations contractuelles, tarifs et usages dans la Fabrique lyonnaise de soierie au XIXe siècle », Lyon, *in* A. Stanziani (dir.), *Le travail contraint en Asie et en Europe XVIIe-XXe siècles*, *op. cit.*, p. 19.

[3] Archives du département du Rhône, U 134, Conseil des prud'hommes Lyon. Soieries. Président, vice-président, nomination ou élection 1822-1858, lettre de la chambre de commerce de Lyon au préfet, 22 juin 1811.

[4] Archives du département du Rhône, U 134, Conseil des prud'hommes Lyon. Soieries. Président, vice-président, nomination ou élection 1822-1858, lettre de la chambre de commerce de Lyon au préfet, 22 juin 1811.

[5] Michel Margairaz et Michel Pigenet (dir.), *Le prix du travail. France et espaces coloniaux (XIXe-XXIe siècle)*, Paris, Éditions de la Sorbonne, 2019, 248 p.

3.1.3 – La réponse collective des chefs d'atelier et ses manifestations

La loi de 1806 a confirmé la position particulière des chefs d'atelier et permis l'instauration des Prud'hommes de Lyon[1]. Cette institution, bien qu'imparfaite, permettait une certaine gestion conjointe de la fabrique par les chefs d'atelier et les fabricants-négociants. Par le biais de cette institution, les chefs d'atelier pouvaient émettre leurs revendications.

Le Mutualisme, une société secrète fondée en 1828, avait pour objet de promouvoir la diffusion des informations sous la forme d'une indication et deuxièmement, d'encourager l'entraide et enfin, d'offrir une assistance en cas de malheur[2]. La diffusion parmi les chefs d'atelier des informations utiles faisait partie des règles fondamentales de l'idée mutualiste, car une fois privés des informations nécessaires du marché et de la fabrique, les chefs d'atelier subissaient souvent des abus patronaux. Les négociants-fabricants, néanmoins mieux informés, avaient la possibilité d'élargir leur accès aux informations en dehors de leurs réseaux habituels.

> « Ainsi, dans l'intérêt du commerce et de l'industrie, une maison spéciale d'indication pour la fabrique d'étoffes de soie sera établie à dater de ce jour dans les bureaux du journal *L'Écho de la fabrique.* »[3]

Confrontée à la révolution de 1830, la bourgeoisie libérale de la ville de Lyon, qui s'opposait à la Restauration pour diverses raisons, fut à l'origine de grandes manifestations qui, toutefois, ne bénéficièrent pas de l'appui des ouvriers de la fabrique. Cependant, ces ouvriers répondirent avec enthousiasme aux ordres de leurs patrons, à savoir les fabricants-négociants, qui étaient mécontents d'être privés de droits politiques. Cependant, leur réclamation, qui remontait à plus de dix ans, n'avait pas été honorée, et ceci, malgré la manifestation de leur force pendant la révolution de juillet. En effet leur patronat, à savoir les négociants-fabricants, parce que sous la pression d'une concurrence étrangère à bas prix, maintenait un salaire brutalement inférieur à celui leur permettant de mener une vie digne[4]. Ainsi, la politique répressive, qui s'était poursuivie depuis 1832 jusqu'avant le Second Empire, contrariait le développement du mouvement ouvrier. Cependant, des cercles de taille réduite et déterminés suivant les spécialités subsistaient sous des formes discrètes.

---

[1] Monique Kieffer, « La Législation prud'homale de 1806 à 1907 », *Le Mouvement social*, *op. cit.*, p. 9-23.

[2] « Lyon, capitale de la Mutualité », https://www.mutualite.fr/la-mutualite-francaise/le-mouvement-mutualiste/histoire-des-mutuelles/serie-dete-saison-1/lyon-capitale-de-la-mutualite/, date de la consultation.

[3] *L'Écho de la fabrique*, 1832, numéro 18, p. 7-8.

[4] Claude Lévy, « La fabrique de soie lyonnaise (1830-1848) », in *1848 et les révolutions du XIXe siècle*, tome 38, numéro 177-178, été 1947, p. 20-47.

Les politiques libérales du Second Empire permirent le développement des organisations ouvrières : ce fut surtout le cas de la loi du 25 mai 1864[1], à laquelle s'ajouterait plus tard celle du 21 mars 1884[2] sous la Troisième République. Sous Napoléon III, les mouvements ouvriers n'étaient pas rares : les imprimeurs sur soie, les tisseurs de velours et satin, les tullistes, les teinturiers, les châliers, les chapeliers et les apprêteurs, etc. présentaient leurs revendications lors de chacune des grèves pour lesquelles ils se mobilisaient et qui touchaient toutes les branches de la fabrique et les industries accessoires. Pendant la seconde moitié du Second Empire, les crises économiques et les répercussions de la guerre de Sécession des États-Unis eurent des conséquences néfastes sur la soierie lyonnaise, les commandes devenaient rares et les ouvriers étaient privés de travail. Des tisseurs essayèrent de se mettre massivement en grève en 1866 afin de revendiquer le travail et l'interdiction du tissage à la campagne. Cette tentative fut apaisée par l'autorité préfectorale, qui adressa aux ouvriers-tisseurs un message selon lequel la grève « n'aurait pour résultat que de vous compromettre et de diminuer les sympathies que vous inspirez » et « le gouvernement de l'Empire est aussi résolu à ne tolérer aucun désordre que disposé à se préoccuper du sort de ceux qu'un chômage prolongé prive de travail »[3]. Si le problème qui accablait les ouvriers n'était pas résolu, les grèves seraient inévitables. En 1866, plusieurs grèves eurent lieu, dont le principal but était de réduire l'horaire journalier du travail. Par exemple, les tullistes demandaient à pouvoir commencer leur travail à 5 heures du matin au lieu de 4 heures, et de le terminer à 7 heures du soir au lieu de 8 heures, ou 9 heures en été. Lors des grèves suivantes, d'autres professions réclamaient surtout une augmentation des salaires.

L'année 1870 à Lyon fut marquée par un renouveau des mouvements qui opposaient deux types d'organisations, celles des ouvriers et du patronat. Les

---

[1] Loi Ollivier sur le droit de grève 25 mai 1864. « Depuis 1791, le droit de grève est interdit en France et Napoléon III poursuit cette politique répressive au début du Second Empire. Mais la révolution industrielle conduit à la naissance d'une classe ouvrière de plus en plus nombreuse. Malgré les interdictions, le mouvement ouvrier se développe et des grèves sont organisées dans les années 1862-1864. Sous la pression, Napoléon III assouplit sa politique sociale. La loi Ollivier du 25 mai 1864 supprime le délit de coalition qui datait de la Révolution française. Cette loi permet aux ouvriers de faire grève s'ils respectent certaines conditions : ne pas empêcher le travail des non-grévistes, ne pas commettre d'actes de violence. Même si cette loi représente une avancée sociale, elle reste limitée. Le droit de réunion n'est toujours pas reconnu, ce qui complique l'organisation des ouvriers. Malgré cela, elle constitue la première étape vers le droit syndical, une avancée sociale majeure pour les travailleurs. »

[2] La loi du 21 mars 1884, dite « loi Waldeck-Rousseau », fut promulguée sous la IIIe République, autorisant la création de syndicats. Voir texte intégral sur https://gallica.bnf.fr/ark :/12148/bpt6k5844227m.texteImage. Consulté le 12 août 2022.

[3] François Dutacq, « Les grèves lyonnaises de la fin du Second Empire », in *La Révolution de 1848 et les révolutions du XIXe siècle*, tome 28, numéro 139, décembre 1931-janvier-février 1932, p. 219-236.

ouvriers, dans les différentes spécialités et branches de la fabrique, avaient aussi pris conscience qu'en tant qu'action collective, la grève, en particulier, était une bonne façon de défendre leurs intérêts professionnels. De mars à juillet 1870, les lisseuses de soie, les mouliniers et les cordonniers s'agitèrent à Lyon pour demander l'augmentation de leur salaire horaire. Ces conflits furent résolus grâce à l'intervention de l'autorité locale, qui, néanmoins, manifestait une certaine reconnaissance envers leur action plutôt calme. Le conflit le plus important et le plus dur éclata entre les tisseurs de façonnés et les fabricants, car ces derniers refusaient d'augmenter le prix des façons et décidèrent de cesser de donner des ordres aux chefs d'atelier en pressant d'une concession de la part des ouvriers, les fabricants de tissus, unis eux aussi, en vinrent plus tard à cesser de donner des ordres aux chefs d'atelier. Comme l'expliquait un commissaire spécial, dans une note, à propos de la situation, « l'esprit qui règne entre ouvriers, chefs d'atelier et négociants est mauvais, malveillance en haut, indifférence au milieu, et haine en bas »[1]. Le nombre des métiers inoccupés augmenta rapidement pour passer de 800 à plus de 4 000 pendant quelques jours. Ce conflit prit fin en août après de nombreuses réunions en vue de débattre du litige en question.

En réponse au résultat de la mobilisation massive de 1869, des groupements, ayant pour objet de sauvegarder les intérêts ouvriers contre le patronat aussi bien dans l'atelier que dans les usines, virent le jour. Il s'agissait notamment de la « Société de crédit mutuel », fondée par des imprimeurs sur étoffes et qui jouait le rôle de caisse de chômage[2]. Apparurent aussi de multiples associations du même genre, fondées par des cordonniers, teinturiers, peigniers, lisseuses, veloutiers, etc. Parmi les nombreuses associations qui s'étaient formées, la « Société civile de prévoyance et de renseignement pour le travail des tisseurs de la Fabrique lyonnaise » était sans doute la plus complète et importante. Elle avait été créée en janvier 1870. Suite à la publication de ses statuts dans *Le Progrès*, au bout de quelques mois, elle comptait déjà plusieurs milliers d'adhérents. La Société civile de prévoyance revêtait la forme organisationnelle typique de l'époque, fonctionnait avec une commission centrale, qui coordonnait et dirigeait les séries composées de 20 membres[3]. Un passage, ayant disparu dans la rédaction définitive des statuts de la Société civile de prévoyance, relevait ses valeurs, qui consistaient en une offre de secours aux adhérents en cas de chômage, qui consistait, lorsque les adhérents refusaient les ordres des fabricants-négociants ne respectant pas les tarifs, à verser 1 franc 25 ou 2 francs 50 par métier cotisant.

« Les soussignés, convaincus que les travailleurs ne s'affranchiront de

---

[1] *Ibidem*.

[2] Michel Cordillot, *Aux origines du socialisme moderne – La Première Internationale, la Commune de Paris, l'Exil*, Paris, Éditions Ouvrières, 2010, p. 36.

[3] Yves Lequin, *Les Ouvriers de la région lyonnaise (1848-1914)*, volume 2 : Les intérêts de classe et la République, Lyon, Presses universitaires de Lyon, 2021, p. 212.

l'exploitation de l'homme par l'homme que par la mutualité, déclarent, au moyen d'une cotisation permanente, fonder une société de renseignements pour le travail, de solidarité et d'épargne des tisseurs contre les chômages extraordinaires »[1].

Cette organisation demeura dissimulée à partir de 1874, pendant la période qualifiée d'« Ordre moral », sous la présidence du maréchal Mac-Mahon [2]. L'existence de ce genre d'organisation dépendait de la bienveillance de l'autorité locale. En effet, au moment de son établissement, l'administration locale avait jugé qu'il s'agissait d'une coalition et d'un centre de résistance contre les exigences du patronat reconnues et réprimées, à un certain degré, par le préfet et les fonctionnaires. Quand la politique tourna à l'oppression, avec le régime d'Ordre moral, elle perdit son statut légal et s'efforça d'opérer autrement. En 1876, elle se reconstitua en tant que Chambre syndicale des tisseurs. En revanche, après 1885, les ouvriers ne furent plus en mesure d'imposer le respect du tarif par les fabricants-négociants : ainsi, une tentative de modification des prix, cette année-là, n'aboutit qu'à un catalogue des prix conseillés et nullement obligatoires. Les tentatives de faire codifier les rapports entre fabricants et chefs d'atelier débouchèrent sur un premier résultat avec la publication des « Usages du Conseil de prud'hommes de la ville de Lyon pour les industries de la soierie, des modifications furent faites, en 1891, dans le Recueil des usages du Conseil de prud'hommes de la ville de Lyon pour les industries de la soierie, de la passementerie, des tulles, de la teinture, de la confection et des cuirs et peaux ». Le premier livre du « Code du travail et de la prévoyance sociale », instauré par la loi du 28 décembre 1910, poursuivait l'essentiel sous le Titre III en traitant des conventions relatives aux rapports entre fabricants et chefs d'atelier[3]. Ces mouvements et la revendication persistante d'un tarif minimal amenèrent les fabricants-négociants à se tourner à nouveau vers la main-d'œuvre de la campagne, mais cette délocalisation du tissage affaiblit de façon accélérée et inévitable l'activité du tissage urbain à Lyon[4].

---

[1] François Dutacq, « Les grèves lyonnaises de la fin du Second Empire », in *La Révolution de 1848 et les révolutions du XIXe siècle*, *op. cit.*, p. 219-236.

[2] Pierre Vernus, « Relations contractuelles, tarifs et usages dans la Fabrique lyonnaise de soierie au XIXe siècle », *in* A. Stanziani (dir.), *Le travail contraint en Asie et en Europe XVIIe-XXe siècles*, *op. cit.*, p. 37.

[3] *Bulletin des soies et des soieries*, 7 janvier 1911, n° 1757.

[4] Pierre Vernus, « Pour une histoire du syndicalisme patronal dans la soierie lyonnaise avant 1914 : l'Association de la Fabrique lyonnaise », Vernus, Pierre (dir.), *Les organisations patronales. Une approche locale (XIXe-XXe siècles)*, Lyon, Centre Pierre Léon, 2002, p. 71-103.

3.2 – Les marchands-négociants

La fabrique comptait 258 marchands-fabricants de soieries et 36 marchands-fabricants de gazes et de tulles de soie à la veille de la Révolution française. En 1853, il y avait 444 fabricants de soieries et 58 fabricants de tulles, alors que leurs nombres respectifs n'étaient plus que de 282 et 44 en 1890[1]. L'augmentation des effectifs témoignait de l'expansion de l'économie due à une conjoncture favorable à la fabrique. En revanche, leur diminution résultait d'une part d'une conjoncture devenue moins favorable, de l'autre et dans une certaine mesure, de la concentration réalisée par l'industrialisation.

À la fin de l'Ancien Régime, la production de la soierie lyonnaise avait subi une baisse significative : elle diminua de près de la moitié après la crise de 1787-1788 ; de plus, en 1790, la production n'avait retrouvé que 80 % du niveau de celle de 1786. En raison des pertes humaines engendrées par la Révolution française, la population de la ville de Lyon fut fortement réduite, puisqu'elle tomba de 150 000 habitants à moins de 90 000 habitants en l'an VIII. Une grande partie de sa main-d'œuvre avait quitté la ville pour les villages, la production de la fabrique commençant donc à se disperser dans ses bourgs limitrophes. Cependant, la classe des entrepreneurs lyonnais ne fut pas autant impactée : environ 85 % d'entre eux avaient pu subsister. Constatons, à ce propos, les pertes de ressources financières qui avaient résulté de l'émigration des négociants étrangers.

Pendant cette période, les principaux acteurs du commerce de la soie à Lyon avaient changé, des capitaux provenant de Genève et d'Allemagne étant à l'origine d'acquisitions et de rachats d'entreprises lyonnaises. Les Lyonnais avaient créé quant à eux plutôt des entreprises de taille petite et moyenne, faute de capitaux nécessaires. Les capitaux provenant des régions périphériques participèrent aussi à la relève des entreprises, à l'instar de la maison Guérin, qui se déplaça de Saint-Chamond à Lyon pour s'y installer[2]. En 1795, Lyon vit venir les maisons Laguelline, Ourson et Benoit, des marchands de soie venant de Nîmes et d'Anduze, ainsi que la maison Schneegans et Pistorius, des négociants alsaciens[3]. Le développement soutenu de la fabrique était marqué par un accroissement du nombre de fabricants et ainsi, les capitaux accumulés permettaient des investissements permanents dans la fabrique.

La seconde moitié du XIXe siècle s'ouvrit sur la crise séricicole, les marchands de soie lyonnais s'efforçaient de pallier le manque de matières premières face à une demande croissante en se les procurant dans le monde entier. En s'appuyant sur leur capital considérable, les marchands de soie

---

[1] Pierre Cayez, *L'Industrialisation lyonnaise au XIXe siècle*, *op. cit.*, p. 627.

[2] Pierre Cayez, « Entreprises et entrepreneurs lyonnais sous la Révolution et l'Empire », *in* François Caron (dir.), « Entreprises et révolutions », *Histoire, économie et société*, *op. cit.*, p. 17-27.

[3] *Ibidem.*

conduisaient le circuit commercial des soies et instituaient une relation étroite entre la place de Lyon et l'Italie ainsi qu'avec les pays producteurs européens, dans le but d'alimenter la Fabrique lyonnaise grâce à leur position avantageuse sur le plan des matières premières. Leurs manipulations du circuit commercial sur la place de Lyon étaient de nature spéculative et la hausse des prix leur apportait d'énormes bénéfices. À partir de 1876, les prix de matières premières baissèrent continuellement. En 1859, la création du Magasin général des soies rendit progressivement plus clair le mécanisme du commerce des soies. Cette institution distribuait des warrants négociables dans les banques, contre une commission de 0,5 % sur la valeur des soies. Ces papiers négociables furent acceptés par certains courtiers en ajoutant 7-8 % de plus, les banques qui escomptaient ces warrants prenant 3-4 %. Ce nouveau mécanisme rendait moins lucrative la spéculation des marchands de soies. L'abondance des soies asiatiques importées directement, ou par l'intermédiaire anglais, imposait un nouveau circuit des capitaux, s'appuyant sur les facilités financières internationales fournies par les banques. Le circuit des capitaux des marchands de soies, principalement implanté en France et en Italie, ne put pas se prolonger dans le nouveau circuit mondial du commerce des soies, ce qui a conduit au déclin des marchands de soies dans ce commerce des matières premières. Leur rôle se trouvait progressivement réduit face à celui de fournisseurs des matières premières banalisées, dont, en effet, le prix baissait. Grâce au Magasin général des soies, les fabricants avaient cependant la possibilité de se les procurer selon leurs besoins et bénéficiaient ainsi d'une certaine liberté vis-à-vis des marchands de soies[1].

Le nombre des marchands de soies diminuait du fait du déclin de leur activité, ainsi que celui des marchands-fabricants et des teinturiers. Cependant, dans les annuaires et almanachs lyonnais, on constate que le nombre des commissionnaires augmenta pendant cette même période. Alors que l'on comptait, en 1853, 110 marchands de soies et 193 commissionnaires[2], en 1890, il y avait 309 commissionnaires. Mais ainsi que l'a signalé Pierre Cayez, un glissement sémantique avait transformé ce à quoi correspondait le mot « commissionnaire » et, parmi ceux répertoriés comme tels, figuraient de nombreux détaillants se faisant passer pour des négociants.

Au niveau de la commercialisation des produits de la Fabrique lyonnaise, les fabricants avaient l'habitude de travailler sur commission, ce qui constituait le système traditionnel de la vente des soieries lyonnaises. Le transfert de la commercialisation des produits lyonnais entre les mains des Parisiens s'était amorcé pendant la première moitié du XIXe siècle et, durant

---

[1] Pierre Cayez, *L'Industrialisation lyonnaise au XIXe siècle*, *op. cit.*, p. 584-593.

[2] Pierre Cayez, *Métier Jacquard et hauts fourneaux : aux origines de l'industrie lyonnaise*, *op. cit.*, p. 180.

la seconde moitié du siècle, l'intervention d'acteurs étrangers dans la commercialisation des produits lyonnais fut de plus en plus dominante. Cette ingérence des Parisiens dans la commercialisation était engendrée par la concurrence et la mode. Les clients préféraient trouver tout ce dont ils avaient besoin dans un même endroit pour constituer une commande assez hétérogène, à laquelle les commissionnaires parisiens pourraient répondre en groupant des échantillons recueillis auprès des fabricants lyonnais. Ce développement se faisait évidemment au détriment du commerce lyonnais des soieries. Un tel constat était clairement décrit dans le *Bulletin des soies et des soieries* :

> « Notre fabrique n'est plus en contact aussi immédiat avec la consommation. Mais cette révolution dans les anciennes habitudes n'est pas le fait de nos industriels qui ne l'ont pas provoquée et ont dû s'y soumettre. Elle résulte pour une large part des préférences que la mode accorde aux étoffes de nouveautés que les maisons étrangères achètent en petites quantités dans les genres les plus divers. »[1].

La seconde partie du XIXe siècle vit aussi un changement de la méthode de commercialisation des soieries lyonnaises : la production soyeuse lyonnaise diminua et fut presque complètement substituée par le processus de la consignation. Les productions des maisons lyonnaises ne seraient pas conservées à Lyon, mais envoyées dans les comptoirs des marchés. La consignation imposait de grands risques aux fabricants, qui se voyaient contraints d'immobiliser une grande partie de leur capital en marchandises, qui risquaient d'être délaissées par la mode. Cela accentuait la pression sur les Lyonnais, face aux concurrences redoutables des industries étrangères. Cependant, peu de fabricants tentèrent d'aller directement sur les marchés en établissant des succursales, méthode que les Allemands et Suisses pratiquaient depuis longtemps[2]. Mais les Lyonnais s'efforcèrent d'améliorer et de contenir les risques de la consignation. Dans ce but, ils choisissaient des agents dévoués pour être tenus au courant et avisés au plus tôt d'un possible changement de mode sur le marché, afin de pouvoir arrêter à temps la production de certains types d'étoffes.

Le développement du transport aurait pu aider la fabrique à s'affranchir des intermédiaires et à avoir un contact direct avec les consommateurs ; mais la réalité était que la fabrique perdait, dans l'évolution commerciale du commerce des soieries, le contact avec ses consommateurs. La

[1] *Bulletin des soies et des soieries*, 15 juin 1890, Revue hebdomadaire lyonnaise.

[2] *Questionnaire du conseil supérieur de commerce, enquête sur le régime économique de la France*, Archives de la Chambre de commerce de Lyon, 1890, « Les exportations s'effectuent par l'intermédiaire de commissionnaires français établis à Lyon et à Paris. Les maisons qui, ayant créé des comptoirs à l'étranger, réalisent elles-mêmes l'expédition de leurs étoffes sont des exceptions fort peu nombreuses ».

commercialisation se trouvait entre les mains des Parisiens et la vente des soieries lyonnaises dans le monde était réalisée par les Anglais, Allemands et Suisses. Ce déclin du commerce lyonnais des soies et des soieries pesait sur la fabrique, qui n'était plus dominée par les grands marchands, ce qui handicapait son développement. La Fabrique lyonnaise, en faisant face à un déclin commercial, vit sa production s'industrialiser de plus en plus. Cette industrialisation s'exprimait par l'utilisation des métiers mécaniques et l'adoption de l'usine comme organisation productive.

La diffusion du métier mécanique fut assez lente dans la fabrique : en 1847, parmi les 60 000 métiers, aucun n'était mécanique. Depuis 1857, il y avait 3-4 000 métiers mécaniques sur 70 000 métiers, leur nombre augmenta prodigieusement pour dépasser les 8 000 en 1877, puis, pendant les années 1880, leur diffusion prit une allure notable. Résultat : en 1889, leur nombre s'élevait à 22 000, soit à peu près un quart de la totalité des métiers utilisés dans la fabrique. 25 000 métiers mécaniques fonctionnaient en 1894[1]. Selon l'estimation la plus fréquente, un métier mécanique pourrait produire 3 à 4 fois plus qu'un métier à bras. Toutefois, selon des estimations plus optimistes, il aurait été entre 10 et 12 fois plus productif. Pierre Cayez a proposé un coefficient de 6,5 selon ses calculs suivant le nombre des métiers et l'augmentation de la production. La productivité des métiers mécaniques était bien évidemment plus élevée que celle des métiers à bras. Cependant, l'investissement requis pour les métiers mécaniques était lui aussi important. Selon les chiffres de la Chambre syndicale du tissage mécanique, celle-ci estimait une valeur moyenne de 1 909 francs pour un métier mécanique, alors que celle d'un métier à bras n'était que de 215 francs[2]. Ainsi, ces métiers mécaniques se trouvaient principalement dans les usines ou de grands ateliers. De plus, ils étaient bien organisés pour maximiser la production. La ruralisation conduite par la chasse à la main-d'œuvre à bon marché ainsi que la modification des types des produits soyeux ont conduit à ramener les métiers mécaniques proportionnellement à la campagne.

A/ La maison Guérin

L'origine de la maison Veuve Guérin et fils, dénomination prise en 1716, remontait à 1661 à Saint-Chamond[3]. Elle vendait des soies aux mouliniers méridionaux ou aux grossistes d'autres villes françaises[4]. Elle n'achetait pas directement les cocons auprès des sériciculteurs, mais passait par des intermédiaires commissionnés ou par des personnes préposées sur place et ne maintenait une relation régulière qu'avec quelques filatures de grande

[1] Pierre Cayez, *L'Industrialisation lyonnaise au XIXe siècle*, *op. cit.*, p. 606.
[2] *Ibidem*, p. 611-615.
[3] Éric Hamaïde, Thèse : « Les relations entre Lyon et la Chine au XIXe siècle ». *Université Lumière Lyon-II*, 1999, Chapitre 1.3. Le marchand de soie, profil et exemple.
[4] Serge Chassagne, « Une famille de banquiers lyonnais, les Guérin », *Bulletin de la Société historique, archéologique et littéraire de Lyon*, tome 31, 2001, p. 67-84.

taille[1]. Cette maison avait acquis la qualification de banque et, jusqu'en 1880, elle assumait à la fois les deux rôles de banquier et marchand de soie[2]. Dans le monde du commerce de la soie, la richesse des négociants ou marchands ne montre qu'un aspect du succès d'une entreprise, ses compétences pour la maintenir en l'empêchant de faire faillite méritent toute l'admiration de ses confrères, qui connaissaient bien la valeur de ces compétences exigées pour franchir toutes les difficultés et complexités dans ses affaires. La pratique des Guérin qui rendait un service gracieux aux tisseurs dans lesquels ils avaient foi, en leur accordant un crédit à long terme, contribuait à sa survie.

B/ La maison Bianchini-Férier[3]

La réussite de Bianchini-Férier reposait sur trois aspects. Premièrement, ils disposaient d'une vision claire. En effet, pour profiter du savoir-faire des canuts en ville, il fallait être capable de répondre au besoin d'une tranche du marché ou de bien viser une certaine catégorie de clients, ceux, aisés, qui préféraient la qualité au prix. Il s'agissait d'une stratégie de différenciation qui avait fait ses preuves. Deuxièmement, ils s'appuyaient énormément sur les innovations techniques, artistiques et commerciales. La maison n'hésita pas à adopter la plus récente innovation mécanique dite « mécanique Verdol »[4] utilisant les « papiers perforés » au lieu de « cartons perforés », en tant qu'outil pour lire des dessins de métier Jacquard, donc plus léger et facile à manipuler. L'alliance des techniques et du savoir-faire imbriqués de différentes générations servait à équilibrer l'augmentation de la productivité des façonnés avec l'exceptionnelle qualité des pièces uniques. Troisièmement, la maison maintint une relation étroite avec la haute couture de Paris pour mieux maîtriser la mode. Le recrutement de Raoul Dufy, en 1912, transforma l'aspect esthétique des produits Bianchini-Férier, les motifs modernes éclosant parmi des motifs anciens. Par ailleurs, l'intégration verticale des branches auxiliaires, avec son usine de teinture et d'impression à Tournon et son usine de moulinage à Givors, dans son processus de fabrication, permettait d'assurer la stabilité de la fourniture des matières premières, la sécurité des secrets commerciaux ainsi que le respect du délai

---

1 Pierre Cayez et Serge Chassagne, « Guérin Louis-César », *Lyon et le Lyonnais*, *op. cit.*, p. 184-186.

2 Serge Chassagne, « Le langage d'un banquier lyonnais au XIXe siècle », *Cahiers du centre Pierre Léon 2003*, n° 3, 2003.

3 La maison Bianchini-Férier est une manufacture de soierie fondée en 1888 à Lyon par l'association d'un créateur, Charles Bianchini, du technicien François Atuyer et du financier François Férier. Pierre Vernus, *Art, luxe et industrie. Bianchini-Férier, un siècle de soieries lyonnaises.* Grenoble, Presses universitaires de Grenoble, 2007, 431 p.

4 La mécanique Verdol ou Jacquard Verdol est le métier largement utilisé dans la fabrique à partir de 1860, il s'agissait d'une amélioration et vulgarisation du métier à bande papier continu inventé par Acklin en 1849, le métier Verdol augmente le rendement de 10 %. Pierre Cayez, *L'Industrialisation lyonnaise au XIXe siècle : Du grand commerce à la grande industrie*, *op. cit.*, p. 603.

de production. L'innovation consistant à intégrer des fils artificiels augmenta les variétés de ses étoffes, ce qui contribua à conduire les activités de l'entreprise à leur apogée dans les années 1920[1].

C/ La maison Prelle

Jean-Antoine Lamy naquit dans une famille paysanne en 1819, puis devint, à l'âge de 25 ans, chef de service dans une petite maison de soieries à Lyon. Vers la fin des années 1840, il s'était associé à un fabricant de soie unie, puis, s'installa à son compte, en reprenant, en 1860, la totalité de l'entreprise. Un événement important de l'histoire de cette entreprise fut le rachat de la prestigieuse maison Lemire, qu'il dirigea jusqu'à la fin de sa vie en 1895[2]. La maison Prelle utilisait une main-d'œuvre principalement composée des chefs d'atelier de la Croix-Rousse et faisait battre uniquement des métiers à bras, alors que les métiers mécaniques se propageaient déjà et avaient été introduits depuis longtemps dans les usines de la ville. Le genre de sa production impliquait que l'utilisation et la conservation des métiers à bras convenaient le mieux au niveau de la quantité au petit producteur de luxe qu'il était[3].

D/ La maison Gillet

La diversification des activités des entreprises lyonnaises, étendues verticalement en amont et en aval, horizontalement dans d'autres industries, ne reflétait pas exhaustivement tous les choix, ces entreprises pouvaient ainsi étendre leurs activités hors des frontières, comme le fit la maison Gillet[4]. François Gillet, d'abord ouvrier, puis teinturier, avait débuté en tant qu'entrepreneur dans l'industrie de la teinture, étroitement liée à la soierie, en 1838, à Lyon. Il avait saisi l'opportunité d'adopter les technologies scientifiques ayant bouleversé l'époque en transformant son activité artisanale en véritable industrie[5]. L'invention de la teinture dite « Noir africain » en 1850, grandement répandue sur le marché sous le Second Empire, fut à l'origine de sa fortune. Son effectif ouvrier connut une croissance exceptionnelle en passant de 80 en 1850 à 1 200 dans les années 1880. Ses fils héritèrent de son esprit entrepreneurial à la fin des années

[1] Liliane Perez, « Pierre Vernus, Art, luxe et industrie. Bianchini Férier, un siècle de soieries lyonnaises 1888-1992 », *Documents pour l'histoire des techniques*, 15 | 2008, p. 242-244.

[2] Florence Valantin, « Prelle hier et aujourd'hui », *Art de la Soie Prelle 1752-2002 :* des ateliers lyonnais aux palais parisiens, Paris/Courbevoie, Paris Musées, 2003, p. 20-27.

[3] Florence Patricia Charpigny, mémoire de maîtrise, « La fabrique lyonnaise de soieries : Une maison à travers ses archives de Lamy et Giraud à Lamy et Gautier, 1866-1914 », Lyon, Université Lumière Lyon-II, 1981.

[4] Hervé Joly, *Les Gillet de Lyon. Fortunes d'une grande dynastie industrielle (1838-2015)*, Librairie Droz, Genève-Paris, 2015, p. 13-18.

[5] *Ibidem,* p. 49-63.

1880, et continuèrent à faire progresser l'entreprise[1]. Les entreprises Gillet-Thaon, Progil et Givet-Izieux, par exemple, plus ou moins contrôlées par la famille Gillet, constituèrent les piliers d'une puissante dynastie industrielle dès la fin de la Première Guerre mondiale, offrant un bel exemple d'ascension sociale.

CONCLUSION

Sous Napoléon, époque charnière au XIXe siècle, Lyon, tenant compte de son importance dans le commerce de la soie grège, arbitrait de fait le prix de cette matière première de l'industrie de la soie. L'approvisionnement se faisait, d'une part, dans les départements méridionaux. Selon Pierre Léon, la foire de Beaucaire, avant sa disparition en 1870, vit les transactions de matières premières très actives, surtout celles des soies des régions méridionales, qui étaient l'une des spécialités de cette foire[2]. L'importation des soies asiatiques gagnait Marseille en tant que port stratégique pour la Fabrique lyonnaise. Mais, au cours du XIXe siècle, l'influence commerciale des Lyonnais s'affaiblit dans le circuit du commerce des soies. Le réseau tissé par les marchands de soies et de soieries lyonnaises qui faisaient de grandes fortunes pour la ville dura jusqu'à la deuxième moitié du XIXe siècle et le rôle dominant des commerçants capitalistes lyonnais sur les régions limitrophes fut peu à peu remplacé par un nouveau dynamisme industriel, basé sur la convergence entre la soierie et les industries chimiques (colorants, puis textiles artificiels et synthétiques). Le lien entre Lyon et les départements périphériques fut renoué grâce aux installations usinières et au développement des rapports inter-entrepreneuriaux. Ainsi, ce mouvement transformé progressivement la région en un pôle industriel majeur commandé par l'influence économique lyonnaise.

---

[1] Pierre Cayez et Serge Chassagne, *Les patrons du Second Empire. Lyon et le Lyonnais*, *op. cit.*, p. 287.

[2] Pierre Léon, « Vie et mort d'un grand marché international. La foire de Beaucaire (XVIIIe-XIXe siècles) ». In : *Revue de géographie de Lyon*, vol. 28, n° 4, 1953. p. 309-328.

Troisième partie

LES SOYEUX LYONNAIS ET LEUR EXPANSION COMMERCIALE EN CHINE

Chapitre 5

L'EXPORTATION DE LA SOIE ET LE SYSTÈME DES ÉCHANGES COMMERCIAUX ÉTRANGERS EN CHINE

La soie chinoise joue depuis toujours un rôle important sur le marché mondial et la Chine est l'un des plus gros producteurs industrieux de soie grège[1]. À cause de la fermeture des ports commerciaux sous la dynastie des Qing, le commerce de la soie chinoise a cessé pendant une période. La signature du Traité de Nankin a permis à la soie chinoise d'être à nouveau commercialisée sur le marché international au milieu du XIXe siècle. C'est pourquoi il convient de se pencher d'abord sur l'histoire du commerce extérieur de la Chine avant 1843 et l'évolution des régimes commerciaux et politiques après la signature de ce même traité de Nankin. Le système de l'exportation de la soie chinoise et son fonctionnement étaient un certain nombre de spécificités pendant cette période. Jouant différents rôles, les compradors chinois[2] constituaient des intermédiaires indispensables dans le cadre du commerce étranger. Ils illustrent tout à fait l'intérêt à la fois économique et social de cette histoire. Ces figures constituaient en effet un symbole au XIXe siècle. De plus, en analysant les chiffres de l'exportation de soie chinoise vers les pays étrangers, surtout à destination de la France, l'on en déduit et comprend aisément l'offre et les besoins en soie, les caractéristiques du transport commercial et la situation des échanges commerciaux de la soie entre la France et la Chine.

---

[1] Maurice Zimmermann, « La production et la consommation de la soie », *Annales de Géographie*, 1916, n° 135, p. 219-223.

[2] Marie-Claire Bergère, *Le mandarin et le comprador. Les enjeux de la crise en Asie orientale.* Hachette Littératures, Paris, 1998, 253 p.

I. LES EXPORTATIONS DE SOIE CHINOISE, UNE RÉPONSE À DES BESOINS EN AUGMENTATION

La soie grège ou les produits de la soie chinoise étaient toujours très demandés sur le marché mondial. Bien que le commerce extérieur ait eu à faire compte tenu à une période de fermeture et face à des règlementations strictes en termes d'exportation de la soie, les commerçants étrangers n'ont jamais eu de cesse de chercher, par divers moyens, à se procurer de la soie chinoise[1]. Après la signature du traité de Nankin, sous le gouvernement des Qing, l'ouverture des ports a encouragé le commerce extérieur de la Chine. De ce fait, l'exportation de la soie a beaucoup augmenté permettant ainsi de répondre aux besoins des pays occidentaux.

1.1 – Histoire du commerce extérieur de la Chine avant 1843

Depuis la dynastie des Ming[2], la politique menée par le gouvernement impérial en termes d'affaires commerciales étrangères a été très néfaste. Cela a eu pour conséquence de restreindre sévèrement et d'entraver fortement le commerce chinois de la soie à l'étranger. Au début de la dynastie des Qing[3], non seulement la politique étrangère ne s'est pas améliorée, mais la politique du commerce extérieur maritime était par ailleurs devenue plus stricte. Selon le mémorial de l'empereur Qianlong (1711-1799) de 1759, il est strictement interdit d'exporter de la soie, du satin et de l'étoffe de soie[4]. En cas de violation de cette loi, à partir de 100 livres de soie, celui qui l'a transgressée sera envoyé à la frontière pour le compte de l'armée ; pour moins de 100 livres, il devra recevoir 100 coups de bâton et sera emprisonné pour une durée de trois ans ; quant à ceux qui auront fraudé pour moins de 10 livres, ils recevront 100 coups de bâton et resteront un mois en prison[5]. En 1764, l'empereur Qianlong supprime l'interdiction d'extérieur par la voie maritime. Néanmoins, les conditions commerciales sont demeurées très strictes.

Face à ces règlements et à leurs dispositions néfastes, la France n'a jamais abandonné son désir de commercer avec la Chine. Depuis toujours, elle a fait

---

[1] Églantine Jastrabsky, « Le poids de Canton », *Dans Outre-Terre*, 2006/2, n° 15, p. 161-177.

[2] La dynastie des Ming : entre 1368 et 1644, la dynastie Ming dure 276 années. Source : John King Fairbank, *Histoire de la Chine, des origines à nos jours*, Édition Taillandier, 2013, p. 197.

[3] D'origine mandchoue, la dynastie des Qing est la dernière dynastie impériale à avoir régné sur la Chine entre 1644 et 1911. John King Fairbank, *Histoire de la Chine, des origines à nos jours*, *op. cit.*, p. 217-248.

[4] Nan Yan, « L'histoire de relation extérieure à la fin de la dynastie des Ming jusqu'au début de la dynastie des Qing », *Journal de sciences historiques*, n° 10, 2020.

[5] Tingzhang Yang, Qingfusijinchuyangjiushishu, *huangqingmingchenzouyihuibian*, vol. I, p. 55.

des efforts en ce sens. Par exemple, à l'initiative de la Compagnie de Chine[1], six navires marchands français sont entrés dans le port de Guangzhou en 1716, ce qui représente un tiers du nombre total de navires étrangers arrivés en Chine cette année-là.

Depuis fort longtemps, la soie est un produit jugé extérieur pour les exportations chinoises. Grâce à l'aide et au soutien qui lui ont été apportés par le bureau de la douane maritime, Thomas Roger Banister (1890-1955), sous-commissaire des douanes maritimes de Chine, a présenté cette histoire du commerce étranger dans son livre intitulé *A History of the external trade of China, 1834-81 : Being an introduction to the custom's decennial reports, 1882-1931*. Ensuite, en raison de son identité particulière, cet auteur a enregistré de nombreuses importantes données de base. Il a répertorié les événements du commerce extérieur de l'époque. Cet ouvrage a principalement été composé à partir du rapport commercial figurant dans les archives de l'ancienne douane de Chine. Selon Thomas Roger Banister, au début du XIXe siècle, la Chine avait déjà commencé à établir un important système d'échange commercial avec les pays occidentaux. Le principal produit de l'exportation chinoise vers l'Empire romain d'Orient était la soie, qui semble avoir été échangée contre des métaux, étoffes, teintures, pierres précieuses, du corail, de l'ivoire, etc.[2] Les tissus de soie étaient très appréciés par les femmes aisées de l'Empire romain en référence.

En effet, le commerce de la soie s'avérait très rentable à l'époque. Durant le XVIIIe siècle, les exportations vers le Japon étaient très diverses, mais la soie, brute ou transformée, demeurait le produit le plus demandé à l'exportation. Les marchands chinois échangeaient avec ceux russes du thé, de la soie et du coton contre des fourrures et des peaux russes. En ce qui concerne le commerce chinois avec les Européens, l'exportation vers l'Europe consistait principalement en trois articles, à savoir le thé, la soie et le nankin (Nankeen)[3]. Les Chinois n'ont bien sûr jamais mis fin à leurs échanges commerciaux avec les Européens au cours du XVIIIe siècle. En outre, c'est tout spécialement le commerce de la soie qui a perduré. « En 1751, il y avait 9 (navires) anglais, 4 néerlandais, 2 français, 1 danois et

---

[1] La Compagnie de Chine est une compagnie coloniale française fondée en 1660 par Jules Raymond Mazarin, destinée au commerce avec la Chine, le Tonkin et la Cochinchine. Source : Donald F. Lach and Edwin J. Van Kley, *Asia in the making of Europe*, vol. III, Chicago and London, the University of Chicago Press, 1993, p. 232.

[2] T. Roger Banister, *A History of the external trade of China, 1834-81: Being an introduction to the custom's decennial reports, 1882-1931*, Statistical Department of the Inspectorate General of Customs, Shanghai, 1931, p. 5.

[3] Le Nankeen : également appelé tissu Nankeen, est une sorte de tissu jaunâtre pâle fabriqué à l'origine à Nanjing, en Chine, à partir d'une variété de coton jaune, mais ensuite fabriqué à partir de coton ordinaire. Le terme Blue Nankeen décrit un tissu imprimé à la main d'un raffinement artistique et d'une simplicité primitive, originaire de la Route de la Soie depuis plus de trois mille ans. Source : Chinese Printed Blue Nankeen Exhibition Hall, Archives municipales de Shanghai.

2 suédois, un total de 18 navires au port de Whampoa. En 1789, il y en avait 61 anglais, 15 américains, 5 néerlandais, 1 français, 1 danois et 3 portugais, un total de 86 navires »[1]. Les Européens étaient toujours attirés par la soie chinoise, en revanche, les Chinois se montraient, quant à eux, très peu intéressés par les articles commerciaux européens, c'est pourquoi les marchands européens devaient toujours investir de l'argent dans les échanges commerciaux avec la Chine. Il en résultait un excédent commercial qui s'avérait plus flagrant dans le commerce de la soie chinoise.

Avec l'avènement du commerce de l'opium[2], cet équilibre fut détruit. Au début du XIXe siècle, les principaux articles d'exportation étaient le thé et la soie, ceux d'importation étrangère consistaient principalement en l'opium d'abord et des articles en coton, en second lieu, de mauvaise qualité et d'autres produits de base de valeur négligeable. Quant à l'importation de l'opium, elle a rapidement augmenté sa part dans le commerce étranger à Canton. En 1830, le montant de l'exportation du thé chinois vers la seule Angleterre dépassait les 30 millions de livres par an. D'autre part, l'importation d'opium en provenance de l'Inde représentait, en moyenne, 4 000 coffres par an pour les années comprises entre 1801 et 1810, et 4 500 coffres par an pour la période allant de 1810 à 1821, chiffre qui est passé à 9 700 coffres par an entre 1821 et 1828, et à 18 700 coffres par an de 1828 à 1835[3], ce qui correspond à plus du double de la quantité importée entre 1821 et 1828[4]. Cette croissance rapide des importations d'opium a porté préjudice au système originel d'importation et d'exportation de la Chine, alors qu'en même temps, l'exportation du thé n'a pas été en mesure de développer davantage le commerce de la Chine. Par ailleurs, pendant la première moitié du XIXe siècle, la soie n'a pas joué un rôle important dans le commerce extérieur de la Chine et le montant de la valeur de l'exportation de la soie représentait moins d'un huitième de celui du thé.

1.2 – Une histoire de l'exportation de la soie après 1843

La situation du commerce extérieur changea totalement en 1843, après la signature du traité de Nankin, le 29 août 1842. Selon ce traité sino-britannique, en plus du port de Canton, ceux de Xiamen, Fozhou, Ningo et Shanghai[5] devaient être ouverts au commerce extérieur, où « les sujets britanniques avec leurs familles et leurs établissements seront autorisés à résider dans le but de poursuivre leurs activités commerciales sans entrave ni

[1] Hosea Ballou Morse, *The International Relations of the Chinese Empire*. Longmans, Green, and Company, 1910, vol. 1, p. 81-82.

[2] Jose Harris, "The Liberal Empire and British Social Policy: Citizens, Colonials, and Indigenous Peoples, circa 1880-1914", *Histoire and Politique*, 2010/2, n° 11, p. 3.

[3] Arthur John Sargent, *Anglo-Chinese Commerce and Diplomacy*, Oxford, Clarendon Press, 1907, p. 51-53.

[4] *Ibidem*.

[5] Voir la carte de Shanghai en annexe.

restriction »[1]. Parmi ces cinq ports de commerce anglais, Shanghai se situe au sud-est du littoral chinois et à la sortie du fleuve Yangtsé. Cette future mégalopole bénéficie de réseaux de transports pratiques et d'une qualité supérieure à ceux des autres villes, en particulier par voie d'eau, ce qui était bénéfique pour la principale exportation de la soie et du thé à cette époque. De plus, du fait que les soieries se trouvaient principalement à Jiangnan, ville située beaucoup plus près de Shanghai que de Guangzhou. En effet, l'exportation par le port de Shanghai économisait le fret et empêchait que la soie s'abîme dans le transport depuis l'intérieur de la Chine. En comparaison avec les autres ports maritimes, Shanghai possède des sites portuaires abritant des zones d'eaux profondes plus larges, et, de ce fait, bien adaptées à l'accostage de grands navires[2].

L'ouverture de cinq ports étrangers a facilité et stimulé le commerce de la Chine avec ces négociants étrangers, ce qui a directement engendré une baisse du prix des produits d'exportation et une augmentation de leur quantité. Au milieu du XIXe siècle, les principaux produits exportés vers l'étranger étaient bien entendu le thé et la soie. La demande du thé, en particulier, a très fortement augmenté dans les pays occidentaux. La Chine possédait, à cette époque, le monopole de l'approvisionnement en thé et, malgré les troubles internes auxquels faisait face ce pays, l'exportation de ce produit a augmenté régulièrement d'année en année, passant d'un montant de 70 millions de livres en 1844 à 103 millions de livres en 1858[3].

À cause de l'évolution du contexte, les besoins en soie augmentent. Ce phénomène d'augmentation des besoins en soie est le plus notable en ce qui concerne l'exportation de soie grège, en 1853. Alors que celle-ci n'était en effet que de 1 787 balles en 1843 ; en 1846, ce chiffre s'est élevé déjà à 15 192 balles dans le seul port de Shanghai[4]. Puis, l'augmentation du commerce de la soie est demeurée assez stable jusqu'en 1851 et nullement négligeable. Mais, en 1853, il a commencé à connaître une très forte augmentation en raison des ravages causés en Europe par la maladie du ver à soie, qui a mis fin à la production de soie grège en France et en Italie. En 1851, l'exportation de la soie grège n'était que de 20 631 balles à Shanghai, chiffre qui a toutefois été presque multiplié par trois durant l'année 1855, pour atteindre 56 211 balles. Cette progression s'est poursuivie jusqu'en

---

[1] Traité de Nankin, 1842, "British subjects with their families and establishments shall be allowed to reside for the purpose of carrying on their mercantile pursuits without molestation or restraint." Source : Carl Dery, « Quand l'Angleterre inondait la Chine d'opium », *Alternatives Internationales*, 2010/9, n° 48, p. 20.

[2] Port de Shanghai, un port fluvial, Il se situe à proximité immédiate dans la baie de Hangzhou entre la mer de Chine orientale et les cours d'eau Yangzi Jiang, Huangpu et Qiantang.

[3] Hosea Ballou Morse, *The International Relations of the Chinese Empire. op. cit.*, p. 366.

[4] T. Roger Banister, *A History of the external trade of China, 1834-81: Being an introduction to the custom's decennial reports, 1882-1931, op. cit.*, p. 25.

1858, année où l'exportation de la soie grège de Shanghai a dépassé plus de 85 970 balles, soit quatre fois plus qu'en 1851[1]. Il convient de noter qu'entre 1851 et 1864, la révolte des Taiping[2] a détruit la plus grande partie de l'industrie de la soie au sud de la Chine, tout particulièrement les métiers à tisser la soie dans la province du Jiangsu[3]. Toutefois, cette révolte n'a pas constitué un handicap pour l'exportation de la soie, à l'inverse elle a favorisé l'essor de son exportation. Pendant cette période, la demande intérieure de la soie grège a été réduite à cause du dénuement de la population, et les soieries se sont donc vues contraintes de trouver d'autres marchés et de commencer à exporter leurs produits.

Figure III.5.1 L'exportation de la soie de Shanghai entre 1845 à 1858

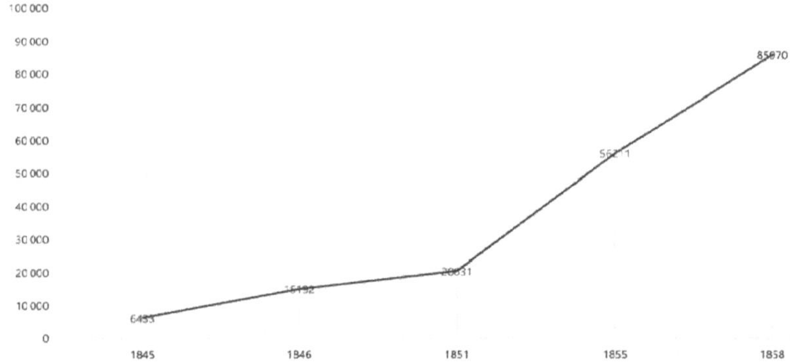

Source : Données basées sur les rapports annuels des Archives des douanes maritimes de Chine.

La révolution industrielle a été beaucoup plus précoce dans le domaine des textiles de coton que dans celui de la soie[4]. En revanche, en raison des exigences techniques particulières de la production de soie, l'invention des broches mécaniques de la soie a été beaucoup plus tardive que celle des machines textiles de coton. Ce n'est qu'au milieu du XIXe siècle que le métier à tisser la soie commence à faire son apparition en Europe, notamment dans la région lyonnaise, puis à se diffuser[5]. Cependant, l'atelier de tissage de la soie à la main tarde à être remplacé, la soie chinoise conserve donc encore une place importante dans le marché de la soie en

---

1 *Ibidem.*

2 Bernard Brizay, *Les trente « empereurs » qui ont fait la Chine*, Paris, Éditions Perrin, 2018, p. 403.

3 Voir la carte de l'Empire chinois en annexe.

4 Patrick Verley, *La révolution industrielle*, Paris, Gallimard, 1997.

5 Kenneth Pomeranz, *Une grande divergence. La Chine, l'Europe et la construction de l'économie mondiale*, Paris, Albin Michel – Maison des sciences de l'homme, 2010.

Europe. D'autre part, l'industrialisation de la soie augmente également les besoins en soie grège ; en raison de la pébrine, maladie du ver à soie, la soie grège chinoise devient un objet de concurrence indispensable pour les pays occidentaux.

1.3 – Le Yanghang (Hong) monopolise les exportations de soie en Chine au XVIIIe siècle

Au cours des échanges commerciaux de soie entre la Chine et les autres pays, celui que l'on appelle *Yanghang* – le négociant étranger – occupe une place prépondérante. Ayant fait leur apparition au milieu du XVIIIe siècle à Guangzhou, des commerçants britanniques indépendants habitent dans le port de Guangzhou[1], afin d'y réaliser des affaires commerciales autour de la soie. Mais leur activité se retrouve cependant toujours circonscrite et soumise au monopole de la Compagnie britannique des Indes orientales en Chine. C'est en 1782, année de la création de l'entreprise Cox-Reid & Co, à savoir le prédécesseur de la société britannique Jardine Matheson[2], qu'apparaît le premier agent commercial correspondant en Chine[3]. Ensuite, à la fin du monopole de la Compagnie britannique des Indes orientales en Chine, le nombre des hommes d'affaires étrangers indépendants a brusquement augmenté en Chine[4]. Jusqu'à la fin du XVIIIe siècle, celui des *Yanghang*[5] a connu lui aussi une énorme croissance, car on en dénombre désormais plus de 24 à Guangzhou[6]. Ces *Yanghang* étrangers jouent un rôle important dans le commerce étranger de la soie en Chine. Ils ont même longtemps détenu le monopole des exportations de soie de la Chine.

---

[1] Voir la carte de l'Empire chinois jointe en annexe 1.

[2] Jardine Matheson & Company, Un conglomérat de Hong Kong qui a été fondé en 1832. Source : Carol Connell, "Matheson, Jardine Matheson & Company : The Role of External Organization in a Nineteenth-Century Trading Firm", *Enterprise & Society,* Vol. 4, No. 1, Cambridge, Cambridge University Press, 2003, p. 99.

[3] Guy Durand, Jean-François Klein, « Une impossible liaison ? Marseille et le commerce à la Chine, 1815-1860 », *Revue d'histoire moderne & contemporaine*, 2010/1, n° 57-1, p. 139-167.

[4] Hosea Ballou Morse, *The Chronicles of the East India Company Trading to China: 1635-1834.* Oxford, Clarendon Press, 1926, p. 254.

[5] Hong en Pinyin.

[6] J. K. Fairbank., *Trade and Diplomacy on the China Coast; 1842-1854*, vol. 1, p. 60.

Tableau III.5.1 Le nombre de marchands étrangers à Canton

Année	Nombre de Marchands Anglais	Nombre de Marchands Américains	Nombre de Marchands travaillant avec la Compagnie britannique des Indes orientales	*Yanghang*	Nombre de Marchands étrangers à Canton
1826	25	19	20	4	76
1831	32	21	20	6	83
1837	158	44	0	18	213

Source : Hosea Ballou Morse, *The Chronicles of the East India Company Trading to China : 1635-1834.* Oxford, Clarendon Press, 1926, p. 254.

Au début, en Chine, les firmes étrangères exerçaient principalement des activités d'agence, réalisent des bénéfices sur les commissions perçues lors des échanges commerciaux[1]. Du fait de l'accumulation du capital et de l'expansion commerciale de leurs entreprises, ils commencent à acquérir leurs propres navires et à commercer directement, depuis la Chine, avec leur pays d'origine. Ils devinrent les plus grands négociants de soie en Chine[2]. Après la première guerre de l'opium, l'expansion des firmes étrangères en Chine est à son apogée dans tous les ports ouverts en Chine, tout spécialement à Shanghai, ville se situant le plus à proximité de la localisation originelle de la soie et du thé. En 1845, il existe onze *Yanghang* à Shanghai, en 1865, ils sont au nombre de quatre-vingt-huit. Au sein de ces entreprises étrangères, les *Yanghang* anglais représentent environ 65 % de l'ensemble des négociants de ce type. Endossant diverses fonctions, ces *Yanghang* sont principalement les banques étrangères, les maisons de commerce étrangères, les grossistes, les compagnies maritimes et les établissements commerciaux[3].

Il est évident qu'à cette époque, il existait une relation étroite et complexe entre ces entreprises étrangères. De nombreux *Yanghang* étaient sous les ordres du même patron. En effet, les nouveaux *Yanghang* dépendaient toujours des plus anciens en raison de leurs expériences du marché en chine. Par conséquent, certaines entreprises étrangères se sont établies sur une grande échelle, et profitant d'avantages exclusifs, se sont rapidement mises à développer différentes activités commerciales et à élargir leurs zones d'investissement en Chine. Finalement, ils en sont venus à former un modèle commercial monopolistique.

Ces entreprises étrangères détenaient le monopole du commerce extérieur de la Chine au milieu du XIXe siècle, entre autres, de celui de la soie et du thé, produits d'exportation les plus importants de la Chine de l'époque,

---

[1] *Trade Report*, Shanghai, 1865, p. 133.

[2] W. E. Cheong, *The Hong merchants of Canton: Chinese merchants in Sino-Western trade*, Routledge, 1997, p. 123.

[3] *Trade Report*, Shanghai, 1865, p. 133.

qu'ils cherchaient bien sûr à conserver fermement entre leurs mains. En Chine, ces *Yanghang* pouvaient obtenir les soies directement dans la région productrice. De plus, grâce aux fortes demandes de soie en termes de quantité et aux moyens dont ils disposaient sous la forme de capitaux solides, ils pouvaient toujours obtenir des conditions avantageuses pour ce qui était des prix d'achat.

En Europe, ce genre d'entreprise peut assurer tout à la fois la quantité et la qualité de la soie afin d'obtenir la confiance de ses clients. Par exemple, la maison britannique Jardine Matheson & Co, qui s'est établie à Shanghai en 1843, fournit la plupart des soies et soies grèges en Europe[1]. Au début, cette maison britannique Jardine Matheson exportait les soies grèges vers l'Angleterre et l'Italie, puis le fit vers la France, les États-Unis, la Suisse et les autres pays d'Europe[2]. Elle atteint son apogée en matière d'exportation de la soie grège après la Première Guerre mondiale, époque où elle exporte chaque année environ 10 000 balles de soie grège depuis la Chine[3]. Il convient de noter que pendant une longue période, cette maison anglaise a aussi fourni la plupart des soies grèges de France. Confrontées à une très forte demande en termes de quantité et grâce à la priorité qu'elles accordent en matière de règlements de commerce, les maisons séricicoles en sont ainsi venues à vendre leurs produits de soie en dégageant un faible profit. De plus, la maison Jardine Matheson possédait un ensemble complet de machines et d'équipements permettant de contrôler des fils de soie à Shanghai et était en mesure d'effectuer en effet une vérification relativement normalisée de la soie grège[4]. Ainsi, ces deux marques de soie – « EWO » et « JMC »[5] – sont devenues un symbole de qualité de la soie chinoise dans le monde entier, ce, dès la seconde moitié du XIXe siècle.

II. LE SYSTÈME MAIBAN (COMPRADOR) : UN PONT ENTRE L'OCCIDENT ET LA CHINE

Tiré de la langue portugaise, le mot « *Comprador* » renvoyait, au début, aux acheteurs et en Chine, les *compradors* ont atteint leur apogée sous la dynastie des Qing. Ils devinrent alors des agents qui achetaient des produits

---

1 Carol Matheson Connell, « Jardine Matheson & Company : The Role of External Organization in a Nineteenth Century Trading Firm », *Enterprise & Society*, vol. 4, n° 1, Cambridge, Cambridge University Press, 2003, p. 99-138.

2 *Ibidem.*

3 *L'Annuaire de la soie à Shanghai*, Shanghai, Édition Académie de Science sociale de Shanghai, 1998, p. 64-65.

4 *Ibidem.*

5 « EWO » et « JMC » : deux marques de soie connues de la maison Jardine Matheson.

locaux pour les étrangers sous le système du *Co-Hong*[1]. Avec la signature du traité de Nankin et de celui de Wanghia ainsi que l'ouverture des cinq ports commerciaux, le système du *Co-hong* ne pouvait plus exister, mais le *comprador* demeure présent dans le commerce extérieur et joue un rôle important jusqu'à la fin de l'empire des Qing. Nous allons désormais nous pencher sur l'histoire du développement de la figure du comprador en Chine et ses différentes fonctions dans le commerce extérieur sous la dynastie des Qing.

2.1 – La naissance du *Maiban* en Chine

Le système dit « du comprador » s'avère essentiel dans le cadre du fonctionnement du commerce d'exportation de la soie de Chine[2]. Étant donné que les Portugais figurent parmi les premiers Européens à se rendre en Chine, ils y ont laissé leur empreinte linguistique. Le mot « *Comprador* » est, en effet, un mot d'origine portugaise voulant dire « acheteur »[3]. Sous la dynastie des Ming, le terme *Maiban* désigne l'agent officiel qui achète les articles pour le palais impérial, avant de devenir, dans le système du *Co-hong*, l'agent qui achète les produits locaux pour les étrangers[4].

A/ Le Co-hong[5] ou *Hangshang*

Au début, le comprador travaillait généralement en tant que traducteur ou assistant d'un commerçant étranger dans le port de Canton. En 1720, les marchands chinois formèrent une guilde, ou *Co-hong*, qui a apparemment été supprimée après une vigoureuse protestation des marchands étrangers, avant d'être presque immédiatement rétablie dans un second temps[6]. D'autre part, les commerçants étrangers ne pouvaient recruter que les compradors qui avaient été sélectionnés par le *Co-hong*. Ils ont, en général, à répondre devant la bureaucratie impériale de toutes les affaires commerciales étrangères réalisées dans le port de Canton. « Les Européens sont donc isolés et maintenus à la périphérie du territoire »[7].

---

1 Yen-P'ing Hao, *The comprador in nineteenth century China, bridge between east and west*, Cambridge, Massachusetts: Harvard University Press, 1970, p. 53.

2 Marie-Claire Bergère, *Le mandarin et le comprador. Les enjeux de la crise en Asie orientale. op. cit.*, p. 8.

3 Yen-P'ing Hao, *The comprador in nineteenth century China, bridge between east and west, op. cit.*, p. 52.

4 Philippe Chassaigne, *La Grande-Bretagne et le monde de 1815 à nos jours*, *op. cit.*, p. 57-79.

5 Le *Co-hong* est la guilde des marchands chinois, qui détient le monopole de l'exportation et l'importation des marchandises à Guangdong sous la dynastie des Qing, et reçoit le privilège d'être l'interlocuteur exclusif des commerçants étrangers. Source : Marie-Claire Bergère, *Le mandarin et le comprador. Les enjeux de la crise en Asie orientale. op. cit.*.

6 T. Roger Banister, *A History of the external trade of China, 1834-81: Being an introduction to the custom's decennial reports, 1882-1931*, *op. cit.*, p. 4.

7 *Canton, première porte d'entrée des Occidentaux en Chine*. La Chine, l'Empire du Milieu dépecé, dossier réalisé par le service éducatif de la MGT, Académie de Reims, p. 2.

Sous le système du *Co-hong*, qui était très hiérarchisé, ce même *Co-hong* devait se porter garant des *compradors* et ces derniers, des serviteurs et artisans qui travaillaient pour les étrangers. Il existe deux types de compradors sous le système du *Co-hong*. Le premier est le comprador des navires marchands. Il a été sélectionné dans les familles riches par le fonctionnaire local. Il a le droit de vendre et de fournir de la nourriture ainsi que les éléments nécessaires aux navires étrangers dans le port de Chine. Les compradors se joignent également à l'équipage pour acheter les produits et recruter les travailleurs dans les différentes localités. Dans le port de Huangpu, le comprador représente souvent le navire marchand étranger et achète directement les produits pour son équipage[1]. Ce genre de comprador est plus important. C'est plutôt à celui-ci que l'on s'intéresse afin d'étudier les activités des hommes d'affaires étrangers. Le second type de comprador est celui qui travaille en Chine pour le compte de boutiques ou de maisons commerciales étrangères. Ce sont les administrateurs, qui s'occupent du fonctionnement quotidien du *Yanghang* et sont aussi responsables de la conservation de la trésorerie[2].

En contrepartie de ses privilèges, le comprador est dans l'obligation de signaler les comportements inadaptés adoptés par des hommes d'affaires étrangers aux autorités locales, en particulier leurs fautes, telles que les ventes d'opium, l'évasion fiscale, etc.[3] Selon une formule largement diffusée, « la bureaucratie impériale dirige le commerçant, le commerçant dirige l'étranger »[4]. Cette sentence illustre bien la règlementation et la philosophie administrative en vigueur sous les Qing par rapport au commerce étranger. Suite à la victoire britannique de la première guerre de l'opium, les guildes marchandes du *Co-hong* prennent fin par le traité sino-britannique de Nankin, en 1842. Ce dernier décrète l'abolition du monopole du *Co-hong* et autorise les sujets britanniques à coopérer à l'avenir avec les personnes de leur choix, ce, non seulement à Canton, mais aussi dans tous les ports ouverts. De plus, ce changement a porté aussi un coup sérieux aux nombreux intérêts acquis sous le système du *Co-hong* à Canton. Par exemple, les interprètes officiels du système du *Co-hong*, ont tenté de maintenir les anciennes accusations. Le monopole ou le système de fermeture du système des interprètes officiels agréés a survécu avec force pendant de nombreuses années, en fait, jusqu'à la réorganisation des douanes sous le commandement des officiers étrangers. D'autre part, les marchands de Canton ont également fait pour leur part de nombreux efforts dans le but de faire revivre le *Co-hong* sous une autre forme, ils ont créé, par exemple, des entrepôts officiels

---

[1] Hosea Ballou Morse, *The Chronicles of the East India Company Trading to China: 1635-1834. op. cit.*, p. 355.

[2] Yen-P'ing Hao, *The comprador in nineteenth century China, bridge between east and west, op. cit.*, p. 54-55.

[3] Jiabin Liang, *Les 13 Co-Hong à Guangdong*, Université de Donghai, 1937, p. 144.

[4] *Ibidem.*

de thé, où tout le thé qui arrivait devait être obligatoirement pris et stocké. Mais l'opposition des marchands étrangers était maintenant trop puissante, ce qui fit que ce plan ne put être réalisé. De plus, grâce au traité américano-chinois de Wanghia[1], les firmes étrangères obtinrent le droit de recruter les compradors à leur propre convenance, « sans ingérence de la part des fonctionnaires locaux du gouvernement chinois ».

Désormais, les Occidentaux ouvrent les autres ports au trafic. Par la suite, les Chinois peuvent légalement fournir des services commerciaux aux étrangers en échange d'une rémunération, alors que les négociants étrangers ont quant à eux le droit de choisir librement les compradors qualifiés.

B/ La nécessité du Maiban

Les négociants étrangers dépendent énormément des compradors chinois pour acheter des produits agricoles et du secteur secondaire en Chine. En dehors du très grand obstacle dû à la langue, l'incohérence monétaire constitue alors et tout autant d'un vaste et complexe problème. Sous la dynastie des Qing, la monnaie traditionnelle utilisée est le *yin*, qui se pèse en *liang*[2], ou *tael*, unité de base de ce même système de monnaie. Sa valeur dépend de la qualité de son métal et du cours de l'argent selon le lieu[3], et celle du tael des frais de douane. Le *Haikwan tael* est souvent utilisé comme le tael officiel dans le cadre des opérations commerciales extérieures.

> « Le Haikwan tael, dans lequel les recettes douanières et toutes les valeurs sont indiquées, équivaut en monnaie anglaise à 5 s. 81/2d.,
>
> "américaine" (or) $1,38
>
> "française" francs 7,13
>
> "dollars de Hong Kong" $1,53
>
> au Sight Exchange moyen de Londres, New York, Paris et Hong Kong pour 1882 »[4].

D'autre part, avec les échanges commerciaux étrangers, surtout après la guerre de l'opium, l'on comptait un grand nombre de *yinyuan*. Par

---

[1] *Treaty of Peace, Amity, and Commerce between the United States of America and the Chinese Empire*, Article VIII. Signé à Wang Shia, le 3 juillet 1844.

[2] *Liang :* le tael en tant qu'unité monétaire sous la dynastie des Qing.

[3] En général, le tael de Canton pèse 37,5 grammes, celui de Shanghai 33,9 grammes, et le tael de la douane pèse 37,8 grammes.

[4] Report on the foreign trade of China in foreign-type vessels, for the year 1882, Archives de rapport commercial de l'ancienne douane, Shanghai, 1882. "The *Haikwan Tael*, in which the Customs Revenue and all values are stated, is equivalent in English money to 5^{s}. $8^{1/2}$d.,
'American' (gold), $1.38,
'French' francs $7.13,
'Hongkong dollars' $1.53,
at the average Sight Exchange on London, New York, Paris, and Hongkong for 1882."

conséquent, les pièces en argent entrèrent sur le marché chinois. « Jusqu'en 1856, la piastre d'Espagne de Charles IV était la monnaie de change traditionnelle. Au change, elle valait 5^t 42. On y substitua alors la piastre mexicaine, qui valait 5^t 30 »[1]. Ce genre de pièce en argent était pratique à transporter et leur poids était stable. Ainsi, les commerçants chinois acceptèrent ce nouveau genre de monnaie qui devint donc une monnaie pratique à utiliser dans les ports chinois. La circulation simultanée de deux monnaies entrava le commerce avec les commençants chinois.

Les restrictions concernant le champ d'activité des ports ont également contraint les négociants étrangers à réaliser des achats de soie par le biais des compradors. Les négociants dépendaient donc de ces derniers afin de mener à bien leurs activités commerciales dans les régions intérieures de la Chine. Finalement, les négociants ne pouvaient obtenir les informations concernant le marché commercial en Chine ; spécialement, concernant le fonctionnement du *qianzhuang*[2], la banque privée traditionnelle chinoise, qui a toujours été le véritable fournisseur des services financiers pour l'agro-industrie chinoise et qui joue un rôle important dans les associations commerciales. Le contrôle du risque associé aux dépôts et aux prêts selon le modèle commercial du *qianzhuang* fut à l'origine d'une littérature se concentrant sur les avantages liés aux situations géographiques des *qianzhuang*. Il n'existait toutefois pas de règlement unique et officiel définissant les fonctions de ce genre de banque[3]. Les Chinois pouvaient donc être amenés à coopérer avec les *qianzhuang* selon leurs pratiques traditionnelles. Les puissantes guildes industrielles et régionales de la Chine se renforcèrent grâce à l'idée de terroir et de famille véhiculée, ce qui rendit pratiquement impossible pour les négociants étrangers de commercer directement avec les Chinois.

En définitive, les conditions socio-économiques traditionnelles établies, associées aux barrières culturelles, ont fait que les hommes d'affaires occidentaux se sont vus contraints d'embaucher des compradors chinois afin de réaliser en douceur des affaires avec les Chinois.

C/ Les critères de sélection des Maiban

La première condition, qui s'avérait être la plus importante, était la loyauté absolue envers les *hongs* (les marchands de Canton)[4], et la seconde,

---

[1] Yves Guyot, *Journal de la société statistique de Paris*, tome 61, 1920, p. 65-78.

[2] *Qianzhuang* : la banque traditionnelle née en Chine. Pendant la fin de la dynastie des Qing, il y a de nombreuses données historiques qui prouvent que Qianzhuang a toujours été un véritable fournisseur de services financiers pour les entreprises agroalimentaires et des ménages commerciaux chinois. Source : Yanfen Wang, "The Risk Control of Qianzhuang", *International Business and Management*, vol. 16, n° 2, 2018, p. 38-47.

[3] Linsun Cheng, *Banking in modern China: entrepreneurs, professional managers, and the development of Chinese banks*, New York, Cambridge University Press, 2003, p. 1897-1937.

[4] « Le hongs et le comprador », *L'Annuaire de la soie à Shanghai*, Académie des sciences sociales de Shanghai, 1998, vol. 2, p. 2.

d'entretenir de vastes relations commerciales et de disposer de capacités de développement commercial à l'intérieur de la Chine [1]. La première génération de compradors de *hongs* à Shanghai a été sélectionnée parmi des personnes loyales et compétentes, pour en faire des employés des *hongs* sur le long terme. Xurun, comprador de Dent & Co, est ainsi devenu apprenti à l'âge de quinze ans, puis a travaillé pendant dix ans dans les *hongs* avant de décrocher le titre de comprador à l'âge de vingt-quatre ans[2]. Les *hongs* préféraient par ailleurs engager en tant que compradors des jeunes ayant suivi une formation occidentale, ou qui connaissaient bien la culture étrangère. Dans la *Chronique de Shanghai*, nous pouvons en effet lire qu'un grand nombre de compradors disposaient d'une expérience et d'une formation occidentale. Jingxing Tang[3], le grand comprador de Jardine Matheson & Co, avait pour sa part fait ses études à l'école missionnaire de Hong Kong dès l'âge de dix ans, puis, avait reçu une formation en Occident pendant neuf ans. Grâce à ce parcours, il parlait couramment l'anglais et avait travaillé comme traducteur, secrétaire et vendeur de Jardine Matheson & Co[4].

À l'image du comprador le plus important de l'époque, les compradors de soie étaient toujours les marchands de soie. Ils possédaient leurs propres réseaux de la soierie dans des lieux locaux, disposaient d'une certaine richesse et d'un statut social. Tout cela incitait les marchands étrangers à leur faire confiance et les grands compradors de soie travaillaient souvent pour plusieurs firmes étrangères. Par exemple, Zhuping Chen, comprador de Russell & Co ; Shaoqin Wu, comprador de Arnhold Karberg & Co ; Caihao Shi, comprador de Holliday Wise & Co, grands compradors qui étaient tous les patrons de la maison de soie. Par ailleurs, apparaît progressivement la tradition de « la famille de comprador »[5]. À Shanghai, par exemple, s'il y avait un comprador dans une famille, ses frères, ses fils ou ses parents exerçaient aussi ce métier. L'on observe souvent que les compradors de soie venaient d'une même famille et travaillaient pour des firmes étrangères différentes.

2.2 – Les responsabilités du *Maiban*

Au début, les compradors n'étaient pas en relation permanente avec les firmes étrangères, il s'agit en effet pour la plupart de courtiers qui étaient embauchés ponctuellement. Le comprador s'occupait de la vente des

---

[1] Marie-Claire Bergère, *Le mandarin et le comprador. Les enjeux de la crise en Asie orientale*, *op. cit.*

[2] « Le hongs et le comprador », *L'Annuaire de la soie à Shanghai*, *op. cit.*, p. 2.

[3] Jingxing Tang, ou King-sing Tong, 1832-1892, comprador, interprète, et homme d'affaires chinois sous la dynastie des Qing. Source : Ellsworth C. Carlson, *The Kaiping Mines, 1877-1912*. Cambridge, MA : East Asian Research Center, 1971.

[4] « Le hongs et le comprador », *L'Annuaire de la soie à Shanghai*, *op. cit.*, p. 3.

[5] *Ibidem*, p. 3.

produits étrangers et de l'achat des soies grèges dans les territoires locaux. Avec l'augmentation et la stabilité des commerces, le comprador s'est mis à travailler de façon contractuelle avec les *hongs* étrangers[1]. Dans le contrat de service, étaient clarifiés les droits, devoirs et la rémunération des deux parties[2]. Le comprador avait le droit d'organiser sa propre équipe au sein des *hongs* afin d'assurer la réalisation du travail. Et tous ces travailleurs étaient recrutés et employés par le comprador, ils n'obéissaient qu'aux ordres de ce dernier. Ensuite, avec l'accumulation des richesses et la poursuite de l'expansion des transactions avec les hommes d'affaires chinois, les compradors commencèrent à créer leurs propres boutiques afin de répondre aux divers besoins des *hongs* étrangers. Selon le *North China News*, un comprador de la maison britannique Jardine Matheson réalisait un chiffre d'affaires d'environ 10 millions de liangs d'argent en l'espace de trois ans[3]. Au milieu du XIXe siècle, les billets de banque des *qianzhuang* (petites banques indigènes) commencèrent à être utilisés dans les affaires commerciales entre les Chinois et les étrangers[4].

Du fait qu'ils ne disposaient pas de suffisamment de connaissances et n'avaient pas totalement confiance dans les *qianzhuang*, les *hongs* demandaient au comprador des garanties avant d'échanger des billets émanant des *qianzhuang*. Le comprador a ainsi commencé à jouer le rôle d'assurance auprès des *hongs*, rôle qui revêtit encore davantage d'importance dans les années 1870, lorsque les marchands chinois commencèrent à importer des marchandises étrangères par le biais des *hongs*. Mais, face au caractère instable de la situation, les *hongs* continuèrent à demander aux compradors d'assurer le paiement, dans les délais escomptés, des acheteurs chinois[5]. Face à une augmentation des demandes d'assurance, les garanties physiques et celles en espèces ont été rapidement promues dans le système du comprador[6]. De cette façon, les *hongs* ne s'inquiétaient pas du fait que le comprador était en retard pour payer et pouvait en même temps obtenir des liquidités suffisantes. Au début du XXe siècle, les *hongs* demandaient normalement un dépôt de 10 000 *taels* d'argent, et les banques étrangères davantage[7]. Par exemple, le Crédit Agricole de Shanghai

---

[1] *Ibid.*, p. 3.

[2] Marie-Claire Bergère, *Le mandarin et le comprador. Les enjeux de la crise en Asie orientale, op. cit.*

[3] *North China Daily News*, 1867, 3, p. 22.

[4] Linsun Cheng, *Banking in modern China: entrepreneurs, professional managers and the development of Chinese banks*, New York, Cambridge University Press, 2003, p. 1897-1937.

[5] Xiang Wang, *The history of silk industry in the late Qing dynasty*, Shanghai, Shanghai People's Publishing House, 2017, p. 203.

[6] Yinchu Ma, "Zhongguozhimaibanzhi," *Dongfang zazhi*, vol. 20, n° 3, 1923.

[7] Yen-P'ing Hao, *The comprador in nineteenth century China, bridge between east and west, op. cit.*, p. 195.

demandait à chacun de ses compradors un dépôt de 40 000 *taels* en espèces, en 1907[1].

Tableau III.5.2 Le dépôt en espèces d'un comprador à Shanghai en 1907 (en tael)

Russo-Asiatic Bank	150 000
Standard Chartered Bank	108 000
The Hongkong and Shanghai Banking Corporation Limited	100 060
Crédit Agricole	40 000
Cathay Trust, Ltd	40 000
Citi Bank	40 000
Yokohama Specie Band, Ltd	40 000
ABN AMRO Bank	30 000
Belgian Bank	30 000
Deutsch Asiatic Bank	0

Source : Toa Dobunshoin, *L'économie de la Chine*, volume 2, p. 348.

Dans ce système, le comprador fournissait des services, une assurance et des dépôts afin d'obtenir en contrepartie des salaires et des commissions. À l'époque, les compradors étaient tout à la fois les salariés et des agents pour des *hongs*. Sur cette base, les deux parties signaient le contrat et obtenaient une reconnaissance et la protection des consuls étrangers. Tous ces éléments ont formé le système complet du comprador qui prévalait au milieu du XIXe siècle[2]. Par exemple, de par son important statut, le comprador de soie est un symbole de ce système. Parmi les échanges commerciaux, le commerce de la soie occupe toujours l'une des premières places dans les exportations chinoises. Le comprador de soie était recruté et employé par les *hongs*, de plus, en tant qu'agent de ceux-ci, le comprador de soie pouvait être amené à avancer les fonds pour les firmes étrangères et remporter aussi des commissions liées à l'affaire. Dans ce système, toutes les affaires commerciales en rapport avec la soie devaient passer par le comprador de soie.

Au milieu du XIXe siècle, le comprador se chargeait principalement de diverses affaires dans les *hongs*, y compris de la vie quotidienne dans les résidences des étrangers[3]. À l'époque, presque tous les employés, domestiques, chauffeurs et chefs, étaient recrutés par le comprador général des *hongs*, les compradors devaient, par conséquent, s'assurer du sérieux de tous ces employés et être responsables de leurs fautes. De plus, le comprador

[1] Toa Dobunshoin, *L'économie de la Chine*, volume 2, p. 348.

[2] Marie-Claire Bergère, *Le mandarin et le comprador, op. cit.*

[3] Yen-P'ing Hao, *The comprador in nineteenth century China, bridge between east and west, op. cit.*, p. 78.

devait se charger de tous les biens immobiliers appartenant aux firmes étrangères[1]. Par exemple, si les biens étaient détruits ou volés, le comprador devait trouver le responsable du méfait et si tel n'était pas le cas, il lui incombait d'en rembourser lui-même le prix[2]. De même que son prédécesseur, le comprador de boutique, il s'occupait aussi de l'achat des divers articles afin que les *hongs* puissent pratiquer leurs activités quotidiennes. Dans certains *hongs*, le comprador était même responsable de la location des maisons et des achats de terrains. Il est évident qu'à l'époque, en Chine, les *hongs* ou les commerçants étrangers dépendaient profondément de leurs compradors, non seulement dans le domaine commercial, mais aussi dans leur vie personnelle[3].

2.2.1 – Assistant commercial

Du fait de l'augmentation et de l'expansion rapides des firmes étrangères dans les années 1860, le principal rôle endossé par le comprador était celui d'assistant commercial professionnel plutôt que d'intendant général[4]. La première de ses fonctions était d'assurer les lettres de crédit du *qianzhuang* local et les paiements des acheteurs chinois. Face à ce système bancaire inconnu et au contexte de confusion économique, les firmes étrangères ont toujours préféré que le comprador, qui jouait un rôle d'intermédiaire avec les Chinois, puisse assurer leurs intérêts en procédant à un dépôt en espèces. Ainsi, s'ils ne recevaient pas le paiement à temps, ils pouvaient également obtenir une compensation de la part de leurs compradors. Dans le contrat signé entre Bingyong YU et la compagnie Senkun, « le comprador doit offrir un dépôt de 40 000 taels d'argent. Si le client n'a pas réalisé le paiement, le comprador est responsable de 50 % de l'indemnisation »[5] ; et dans celui établi entre YU et Racine & Cie., « il faut un dépôt de 50 000 taels d'argent et en cas de perte due à un accident d'affaires dans la firme, YU doit être responsable de 33 % de l'indemnisation. »[6].

De plus, la firme étrangère accordait aussi, à une partie des grands compradors, le droit de prendre en charge leur trésorerie, surtout les espèces. L'on avait recours à diverses devises dans les ports conventionnels, que le comprador devait toutes connaître afin de pouvoir assumer la responsabilité de l'inspection des monnaies reçues par la firme étrangère. Le comprador était encore chargé de calculer les taux de change et d'assurer les paiements en espèces pour les firmes. La soie était toujours échangée contre le cuivre

---

[1] Yen-P'ing Hao, *op. cit.*, p. 78.
[2] *Ibidem.*
[3] *Ibidem.*
[4] W. E. Cheong, *The Hong merchants of Canton: Chinese merchants in Sino-Western trade*, *op. cit.*, p. 123.
[5] « Les hongs et le comprador », *L'Annuaire de soie à Shanghai*, Académie des sciences sociales de Shanghai, 1998, vol. 2, p. 2.
[6] *Ibidem.*

chinois dans les régions du Jiangnan[1]. Cependant, le gouvernement chinois interdisait l'entrée du cuivre de Shanghai dans les régions produisant de la soie. Le comprador devait s'occuper de récupérer suffisamment de cuivre chinois afin de permettre d'acheter de la soie[2]. Les compradors de soie travaillaient aussi en tant qu'intermédiaires quand les marchands chinois voulaient acheter des produits étrangers. S'il réussissait à engendrer des intérêts commerciaux, le comprador recevait la commande des marchands chinois qu'il transmettait aux firmes étrangères[3].

2.2.2 – Achat à l'intérieur de la Chine

L'une des autres fonctions les plus importantes du comprador était, bien entendu, l'achat de produits pour les firmes étrangères à l'intérieur de la Chine. Au XVIIIe siècle, les commerçants étrangers ne pouvaient exercer leurs activités commerciales que dans les ports conventionnels. De plus, après avoir pris en considération en priorité le prix et la quantité proposés, le comprador achetait toujours les soies grèges dans les régions de production. Le comprador de soie utilisait généralement un système de réservation pour l'achat de la soie, « les firmes étrangères n'attendent plus l'arrivée des produits locaux à Shanghai, ils envoient leurs compradors qui apportent de l'argent dans la campagne, leurs compradors réalisent un acompte à l'avance aux maisons de soie locales et signent le contrat en même temps »[4]. Ensuite, les compradors de Jardine Matheson & Co et de Dent Beale & Co ont créé le « Système Suzhou »[5] du fait que les compradors étaient habitués à vendre fréquemment de la soie aux firmes étrangères. Le comprador apportait des opiacés des firmes étrangères et les vendait dans la région de production de soie à Suzhou[6], revenus qui étaient utilisés pour acheter de la soie sur place. Le comprador disposait d'un délai de paiement de deux semaines. S'il parvenait à concrétiser l'achat de la soie dans ce laps de temps, il n'avait plus à payer les opiacés[7].

---

1 Les régions du Jiangnan sont une zone géographique en Chine, faisant référence aux terres situées immédiatement au sud du fleuve Yangtsé, y compris la partie sud de son delta. La région comporte la ville de Shanghai, la partie sud de la province du Jiangsu, la partie sud-est de la province d'Anhui, la partie nord de la province du Jiangxi et la partie nord de la province du Zhejiang. Source : Edmund Roberts, *Embassy to the Eastern Courts of Cochin-China, Siam, and Muscat*, New York, Harper & Brothers, 1837, p. 120.

2 Yen-P'ing Hao, *The comprador in nineteenth century China, bridge between east and west*, *op. cit.*, p. 86.

3 Toa Dobunshoin, *L'économie de la Chine*, *op. cit.*, vol. 2, p. 365-369.

4 Yen-P'ing Hao, *The comprador in nineteenth century China, bridge between east and west*, *op. cit.*, p. 90.

5 Système Suzhou, créé par les compradors de Jardine Matheson & Co. et de Dent Beale & Co., la plupart desquels sont venus de la région Suzhou.

6 Voir la carte de l'Empire chinois en annexe jointe.

7 Yen-P'ing Hao, *The comprador in nineteenth century*, *op. cit.*, p. 98.

2.2.3 – Rôle spécial, l'activité socio-politique avec le gouvernement

En plus d'être chargé du fonctionnement commercial, le comprador chinois jouait aussi un rôle très spécifique de correspondance entre les marchands étrangers et le gouvernement des Qing. En général, si les compradors cherchaient à conserver une relation étroite et secrète avec les officiels de l'empire, c'est non seulement parce qu'ils endossaient une fonction importante au sein de l'économie, mais aussi pour faciliter le commerce avec les étrangers. Par exemple, des procédures douanières complexes s'avéraient toujours nécessaires dans l'exportation de la soie, que le comprador pouvait cependant réaliser rapidement du fait qu'il était proche du gouvernement.

2.3 – L'apogée et l'importance du *Maiban* pendant la période 1842-1900

Avec le développement du commerce de la soie, le groupe des compradors a aussi atteint son apogée sur le plan de la richesse. De plus, les compradors ont non seulement joué un rôle dans les échanges commerciaux de la soie entre les maisons ou les boutiques chinoises de la soie, mais également participé aux investissements financiers et à la construction de l'industrie de la soie au XIXe siècle.

2.3.1 – Accumulation des richesses des compradors de soie

En général, le comprador pouvait obtenir un salaire de base versé par les firmes étrangères. Il s'agissait là, cependant, d'une source très faible de revenus par rapport à la quantité de richesses qu'ils avaient accumulée. La commission prise sur les ventes destinées aux firmes étrangères était une source plus importante, dont le pourcentage demeurait en moyenne de 1-2 % du chiffre d'affaires réalisé durant la fin du XIXe siècle. Bien entendu, à cause du poste spécifique qu'ils occupaient dans la sphère commerciale, les compradors pouvaient profiter d'autres « avantages » afin de s'enrichir. Dans le journal *North-China Herald*, il était dit qu'« en profitant des occasions anormales dans les commerces entre les marchands chinois et les marchands étrangers, les compradors peuvent multiplier par plus de dix le bénéfice qu'ils se font »[1]. De plus, en tant que comptables de la firme étrangère, les compradors avaient l'occasion d'utiliser l'argent de celle-ci pour contracter des prêts personnels afin de bénéficier des avantages de ce prêt[2]. Habituellement, ces avantages consistant en dessous-de-table. Il est ainsi difficile de calculer le revenu total, celui légal et celui illégal, des compradors, mais il est évident que leurs différentes fonctions leur garantissaient de grandes richesses.

---

[1] *North China Herald*, 23 septembre1882, p. 315.

[2] Yen-P'ing Hao, *The comprador in nineteenth century China, bridge between east and west*, *op. cit.*, p. 113.

Avant les années 1850, la plupart des compradors étaient originaires de Canton[1]. S'agissant du premier port officiellement ouvert au commerce étranger, les compradors de Canton possédaient de riches expériences en termes de collaboration avec les firmes étrangères, mais, pendant les années 1860, c'est Shanghai qui est devenu le nouveau centre commercial. Les compradors de Canton n'ont toutefois pas manqué cette occasion. Forts de leur expérience de travail et en raison de la confiance des marchands étrangers, une partie des compradors vinrent à Shanghai avec leurs firmes étrangères, ou tout du moins, ils y introduisaient des membres de leur famille, ou des confrères très proches de l'ancien comprador, au sein du nouveau bureau à Shanghai. Par exemple, dans Jardine Matheson & Co, le comprador Asam entre 1845 à 1846, Atow de 1846 à 1851, Jiechen Tang entre 1897 et 1904, etc., et plus de dix autres compradors venaient de Canton. Au début des années 1860, les compradors de la province du Zhejiang entrèrent en concurrence avec leurs confrères de Canton. Selon Yen-P'ing Hao, l'une des raisons importantes de ce phénomène est l'augmentation de l'exportation de soie[2], or, c'était le comprador du Zhejiang qui travaillait spécialement dans les commerces de la soie. Ces compradors du Zhejiang étaient, pour la plupart d'entre eux, originaires de petites villes comme Nanxun, Huzhou[3].

La petite ville de Nanxun, située sur le Grand Canal, dans la région de Jiangnan, constituait l'un des centres les plus importants de la production de soie sous la dynastie des Qing. Dans le journal *Nanxun Zhen*, l'article Nongsang II présente le processus du travail de la soierie à l'époque, « en avril, *Canyue*, le mois du ver à soie[4], toutes les maisons ont les portes fermées et tout le village s'occupe de la sériciculture pendant ce mois. »[5] Durant ce mois, les éleveurs de vers à soie ont beaucoup de tabous, par exemple, ils évitent de participer à des événements importants afin de bien s'occuper de leurs vers à soie, « les mariages sont interdits et les gens ne vont pas rendre visite à leurs proches et amis »[6]. Dans le même temps, on achète les récoltes de cocons de vers à soie. Après avoir ramassé les cocons de soie, toutes les familles de Nanxun commencent la filature de la soie, « au son du dévidoir, nous pouvons savoir si c'est une année de récolte »[7]. Quand les nouvelles soies sont fabriquées, elles sont vendues aux firmes de la soie,

[1] W. E. Cheong, *The Hong merchants of Canton: Chinese merchants in Sino-Western trade*, *op. cit.*, p. 123.
[2] Yen-P'ing Hao, *The comprador in nineteenth century China*, *op. cit.*, p. 62.
[3] Huzhou : cette ville, qui se situe au nord de la province du Zhejiang, est la capitale de la production de la soie pour l'exportation à partir de Shanghai sous la dynastie Qing.
[4] *Canyue*, Le mois du ver à soie : le mars du calendrier lunaire chinois. Source : Biot Jean-Baptiste, *Études sur l'astronomie indienne et sur l'astronomie chinoise*, Ré-édition A. Blanchard, 1969.
[5] Rizhen Wang, *L'Annuaire de Nanxun Zhen*, vol. 10, Nongsang II, 1859, p. 10. Il s'agit d'une traduction personnelle chinoise.
[6] Rizhen Wang, *L'Annuaire de Nanxun Zhen*, *op. cit.*, p. 10.
[7] *Ibidem.*

en effet, « de nombreuses firmes de soie se situent dans le sud de la ville, tous les marchands se réunissent ici pour l'achat et la vente de la soie grège. Ces firmes de soie sont séparées en firme de Jing, firme de Guang, la firme de Xiangsi, etc. »[1]. Les firmes de Guang commercialisent toujours la soie avec les marchands venant de Canton, ceux de Shanghai et les marchands étrangers. Après la dynastie de l'empereur Daoguang[2], les soies de Huzhou sont en effet exportées par Canton, avant d'être envoyées à Shanghai pour l'exportation. Et la petite ville de Nanxun est considérée comme le lieu de production de la soie *Jili*[3], « grâce à cet avantage, de nombreux commerçants de Nanxun arrivent à Shanghai et travaillent pour les firmes étrangères »[4].

Le privilège de l'achat de la soie, les gains intéressants obtenus grâce aux firmes étrangères et le poste spécifique qu'ils occupent dans le commerce de l'exportation de la soie, font que les compradors d'Huzhou ont accumulé des richesses dans un laps de temps très court.

2.3.2 – « Quatre éléphants, huit taureaux, soixante-deux chiens » de Nanxun

L'expression « Quatre éléphants, huit taureaux, soixante-deux chiens » est apparue à l'époque de l'empereur Guangxu[5], sous la dynastie de Qing, pour symboliser les hommes d'affaires les plus riches des petites villes de Nanxun et d'Huzhou. Tous ces marchands travaillaient dans le domaine de la soie et la plupart d'entre eux étaient des compradors pour les firmes étrangères. « Le marchand qui possède un capital de plus de dix millions de taels s'appelle *Xiang* (éléphant), celui qui possède un capital compris entre cinq millions et dix millions s'appelle *Niu* (taureau), et celui qui possède le capital d'un million à cinq millions s'appelle *Gou* (chien). »[6] Par ailleurs la taille des corps de ces trois animaux symbolise la quantité de richesse des marchands de soie à Nanxun sous la dynastie des Qing.

Les « quatre éléphants » sont Yong Liu, Songxian Zhang, Yunzheng Pang et Fuchang Gu. Yong Liu était l'un des marchands de soie les plus importants de la région de Jiangnan, il a commencé à faire fortune en revendant les soies grèges de Nanxun aux firmes étrangères de Shanghai. Yong Liu avait simplement débuté en tant qu'apprenti dans la boutique de soie Dechang, où il a appris le savoir-faire commercial de la soie et constaté

---

[1] *Ibid.*

[2] L'empereur Daoguang : empereur de Chine de 1820 à 1850 sous la dynastie des Qing.

[3] La soie *Jili*, ou *Qili :* produite dans le village de Qili de Nanxun ; sa qualité incomparable et sa couleur blanc clair, font de la soie *Jili* la soie d'exportation la plus connue sous la dynastie Qing.

[4] Qingyun Zhou, *L'Annuaire du Nanxun*, 1928, vol. 18, p. 18.

[5] L'empereur Guangxu : empereur de Chine sous la dynastie des Qing, de 1875 à 1908. Source : Bernard Brizay, *Les trente « empereurs » qui ont fait la Chine*, *op. cit.*, p. 430.

[6] Dajun Liu, *L'économie rurale Wuxing*, Centre de recherche d'économie et statistique de Chine, 1939, p. 124.

que la soie de Shanghai coûtait beaucoup plus cher que celle de Nanxun. Yong Liu se servait d'une petite péniche pour envoyer les soies dans le port Shiliupu[1] de Shanghai et c'est ainsi que débutèrent ses échanges de soie avec les firmes étrangères.

Parmi les marchands de soie de Nanxun à Shanghai, Fuchang Gu fut le premier marchand chinois à s'occuper des échanges commerciaux directement avec les marchands étrangers. Dans *L'Annuaire de Nanxun*, son compatriote Qingyun Zhou a écrit que « Fuchang Gu part à Shanghai à un jeune âge, à l'occasion de transactions commerciales avec les étrangers, il gère les affaires étrangères très tôt. »[2] C'est Fuchang Gu qui a ouvert le premier sa boutique de soie – sous le nom de Fengsheng – à Shanghai et elle est devenue l'une des boutiques de soie les plus grandes de Shanghai au XIXe siècle. Après avoir connu une première période d'enrichissement grâce à l'exportation de la soie *Jili*, Fuchang Gu est aussi devenu le comprador de Jardine Matheson & Co et a ouvert l'entreprise d'emballage de Jardine Matheson avec les marchands britanniques. Il finit par monopoliser les activités d'emballage de Shanghai, en vue de l'exportation, puis à gérer le quai Kin-Lee-Yuan de Shanghai, le seul quai commercial ouvert aux navires étrangers. On prend conscience que le business des affaires dépend énormément des personnalités, constat très bien illustré par Fuchang Gu à la mort duquel le consulat britannique de Shanghai avait dû mettre son drapeau en berne pour exprimer ses condoléances. La famille Gu est une famille typique de compradors de soie en effet, des membres de quatre générations de celle-ci ont travaillé en tant que compradors des Jardine Matheson & Co dont l'un en tant que directeur général de l'entreprise d'emballage de cette même maison Jardine Matheson. Quant à Yikang Gu, l'arrière-petit-fils de Fuchang Gu, il fut aussi le dernier comprador général de Jardine Matheson & Co à Shanghai[3].

2.3.3 – Le développement de l'économie dans l'histoire contemporaine en Chine : investisseurs et managers de l'industrie

En plus de leur statut de compradors, les marchands d'Huzhou sont toujours demeurés propriétaires d'une maison ou d'une boutique de soie à Shanghai. Leur maîtrise des langues étrangères, le capital nécessaire qu'ils avaient déjà réussi à recueillir, leurs fréquents échanges avec les étrangers, tous ces atouts ont contribué à un développement plus rapide de l'industrialisation moderne de la Chine. Ces compradors étaient, par ailleurs, tout à la fois les investisseurs et des managers dans les domaines du transport, de l'usine de filature de la soie, etc. Shaoqin Wu, marchand de

---

1 *Les boulevards célèbres de Shanghai*, Archive de Shanghai. Shiliupu se situe dans le centre commercial, au port de Shanghai. Parmi les seize quartiers commerciaux de Shanghai, Shiliupu était le plus grand sous la dynastie de Qing, référence.

2 Qingyun Zhou, *L'Annuaire du Nanxun*, vol. 21, Biographie *Fuchang Gu*, 1928.

3 « Le Hong et le comprador », *L'Annuaire de la soie à Shanghai*, *op. cit.*

soie d'Huzhou, travaillait en tant que comprador d'Arnhold Karberg & Co pendant les années 1880. Il était également propriétaire de la boutique de soie Chengshuntai, puis il a investi dans l'usine de soie et géré en réalité Saey Lun Silk Filature en 1893[1]. Shaoqin Wu était aussi administrateur de Soy Chee Cotton Spinning Co[2]. Les compradors jouaient également un rôle important dans la préparation de la compagnie de navires Shanghai Steam Navigation Co[3]. Au début, le capital de cette société était d'un million de taels d'argent, Zhuping Chen, comprador de Russell & Co[4]. Y avait placé 130 000 taels. En 1877, Jingxing Tang, comprador de Jardine Matheson & Co, avait investi environ 300 000 taels d'argent dans Kaiping Mining Bureau. Dans une autobiographie de Run Xu, comprador de Dent & Company jusqu'en 1883, il est dit qu'il avait investi environ 1 275 000 taels d'argent dans les entreprises modernes de Chine[5].

III. L'EXPORTATION DE SOIE À L'ÉTRANGER ENTRE 1850 ET 1913

Depuis le milieu du XIXe siècle, le besoin en soie augmente et la soie chinoise constitue une partie importante du marché mondial de la soie[6]. À cette époque, les pays d'exportation de la soie sont principalement la Chine, le Japon, la France et l'Italie. En revanche, ceux d'importation sont surtout la Grande-Bretagne, la France, les États-Unis et l'Italie[7]. La France est tout à la fois un pays d'importation et d'exportation de la soie, mais le volume de la soie grège qu'elle importe est beaucoup plus élevé que celui fourni à l'exportation. La Chine fut par ailleurs, pendant une longue période, le fournisseur principal de la soie grège pour la France, au XIXe siècle. Ainsi, dans cette partie, seront abordés la question de l'exportation de la soie chinoise dans les différents ports et les facteurs explicatifs de ces phénomènes, des destinations mondiales de la soie grège chinoise. Bien entendu, il convient de se pencher sur le commerce de la soie franco-chinoise et la route de la soie maritime Shanghai-Marseille.

---

1 Zhenyi Wu, « La structure sociale des Chinois dans la concession de Shanghai à la fin de la dynastie Qing », le *Journal de l'Université nationale Chengchi*, n° 32, 1974, p. 194.

2 Zhenyi Wu, La structure sociale des Chinois dans la concession de Shanghai à la fin de la dynastie Qing, *op. cit.*, p. 194. *Soy Chee Cotton Spinning Co.*

3 May Holdsworth & Christopher Munn, *Dictionary of Hong Kong Biography*, Hong Kong, Hong Kong University Press, 2011.

4 *Ibidem.*

5 Yen-P'ing Hao, *The comprador in nineteenth century China*, *op. cit.*, p. 122.

6 J.-F. Klein, « Soyeux en mer de Chine. Stratégies des réseaux lyonnais en Extrême-Orient (1843-1906) », *op. cit.*, 2002.

7 Donald F. Lach and Edwin J. Van Kley, *Asia in the making of Europe*, *op. cit.*, p. 232.

3.1 – L'exportation de soie de la Chine

La soie est toujours l'un des premiers produits d'exportation en Chine du milieu du XIXe siècle au début du XXe siècle.

3.1.1 – La soie a constitué une large part des exportations de la Chine

Parmi les principaux produits d'exportation de la Chine, ce sont alors la soie et le thé qui fournissent plus de la moitié des bénéfices engendrés par les exportations. Bien que le volume total d'exportations de soie ne soit pas aussi important que celui du thé, la soie a cependant obtenu un très bon résultat, en termes d'exportations chinoises vers l'étranger, entre le milieu du XIXe siècle et le début du XXe. De plus, durant cette période, en comparaison avec les autres ports commerciaux ouverts, la soie était surtout exportée depuis le port de Shanghai. D'une part, la ville de Shanghai est plus proche de la zone de production de la soie que le port de Canton, ce qui peut réduire le délai de transport et les coûts qui y sont associés ; d'autre part, la plupart des commerçants ou négociants de la soie sont originaires de la région de Jiangnan, voilà pourquoi les boutiques ou les agents de la soie se sont installés à Shanghai ou dans les villes des alentours.

3.1.2 – L'exportation de soie selon les différents ports

Après la signature du traité de Nankin, il y avait cinq ports qui sont ouverts pour l'exportation chinoise.

A/ Canton[1] : le premier port ouvert au commerce extérieur

Canton est le port le plus ancien du commerce extérieur chinois. En 1842, il était même le seul port de Chine permettant de commercer avec l'Occident. Canton était aussi, à l'époque, le plus grand marché d'Asie orientale[2]. Ensuite, avec la signature du traité de Nankin, la ville de Canton est entrée dans une nouvelle phase en devenant un port conventionnel en 1843[3]. En revanche, dès le début, les anciens règlements sont demeurés profondément ancrés dans l'esprit des fonctionnaires et de la population de Canton, c'est-à-dire que les étrangers n'avaient alors pas l'autorisation d'y pénétrer ni de vivre dans cette ville, ils ne pouvaient donc pas exercer leur commerce dans ce port[4].

Avec le temps, le commerce extérieur de Canton s'est bien développé et est demeuré stable. Il est devenu le plus important port en termes d'exportation. Par exemple, à l'époque, l'exportation du thé à Canton constituait une très large part du commerce extérieur de toute la Chine. Après l'ouverture conventionnelle du port de Canton, on estime que les

---

[1] Voir la carte de l'Empire chinois en annexe.

[2] Donald F. Lach and Edwin J. Van Kley, *Asia in the making of Europe*, *op. cit.*, p. 232.

[3] *Ibidem.*

[4] W. E. Cheong, *The Hong merchants of Canton: Chinese merchants in Sino-Western trade*, *op. cit.*, p. 126.

exportations de toutes sortes de thés de Canton sont demeurées stables entre 1844 et 1851. En 1844, l'exportation du thé a représenté 69 327 500 livres, et en 1845, ce chiffre a atteint 76 393 000 livres, avant de baisser quelque 55 067 400 livres en 1850 et de revenir à un montant de 62 468 100 livres en 1851. Le tournant de l'exportation de Canton se situe autour de l'année 1851.

Il est marqué par la naissance du Taiping Tianguo[1]. Au fur et à mesure de sa progression, et tout en perturbant les routes commerciales terrestres, la révolte du Taiping a progressivement coupé le lien qui existait entre Canton et les autres villes les plus proches. En 1852, la totalité de l'exportation du thé de Canton s'élevait seulement à 36 127 100 livres et en 1852, à 31 796 000 livres. En 1856, la guerre avait de nouveau éclaté avec les Britanniques et les Français et cette seconde guerre de l'opium fut à l'origine de la seconde plus forte chute des exportations de Canton. En 1857, l'exportation du thé de Canton n'a atteint que 19 638 300 livres, chiffre environ quatre fois inférieur à celui de 1845[2].

L'exportation de soie était presque confrontée à la même situation, et la concurrence de Shanghai a accéléré le déclin des exportations de soie de Canton. Selon les calculs du consul britannique à Shanghai, en 1847, les élevages de vers à soie étaient dix fois plus éloignés de Canton que de Shanghai. Il est évident que cela a engendré des frais de transport supplémentaires très élevés à destination de Canton, même si la politique officielle du gouvernement impérial Qing avait également consisté à essayer de limiter autant que possible le commerce des autres ports. Par exemple, un édit impérial a décidé que, quel que soit le port ouvert, des frais de transit devraient être imposés sur la soie grège du même montant que ceux qui auraient pu être payés à Canton[3]. Mais la fiscalité ne représentait qu'une infime partie des dépenses supplémentaires en comparaison des longs trajets terrestres que devaient faire les marchandises. L'ensemble de ce contexte a encouragé l'exportation de la soie grège par le biais des ports de Shanghai.

B/ Ning-Po[4], un commerce côtier avec Shanghai

Le port de Ning-Po a été officiellement ouvert en décembre 1843[5]. En tant que premier port visité par les commerçants britanniques, Ning-Po est considéré comme un port important pour le commerce extérieur. En 1844, durant sa première année de fonctionnement, son commerce extérieur s'est

---

[1] Taiping Tianguo, Royaume céleste de la Grande Paix entre 1851 et 1864, dirigé par Hong Xiuquan. Source : Bernard Brizay, *Les trente « empereurs » qui ont fait la Chine*, *op. cit.*, p. 403.

[2] T. Roger Banister, *A History of the external trade of China, 1834-81: Being an introduction to the custom's decennial reports, 1882-1931*, *op. cit.*, p. 33.

[3] T. Roger Banister, *A History of the external trade of China, 1834-81: Being an introduction to the custom's decennial reports, 1882-1931*, *op. cit.*, p. 31-32.

[4] Voir la carte de l'Empire chinois en annexe.

[5] Le port de Ning-Po est ouvert selon le traité de Nanjing en 1843.

élevé à 500 000 livres sterling. Cependant, le port de Ningbo n'a pas pu continuer à maintenir ce chiffre brillant. De fait, cinq ans plus tard, les chiffres du commerce extérieur étaient dix fois inférieurs à ceux correspondant aux résultats de 1844 [1]. Selon un rapport commercial concernant Ning-Po daté de 1866 contenu dans les archives de la douane maritime de Chine, en 1861, l'exportation de la soie du port de Ning-Po avait atteint 6 656 piculs[2], alors qu'en 1863, seulement 52 piculs de soie avaient été proposés à l'exportation. Par ailleurs, en 1865, ce chiffre s'est monté à 1 914 piculs[3], mais il n'a jamais atteint le résultat escompté. La raison directe de ce phénomène est le développement de l'exportation de la soie à Shanghai, devenu à l'époque le principal port d'exportation de soie, ainsi que le fait que Ning-Po se trouve à proximité de ce grand port. À cause de sa situation géographique, au milieu du XIXe siècle, le port de Ning-Po se cantonnait à un commerce côtier avec Shanghai, et son commerce extérieur direct était alors pratiquement inexistant.

Tableau III.5.3 L'exportation de soie et de coton – port de Ning-Po pour l'année 1866

SILK.			COTTON.		
1861,	*Peculs*	6,656	1861,	*Peculs*	5,849
1862,	„	1,507	1862,	„	19,648
1863,	„	52	1863,	„	125,155
1864,	„	949	1864,	„	103,201
1865,	„	1,914	1865,	„	33,568
1866,	„	1,039	1866,	„	33,727

Source : Rapport de l'exportation de soie et de coton – port de Ning-Po pour l'année 1866, Archives de l'ancienne douane maritime de Shanghai.

C/ Shanghai, nouvelle capitale de la soie depuis le milieu du XIXe siècle

Au milieu du XIXe siècle, Shanghai est devenue la nouvelle capitale de l'exportation étrangère. Le développement le plus remarquable de cette période est l'exportation de la soie de Shanghai. Comme Banister l'a écrit dans son rapport portant sur la douane chinoise pour cette période, « Shanghai a tout de suite pris la place qui lui revient en tant que marché de la soie en Chine, et en peu de temps, a fourni la quasi-totalité de la demande occidentale »[4]. En 1843, Shanghai a ouvert son port aux navires étrangers,

[1] T. Roger Banister, *A History of the external trade of China, 1834-81*, *op. cit.*, vol. 1, p. 24.
[2] Picul : soixante kilogrammes.
[3] « 2-697, Exportation de soie et de coton – port de Ning-Po pour l'année 1866 », *Archives de l'ancienne douane maritime de Shanghai.*
[4] T. Roger Banister, *A History of the external trade of China, 1834-81*, *op. cit.*, p. 358.

les navires américains ont commencé à faire leur entrée dans le port de Shanghai et l'on a créé la ligne maritime Shanghai – États-Unis en 1845. En 1850, avec l'arrivée du navire Lady Mary Wood[1] dans le fleuve Huangpu[2], les Britanniques ont mis en service la ligne entre Hongkong et Shanghai[3], puis ce fut au tour de la France, de l'Allemagne et du Japon de relier Shanghai avec leur pays pour le transport de la soie chinoise. En 1851, Shanghai devient dès lors le plus grand port de Chine et le premier port exportateur de soie à la place de Canton. Il est possible ainsi de, désormais, comparer et calculer la valeur de l'exportation des différentes marchandises et voir dans quelle mesure l'exportation de soie a dépassé en termes de valeur celle du thé depuis Shanghai.

Tableau III.5.4 Les exportations de Shanghai en 1851, 1853 et 1858

	1851.	1853.	1858.
	$	$	$
Silk	5,591	13,589	25,461
Tea	4,771	11,928	12,454
Nankeens	41	136	2,344
Miscellaneous		174	2,274
TOTAL	$10,403	$25,827	$42,533

Source : T. Roger Banister, *A History of the external trade of China, 1834-81: Being an introduction to the custom's decennial reports, 1882-1931*, Statistical Department of the Inspectorate General of Customs, Shanghai, 1931, vol. 1, p. 358.

En 1851, les valeurs respectives des exportations de soie et du thé étaient encore presque similaires, soit 5 591 dollars pour l'exportation de soie et 4 771 dollars pour celle du thé. En 1853, l'on observe une différence plus importante pour ce qui est de la valeur de ces deux marchandises. En 1858, la valeur de l'exportation de soie a beaucoup plus augmenté. Elle s'élève à 25 461 dollars, ce qui correspond presque au double de la valeur du thé. La valeur totale des exportations de Shanghai atteint alors 42 533 dollars en 1858. Ainsi, la valeur de l'exportation de soie représentait plus de la moitié du montant total des exportations de Shanghai[4].

De plus, une autre caractéristique de cette période récitait dans la modification de la balance commerciale de Shanghai. En 1849, le chiffre d'affaires de l'ensemble des importations de Shanghai s'élevait en effet à

[1] Le *Lady Mary Wood*, navire à vapeur de La Peninsular and Oriental Steam Navigation Company. Référence.

[2] Le fleuve Huangpu : ou « fleuve de la rive jaune » traverse Shanghai et est relié à son port.

[3] *Annuaire de transport maritime*, vol. II, « La ligne de transport maritime, Shanghai-Europe ». Bureau des Chroniques locales de Shanghai.

[4] T. Roger Banister, *A History of the external trade of China, 1834-81*, *op. cit.*, p. 358.

2 668 700 livres sterling, montant tombé à 1 445 200 livres sterling en 1850. En 1853, c'est l'inverse qui se produit, c'est-à-dire que l'excédent des exportations s'élève à 500 000 livres sterling. Le développement des exportations du Shanghai a été tout à fait remarquable. La totalité du montant des exportations du thé est passée de 1 149 000 livres pendant les années 1843 et en 1844 à 51 317 000 livres au cours de la période 1857-1858. Dans le cas de l'exportation de soie, le montant est passé de 6 433 balles au cours de la saison 1844-1845 à 66 391 en 1857-1858, avec un record de 92 160 balles atteint en 1856-1857.

3.2 – L'exportation de soie de la Chine vers l'étranger

Les exportations commerciales de la Chine ont beaucoup augmenté depuis 1845, entre 1845 et 1846, l'exportation du thé s'élève à 12 460 000 pounds et celle de soie à 15 192 balles[1]. Puis, l'exportation de thé est demeurée stable pour atteindre, durant les années 1851-1852, 57 675 000 pounds. Néanmoins, elle a encore beaucoup plus augmenté durant les années suivantes. Elle a atteint son apogée dans les années 1854-1855, pour s'élever alors à 80 221 000 pounds[2]. Il est évident que c'est l'exportation du thé qui détient toujours la première place dans les exportations au détriment de l'Occident. La quantité d'exportations de soie depuis la Chine a toujours été comprise entre 15 000 balles et 17 000 balles pendant les années 1840, alors qu'entre 1851 et 1852, ce chiffre s'est élevé à 20 631 balles. Durant les années suivantes, l'exportation de la soie a augmenté rapidement : pendant les années 1853-1854, cette quantité était de 58 319 balles et en 1856-1857, de 92 160 balles, chiffre deux fois supérieur à celui des années 1854-1855[3].

---

[1] S. Wells Williams, *The Chinese Commercial Guide*, A. Shortrede & Co., Hong Kong, 1863, p. 198.
[2] *Ibidem.*
[3] *Ibid.*, p. 198.

Tableau III.5.5 Les exportations du thé et de soie de la Chine durant la période 1843-1858

Season.	Tea.	Silk.
	Pounds.	*Bales.*
1843–44	1,149,000	..
1844–45	3,801,000	6,433
1845–46	12,460,000	15,192
1846–47	12,494,000	15,972
1847–48	15,711,000	21,176
1848–49	18,303,000	18,134
1849–50	22,363,000	15,237
1850–51	36,723,000	17,243
1851–52	57,675,000	20,631
1852–53	69,431,000	28,076
1853–54	50,344,000	58,319
1854–55	80,221,000	53,965
1855–56	59,300,000	57,463
1856–57	40,914,000	92,160
1857–58	51,317,000	66,391

Source : S. Wells Williams, *The Chinese Commercial Guide*, A. Shortrede & Co, Hongkong, 1863.

Pendant les années 1870, les exportations de la soie grège venant de Chine représentaient presque la moitié de l'ensemble des exportations de soie au niveau mondial[1]. Entre 1870 et 1874, l'exportation de la soie grège de Chine atteint 3 794 tonnes, soit en moyenne 45,6 % du chiffre total des exportations mondiales de la soie grège, à savoir 8 320,7 tonnes, pourcentage qui est demeuré d'environ 48,7 % entre 1875 et 1879. Depuis les années 1880, du fait de la concurrence de la soie grège japonaise, les exportations de soie en provenance de Chine avaient baissé. Pendant les années 1880 à 1884, le montant total des exportations de soie au niveau mondial était en moyenne de 9 997,5 tonnes par an, celui de la Chine de 4 173,2, ce qui représentait 41,7 % du chiffre mondial et, en moyenne, 40,2 % pendant les années 1885 à 1889[2].

A/ La Grande-Bretagne

Au début, le commerce de la soie était presque entièrement entre les mains des Britanniques, qui agissaient en tant qu'agents pour pourvoir à l'approvisionnement en matières premières de l'industrie française de la soie en provenance de Chine. Après la guerre de l'opium, les Britanniques monopolisaient l'exportation de soie grège de la Chine. À l'époque, plus de 90 % des exportations de soie grège étaient en effet réalisées par les commerçants britanniques. Selon une note parue dans le journal *North China*

[1] Donald F. Lach and Edwin J. Van Kley, *Asia in the making of Europe*, *op. cit.*, p. 232.

[2] T. Roger Banister, *A History of the external trade of China, 1834-81*, *op. cit.*, p. 58.

Herald, en 1852, les Britanniques importaient des soies grèges pour une valeur de 2 148 000 livres, ce qui représente ainsi plus de 30 % de l'ensemble des importations de soie grège en Angleterre[1]. En 1854, ce chiffre avait plus que doublé, pour s'élever à 4 577 000 livres et 4 437 000 livres en 1855, ce qui représentait plus de 70 % de la soie grège importée en Angleterre. Entre 1855 et 1859, la quantité de soie chinoise exportée vers l'Angleterre se maintint à une moyenne de 4 410 000 livres par an. Dans le même temps, les États-Unis n'avaient pas pu accéder directement au commerce de la soie avec la Chine. De plus, la France, qui avait toujours eu grandement besoin de la soie chinoise, devait acheter les soies chinoises aux commerçants britanniques, situation qui a perduré jusqu'à l'ouverture de la route maritime entre la Chine et l'Amérique du Nord et celle de Shanghai-Marseille[2]. En 1878, la France réussit celui à souffler à l'Angleterre la place de plus grand importateur de soie chinoise[3].

B/ Les États-Unis

Depuis les années 1890, les États-Unis s'efforcèrent d'établir la ligne maritime Amérique du Nord-Chine au moyen de laquelle les marchandises chinoises arrivaient à New York. Parmi ces produits, c'étaient les thés et les soies chinois qui étaient les plus populaires aux États-Unis. Bien que les Britanniques aient en charge la quasi-totalité des exportations de soie de Chine, ils ne détenaient le monopole que sur moins de la moitié des exportations du thé de Shanghai, le reste des exportations étant pour l'essentiel assuré par les Américains. En 1847 et 1848, la quantité totale des exportations de thé vers les États-Unis était de 1 741 000 pounds, chiffre qui, durant les années suivantes, a augmenté presque deux fois par an, pour atteindre 11 069 000 entre 1850 et 1851[4]. Dans le même temps, les chiffres de l'exportation de soie vers les États-Unis n'étaient pas brillants. Pendant les années 1848-1849, seulement 35 balles de soie chinoises furent exportées vers les États-Unis, chiffre qui s'élevait à 250 en 1850-1851, et 298 en 1851-1852[5]. Ces résultats n'étaient pas comparables à ceux de l'exportation vers l'Angleterre, mais ont représenté plus de la moitié de la totalité des importations de soie grège aux États-Unis[6]. Il convient de noter qu'avant 1805, les Américains étaient beaucoup plus demandeurs de produits de soie que de soie grège.

---

1 *North China Herald*, 22 Augt. 1857.

2 Guy Durand et Jean-François Klein, « Une impossible liaison ? Marseille et le commerce à la Chine, 1815-1860 », *Revue d'histoire moderne et contemporaine, op. cit.*, p. 139-167.

3 *Ibidem.*

4 *North-China Herald*, 23rd, April 1853.

5 *Ibidem.*

6 Shu-lun Pan, *The trade of the United States with China*, China Trade Bureau, New York, 1924, p. 125.

Tableau III.5.6 Quantité totale des exportations de la Chine vers les États-Unis entre 1847 et 1852

SEASON.	TEA.	SILK.
	Pounds.	*Bales.*
1847–48	1,741,000	..
1848–49	2,986,000	35
1849–50	5,624,000	415
1850–51	11,069,000	250
1851–52	18,000,000	298

Source : *North-China Herald*, 23rd, April 1853.

Depuis 1855, les exportations de soie grège chinoise vers les États-Unis augmentaient fortement. Entre 1878 et 1879, par exemple, 4 613 balles de soie grège furent exportées depuis le port de Shanghai et 2 850 balles depuis celui de Guangdong[1]. D'autre part, entre 1879-1880 et 1880-1881, l'exportation de soie de Shanghai vers les Amériques demeure toujours supérieure à 9 000 balles. Outre le fait que les échanges commerciaux passés entre la Chine et les États-Unis étaient de plus en plus avantageux, le développement rapide de l'industrie de la soie américaine stimula également l'exportation de soie chinoise vers les Amériques.

3.3 – L'exportation de soie chinoise vers la France

La France constituait une destination traditionnelle et importante de l'exportation de soie chinoise depuis le XIXe siècle. Lyon, on l'a vu, était alors le plus grand centre du commerce de la soie en Europe, et aussi le centre d'industrie de la soie le plus important au monde entier[2]. Mais avant les années 1860, les Français achetaient des soies grèges chinoises acheminées par les Britanniques. De plus, Londres était une plate-forme incontournable de la soie chinoise en Europe[3].

Bien que les commerçants français soient demeurés les plus grands acheteurs de la soie, ils étaient soumis à des prix plus élevés et à une durée de transport plus longue. De plus, les marchands français ne pouvaient pas toujours obtenir la soie grège chinoise souhaitée. Et en plus, de bonne qualité, sur le marché de Londres[4]. Par exemple, quand les soies chinoises étaient

---

[1] *North-China Herald*, 26 mai 1888.

[2] Guy Durand et Jean-François Klein, « Une impossible liaison ? Marseille et le commerce à la Chine ,1815-1860 », *Revue d'histoire moderne et contemporaine, op. cit.*, p. 139-167.

[3] Jean-François Klein, « Une thalassocratie asiatique ? », in Dominique Barjot, Charles-François Mathis (éd.), *Le monde britannique : 1815-1931, op. cit.*, p. 130-141.

[4] Jean-François Klein, « Réseaux d'influences et stratégie coloniale. Le cas des marchands de soie lyonnais en mer de Chine (1843-1906) », in *Outre-mers*, tome 92, n° 346-347, 1er semestre 2005, *La santé et ses pratiques en Afrique*, p. 247.

acheminées par les Britanniques, les *containers* devaient être ouverts afin d'être contrôlés. Il s'agissait d'un processus au cours duquel des soies étaient souvent perdues et la marchandise était de temps en temps endommagée. Cela déplaisait beaucoup aux acheteurs français. Face à cette situation, les marchands français s'efforçaient de contourner le marché de Londres et acheter de la soie grège directement et meilleur marché en Chine. Jusqu'en 1867, les Français commençaient à importer de la soie chinoise directement à Marseille. À partir du rapport annuel du commerce étranger du Centre des archives des douanes maritimes de Chine, il a été possible de dresser un tableau répertoriant les chiffres de l'exportation de la soie grège du port de Shanghai vers la France entre les années 1866 et 1882. Ce tableau décrit avec clarté l'évolution de la situation du commerce de la soie grège entre la Chine et la France.

Tableau III.5.7 Exportation de soie du port de Shanghai vers l'Europe (France)

	Soie grège			Fils de soie			Total		
	Balles	Piculs	Cts	Bales	Piculs	Cts	Bales	Piculs	Cts
1866	3 386	2 723	95	31	30	94	3 417	2 754	89
1867	6 324	5 090	121/2	78	72	84	6 402	5 162	981/2
1868	10 229	8 345	771/2	171	159	15	10 400	8 504	921/2
1869	7 723	6 372	87	168	147	42	7 891	6 520	29
1870	6 756	5 535	84	118	103	871/2	6 874	5 639	711/2
1873	13 705	11 194		58	55		13 763	11 249	
1874	25 858	20 824		281	258		26 139	21 084	
1875	30 953	24 801		437	411		31 390	25 214	
1877	18 822	15 215		17	17		18 839	15 229	
1878	25 854	20 749		…	…		25 854	20 749	
1879	30 689	24 644		30	30		30 719	24 674	
1880	40 691	32 513		…	…		40 691	32 513	
1881	26 558	21 230		…	…		26 558	21 230	
1882	25 488	20 403		28	25		25 516	20 428	

Source : Données basées sur les rapports annuels des Archives des douanes maritimes de Chine[1].

Il est évident que l'exportation de soie grège vers la France augmente beaucoup après l'ouverture de la ligne maritime directe entre Shanghai et

[1] Les chiffres du tableau ont été compilés à partir des rapports annuels du Bureau de douane maritime de l'Empire Qing.

Marseille[1]. En 1867, 6 324 balles de soie grège avaient été exportées en France contre 3 386 en 1866. En 1868, l'exportation de soie grège vers la France a continué d'augmenter pour atteindre 10 229 balles. En 1870, la soie chinoise commence à être envoyée vers une nouvelle destination du Continent européen, à savoir vers Trieste en Italie, qui a réceptionné 67 balles de soie grège qui avaient été directement acheminées depuis le port de Shanghai. Dans le même temps, 5 535 balles de soie grège ont été directement amenées dans le port de Marseille. Ce chiffre demeura stable pendant quelques années. En 1873, l'exportation de soie grège augmenta une fois de plus pour atteindre 13 705 balles. En outre, 2 648 balles de soie grège avaient été transportées vers les autres pays d'Europe cette même année.

En 1878, pour la première fois, l'exportation de soie chinoise vers la France dépassait celle vers l'Angleterre. Ce chiffre à destination de la France s'était en effet monté à 25 854 balles, alors qu'il n'était que de 19 982 balles s'agissant de la production exportée vers l'Angleterre. Durant la même année, l'exportation de soie grège vers l'Italie était de 2 555 balles, chiffre très éloigné de la quantité de soie exportée vers la France. À partir de l'année 1878, l'exportation de soie grège de Shanghai vers la France amorça une seconde croissance à la fois continue et de très grande ampleur. En 1879, l'exportation de soie grège vers la France se montait en effet à 30 689 balles. Ce chiffre a augmenté de plus de 30 % pour atteindre 40 691 balles en 1880. Cette même année fut aussi celle de l'apogée de l'exportation de la soie grège de Shanghai vers la France au XIXe siècle[2]. Mais, en 1882, l'exportation de soie grège vers la France chuta (25 488 balles), à ce niveau demeuré stable durant les années suivantes, et ce, jusqu'à la fin du XIXe siècle, depuis le port de Shanghai. En revanche, les différentes catégories de soie expédiées en France s'étaient accrues, par conséquent, l'exportation de la soie en France fut désormais toujours importante pour le commerce du port de Shanghai.

3.4 – La route de la soie entre la Chine et la France

Les marchands français avaient construit une route de la soie afin d'assurer le transport de ce produit[3]. Cette ligne partait de Shanghai, passait par le canal de Suez pour rejoindre le port de Marseille, puis les soies étaient transportées en train jusqu'à Lyon.

Et après un délai d'environ quarante jours, les marchands français peuvent recevoir la soie grège chinoise souhaitée et de bonne qualité à Lyon[4]. Les frais de transport étaient au départ compris entre 0,15 dollar à

---

[1] Guy Durand et Jean-François Klein, « Une impossible liaison ? Marseille et le commerce à la Chine, 1815-1860 », *Revue d'histoire moderne & contemporaine*, *op. cit.*, p. 139-167.

[2] Données basées sur les rapports annuels des Archives des douanes maritimes de Chine.

[3] Jean-François Klein, « Soyeux en mer de Chine. Stratégies des réseaux lyonnais en Extrême-Orient (1843-1906) », *op. cit.*, 2002.

[4] *Ibidem.*

0,20 dollar la livre. À partir des années 1870 et jusqu'au début du XXe siècle, il existait certaines compagnies de transport maritime étrangères très importantes sur cette route, par exemple, la Compagnie des Messageries maritimes[1], La Peninsular and Oriental Steam Navigation Company[2], Dollar Steamship Line[3] et Nippon Yusen Kaisha[4], etc. Cette dernière étant même représentée, au XXe siècle, par différents agents au Havre, à Paris et à Marseille.

La Peninsular and Oriental Steam Navigation Company était une entreprise britannique qui a bénéficié des conséquences de la guerre de l'opium et du renforcement de l'influence de l'Empire britannique en Chine, et les conventions signées après la guerre lui permettaient de réaliser ses activités de transport vers les ports de Hongkong, Canton, Ningbo, Fuzhou et Aomen. Plus tard, avec l'extension des exportations à Singapour et à Shanghai, La Peninsular and Oriental Steam Navigation Company a monopolisé l'importation de la soie chinoise et le transport de l'opium entre l'Europe et l'Asie au milieu du XIXe siècle[5]. La Compagnie des Messageries maritimes était parmi les compagnies maritimes françaises, celle qui joua le rôle le plus important dans les rapports entre la France et la Chine depuis les années 1860[6]. Il s'agissait non seulement d'une entreprise privée qui

---

[1] La Compagnie des Messageries maritimes a vu le jour sous le nom de Messageries nationales et en 1871, avec les changements de régimes politiques en France, elle devint la Compagnie des Messageries maritimes. Source : Marie-Françoise Berneron-Couvenhes, *La Compagnie des Messageries maritimes de 1851 à 1914* : entreprise de transport et service public. Thèse de doctorat d'histoire soutenue le 30 novembre 2002 à l'Université de Paris-Sorbonne (Paris IV).

[2] La Peninsular and Oriental Steam Navigation Company est une compagnie de transport maritime, de croisière et de logistique britannique, qui a été fondée en 1837 et dont le siège est à Londres. Elle était l'une des grandes compagnies maritimes de paquebots depuis le XIXe siècle, opérant en particulier en Méditerranée, sur la Route des Indes, de l'Extrême-Orient et de l'Australie. Source : David Howarth and Stephen Howarth, *the story of P&O, The Peninsular and Oriental Steam Navigation Company*, Londres, George Weidenfeld & Nicolson limited, 1986, p. 76.

[3] La Dollar Steamship Company : a été créée le 12 août 1900. En 1902, le capitaine Robert Dollar s'est rendu en Asie pour la première fois sur le Pacific Mail, le SS China, afin de prospecter les marchés potentiels du bois de l'autre côté du Pacifique. Il a commencé à acquérir de nombreux navires et débuté sa navigation Trans-Pacific shipping en affrétant un voyage à Yokohama, au Japon et aux Philippines, ce qui marqua son entrée dans la navigation internationale. Source : Robert Dollar, *The Memoirs of Robert Dollar*, San Francisco, W. S. Van Cott and Co., 1921.

[4] La société Tsukumo Shokai Shipping a été fondée en 1870. En 1875, un service maritime régulier entre Yokohama et Shanghai a commencé, et la société a profité de cette occasion pour changer de nom et fut rebaptisée Mitsubishi Kisen puis Mitsubishi Mail Steamship. Elle proposait le service de lignes maritimes régulières entre l'Asie et l'Europe via le canal de Suez, à la fin du XIXe siècle et pendant le XXe siècle.

[5] David Howarth and Stephen Howarth, *The story of P&O, The Peninsular and Oriental Steam Navigation Company*, *op. cit.*, p. 78.

[6] Guy Durand et Jean-François Klein, « Une impossible liaison ? Marseille et le commerce à la Chine, 1815-1860 », *Revue d'histoire moderne & contemporaine*, *op. cit.*, p. 139-167.

s'occupait des lignes commerciales, par exemple, du transport de passagers et de marchandises, mais elle était également en charge des lignes subventionnées par l'État français afin d'assurer le service postal. La Compagnie des Messageries maritimes constitue un outil fondamental de l'expansion coloniale française qui a relié les destinations les plus lointaines au-delà de Suez et autour du monde par le biais du canal de Panama[1]. La route vers l'Extrême-Orient est officiellement ouverte en octobre 1862, tout d'abord jusqu'à Shanghai, puis jusqu'à Yokohama à partir du 17 avril 1870[2]. Ses bateaux étaient de plus en plus grands et puissants. Elle est ensuite devenue le principal moyen de transport pour assurer l'importation de soie chinoise vers la France.

CONCLUSION

Après une longue période de fermeture du port commercial sous la dynastie des Ming et des Qing, l'exportation commerciale de l'Empire chinois recommençait dès la signature du traité de Nankin. La soie, la marchandise qui était la plus ancienne et la plus importante dans l'exportation chinoise vers les pays occidentaux, remontra sa place importante qui avait été la scène dans l'histoire. Après la guerre de l'opium, le commerce de la soie chinoise était presque entièrement entre les mains des Britanniques. À partir de 1867, les Français commencèrent à importer de la soie chinoise directement à Marseille dès l'ouverture de la ligne maritime directe entre Shanghai et Marseille. La France se substituait, de plus en plus, à la Grande-Bretagne dans l'exportation de la soie grège.

Dans l'opération de commerce de la soie, les étrangers, surtout les firmes étrangères joueront un rôle indispensable. Elles monopolisaient même l'exportation de la soie du XVIIIe siècle au milieu du XIXe siècle. Pour répondre au besoin des firmes étrangères, les compradors apparurent et devinrent un pont important entre l'Occident et la Chine. Dans l'environnement politique et économique particulier qui était celui de la dynastie des Qing, les compradors profitèrent beaucoup de leurs avantages linguistiques et particulièrement de leurs travaux, afin de recueillir rapidement le capital nécessaire. Par conséquent, ces compradors sont devenus à la fois des investisseurs et des managers dans les domaines du transport et de la production notamment dans les usines de filature de la soie, lesquelles jouaient un rôle important, voire un défi dans l'industrialisation moderne de la Chine.

---

[1] François Drémeaux, *Les Messageries maritimes à Hong Kong 1918-1941*, Scientrier, Éditions GOPE, 2014, p. 7.

[2] François Drémeaux, *Les Messageries maritimes à Hong Kong 1918-1941*, *op. cit.*, p. 8.

Chapitre 6

LES SOYEUX LYONNAIS EN CHINE

Depuis le début du XIXe siècle, les relations commerciales entre la France et la Chine ont connu un développement important. Parmi les acteurs de ces échanges, les Lyonnais ont joué un rôle déterminant dans le commerce de la soie avec la Chine. Cette présence lyonnaise en Chine se manifeste à travers différents vecteurs, allant des consulats français aux maisons de commerce implantées sur le sol chinois.

Ce chapitre aborde l'histoire des consulats français en Chine, depuis les premières missions diplomatiques avant 1852 jusqu'à la grande mission lyonnaise de 1896. Sont également étudiés les différentes missions et les traités ayant marqué les relations entre la France et la Chine à cette époque. La deuxième partie de la présente étude se concentre, pour sa part, sur l'extension des affaires de la soie lyonnaise en Chine, à travers l'analyse de la présence de différents soyeux lyonnais comme Paul Desgrand ou Arlès-Dufour, ainsi que d'autres soyeux lyonnais implantés directement en Chine. Enfin, la troisième partie de ce chapitre porte sur la maison Chabrières Morel & Cie, qui a marqué en profondeur l'histoire du commerce de la soie entre la France et la Chine. Y sont examinés notamment les voyages de Georges Morel-Journel et de Maurice Chabrières en Extrême-Orient au début du XXe siècle, ainsi que l'organisation des bureaux de Jardine Matheson & Co en Chine. Ces voyages permettent de découvrir quelle est la monnaie en vigueur, de déterminer les modalités de sa circulation et quelles sont les banques en activité en Chine, ainsi que la manière dont les filatures étaient organisées à l'européenne à Shanghai, au début du XXe siècle. En étudiant ces différents aspects, nous sommes en mesure de mieux comprendre l'importance des Lyonnais dans le commerce de la soie en Chine, ainsi que les défis et les opportunités auxquels ils ont été confrontés dans ce contexte.

I. L'EXPANSION COMMERCIALE FRANÇAISE EN CHINE

Depuis 1879, soit l'arrivée de la Troisième République, la France a manifesté une grande volonté d'expansion afin d'obtenir des avantages commerciaux dans les provinces méridionales de Chine. C'est aussi le début du rêve insensé d'un petit lobby français politico-militaro-industriel, mené par Paul Doumer, gouverneur de l'Indochine de 1897 à 1902[1].

1.1 – Les consuls français et leur action en Chine

À cet effet, le gouvernement français a installé de nombreux consulats et vice-consulats en Chine. Toutefois cette expansion restait encore assez timide dans les années 1880, se limitant à Pakhoi, Longtchéou et Mongtze ; dans les années 1890, la France devient plus offensive. Elle ouvre deux consulats, Tchongking et Sse-mao, quatre vice-consulats, Hokéou, Tonghing rattaché ensuite à Pakhoi, Tchefou, Hoihow, et le territoire de Kouang-Tchéou-Wan donné à bail pour 99 ans, sans oublier le poste de Yunnansen[2]. Les Français sont présents dans dix-huit postes en Chine avant la guerre des Boxers[3].

1.1.1 – L'histoire des consuls français avant 1852

Le premier bateau français arrivant en Chine s'appelait l'*Amphitrite*. Il appartenait à la Compagnie Jourdan Découlange et Cie. Ce bateau partit de La Rochelle en France le 6 mars 1698 et arriva à Canton le 5 octobre 1699. Et puis, le 3 août 1700, il revint en France en remplissant d'une pleine de cargaison de laques[4]. Après cette découverte commerciale en Chine, en 1776, la France se décida à créer un consul à Canton par la voix du ministre de la Marine, le comte de Sartine. Le 20 octobre 1776, Pierre-Charles-François Vauquelin, ancien subrécargue, fut nommé comme consul à Canton alors que Philippe Vieillard[5] était en poste en tant que chancelier[6]. Lorsque la mort de Vauquelin survint en 1782, Philippe Vieillard le remplaça et fut nommé officiellement vice-consul en 1783[7]. Mais un ou deux ans après, soit en 1785, Vieillard a demandé à rentrer en France pour une raison de la nullité du commerce français en Chine, il trouvait qu'un agent de la marine et un

---

[1] Nicole Bensacq-Tixier, *Histoire des diplomates et consuls français en Chine (1840-1912)*, Paris, Les Indes savantes, 2008, p. 13.

[2] *Ibidem*, p. 14.

[3] *Ibid.*

[4] *Ibid.*, p. 20.

[5] Il était au service de la Compagnie des Indes à Canton avant.

[6] Henri Cordier, *Histoire générale de la Chine et de ses relations avec les pays étrangers : depuis les temps les plus anciens jusqu'à la chute de la dynastie mandchoue*, Paris, librairie Paul Geuthner, 1920, p. 376.

[7] *Ibidem.*

interprète étaient suffisants à répondre aux besoins français à Canton[1]. La guerre d'Indépendance américaine occupait beaucoup l'attention et surtout les navires, le commerce avec la Chine semblant alors peu important même si la France conserva un agent en Chine jusqu'à 1786.

Après une période presque vide en Chine, les Français recommencèrent à s'intéresser au commerce avec la Chine vers les années 1820, décrié par Benoît Gernaert, vice-consul de France de 1827 à 1837 à Canton et à Macao[2]. Personnage complexe aux multiples visages, Gernaert possédait d'une riche expérience aux milieux industriels et commerciaux, surtout au négoce maritime. Par la demande d'un ami de sa famille, Van Caneghem, le représentant de la Société de commerce des Pays-Bas[3] en Chine, Gernaert était venu à Canton pour lui donner un coup de main dans ses opérations commerciales[4]. Et puis, par l'intermédiaire de son beau-frère, Benoît Gernaert était nommé agent-consul honoraire à Canton le 24 novembre 1827[5]. Il était intéressant de noter que Gernaert était le fils d'un négociant de soie et qu'il était toujours engagé dans des travaux liés à la soie chinoise après son départ de la Chine en 1837. Le gouvernement français aurait voulu que Gernaer puisse retourner à Canton, mais, en réalité, celui-ci n'avait plus l'intention de revenir en Chine.

Dans les années suivantes, le gouvernement français n'arrêta jamais d'envoyer de nouveaux représentants à Canton afin d'obtenir plus d'informations locales et d'atteindre le marché chinois comme l'Angleterre. En 1842, le ministre des Affaires étrangères, Guizot, a décidé d'instituer à Canton un consulat de première classe et d'envoyer Ulysse de Ratti-Menton, précédemment consul à Tiflis, Gibraltar puis Damas, à Canton pour ce poste[6]. Néanmoins, son voyage en Chine ne fut pas aussi tranquille qu'on l'avait imaginé, la passation de pouvoir avec son prédécesseur, le jeune Charles-Alexandre de Challaye, et le chaos de l'*establishment* local lui rendirent impossible la réalisation de son travail[7]. Ainsi, il a rendu en France en 1843.

[1] Nicole Bensacq-Tixier, *Histoire des diplomates et consuls français en Chine (1840-1912)*, *op. cit.*, p. 21.

[2] Claude Steen-Guélen, « Le musée des Beaux-Arts de Dunkerque. Reflets d'une collection plurielle », Thomas Beaufils, Chang Ming Peng (dir.), *Arts premiers dans les musées de l'Europe du Nord-Ouest (Belgique, France, Pays-Bas)*, Villeneuve-d'Ascq, Publications de l'Institut de recherches historiques du Septentrion, 2018.

[3] Fondée en 1824, la Société de commerce des Pays-Bas était à la fois une société commerciale et une banque. Pour concurrencer avec les Anglais, elle avait pour vocation de rétablir le marché entre les Pays-Bas et les Indes orientales néerlandaises.

[4] Claude Steen-Guélen, « Le musée des Beaux-Arts de Dunkerque. Reflets d'une collection plurielle », Thomas Beaufils, Chang Ming Peng (dir.), *Arts premiers dans les musées de l'Europe du Nord-Ouest (Belgique, France, Pays-Bas)*, *op. cit.*

[5] Nicole Bensacq-Tixier, *Histoire des diplomates et consuls français en Chine (1840-1912)*, *op. cit.*, p. 23.

[6] M.A.E. Personnel 1re série, volume 3400.

[7] Ancien élève-consul à Manille, M. A. E., Personnel 1re série, volume 841.

A/ La mission Lagrené ouvre la Chine au négoce international

La première ambassade officielle française, celle du baron Théodose de Lagrené, fut envoyée en Chine en 1844. Diplomate de haut rang et d'expérience, Lagrené avait été ministre plénipotentiaire en Grèce avant et il joua un rôle important dans les premières expansions françaises en Chine[1]. Sa mission principale était d'obtenir les mêmes avantages pour la navigation et le commerce que la Grande-Bretagne, les installations des consulats dans les ports ouverts au commerce et les autres privilèges accordés aux autres pays qui avaient déjà signé une convention ou un traité avec l'Empire chinois[2]. Tout semblait bien marcher, Lagrené maintenant une relation relativement harmonieuse lors de la négociation et de la signature du traité avec le représentant de l'Empire chinois, Ki-Lang, le grand-commissaire impérial. Le 24 octobre 1844, Lagrené et Ki-Lang, signèrent le traité de *Whampoa* sur le navire l'*Archimède* à l'embouchure de la rivière des perles de Canton. Ce traité comportait 36 articles. Les Français obtenaient les mêmes avantages commerciaux que ceux donnés aux Américains et aux Anglais par le gouvernement chinois. En plus des activités commerciales, les Français possédaient aussi le droit d'habiter et d'établir des consuls dans les cinq ports ouverts, Canton, Amoy, Shanghai, Ningpo et Foutchéou[3].

Après une tournée dans ces ports ouverts, Lagrené trouvait que Shanghai et Canton pouvaient offrir des avantages au commerce français : « L'opinion la plus communément accréditée parmi les négociants français que j'ai vus dans le Nord Est que la politique des Chinois tend à centraliser désormais les opérations de commerce avec l'étranger à Canton et à Shanghai, où tous leurs efforts n'ont pu l'empêcher de prendre racine et où la force naturelle des choses le fera prospérer en dépit de leurs répugnances »[4]. Surtout Shanghai, qui pourrait offrir les conditions les plus avantageuses aux commerçants français de la soie, « nous y trouverons à moindre prix les soies grèges… »[5]

À part une mission diplomatique, il faut préciser qu'il comportait aussi des délégués du commerce et de l'industrie de luxe parisienne, des cotons à Mulhouse, des soies et soieries de Lyon et de Saint-Étienne, ainsi que de Jules Itier, inspecteur des douanes[6] dans cette mission. Profitant de cette opportunité, les commerçants français, en particulier les soyeux lyonnais,

---

1 M.A.E. Personnel dossier 1re série, volume 2374.

2 Nicole Bensacq-Tixier, *Histoire des diplomates et consuls français en Chine (1840-1912)*, *op. cit.*, p. 41.

3 Muriel Détrie, *France-Chine. Quand deux mondes se rencontrent*, Gallimard, Paris, 2006, p. 36.

4 Lettre de Lagrené à Guizot, 13 décembre 1843, Charles Lavollée, *France et Chine, le traité de Wampoa (1844)*, Plon-Nourrit et cie, 1900, p. 274.

5 *Ibidem.*

6 Jean-François Klein, « Natalis Rondot, un libéral au service des intérêts lyonnais », *L'Empire libéral, Essai d'histoire globale*, Paris, SPM, 2021, p. 228.

découvrirent les ressources de la soie grège et l'énorme marché, grâce à sa population en Chine. Natalis Rondot[1], un jeune homme plus tard étroitement lié à la soierie lyonnaise et au commerce de la soie sino-français, arriva aussi en 1844, commençant son aventure de deux ans en Chine.

B/ Charles de Montigny, premier consul français à Shanghai

Pour toutes ces raisons commerciales et politiques, la France entamait son déploiement stratégique à Shanghai depuis le milieu du XIXe siècle. Par un arrêté du 20 janvier 1847, Charles de Montigny, ancien chancelier dans la mission Lagrené fut nommé comme vice-consulat à Shanghai[2]. C'était un homme de grande taille, vigoureux et intelligent, à certains égards, nous aimerions en faire le pionnier le plus entreprenant de la présence française en Chine à l'époque-là. Néanmoins, presque personne ne le connaissait en France jusqu'à l'apparition du livre biographique *Quand la Chine s'ouvrait, Charles de Montigny consul de France* écrit par Jean Fredet, un Lyonnais d'adoption. À travers cette œuvre, il est possible de mettre en lumière les premières manifestations de l'expansion commerciale de la France à Shanghai, ou plutôt, une grande aventure personnelle de Montigny dans cette ville Extrême-Orient.

Charles de Montigny a été envoyé en Chine par le roi Louis-Philippe en 1847 avec sa femme, ses deux filles, Nina et Blanche, sa belle-mère et sa belle-sœur, et quand la petite Blanche est arrivée à Shanghai en 1848, elle n'avait que huit ans. Quand ils ont posé le pied sur la terre de Shanghai, non seulement leur père, mais toute la famille, surtout ses deux jeunes filles ont été liés à Shanghai pour la vie. Dans le premier temps, Montigny était bien accueilli par le consul anglais Alcock et la famille Montigny était logée chez Victoria, l'unique hôtel de la concession anglaise. Mais, confronté à un foyer trop cher[3], Montigny devait trouver une autre loge par ses relations personnelles. Mgr Maresca, évêque catholique lui cédait une maison précaire et misérable où Montigny a établi le premier consulat français à Shanghai. C'était plutôt une ruine qu'une maison, « pendant deux mois, les ouvriers s'évertuèrent à redresser les murs et boucher les trous de cette hutte ouverte à tous les vents »[4]. Il y a eu un accident qui pouvait prouver les conditions

---

[1] Cyr François Natalis Rondot, 1821-1900, industriel, fils d'un négociant de Saint-Quentin. Source : Dossier de Légion d'honneur, Archives nationales, LH/2379/19. – Léon Galle, *Natalis Rondot, sa vie et ses travaux,* Lyon, Bernoux, Cumin et Masson, 1902. – Franqueville, *Institut de France, le premier siècle*, t. 2, n° 1152. – Nécrologie dans le *Bulletin de la Société d'encouragement pour l'industrie nationale*, 1901-1, page 12.

[2] Jean Fredet, *Quand la Chine s'ouvrait, Charles de Montigny, consul de France*, Larose, Paris, 1953, p. 11.

[3] 600 dollars par an, trois fois son salaire. Source : Jean Fredet, *Quand la Chine s'ouvrait, Charles de Montigny, consul de France*, Larose, Paris, 1953, p. 70.

[4] Ch. B. Maybon, Jean Fredet, *Histoire de la concession française de Changhai*, Publiée sous le haut patronage de S.E.M. le ministre des Affaires étrangères, du Conseil d'administration

difficiles de leur vie à cette époque, Pierre Breton, domestique de la famille Montigny était mort de dysenterie dans la première année de leur arrivée. Mais toutes ces difficultés n'ont pas empêché Montigny à réaliser son enthousiasme dans ce nouveau pays, « tout est nouveau, tout est à créer ici, tout est à étudier »[1].

Le but de Montigny était très clair, installer une concession française des autorités chinoises à Shanghai et ouvrir « le plus riche marché du monde »[2] aux commerçants français. Un territoire était nécessaire pour l'activité économique, notamment pour fournir aux commerçants français une base à partir de laquelle développer les commerces en Chine. En profitant de la demande d'acquisition d'un terrain de Dominique Rémi[3], négociant français qui était déjà installé à Canton, Montigny fit une demande officielle de concession le 6 août 1848 :

> « Par l'article 22 du traité de paix et de commerce entre la France et la Chine, il est dit que tout Français arrivant dans un des cinq ports ouverts au commerce pourra louer ou affermer des terrains pour y bâtir des maisons, magasins, cimetières et églises, des écoles, hôpitaux, etc. Dans ce but, l'autorité locale, après s'être concertée avec le consul, désignera les quartiers les plus convenables pour la résidence des Français et où ils pourront élever les constructions précitées… »[4]

Bien entendu, il n'a pas reçu une réponse positive par le *taotai* Woua King-Chang[5], ce dernier détestait les « barbares » surtout Montigny, qui n'avait que des rapports désagréables avec lui[6]. La décision favorable à la création de la première concession française à Shanghai est arrivée le 6 avril 1849 par Lin-Kouji, successeur de Woua King-Chang. Montigny obtint ainsi une concession d'une superficie de 50 hectares, laquelle se situait en dehors du port Nord de la ville Shanghai. Cette concession s'étendait au sud, jusqu'au canal qui longe les murs de la ville, et au nord, jusqu'au canal dit Yang-King-pang, à l'ouest, jusqu'aux localités nommées Koan-ti-miao et

---

municipale de la Concession française et de la Chambre du commerce française de Chine, Paris, Librairie Plon, 1929, p. 25.

[1] Jean Fredet, *Quand la Chine s'ouvrait, Charles de Montigny, consul de France*, *op. cit.*, p. 56.

[2] *Ibidem*, p. 54.

[3] Dominique Rémi, commerçant et négociant français des montres, des vins et spiritueux, il est arrivé à Canton en 1846 et revenait à Shanghai en 1848.

[4] Ch. B.-Maybon, Jean Fredet, *Histoire de la concession française de Changhai*, Publiée sous le haut patronage de S. E. M. le ministre des Affaires étrangères, du Conseil d'Administration municipale de la Concession française et de la Chambre de Commerce française de Chine, Paris, Librairie Plon, 1929, p. 27.

[5] Wou King-chang était un ancien marchand Hong de Canton, frère d'un comprador de la maison Jardine, il pouvait parler couramment l'anglais, mais de manière approximative.

[6] Ch. B.-Maybon, Jean Fredet, *Histoire de la concession française de Changhai*, *op. cit.*, p. 29.

Tchou-kia-kiao, et à l'est, jusqu'au bord du Hoang-p'ou entre l'édifice dit Koang-tong-tchao-tchéou-kong-koan et l'extrémité du canal dit Yang-King-pang. C'était aussi la première concession française en Chine[1]. Après avoir établi avec succès une base pour la France et spécialement pour les commerçants français, cette aventure n'était pas terminée, il fallait non seulement obtenir des conditions favorables à Shanghai pour les commerçants français, mais aussi encourager et persuader les commerçants français à faire du commerce avec la Chine[2]. Évidemment, ce n'était pas une affaire facile. En effet, dans les années 1850, il n'y avait que cinq maisons françaises présentes à Shanghai, Rémi, Schmidt et Buissonnet et les maisons bordelaises, J. A. Durren, et Chabert, Eymond et Henry[3]. C'était très peu après les firmes venues d'Allemagne, des États-Unis et de l'Empire ottoman.

Montigny consacra toute sa vie, y compris sa famille, à Shanghai, notamment pour l'expansion du commerce français en Chine. À Shanghai, il existe toujours l'Église catholique Saint-Joseph du Yang-King-Pang, où Blanche Schmidt est inhumée jusqu'à présent. Blanche était la petite fille de Montigny. Elle n'était qu'une petite enfant dès l'arrivée de sa famille en Chine. Afin de pouvoir se connecter plus étroitement et de mieux profiter de leurs intérêts politiques et économiques, la famille Montigny et la famille Rémy se sont unies de façon officielle, à travers le mariage : Nina, la fille ainée des Montigny fut mariée à Dominique Rémi le 17 juillet 1861 et sa petite sœur, Blanche, épousa Édouard Schmidt, neveu de Rémi dans le même jour. Malheureusement, après ce nouveau mariage, Blanche décéda du choléra à l'âge de 22 ans et, désormais, dormait éternellement à Shanghai. Madame de Montigny décéda en mer, sur le chemin du retour en France depuis la Chine le 5 novembre 1859, trois jours avant l'arrivée de cette famille en France[4].

1.1.2 – Après 1856, les deux missions Gros

Sous le Second Empire, Napoléon III envoya en Chine les deux missions Gros. Suite à celles-ci, qui faisaient partie de l'expédition en Chine, deux traités importants furent signés entre Sa Majesté l'Empereur des Français et Sa Majesté l'Empereur de la Chine, ceci, dans les années cinquante du XIXe siècle. Ces deux traités posaient une base importante en vue de l'expansion commerciale de la France en Chine : ainsi les hommes d'affaires français ont obtenu la liberté de mouvement à l'intérieur de la Chine et, du même coup, obtenu les termes de l'échange les plus favorables possible.

---

[1] M. A. E., Mémoires et documents, Chine, volume 16.

[2] Jean Fredet, *Quand la Chine s'ouvrait, Charles de Montigny, consul de France*, *op. cit.*, p. 54.

[3] Marc Meuleau, *Des pionniers en Extrême-Orient, histoire de la Banque de l'Indochine, 1875-1975*, Paris, Fayard, 1990, p. 180.

[4] Nicole Bensacq-Tixier, *Histoire des diplomates et consuls français en Chine (1840-1912)*, *op. cit.*, p. 71.

A/ Le traité de Tientsin

La première mission Gros arriva à Hong Kong le 13 octobre 1857, au cours de la seconde guerre de l'opium qui opposait la Grande-Bretagne à la Chine[1]. Cette mission avait pour objectif de négocier un traité commercial avec les autorités chinoises, mais les négociations échouèrent. Le traité de Tientsin fut signé en 1858 afin de clôturer la première phase de cette seconde guerre de l'opium. Ce même traité de Tientsin instaurait en Chine de nouveaux ports ouverts au commerce étranger. La France pouvait y installer des consulats et des agents consulaires. En plus de Canton, Shanghai, Ningpo, Amoy et Fouchéou, les nouveaux ports ouverts étaient Kioug-tchéou et Tchao-tchéou dans Kouangtong, Taïwan et Tamsui dans l'île de Formose, Tang-tchéou dans le Chantong, et Nanking[2]. Les commerçants français pouvaient circuler librement dans ces villes et y installer des magasins. De plus, ils y avaient le droit de choisir le service de compradors, d'interprètes, d'écrivains, d'ouvriers, de bateliers et de domestiques au prix débattu. Grâce à une série d'articles de nature commerciale, les navires français pouvaient naviguer sans contrôle sur les rivières Yangzi et concernant le droit d'exportation et d'imposition, les commerçants français l'obtenaient toujours et, partout, bénéficiaient de la clause de la nation la plus favorisée[3].

B/ La convention de Pékin

La deuxième mission Gros avait été envoyée en Chine en 1860, peu après la signature du traité de Tientsin. Le baron Gros, qui avait été nommé ambassadeur plénipotentiaire, quitta Marseille le 28 avril 1860 à bord de la frégate cuirassée *La Normandie*, lui-même accompagné de son secrétaire Léon de Bastard et d'une suite importante. Après avoir fait escale à Gibraltar, Malte, Alexandrie et Singapour, la mission arriva à Hong Kong le 21 juin 1860[4]. Il signa la convention de Pékin ainsi que la ratification des traités de Tientsin avec le prince Kong[5], le 25 octobre 1860. Le gouvernement Qing prépara une grande cérémonie en vue de cette signature : on utilisa de la soie chinoise dans de nombreuses parties. « Le drapeau du 101e, celui du 102e et celui du régiment d'infanterie de Marine, placés l'un après l'autre, précédaient le palanquin de l'ambassadeur porté par huit coolies en livrée de soie grise et écarlate, coiffés de bonnets chinois, recouverts de granges tricolores. Le traité de Tientsin relié en velours de soie bleue... » La convention de Pékin comportait 10 articles, l'article 7 ajoutant le port

[1] Bernard Brizay, *Le Sac du palais d'été : seconde guerre de l'opium*, éditions du Rocher, Monaco, 2011, 653 p.
[2] Nicole Bensacq-Tixier, *Histoire des diplomates et consuls français en Chine (1840-1912)*, *op. cit.*, p. 69.
[3] *Ibidem*, p. 70.
[4] *Ibidem*, p. 78.
[5] Prince Kong, Yi Sin, 1833-1898, sixième fils de l'empereur Tao Kouang.

Tientsin aux ports ouverts au commerce étranger. En outre, les Français pouvaient voyager dans toute la Chine, munis de passeports[1]. Cela offrait une grande commodité aux hommes d'affaires français pour étudier et explorer le marché chinois. Finalement, la convention de Pékin accordait aux pays occidentaux l'autorisation d'établir des agents diplomatiques dans la capitale de l'Empire Qing, ce qui constituait aussi le but poursuivi par ces pays occidentaux depuis près de deux siècles. En 1861, Alphonse de Bourboulon, ambassadeur de France en Chine, vint de Shanghai à Pékin en vue de l'installation de la légation de France[2], qui se situait dans un ancien palais impérial, Chungong Fu[3].

1.1.3 – La mission lyonnaise de 1896

La Chine, qui disposait d'une population à peu près égale à celle de toute l'Europe dans les années quatre-vingt-dix du XIXe siècle, était toujours un grand marché pour les commerçants français[4]. Et grâce à ses ressources immenses, la soie chinoise était très prisée par les soyeux lyonnais qui cherchaient à s'approvisionner en matières premières pour leur industrie. La Chambre de commerce de Lyon a ainsi organisé plusieurs missions commerciales en Chine pour développer les échanges et les relations économiques entre ces deux pays[5].

A/ Les causes et le but[6]

Après la guerre sino-japonaise et la signature du traité de Shimonoseki[7] en 17 avril 1895 entre la dynastie des Qing et l'Empire du Japon, la Chambre de commerce de Lyon vit l'opportunité de renforcer sa présence en Chine, notamment en organisant une mission commerciale destinée à explorer de nouveaux marchés et à développer des relations commerciales avec les régions récemment ouvertes à l'exportation. La mission lyonnaise de 1896 n'était pas la première mission française en Chine. Par exemple, Natalis Rondot, grand spécialiste sur la Chine à l'époque, avait été membre

---

1 Nicole Bensacq-Tixier, *Histoire des diplomates et consuls français en Chine (1840-1912)*, *op. cit.*, p. 79.

2 Numa Broc, *Dictionnaire des explorateurs français du XIXe siècle*, T. 2, Asie, CTHS, 1997, p. 58-60.

3 Chungong Fu, l'ancien palais de Chun Qinwang, se situe dans la rue Dongjiaoling Xiang.

4 Rapport général sur l'origine, les travaux et les conclusions de la mission lyonnaise d'exploration commerciale en Chine, résumé par M. Henri Brenier, Lyon, Alexandre Rey, imprimeur-éditeur, 1897, p. 2.

5 *Ibidem.*

6 Rapport général sur l'origine, les travaux et les conclusions de la Mission lyonnaise d'exploration commerciale en Chine, résumé par M. Henri Brenier, Lyon, Alexandre Rey, imprimeur-éditeur, 1897.

7 Il s'agit du traité de Maguan en Chine, qui a été signé entre L'Empire du Japon et la dynastie des Qing le 17 avril 1895, dans le but de mettre fin à la guerre sino-japonaise. Source : Dong Wang, « China's Unequal Treaties : Narrating National History », p. 139.

de la mission française en Extrême-Orient dirigée par M. de Lagrenée en 1843. Cette mission avait eu pour but de développer les relations commerciales entre la France et la Chine, et de mener des études scientifiques sur la géographie, la botanique et l'ethnographie de ce pays. Elle avait également joué un rôle important dans l'introduction de la soie chinoise en France et dans le développement de la sériciculture en Europe.

En effet, Lyon avait un intérêt économique important dans le développement des échanges avec la Chine, en particulier en ce qui concernait la soie brute, matière première essentielle pour l'industrie de la soierie lyonnaise. Par exemple, plus de la moitié des soies grèges exportées de Shanghai, soit 36 862 balles sur 70 690 en 1897, étaient à destination de la France, c'est-à-dire de Lyon[1]. À Canton, la situation était presque identique. Bien que la majorité de la soie de Canton fût exportée à Lyon, les Français n'en contrôlaient pas directement le commerce. Les négociants anglais étaient les principaux acteurs du commerce de la soie entre Canton et Lyon. « Si le gouvernement de S. M.[2] laisse passer sans une énergique protestation cette assertion que l'influence française doit prédominer dans ces provinces, la totalité d'un important commerce d'exportation, et un débouché avantageux pour les importations tomber éventuellement sous l'influence française alors qu'en réalité, le commerce est principalement entre les mains de négociants anglais. »[3] La mission lyonnaise constituait donc une continuation de cette stratégie commerciale déjà en place.

B/ L'organisation

La mission lyonnaise en Chine fut, en premier lieu, dirigée par M. le consul E. Rocher du 25 septembre 1895 au 3 mai 1896, jusqu'à son départ de Chine et pour une raison de santé. Ensuite, ce fut M. H. Brenier qui prit la direction de cette mission, du 3 mai 1896 au 28 novembre 1897[4]. En plus de la Chambre de commerce de Lyon, les cinq Chambres de commerce de Marseille, de Bordeaux, de Lille, de Roubaix et de Roanne s'associèrent à la Chambre lyonnaise pour envoyer dans la Chine du Sud une mission d'exploration commerciale. Parmi les 13 membres figurant dans la mission lyonnaise, quatre étaient délégués de la Chambre de commerce de Lyon, dont deux qui s'occupaient de la soie. M. R. Antoine se chargeait des soies et C. Métral, des soieries et teintures. Elles étaient sorties de l'École de

[1] *Rapport général sur l'origine, les travaux et les conclusions de la mission lyonnaise d'exploration commerciale en Chine*, résumé par M. Henri Brenier, Lyon, Alexandre Rey, imprimeur-éditeur, 1897, p. 2.

[2] L'Empire de la dynastie des Qing.

[3] « Extraits du mémorandum présenté par les négociants anglais de Canton à Lord Beresford », Chambre de commerce de Lyon, séance du 23 novembre 1899, Archives du département du Rhône.

[4] *La mission lyonnaise d'exploration commerciale en Chine, 1895-1897, avec cartes, plans, et gravures.* Lyon, A. Rey et Cie, Chambre de commerce de Lyon, 1989.

commerce de Lyon et de la Martinière [1]. Il était évident que leurs compétences professionnelles pouvaient jouer un rôle important dans la recherche de la soierie en Chine. M. Duclos représentait la métallurgie et les mines ; et M. Sculfort, délégué de la Chambre de commerce de Lyon, qui s'occupait du commerce général et de la banque. Ils prirent la place de MM. Grosjean et Rabaud. Quant aux autres délégués des Chambres de commerce participantes, ils s'occupaient du commerce général, des laines ou des cotonnades, etc.[2]

Après la mission, au moins cinq membres jeunes sont retournés en Chine. MM. Grosjean, délégué de la Chambre de Marseille était établi à Hankow. M. Sculfort avait choisi Hong Kong, où il poursuivait des opérations en lien avec d'autres maisons françaises déjà présentes en Chine. M. Duclos, délégué de la Chambre de commerce de Lyon, qui était aussi ingénieur civil des mines, fut chargé d'une nouvelle mission au Szechuan [3] avant l'ouverture d'un établissement définitif[4].

C/ Rapport de la mission lyonnaise d'exploration commerciale en Chine

Monsieur H. Renier était chargé d'éditer les rapports de cette mission et de mettre le présent récit devant le public. En 1897, la Chambre de commerce de Lyon publia un rapport complet sur la mission lyonnaise en Chine dans un volume de plus de 900 pages. Ce rapport contenait des informations détaillées sur les voyages et les rencontres de la mission, ainsi que des rapports sur les différentes industries et les opportunités commerciales en Chine[5].

Le rapport se divisait en deux parties. La première comprenait un rapport sur les différents voyages effectués, la pérégrination de la mission s'étant étendue sur plus de 20 000 kilomètres[6]. Il était intéressant de noter que la deuxième partie du rapport, comprenant les rapports rédigés par des spécialistes, était une source précieuse d'informations sur l'économie et le commerce en Chine à la fin du XIXe siècle. Ces rapports fournissaient des détails sur les industries et les secteurs économiques clés en Chine à l'époque, ainsi que sur les conditions commerciales et les obstacles rencontrés par les commerçants étrangers dans leur commerce avec la Chine.

---

[1] *Rapport général sur l'origine, les travaux et les conclusions de la mission lyonnaise d'exploration commerciale en Chine*, résumé par M. Henri Brenier, *op. cit.*, p. 3.

[2] *Ibidem*, préface.

[3] Szechuan, la province du Sichuan se situe dans la région sud-ouest de la Chine, c'est une région montagneuse.

[4] *Rapport général sur l'origine, les travaux et les conclusions de la mission lyonnaise d'exploration commerciale en Chine*, résumé par M. Henri Brenier, *op. cit.*

[5] Brenier Henri, *Rapport général sur l'origine, les travaux et les conclusions de la mission Lyonnaise d'exploration commerciale en Chine*, Lyon, Chambre de commerce, 1897.

[6] Édition en mode texte par Pierre Palpant, *Récits de Voyages par la mission lyonnaise d'exploration commerciale en Chine, 1895-1897*, A. Rey et Cie, imprimeurs-éditeurs, Lyon, 1898, p. 112.

Les missionnaires de la mission lyonnaise d'exploration commerciale en Chine avaient fait preuve d'un grand sens de l'observation et avaient pris soin de consigner dans leurs rapports tous les détails pertinents pour le commerce avec la Chine. Par exemple, dans la mission lyonnaise d'exploration commerciale en Chine, troisième rapport, on peut lire : « De Tchen-tou[1] pour aller à Song-pan-ting[2], il existe deux routes que nous avons suivies ; l'une à l'aller passant par Mien-tchéou, Long-gan-fou ; l'autre au retour suivant Mao-tchéou, Kouan-hsien. Ces deux routes sont les voies commerciales par lesquelles passent tous les produits venant ou allant à Song-pan-ting. »[3] Ce rapport fournissait des informations géographiques très détaillées, des descriptions de routes et de villes de Chine, ainsi que de nombreux détails sur les produits locaux et les pratiques commerciales.

De plus, les conclusions de H. Brenier sur l'avenir du commerce français en Chine étaient importantes : elles reflétaient les préoccupations et les intérêts de la Chambre de commerce de Lyon. Ainsi, les perspectives de la colonie française d'Indochine constituaient également un sujet important de ce rapport. Ce dernier montrait que la mission lyonnaise était consciente de l'importance stratégique de cette colonie dans le contexte du commerce en Asie. Enfin, il fallait noter que cet ouvrage était considéré comme l'un des plus beaux ouvrages de langue française sur la Chine depuis celui de Francis Garnier[4], l'explorateur français et l'éditeur de plusieurs ouvrages de l'explorateur et sinologue français. Cela montre que le rapport de la mission lyonnaise avait non seulement une importance économique et commerciale, mais aussi une valeur esthétique et littéraire.

1.2 – L'extension des affaires de la soie lyonnaise

Depuis le milieu du XIXe siècle, la Chine est déjà devenue le principal fournisseur de la soie grège pour les marchands français, surtout les Lyonnais. En 1852, il n'y avait que 85 balles chinoises qui étaient envoyées à Lyon. L'année suivante, ce chiffre atteignit 58 000 et puis, 92 000 balles de soies grèges chinoises en 1856, ceci, toujours selon les statistiques douanières. En 1856, il y avait 86 671 balles de soies grèges qui étaient exportées de Shanghai à l'étranger, parmi lesquelles 10 000 balles sont

[1] Tchen-tou, Chengdu, ville qui se situe au sud-ouest de la Chine, dans l'Ouest de Sichuan Basin, capitale de la province du Sichuan.
[2] Song-pan-ting, se situe au sud-est de la province du Sichuan, installé en 1760 par l'empereur Qianlong.
[3] Tchong-King, le 15 novembre 1896, *Mission lyonnaise d'exploration commerciale en Chine*, Troisième rapport de M. Riault, délégué de la Chambre de commerce de Roanne, Roanne, Imprimerie M. Souchier, rue de Sully, 1897.
[4] Francis Garnier, *Voyage d'exploration en Indochine, effectué pendant les années 1866, 1867 et 1868*, Paris, Hachette, 1873.

adressées à Marseille. Selon Buissonnet, l'apogée des exportations chinoises de soie était en 1856-1857[1].

Les soyeux lyonnais ont été les premiers à s'intéresser à la Chine. Dans la lettre d'Isidore Hedde, qui était président délégué de l'industrie de soies et soieries, il apparaît que la chambre de commerce à Lyon recherchait spécialement les échantillons et les produits de la soie chinoise.

1.2.1 – Paul Desgrand[2]

Sur la base des renseignements qu'ils avaient obtenus concernant la soie chinoise, les négociants lyonnais commencèrent leurs aventures en Chine. D'une part, l'ouverture de la porte de la Chine et l'installation de la concession française à Shanghai leur fournirent des possibilités et des conditions prioritairement favorables pour leur commerce. D'autre part, la soie grège chinoise avait attiré l'attention des marchands lyonnais, surtout à partir du moment où, en 1849, la pébrine, pandémie du ver à soie, se répandit dans les éducations séricicoles en France et en Europe. En face de ce problème, les marchands-fabricants de soierie lyonnaise ne pouvaient que compter davantage sur la soie grège d'Asie, surtout celle de la Chine. Natalis Rondot, qui possédait des réseaux en Chine par ses expériences au sein de la mission Lagrené en Chine durant les années 1844 à 1846, put acquérir une connaissance solide de l'Empire céleste. Ses connaissances concernant les soies chinoises, à propos desquelles il s'était livré à une étude approfondie, ainsi que ses compétences polyvalentes se trouvaient renforcées par ses contacts personnels avec les grandes maisons britanniques. C'est pourquoi Paul Desgrand, marchand-fabricant et notable lyonnais, se rapprocha de lui afin d'étendre ses affaires de soies en Extrême-Orient.

Le développement du commerce s'appuyait sur les facilités de financement. Le commerce de la soie surtout demandait en effet une immobilisation de capitaux importants. En Chine, depuis l'ouverture des ports aux commerces étrangers, les paiements d'achats de marchandises chinoises pour l'exportation concernaient les maisons étrangères qui fonctionnaient dans l'Empire céleste. Les Anglais, forts de leur présence militaire, commerciale ainsi que financière, avaient tissé un réseau de négoce efficace. De plus, au milieu du XIXe siècle, les soyeux lyonnais rencontraient des difficultés à obtenir des approvisionnements en soie asiatique, car Londres avait largement monopolisé ce marché. Les négociants britanniques avaient en effet réussi à établir leur domination sur le marché international de la soie en contrôlant les routes commerciales, les ports et les canaux de distribution de la soie, notamment en provenance de Chine. Cette domination britannique avait eu pour conséquence d'augmenter

---

[1] Eugène Buissonnet, *De Pékin à Shanghai, souvenirs de voyages*, Paris, Amyot, 1871, p. 33.

[2] Jean-François Klein, *Les maîtres du comptoir : Desgrand père & fils. Réseaux du négoce et révolutions commerciales (1720-1878)*, Paris, PUPS, coll. « Roland Mousnier », 2013, 368 p.

les prix des soies chinoises à Londres de près de 10 %, par rapport au prix qu'elles auraient atteint si elles avaient été débarquées à Marseille. Cette augmentation de prix constituait une charge importante pour les fabricants de soie lyonnais qui avaient besoin de la soie chinoise pour produire leurs tissus et qui devaient donc payer des prix élevés afin d'obtenir cette matière première. Face à cette situation, les soyeux lyonnais cherchèrent des solutions pour contourner le monopole britannique sur la soie chinoise et diversifier leurs sources d'approvisionnement[1].

Paul Desgrand, dont le principe commercial de sa maison depuis 1788 reposait sur l'élimination de tout intermédiaire, quitte à s'y substituer lorsque cela est nécessaire[2]. Il était prêt à intervenir en tant qu'intermédiaire pour assurer le bon déroulement de ses transactions. C'est dans ce contexte qu'il avait engagé Natalis Rondot à dessein de mettre les compétences de ce Rémois à son service. Par la même occasion, il mettait en relation son patron, Paul Desgrand[3], avec Dominique Rémi, un négociant français qui exportait les soies chinoises de Shanghai à Londres. Cette rencontre fut sans doute l'une des raisons qui poussa Rondot à s'intéresser au marché asiatique et à chercher de nouveaux débouchés commerciaux pour la soie lyonnaise. Dans le cadre du nouveau mode de coopération, Rémi fournissait les soies grèges à l'agence marseillaise de Desgrand, et ce dernier lui fournissait directement les marchandises françaises qu'il importait à Shanghai, sans passer par Londres. Dès 1852, 85 balles de soie grège chinoise, soit plus de 5 tonnes, étaient consignées par son agence marseillaise[4]. Ces deux maisons jouaient un rôle indispensable dans l'établissement des relations commerciales en direct entre Lyon et la Chine. Selon Fredet, Rémi aurait été le premier qui aurait fait un essai d'expédition directe de la soie chinoise vers Marseille[5]. C'était aussi l'un des premiers essais de la route de la soie entre Shanghai et Marseille.

Avec l'appui de Natalis Rondot, Desgrand était le représentant des premiers commerçants français qui avaient importé des soies grèges directement de Chine. En plus de son commerce de coton, de laine et de peaux, il avait diversifié ses activités dans le commerce lointain de la soie asiatique à partir des années 1850. Grâce à l'extension de ses affaires de soie, le chiffre d'affaires de l'entreprise Desgrand père & fils passa de 12 millions en 1853

---

[1] Natalis Rondot dans *Le Journal illustré des produits de Lyon, Saint-Étienne, Mulhouse, Roubaix et autres villes manufacturières de France*, 1re année, 1867, *op. cit*, p. 4.

[2] Jean-François Klein, *Les maitres du comptoir. Desgrand père & fils (1720-1878). Réseaux du négoce et révolutions commerciales*, Paris, PUPS, 2013, p. 252.

[3] *Ibidem.*

[4] Jean-François Klein, « Natalis Rondot, un libéral au service des intérêts lyonnais », *L'Empire libéral. Essai d'histoire globale*, Paris, SPM, 2021, p. 236.

[5] Jean Fredet, *Quand la Chine s'ouvrait, Charles de Montigny, consul de France*, Paris, Larose, 1953, p. 54.

à 28 millions francs en 1856[1]. Il avait atteint son apogée en l'année 1857 : la maison Desgrand possédait 14 comptoirs, 104 employés, 3 intéressés et réalisait un chiffre d'affaires de 40 millions en 1857[2]. Desgrand ouvrait ainsi un nouveau chapitre pour les soyeux lyonnais quant au négoce de la soie d'Asie orientale. Par rapport à la progression du négoce de la soie, les autres négoces de laine, de peaux semblaient être abandonnés. Une raison pour laquelle la maison se concentrait sur le négoce de soies asiatiques était que l'intermédiaire avait été rendu inutile pour le commerce entre le Nord et le Midi, grâce au développement des facilités de communication par chemin de fer et bateaux. Le secret de la réussite de la maison Desgrand père et fils résidait dans sa pratique de réduire les intermédiaires entre les producteurs et les consommateurs.

Afin de développer le commerce de la soie en Chine, Paul Desgrand plaidait en faveur de la création d'une « Compagnie de Chine » qui serait organisée sur le modèle de l'East India Company, une entreprise britannique ayant le monopole du commerce britannique avec l'Asie. En effet, les Français étaient prisonniers des banques britanniques en Asie. Surtout en Chine, les Français ne possédaient pas les institutions financières nécessaires. L'idée de Desgrand était de créer une entreprise à charte qui aurait le monopole du commerce de la soie avec la Chine, en échange d'une taxe payée au gouvernement chinois. Cette entreprise serait dirigée par des Français et aurait pour objectif de développer le commerce de la soie et d'assurer une meilleure organisation de ce commerce[3]. Cependant, cette proposition ne fut pas suivie d'effet car le gouvernement français ne souhaitait pas s'engager dans une entreprise qui aurait impliqué une intervention directe dans les affaires chinoises. De plus, les autorités chinoises n'étaient pas favorables à l'idée d'accorder un monopole commercial à une entreprise étrangère.

Néanmoins, avec le départ de Rondot en 1857, la maison Desgrand se retrouvait marginalisée dans le commerce de la soie chinoise dans les années 1860. Il s'avérait que Natalis Rondot était un acteur nodal qui reliait les acteurs personnels d'un réseau bien tissé. Il avait été engagé par Paul Desgrand, en tant que son représentant à Paris auprès des cercles du pouvoir public. La maison Desgrand père et fils avait réussi à accumuler une véritable fortune grâce aux opérations menées par N. Rondot. Mais, ensuite, une décision catastrophique de Paul Desgrand mit un terme à cette relation professionnelle et familiale en même temps. En effet, Rondot avait épousé l'une des sœurs de Jules Bizot, gendre de Paul Desgrand. Ainsi, la rupture de

---

[1] Jean-François Klein, *Les maîtres du comptoir. Desgrand père et fils (1720-1878). Réseaux du négoce et révolutions commerciales*, *op. cit.*, p. 231.

[2] Jean-François Klein, « Natalis Rondot, un libéral au service des intérêts lyonnais », *L'Empire libéral. Essai d'histoire globale*, *op. cit.*, p. 238.

[3] Jean-François Klein, « Natalis Rondot, un libéral au service des intérêts lyonnais », *L'Empire libéral. Essai d'histoire globale*, *op. cit.*, p. 238.

la relation entre Desgrand et Bizot fut, en conséquence, l'élément déclencheur du départ de Rondot. Le revirement survenu dans cette histoire de coopération a bien été expliqué dans une lettre de Rondot à Arlès-Dufour : le premier pensait qu'il était mal payé par rapport à ce qu'il avait fait pour la maison Desgrand père et fils[1].

1.2.2 – Arlès-Dufour

En 1855, Arlès-Dufour était nommé en qualité de Secrétaire général de la Commission impériale de l'exposition universelle de Paris. Ce fut l'occasion pour lui de mieux connaître Rondot. Ce fut pourquoi il s'attacha au talent et aux compétences de travail de ce jeune homme. Profitant de la brouille entre Desgrand et Rondot, Arlès-Dufour saisit l'occasion pour inviter Rondot à rejoindre son entreprise et lui offrir une rémunération assez attirante. Leur but était simple, concurrencer Paul Desgrand dans le commerce de la soie chinoise et faire de Lyon l'entrepôt mondial de la soie[2]. Représentant d'Arlès-Dufour, Rondot entrait en relation avec James Matheson, le patron écossais de la prestigieuse société Jardine, Matheson et Cie, une firme anglaise établie en Chine depuis de nombreuses années et à la tête du commerce des soies en Extrême-Orient[3]. À cause d'une connaissance insuffisante du marché chinois, une collaboration avec une entreprise étrangère bien établie était le choix le plus judicieux. Ces deux entreprises ont conclu *gentlemen's agreement* qui a duré jusqu'aux années 1970. Cette collaboration a permis à Arlès-Dufour de renforcer sa position sur le marché de la soie en Chine et de contribuer à faire de Lyon un centre majeur de l'industrie de la soie dans le monde[4].

L'appoint de Rondot a été un atout important pour la maison d'Arlès-Dufour dans le développement de ses échanges commerciaux avec la Chine. En effet, grâce à ses compétences en langues étrangères, sa connaissance des us et coutumes chinois, ainsi que son expérience de négociateur, Rondot put jouer un rôle clé dans l'établissement de relations commerciales fructueuses entre la maison d'Arlès-Dufour et les négociants chinois. Grâce à cette collaboration, la maison d'Arlès-Dufour réussit à diversifier ses sources d'approvisionnement en soie, à réduire ses coûts d'achat et à renforcer sa position sur le marché mondial de la soie. Arlès-Dufour était aussi très optimiste et enthousiaste quant aux opportunités commerciales offertes par

---

[1] Lettre de Natalis Rondot à Gustave Arlès-Dufour, Cote 242J13, Établissement Chabrières Morel & Cie, Morel-Journel & Cie, Marchands de soie à Lyon 1811-2013, 242J1-1226, Archives départementales du Rhône et de la métropole de Lyon.

[2] Lettre de Natalis Rondot à Gustave Arlès-Dufour, Cote 242J13, Établissement Chabrières Morel & Cie, Morel-Journel & Cie, Marchands de soie à Lyon 1811-2013, 242J1-1226, Archives départementales du Rhône et de la métropole de Lyon.

[3] Jacques Canton-Debat, *Un homme d'affaires lyonnais : Arlès-Dufour (1797-1872)*, Thèse d'histoire sous la direction de Yves Lequin, Université Lyon-II, 2000, p. 391.

[4] *Ibidem*, p. 240.

l'Extrême-Orient, en particulier la Chine. Il voyait un grand potentiel pour les entreprises françaises de se développer dans cette région en raison de la richesse de ses ressources naturelles et de sa population importante. Dans une lettre à Henri Duveyrier, le fils de son ami et aussi son jeune protégé, Arlès-Dufour l'exprimait, il lui faudrait opter pour une carrière commerciale en Chine au lieu de s'intéresser au torride désert saharien. De fait « une crise comme celle que nous traversons renverse des milliers de fortunes et des millions d'espérances comme la tienne »[1].

En effet, la collaboration entre la maison Arlès-Dufour et Jardine Matheson & Cie eut un impact important sur la production séricicole française en atténuant l'impact de la pébrine, une maladie qui affectait les vers à soie en Europe à cette époque. En s'appuyant sur les connaissances acquises en Chine, la maison Arlès-Dufour put améliorer ses techniques de production de soie et améliorer la qualité de la soie produite en France. De plus, la collaboration avec Jardine Matheson & Cie permit d'importer des vers à soie sains de Chine pour remplacer les populations affectées par la pébrine en France. Cela contribuait à maintenir la production de soie en France et permettait à l'industrie de la soie française de rester compétitive sur le marché mondial.

A/ La banque, rôle indispensable pour les soyeux lyonnais en Chine

Rondot donna un exemple en 1859 pour illustrer les conséquences des décisions des sociétés financières britanniques sur le commerce international. Il expliquait que ces sociétés pouvaient décider de n'acheter que des traites (c'est-à-dire des ordres de paiement) relatives à des marchandises à bord de l'*Albion*, un navire transportant des marchandises à destination des ports anglais, et de rejeter les traites à destination de Londres dont les tireurs étaient français[2]. Cela signifiait que les marchands français se verraient refuser le paiement de leurs factures, même s'ils avaient effectué des transactions légitimes avec des partenaires commerciaux britanniques. Cette pratique discriminatoire avait des conséquences économiques significatives pour les commerçants français, car elle limitait leur capacité à exporter leurs produits et à réaliser des bénéfices. Rondot avait ainsi souligné l'importance de développer des mécanismes de financement et de paiement indépendants pour les échanges commerciaux internationaux, afin de garantir que les transactions soient équitables et transparentes pour tous les partenaires commerciaux[3]. De plus, selon Pierre Cayez, « ... il faut que la France ait aussi dans ces contrées lointaines plusieurs banques... les banques anglaises

---

[1] Lettre d Arlès-Dufour, 21 novembre 1857, Archives départementales du Rhône et de la métropole de Lyon.

[2] Natalis Rondot, *Le Rapport sur le commerce de la France avec la Chine*, Lyon, Perrin, 1860, p. 22-23.

[3] Natalis Rondot dans *Le Journal illustré des produits de Lyon, Saint-Étienne, Mulhouse, Roubaix et autres villes manufacturières de France*, *op. cit.*, p. 4.

refusent tout papier qui est tiré en francs et payable en France... de sorte que le tiré français doit supporter les pertes résultant des changes et des commissions de banque. »[1]

Le traité Cobden-Chevalier, signé le 23 janvier 1860 entre la France et l'Angleterre, visait à établir un accord de libre-échange entre les deux pays, en supprimant les barrières tarifaires pour favoriser les échanges commerciaux. Il était en effet le résultat de longues négociations entre la France et le Royaume-Uni. Les premières discussions avaient débuté, dès 1847, entre Richard Cobden, homme d'affaires et homme politique britannique, et Michel Chevalier, économiste et homme politique français. Arlès-Dufour a également participé aux négociations du traité, notamment en ce qui concernait les échanges de soie entre la France et l'Angleterre. Cela eut un impact significatif sur l'industrie textile française, en particulier les soyeux lyonnais, qui bénéficiaient d'un accès plus facile aux soies asiatiques à des prix compétitifs. Ce traité permettait aussi à l'industrie française de contester le monopole de l'industrie britannique dans le monde entier. De plus, il assurait un approvisionnement en matières premières sur le marché asiatique, spécialement pour la soie grège[2].

Après la signature du traité Cobden-Chevalier, le 25 mai 1860, le Comptoir d'Escompte de Paris obtint par décret l'autorisation d'exercer ses activités et d'installer des succursales bancaires dans les colonies et à l'étranger, notamment dans le pourtour de l'océan Indien et en Extrême-Orient afin de faciliter les échanges commerciaux et de promouvoir les intérêts économiques de la France[3]. Cette présence bancaire française en Asie contribuait à renforcer les échanges commerciaux entre la France et l'Asie, surtout dans le domaine de la soie. Elle permettait de soutenir financièrement les entreprises françaises désireuses de s'implanter dans la région. Les premières agences furent ouvertes à Shanghai en 1860, suivies par une ouverture à Hong Kong en 1865[4]. Le Comptoir d'Escompte de Paris a ainsi pu étendre ses activités en Asie et devenir l'une des premières banques européennes à s'implanter dans la région. « C'était une volonté affichée de concurrencer sur leur propre territoire les banques et le commerce britanniques, dont les entreprises françaises, exportatrices et importatrices, veulent s'affranchir : les premières agences ouvertes le sont

[1] Pierre Cayez citant A. Dufour en 1856 : « Les consignataires fournissent à 6 mois les 3/4 du montant sur une maison de Londres qui reçoit les encaissements », p. 568.

[2] Yasuo Gonjo, *Banque coloniale ou banque d'affaires, la banque de l'Indochine sous la IIIe République*, Comité pour l'histoire économique et financière de la France, 1993, p. 3-54.

[3] Gilles Normand, *Les sociétés de crédit et banques à succursales en France. Étude historique, critique et monographique*, Paris, Perrin, 1924, p. 16.

[4] Archives du comptoir national d'escompte de Paris (1848-1966), fond de BNP Paribas. Consulté le 24 janvier 2023, https://histoire.bnpparibas/nos-fonds-en-un-coup-doeil/comptoir-national-descompte-de-paris/

dans les zones d'influence anglaise. »[1] Cette stratégie était une manière pour les entreprises françaises de contourner le monopole britannique sur le commerce et les finances. Cela leur permettait de diversifier leurs sources d'approvisionnement et de conquérir de nouveaux marchés. Les premières agences ouvertes par le Comptoir d'Escompte de Paris à Shanghai et à Hong Kong en constituaient un exemple, car ces villes étaient alors sous l'influence britannique. Cette stratégie était également soutenue par le gouvernement français, qui cherchait à renforcer la présence économique et commerciale de la France à l'étranger.

B/ Le Crédit Lyonnais, banque déterminante dans l'expansion de la maison Arlès-Dufour

En raison de l'intention initiale et de la structure qu'il avait établie, le Comptoir d'Escompte de Paris était considéré, dans une certaine mesure, comme une banque contrôlée par le gouvernement. En conséquence, les décisions commerciales de la banque étaient souvent influencées par les intérêts de ce même gouvernement. Arlès-Dufour ne put prendre la direction souhaitée par lui, et, de ce fait, rencontra des difficultés à imposer sa vision pour la banque et son expansion en Asie face à la forte influence politique exercée sur la direction du Comptoir d'Escompte de Paris.

Ainsi, par la suite, Henri Germain, fils de négociant en soierie, fonda à Lyon, en 1863, une nouvelle banque, le Crédit Lyonnais[2]. Arlès-Dufour participa aussi à la création de cette banque privée qui lui fournissait un service important dans son expansion en Chine. « Le plus important d'entre eux, Arlès-Dufour (le seul vrai saint-simonien de son temps) fera partie du petit noyau créateur du Crédit Lyonnais. Il en est même le principal inspirateur »[3]. Paulin Talabot, qui avait travaillé avec H. Germain chez Arlès-Dufour, était effectivement présent dans le tour de table de la banque[4]. Le Crédit Lyonnais connut un grand succès et, rapidement, devint une institution financière majeure en France et à l'étranger, notamment en Chine. Grâce à son réseau de succursales et d'agences à l'étranger, le Crédit Lyonnais était un partenaire important des soyeux lyonnais en Chine en leur offrant des services bancaires afin de faciliter les échanges commerciaux entre les producteurs de soie chinoise et les négociants de soieries françaises. Par exemple, il mit en place un service de consignation pour les balles de soie envoyées depuis Shanghai et Canton vers Lyon. Les soyeux lyonnais

[1] Archives du comptoir national d'escompte de Paris (1848-1966), fonds de BNP Paribas. Consulté le 24 janvier 2023, https://histoire.bnpparibas/nos-fonds-en-un-coup-doeil/comptoir-national-descompte-de-paris/

[2] Bertrand Lafargue, « Henri Germain (1824-1905) : un banquier en politique », *Publications d'histoire économique et sociale internationale*, 2003, p. 52.

[3] Jean Bouvier, « Le "bon sens" du Crédit Lyonnais », *L'Histoire*, février 1983, n° 53.

[4] Roland Carty, Éliane Richard et Pierre Échinard, *Les patrons du Second Empire : Marseille*, Paris, Picard, 1999, p. 285-289.

pouvaient ainsi confier leur marchandise à la banque, qui s'occupait ensuite de son transport, de son stockage et de sa vente sur le marché lyonnais. De plus, le Crédit Lyonnais finança des projets de développement liés à l'industrie de la soie, tels que la construction de filatures et la modernisation des méthodes de production en Chine[1].

1.2.3 – Les soyeux lyonnais implantés directement en Chine

À la suite de l'installation de Desgrand et d'Arlès-Dufour en Chine, les autres commerçants lyonnais ont suivi leur exemple et se sont implantés directement sur place pour s'approvisionner en soie.

A/ Eugène-Napoléon Buissonnet, jeune aventurier à Shanghai

Par exemple, en 1854, Eugène-Napoléon Buissonnet, gendre de Dominique Rémi[2], avait été envoyé à Shanghai à l'âge de 20 ans pour travailler en tant que représentant de la maison Chartron, Brisson & Cie, une entreprise de commerce de soie et de filature basée à Saint-Vallier, dans la Drôme[3]. Rapidement, il acquit une connaissance approfondie du marché de la soie chinoise et établit de solides relations avec les producteurs et les commerçants locaux. Grâce à sa maîtrise de la langue chinoise et de la culture chinoise, Buissonnet put négocier directement avec les fournisseurs de soie et obtenir des prix avantageux pour la soie grège[4]. En outre, Buissonnet fut un pionnier dans l'introduction de nouvelles technologies dans l'industrie de la soie en Chine, notamment en aidant à mettre en place des filatures modernes et en introduisant des méthodes plus efficaces pour le traitement et la production de la soie. Il participa à la création de plusieurs filatures de soie à Shanghai, en coopération avec les maisons de soie lyonnaises[5]. Cela permit de garantir un approvisionnement régulier en soie grège pour les soyeux lyonnais et de réduire leur dépendance à l'égard des importations britanniques. Au fil du temps, Buissonnet consolida sa position sur le marché de la soie chinoise et devint l'un des plus importants négociants en soie de Shanghai.

B/ Hilarion Meynard et Cie, négociant et sériciculteur de soie chinoise

À la même époque, Hilarion Meynard et Cie jouait aussi un rôle important dans le commerce de la soie en Chine au XIXe siècle. La maison

[1] Jean Bouvier, *Le Crédit Lyonnais de 1863 à 1882. Les années de formation d'une banque de dépôt*, Paris, 1961, p. 135.
[2] Nicole Bensacq-Tixier, *Dictionnaire du corps diplomatique et consulaire français en Chine (1840-1911)*, *op. cit.*, p. 413.
[3] Chambre de commerce et d'industrie de Valence et de la Drôme. *De la soie à l'atome ou 100 ans d'industrie drômoise*, 1979, p. 176.
[4] Eugène Buissonnet, Ligaran, *De Pékin à Shanghaï, Souvenirs de voyages,* Paris, Ligaran, 2015, p. 258.
[5] *Ibidem*. p. 378.

Hilarion Meynard a été créée au début du XIXe siècle par Hilarion Meynard à Valréas, dans le sud de la France. Hilarion Meynard était un spécialiste de la sériciculture et était impliqué dans l'importation de cocons de vers à soie de Chine et d'autres régions d'Asie. Au milieu du XIXe siècle, son fils âgé, Marius Meynard, rejoignit l'entreprise en tant qu'associé. Et l'entreprise a été nommée Hilarion Meynard et Cie. Afin d'apprendre la technique de la sériciculture et de chercher de nouvelles sources de matières premières pour la soie, un autre membre de la famille, Henri Meynard, fut envoyé en Chine et créa la société Meynard Cousins et Cie à Shanghai en 1859[1]. Cette société s'est concentrée sur « l'achat et l'expédition en Europe de produits chinois de même que la vente en Chine de produits européens, l'affrètement de navires, en général toutes les opérations commerciales qui peuvent exister entre l'Europe et la Chine »[2].

En plus de négociant de la soie, la maîtrise de l'expertise en sériciculture et l'innovation technologique ont été des facteurs clés pour l'expansion rapide des Meynard en Chine. Selon l'article du 3 octobre 1860. La sériciculture pratique mentionnait que les cocons de Chine arrivent en parfait état de conservation grâce à l'utilisation d'un étouffoir à l'européenne introduit par H. Meynard. « Huit ans de séjour à Shanghai et des expériences souvent coûteuses l'ont amené à un résultat parfait »[3]. En conséquence, les filateurs sont très intéressés par les cocons étouffés et expédiés par Meynard Cousins et Cie. « À l'heure qu'il est, il n'y a encore en Chine sur le marché soyeux qu'une maison exclusivement française, c'est la maison Meynard Cousins et Cie, à Shanghai. » R. Lançon déclarait à ce propos : « Qu'il s'ouvre donc, l'isthme de Suez, pour laisser passer les richesses de l'Orient et parmi ces richesses, les graines de vers à soie, les cocons et les soies de Chine. »[4]

Les soyeux lyonnais saisirent l'opportunité de l'expansion coloniale française pour développer leurs activités commerciales en Chine. En effet, la seconde guerre de l'opium ouvrit la Chine au commerce étranger et permit aux négociants européens d'y accéder plus facilement. Les soyeux lyonnais purent ainsi mettre en place une stratégie visant à s'associer avec les négociants locaux afin d'acquérir des connaissances à propos de la production de soie en Chine, puis à concurrencer les Britanniques en développant des filatures et des ateliers de tissage sur place. Cette stratégie permit aux soyeux lyonnais de devenir des acteurs majeurs du commerce de la soie en Chine et de renforcer leur position sur le marché européen.

---

[1] Éric Hamaïde, *Les relations entre Lyon et la Chine au XIXe siècle : essai d'histoire commerciale*, thèse de doctorat en histoire, sous la direction de Christian Henriot, Lyon, Lyon-II, 1999, p. 46.

[2] R. Lancon, *L'Isthme de Suez et l'industrie de la soie*, *op. cit.*, p. 7.

[3] Éric Hamaïde, *Les relations entre Lyon et la Chine au XIXe siècle : essai d'histoire commerciale*, *op. cit.*, p. 54.

[4] R. Lancon, L'isthme de Suez et l'industrie de la soie, *op. cit.*, p. 7.

II. CHABRIÈRES MOREL & CIE : UN EXEMPLE ORIGINAL DE STRATÉGIE EN CHINE

L'établissement Morel-Journel & Cie traversa plus de 200 ans au cours du temps[1]. En tant que marchands de soie, un métier à la fois de banquier et de négociant approvisionnant Lyon en soies venant des quatre coins du monde pour la fabrique, il a gravé sur la place de Lyon une empreinte non négligeable. La fabrique était pendant longtemps le moteur de l'économie lyonnaise, dont le bon fonctionnement dépendait de l'alimentation continue et régulière de cette précieuse matière première. Ce métier de marchand de soie était très prisé à Lyon et souvent réservé aux familles riches et influentes. Les négociants en soie jouaient un rôle clé dans l'économie lyonnaise, assurant l'approvisionnement régulier en matière première de la fabrique et développant des liens commerciaux avec les pays producteurs de soie. Ces familles de négociants étaient considérées comme « un élément essentiel de l'aristocratie lyonnaise des soyeux » [2] . L'histoire de l'établissement Morel-Journel faisait preuve d'une dynastie de marchands de soie durant son existence qui s'étend plus de deux siècles.

Son parcours se divisait en trois périodes importantes : la première société Arlès-Dufour & Cie, qui avait été fondée en 1811 par François Arlès-Dufour et dont les activités prirent définitivement en 1885. La deuxième période s'amorça avec la création d'une nouvelle société en nom collectif en 1885 par Ennemond Morel, Victor Bizot et Auguste Chabrières, trois associés étroitement liés à l'ancienne entreprise par des liens tant professionnels que familiaux[3]. Une scission de la société en 1929 marqua le commencement de la troisième période : d'un côté, la société Morel-Journel & Cie, avec Henry Morel-Journel à la tête, reprenait toutes les activités soyeuses et textiles et, toujours par la suite, demeurait basée à Lyon, la cessation de ses activités ayant lieu en 2013 ; de l'autre côté, la société Chabrières et Cie, dont Maurice Chabrières en tant que dirigeant, s'installait à Marseille avec pour activité le commerce général.

---

[1] Cote 242J55, Déjeuner offert par Ennemond Morel, chevalier de la Légion d'Honneur à ses collaborateurs de la maison Chabrières, Morel & Cie : menu présentant un historique de la société au verso (18 juillet 1914), Établissement Chabrières, Morel & Cie, Morel-Journel & Cie, Marchands de soie à Lyon 1811-2013, 242J1-1226, Archives départementales du Rhône et de la métropole de Lyon.

[2] Bernadette Angleraud, Catherine Pellissier, *Les dynasties lyonnaises, des Morins-Pons aux Mérieux du XIXe siècle à nos jours*, Paris, Perrin, 2003, p. 19.

[3] Canton-Débat indique dans sa thèse qu'Ennemond Morel (1847-1934) rejoint la maison Arlès-Dufour et Cie en 1869, et Victor Bizot (1845-1931) un an plus tôt que lui en 1868. La fille d'Ennemond Morel, Jeanne Morel-Journel (1879-1966) s'est mariée en 1898 avec Jacques Louis Robert Bizot (1867-1959), fils d'Emmanuel Eugène Bizot (1832-1924), frère de Victor Bizot. Auguste Chabrières (1854-1904) est le fils de Maurice Chabrières (1829-1897), gendre de François Arlès-Dufour (1797-1872).

2.1 – L'histoire de la maison Chabrières, Morel & Cie

François Arlès-Dufour[1] avait fondé, on l'a dit, sa société en 1811, société qui prit de l'envergure pendant les années où il se trouvait à la tête de la structure. Son héritage était durable, tant professionnellement que dans sa vie privée. Sa réputation de négociant fiable et compétent, ainsi que son réseau commercial étendu, solidement tissé avec les maisons britanniques et européennes, perdurèrent au fil des ans et, ainsi, contribuèrent à la réussite de la société Morel-Journel & Cie.

2.1.1 – La dissolution de l'ancienne maison Arlès-Dufour & Cie

C'était à l'occasion de l'Exposition nationale des produits de l'industrie, qui eut lieu à Paris en 1849, puis, en 1851, de l'Exposition universelle à Londres, que François Arlès-Dufour fit la connaissance de Natalis Rondot, alors jeune homme et doté de riches connaissances d'Extrême-Orient grâce à son concours à la mission Lagrené. Pourtant, Rondot avait d'abord travaillé, on l'a dit plus haut, à partir de 1852, pour la maison Desgrand père et fils en tant que représentant de la maison à Paris. À l'issue d'un conflit entre Paul Desgrand[2], patron de la maison, et Rondot, ce dernier quitta cette maison et rejoignit assez vite la maison Arlès-Dufour & Cie, en fait, dès 1857. Ce qu'avait apporté Rondot, ce n'étaient pas seulement les connaissances des pays extrême-orientaux, mais aussi les contacts avec de puissantes maisons britanniques alors bien installées dans le pays producteur de soies, à l'exemple de Jardine Matheson & Co, qui se trouvait à la tête du négoce des soies chinoises et japonaises[3]. Selon Jean-François Klein, Rondot avait une relation étroite avec James Matheson, alors grand patron de la société britannique. Aussitôt que la mise en relation eut été faite par Rondot, une entente s'était formée entre les deux maisons, de telle sorte qu'une division internationale de travail Arlès-Dufour & Cie s'engageait à ne pas ouvrir agence en Asie et à acheter les soies auprès de la maison Jardine Matheson & Co. En revanche, il prenait le relais de la distribution des soies asiatiques en Europe par son réseau commercial à l'échelle européenne. Cet accord durait jusqu'en 1960[4].

---

[1] Né François-Barthélémy Arlès le 3 juin 1797 à Sète (anciennement s'écrit Cette), fils de Jean-François Arlès et Claire Tichy, marié en 1823 avec Pauline Dufour (1805-1880), et mort le 21 janvier 1872 à Vallauris, est un homme d'affaires lyonnais remarquable au XIXe siècle. Il est le fondateur de la société Arlès Dufour et Cie en 1811. Jacques Canton-Débat, *Un homme d'affaires lyonnais : Arlès-Dufour (1797-1872)*, Thèse, Université Lyon-II, 2000.

[2] Paul Desgrand (1799-1878), marchand et fabricant lyonnais. Klein Jean-François, *Les maîtres du comptoir : Desgrand père & fils (1720-1878)*, Paris, PUPS, 2013, p. 29.

[3] Jacques Canton-Débat, *Un homme d'affaires lyonnais : Arlès-Dufour (1797-1872)*, *op. cit.*, p. 392.

[4] Jean-François Klein, *Les maîtres du comptoir : Desgrand père & fils (1720-1878)*, *op. cit.*, p. 261.

En 1859, François Arlès-Dufour a pris sa retraite professionnelle et a passé la gestion à ses deux fils. Gustave Arlès-Dufour[1] et Alphonse Arlès-Dufour[2] lui succédaient pour diriger la maison Arlès-Dufour. Peu après sa retraite, en 1860, il « prêche à ses enfants la retraite devant l'orage, c'est-à-dire la réduction des affaires du chiffre de trente-six à vingt-quatre millions, ce qui serait encore bien bon. »[3] Dans son testament révisé en 1863, il exprimait clairement sa contrariété éprouvée envers ses fils par rapport à leur façon de gérer la maison, en évoquant le fait qu'il y avait trop de succursales et agences ainsi que l'existence des agents « presque inutiles à Turin, Milan et Naples », surtout son mécontentement envers Gustave Arlès-Dufour qui s'avérait quasiment une prophétie du destin, encore pire, de la maison sous Gustave Arlès-Dufour : « c'est de la folie qui s'est emparée de Gustave, et qui empêche la maison de reprendre, comme crédit, le premier rang où je l'avais placée. »[4] Apparemment, Gustave Arlès-Dufour n'avait pas bien suivi ce conseil de son père et, à partir de 1875, la maison Arlès-Dufour, sous la seule direction de Gustave Arlès-Dufour, vit les chiffres d'affaires ne cesser d'augmenter, tandis que les bénéfices se diminuaient. Vitement, la maison tomba en perdition financière, ce qui provoquait une intervention des partenaires financiers dans le but de sauver la société.

Comme les échanges de lettres entre le Crédit Lyonnais et Monsieur Gustave Arlès-Dufour le montrent, un crédit d'un montant de 300 000 francs figurait dans le relevé de compte arrêté au 31 décembre 1881, mais il présentait quand même un solde en faveur du Crédit Lyonnais d'un montant total de 398 842,70 francs.

---

[1] Gustave Arlès-Dufour, fils aîné de François Arlès-Dufour et Pauline Dufour, le 12 février 1829 à Lyon, et mort le 12 janvier 1899 à Versailles. Jacques Canton-Débat, *Un homme d'affaires lyonnais : Arlès-Dufour (1797-1872)*, Thèse en histoire, Université Lyon-II, 2000, p. 70.

[2] Alphonse Arlès-Dufour, fils de François Arlès-Dufour, né le 15 octobre 1835 à Lyon et mort le 7 novembre 1921 à Alger. Jacques Canton-Débat, *Un homme d'affaires lyonnais : Arlès-Dufour (1797-1872)*, *op. cit.*, p. 645.

[3] Lettre d'Arlès-Dufour à Enfantin, le 3 janvier 1860 (ARS1687) citée par Pierre Cayez, *L'industrialisation lyonnaise au XIX*e *siècle*, p. 666. Jacques Canton-Débat, *Un homme d'affaires lyonnais : Arlès-Dufour (1797-1872)*, *op. cit.*, p. 462-463.

[4] Jacques Canton-Débat, *Un homme d'affaires lyonnais : Arlès-Dufour (1797-1872)*, *op. cit.*, p. 462.

Tableau III.6.1 Débit et crédit du compte de Monsieur Gustave Arlès-Dufour au Crédit Lyonnais

	Débit	Crédit
Situation antérieure	648 592,70	
V/ Remise		
N/ Paiement	50 000	
V/ Versement	250	
Effet inclus		
Totaux	698 842,70	300 000
Balance en notre faveur		398 842,70

Source : Lettre de Crédit Lyonnais le 30 janvier 1882, Rapport avec les banques Gustave Arlès-Dufour Cote 242J23, Archives départementales du Rhône et de la métropole de Lyon.

> « Monsieur Gustave Arlès-Dufour,
>
> Nous avons l'honneur de vous retourner sous ce pli dûment acceptées, les traites de votre maison de Paris sur nous-même, de : fcs 22 000, au 30 avril, fcs 28 000 au 30 avril, ensemble fcs 50 000 dont nous vous débitons, plus : fcs 250 val. Ce jour notre commission ½ %.
>
> Nous notons que vous nous ferez verser la contre-valeur de ces traites. »[1]

Comme l'indique la lettre ci-dessous émanant du Crédit Lyonnais, il semblait que Gustave Arlès-Dufour fournissait d'importants efforts visant à rembourser le crédit. Dans la lettre datée du 19 novembre 1884, le solde en faveur de Crédit Lyonnais s'était réduit à 187 090 francs. Néanmoins, ce crédit grevait lourdement ses activités, car les intérêts et les commissions bancaires étaient assez lourds. Sur le prêt restant d'un montant de 187 090 francs, le montant de l'intérêt et de la commission bancaire s'élevait à 3 267,90 francs chaque trois mois. Une lettre datée 24 décembre 1884 montre que chaque trimestre, une somme couvrant l'intérêt et la commission était due. Ainsi, Gustave Arlès-Dufour devait payer pour cela 2 134,15 francs au 30 juin 1884, 3 210,70 francs au 30 septembre 1884 et 3 267,90 francs au 31 décembre 1884[2].

Entre 1882-1884, le rapport de Gustave Arlès-Dufour avec les banques s'avérait assez tendu. Ses comptes auprès des établissements financiers se trouvaient toujours en situation de débit. Il fit plusieurs prêts et, même, prit

[1] Lettre de Crédit Lyonnais le 30 janvier 1882, Rapport avec les banques Gustave Arlès-Dufour Cote 242J23, Archives départementales du Rhône et de la métropole de Lyon.

[2] Lettre de Crédit Lyonnais le 19 novembre 1884, Rapport avec les banques Gustave Arlès-Dufour Cote 242J23.

une hypothèque sur un bien à Saix[1] d'un montant total de 152 000 francs, avec un taux d'intérêt de 5 %[2]. La Société Lyonnaise, entre autres, était aussi un créancier important[3].

Finalement, en 19 février 1885, par une délibération prononcée lors de l'assemblée générale extraordinaire des actionnaires, la maison fut mise en liquidation[4], à la sortie de laquelle était née en tant que nouvelle maison qui reprendrait cette « mine d'or ou poule aux œufs d'or »[5], ainsi que François Arlès-Dufour l'avait écrit. La nouvelle maison se constitua en même temps que la liquidation était amorcée dans les locaux et avec le concours de cette dernière.

2.1.2 – Les origines de Chabrières, Morel & Cie

Était-elle vraiment une mine d'or ou n'était-ce plus le cas quand Ennemond Morel[6] reprend les activités de cette maison ? Dans un rapport

---

[1] Saïx : une commune française située dans le département du Tarn, en région Occitanie.

[2] Cote 242J23 Lettres de Monsieur Louvier, agent de change, successeur de P. Hostein, le 22 avril et le 24 avril 1884, Établissement Chabrières, Morel & Cie, Morel-Journel & Cie, Marchands de soie à Lyon 1811-2013, 242J1-1226, Archives départementales du Rhône et de la métropole de Lyon.

[3] Cote 242J23 Lettre de Monsieur Louvier, agent de change, Lyon le 24 avril 1884, Établissement Chabrières, Morel & Cie, Morel-Journel & Cie, Marchands de soie à Lyon 1811-2013, 242J1-1226, Archives départementales du Rhône et de la métropole de Lyon.

[4] Dans une procuration par Monsieur Holstein, il est indiqué que sa propre fonction en tant que liquidateur venant d'une procuration par les actionnaires de la société en question. « M. Paul Henri Prosper Holstein, rentier demeurant à Lyon Quai de l'est n° 19 agissant en vertu des pouvoirs spéciaux qui lui ont été conférés par MM. Édouard Vernet, ancien banquier demeurant à Lyon, Léon Audibert négociant demeurant à Lyon, Gustave Arlès-Dufour, propriétaire demeurant au Saix près de Bourg et Théodore Fouchon, ancien négociant demeurant à Lyon aux termes d'une procuration reçue par Me Messimy, l'un des notaires soussignés le vingt-six février mil huit cent quatre-vingt-cinq (26 février 1885). Lesdits MM. Vernet, Audibert, Arlès-Dufour et Fouchon ayant agi en qualité de liquidateur de la société Les successeurs d'Arlès-Dufour et Cie, société anonyme au capital de dix millions de francs dont le siège était à Lyon, rue Bât d'argent 11, nommés à ces fonctions aux termes d'une délibération de l'assemblée générale extraordinaire des actionnaires de ladite société tenue le dix-neuf février mil huit cent quatre-vingt-cinq (19 février 1885), laquelle a prononcé la dissolution de la société, lesdits liquidateurs ayant aux termes de cette délibération le pouvoir d'agir à la majorité. »

[5] Jacques Canton-Débat, *Un homme d'affaires lyonnais : Arlès-Dufour (1797-1872)*, *op. cit.*, p. 462.

[6] Ennemond Morel, fils aîné de Joseph Hilaire Morel et Fanny Paulinier, née le 22 avril 1847 à Lyon, a épousé Albine Marie Charlotte Journel, né le 21 novembre 1854 à Lyon, fille de Jean Marie Henri Charles Journel et Pauline Caroline de Bernard, le 28 octobre 1875 à Lyon. Il mérite de noter que lors de l'acte d'union entre Morel et Journel, Gustave Arlès-Dufour était présent en tant que témoin. Acte d'union d'Ennemond Morel et Albine Journel, AC069123_2E756_0284, Archives municipales de Lyon.

confidentiel[1], cité ci-dessous par Ennemond Morel et relatant les origines de la nouvelle entreprise Chabrières, Morel et Cie, nous avons pu en apprendre plus à propos de son attitude. Le raisonnement de Maurice Chabrières-Arlès visait à convaincre son fils Auguste que les éléments qui avaient fait la prospérité de l'ancienne maison n'avaient cours.

D'abord, il existait un consensus autour de l'idée que c'était la gestion inadaptée de la société par le fils aîné de François Arlès-Dufour, Gustave Arlès-Dufour, qui avait mis l'entreprise en difficulté financière, en pratiquant une stratégie expansionniste excessive au mépris de l'augmentation des bénéfices. Il était entré en tant que personnel dans la maison Arlès-Dufour & Cie alors dirigée par ce même Gustave Arlès-Dufour, ceci, un an plus tard que Victor Bizot, en 1869[2]. C'était dans ce contexte que Victor Bizot et lui furent été désignés en tant que dirigeants de l'entreprise en vue de la liquidation de la société, successeurs d'Arlès-Dufour et Cie.

> « En 1884, les Succ. d'Arlès Dufour & Cie étaient à bout de souffle. Cette Société avait été créée sous la forme anonyme, pour prendre la place de la maison A. D. C., qu'avaient compromise la gestion et les créations désordonnées à Paris, au Havre, à Londres et à New York de son chef M. G. A. D. J'en fus nommé directeur-général, avec M. V. Bizot comme directeur-adjoint. »[3]

Dans ce même rapport, il était indiqué qu'Ennemond Morel était tombé malade pendant les premiers six mois de sa nouvelle fonction en tant que directeur général. Durant son absence, c'était Victor Bizot qui devait s'occuper des tâches visées. Malheureusement, à son retour, il remarquait que la situation ne s'était pas améliorée. De plus, la raison pour laquelle Monsieur Bizot n'avait pas accompli ces tâches était, selon lui, que ce dernier se trouvait sous active influence de Monsieur Vernet, alors président du conseil d'administration de la société. Il ne faudrait pas oublier cependant que Monsieur Vernet était aussi un créancier important de Monsieur Gustave Arlès-Dufour, qui lui devait 75 000 francs. Il y ajoutait une phrase manuscrite selon laquelle la société continuait à payer ses créances semaine par semaine[4].

---

[1] Cote 242J38 Origines de Chabrières, Morel & Cie, Établissement Chabrières, Morel & Cie, Morel-Journel & Cie, Marchands de soie à Lyon 1811-2013, 242J1-1226, Archives départementales du Rhône et de la métropole de Lyon.

[2] Dans sa thèse, M. Canton-Débat, pourtant, dans le verso du menu d'un déjeuner offert par Ennemond Morel à ses collaborateurs de la maison en 1914 indique qu'il est entré en 1870 en tant qu'associé et sur celui-ci, Victor Bizot est bien entré en 1868. Cela voulait dire qu'Ennemond Morel avait travaillé peut-être pendant un an en tant qu'employé.

[3] Cote 242J38 Origines de Chabrières, Morel & Cie, rapport confidentiel d'Ennemond Morel, Archives départementales du Rhône et de la métropole de Lyon.

[4] Cote 242J38 Origines de Chabrières, Morel & Cie, rapport confidentiel d'Ennemond Morel, Archives départementales du Rhône et de la métropole de Lyon.

Selon son point de vue, la situation actuelle, pour une société en liquidation, était grave et préoccupante. Son avis n'était évidemment pas partagé par le président Vernet, il a décidé ensuite de démissionner.

> « Cette situation me parut très grave. Je le dis au président, M. Vernet, qui ne parut pas prendre en sérieux mes inquiétudes ; mais, comme chaque jour ma conviction pessimiste s'affirmait, je résolus de donner ma démission plutôt que de conserver la responsabilité, tout au moins morale, d'un mouvement d'affaires complètement disproportionné aux ressources. »[1]

Son intention était de donner sa démission. Mais elle lui était déconseillée par Monsieur Maurice Chabrières-Arlès, gendre de François Arlès-Dufour, gros commanditaire au sein de la société en question. Monsieur Chabrières lui promettait de faire le nécessaire pour qu'il puisse continuer à exécuter ses tâches de liquidation[2].

À lire le récit d'Ennemond Morel, sa démission apparaissait plutôt comme une menace à l'endroit du conseil d'administration. En réalité, il avait probablement déjà le plan de reprendre l'affaire. Suite à l'intervention de Monsieur Chabrières auprès du conseil d'administration, ce dernier se mit d'accord pour liquider la société, mais sans s'entendre sur les modalités de la liquidation. Les actionnaires voulaient trouver un repreneur qui pourrait prendre le relais des affaires de l'ancienne maison en injectant de nouveaux capitaux et en même temps, garantir les intérêts des actionnaires lors de la liquidation de cette dernière. Selon Ennemond Morel, les propositions reçues n'avaient pas totalement répondu aux attentes des actionnaires[3].

Ennemond Morel faisait mine d'être ouvert à l'idée qu'il assumerait la responsabilité de constituer une nouvelle maison afin de reprendre les activités de la maison à liquider. Pourtant, pour ne pas imposer à la nouvelle société un handicap de départ et se prémunir contre l'accusation possible qu'il se serait approprié les bons actifs lors de la liquidation, il refusa de procéder à la liquidation lui-même. Il proposa donc une autre solution susceptible d'être acceptée par les actionnaires. Ce fut ainsi que Monsieur Holstein, ancien ami et actionnaire d'Arlès-Dufour, fut désigné comme liquidateur, parce que jugé fiable pour accomplir ce travail. Le résultat était en faveur de la nouvelle maison constituée par Ennemond Morel. En effet, la clientèle avait été préservée, ce qui permettait de conserver les débouchés et

---

1 Cote 242J38 Origines de Chabrières, Morel & Cie, rapport confidentiel d'Ennemond Morel, Archives départementales du Rhône et de la métropole de Lyon.

2 Cote 242J38 Origines de Chabrières, Morel & Cie, rapport confidentiel d'Ennemond Morel, Archives départementales du Rhône et de la métropole de Lyon.

3 Cote 242J38 Origines de Chabrières, Morel & Cie, rapport confidentiel d'Ennemond Morel, Archives départementales du Rhône et de la métropole de Lyon.

assurait de bons débuts à la nouvelle structure, tandis que les actionnaires subissaient, eux, une perte sensible[1].

En effet, le terrain avait été bien préparé dans le sillage d'une liquidation bien menée. Ce fut ainsi que naquit la nouvelle maison Chabrières, Morel & Cie, qui aurait pu prendre un nom différent, à savoir Morel, Chabrières & Cie, ainsi qu'Auguste Chabrières l'avait proposé. Le sage Ennemond Morel manifesta toute sa reconnaissance pour cette marque de politesse. Cependant, en mettant le nom Chabrières devant le sien, il savait bien que le nom Chabrières portait en lui un degré certain de légitimité pour la nouvelle société en tant que successeur de la prestigieuse maison Arlès-Dufour. Ce même nom de Chabrières pourrait apporter, de surcroît, la confiance nécessaire de la part des établissements financiers qui, ainsi, considèreraient la nouvelle entreprise comme un établissement disposant d'un crédit de premier ordre. Pour bien profiter de la renommée de cette dernière, un préfixe « Ancienne maison d'Arlès Dufour » était ajouté et conservé pendant quelques années avant qu'il ne soit retiré en 1890[2].

> « Au cours de mon travail de constitution d'une maison à mon nom, avec l'appui de commanditaires tels que MM. Edouard Aynard, Jules Cambefort, etc., ces derniers me dirent que, si le fils de M. Chabrières Arlès pouvait entrer comme associé dans cette nouvelle combinaison, elle trouverait facilement le complément de capital nécessaire et elle partirait avec un crédit de premier ordre… »[3]

L'établissement entra ainsi dans une deuxième période florissante, sous l'effet cumulé de la constitution de la maison Chabrières, Morel & Cie, laquelle fit l'objet d'une annonce publiée dans le journal britannique *The Times* le 3 mars 1885[4], et de la reprise effective de ses affaires suite à la liquidation de l'ancienne maison. Fut mise en place une nouvelle stratégie, à l'opposé de celle pratiquée par Gustave Arlès-Dufour, laquelle avait causé la faillite de la maison. Cette stratégie permit à la nouvelle société de se recentrer sur le négoce soyeux en l'amputant des affaires non soyeuses. La

---

[1] Cote 242J375, Établissement Chabrières, Morel & Cie, Morel-Journel & Cie, Marchands de soie à Lyon 1811-2013, 242J1-1226, Archives départementales du Rhône et de la métropole de Lyon.

[2] Cote 242J375, Établissement Chabrières, Morel & Cie, Morel-Journel & Cie, Marchands de soie à Lyon 1811-2013, 242J1-1226, Archives départementales du Rhône et de la métropole de Lyon.

[3] Cote 242J38 Origines de Chabrières, Morel & Cie, rapport confidentiel d'Ennemond Morel, Établissement Chabrières, Morel & Cie, Morel-Journel & Cie, Marchands de soie à Lyon 1811-2013, 242J1-1226, Archives départementales du Rhône et de la métropole de Lyon.

[4] Cote 242J34 Exemplaires de *The Times* contenant l'annonce de la formation de la maison Chabrières, Morel & Cie le 3 mars 1885, Établissement Chabrières, Morel & Cie, Morel-Journel & Cie, Marchands de soie à Lyon 1811-2013, 242J1-1226, Archives départementales du Rhône et de la métropole de Lyon.

fermeture des agences et des succursales autres que celle à Marseille, autorisait une importante réduction des coûts de gestion.

Grâce à sa bonne connaissance de l'Asie, ainsi qu'aux relations conservées de son ancienne entreprise, Ennemond Morel put établir des relations fiables avec les acteurs commerciaux en Asie, en particulier au Japon et en Chine. Avec ses réseaux de négoce de la soie en Asie, la maison Morel-Journel s'imposa comme un acteur dominant sur le marché de Lyon. Cette période de prospérité se poursuivit jusqu'en 1929, lorsque le krach boursier s'est produit[1].

2.2 – Préparer les dirigeants de la prochaine génération : les voyages de Georges Morel-Journel et de Maurice Chabrières en Extrême-Orient en 1906-1907, puis de Henry Morel-Journel en 1913-1914

Les deux jeunes hommes partirent en Asie pour apprendre les affaires sur place : Georges Morel-Journel[2] resta principalement au Japon pendant ce voyage et Maurice Chabrières[3] en Chine. Ils avaient embarqué à Marseille à bord du *Tonkin*, un paquebot de Messageries Maritimes, et étaient arrivés en mars 1906 à Hong Kong[4], où ils avaient été accueillis par M. Charles Wedderburn Dickson[5], chef du bureau à Hong Kong de la société britannique Jardine Matheson & Co. Tout au long de leur voyage, ces deux jeunes hommes travaillèrent dans les bureaux de cette dernière.

Leur voyage se déroula en effet en relation étroite avec la maison Jardine Matheson & Co. Tel que décrit par Maurice Chabrières lorsqu'il a été confronté à un employé de la maison britannique à Shanghai, le but de ce voyage était « d'étudier le commerce des soies en Extrême-Orient »[6]. Les chefs de la société britannique semblaient assez ouverts, comme l'a indiqué M. Chabrières dans la même lettre : « Monsieur Gresson m'a dit que je pouvais voir tout ce que je désirais voir touchant le compartiment des soies ». Mais cela ne représentait apparemment pas leur seul objectif : leur véritable intention était d'apprendre, c'est-à-dire de se renseigner sur tous les aspects du fonctionnement de cette société partenaire en Chine et au Japon. Cela était souligné par Maurice Chabrières dans sa lettre du 1er août 1906 qu'« une des autres raisons qui me déterminent à prolonger mon séjour ici, est que Monsieur H. Keswick a la direction de Shanghai, et que je crois

---

1 Jean-François Eck, *Histoire de l'économie française, De la crise de 1929 à l'euro*, Paris, Armand Colin, 2009, p. 7-38.

2 Georges Morel-Journel (1883-1972), deuxième fils d'Ennemond Morel.

3 Maurice Chabrières (1881-1949), fils d'Auguste Chabrières, lui-même petit-fils de François Arlès-Dufour, fondateur de la maison Arlès Dufour et Cie. Une fille de François Arlès-Dufour a épousé Maurice Chabrières-Dufour, père d'Auguste Chabrières.

4 Lettre de Maurice Chabrières à Shanghai le 9 mars 1906. Cote 242J225.

5 Charles Wedderburn Dickson (1863-1934), fils de W. Dickson and Christina Keswick, sœur de Monsieur William Keswick.

6 Lettre de Maurice Chabrières le 14 mars 1906. Cote 242J225, Archives Morel-Journel, Archives départementales du Rhône et de la métropole de Lyon.

répondre à votre désir en restant le plus possible auprès de lui, puisque c'est un des buts de notre voyage de faire la connaissance des chefs de JMC »[1].

Toutefois, la direction de la société britannique en Chine n'était pas stable : des changements de dirigeant eurent lieu assez souvent au cours des dix dernières années. À peine deux mois après son arrivée à Shanghai et son insertion au sein du bureau de la maison Jardine Matheson & Co, Maurice Chabrières constatait qu'« il y a chez JM à Shanghai un mouvement anti-étranger très prononcé, on désire repousser peu à peu tous les étrangers qui ont envahi les différents services. Ce qui m'étonne le plus chez JM est de voir à la fois la multiplicité de ses affaires et le peu de temps pendant lequel ses chefs conservent la direction d'une même place. Depuis une dizaine d'années, la maison JM à Shanghai n'est pas restée une seule fois deux ans sans changer de chef. D'un autre côté, comme vous me l'aviez dit en partant d'Europe, ces messieurs viennent ici pour travailler très fort pendant une période plus ou moins longue, puis ils s'en vont en laissant la place à d'autres »[2].

2.2.1 – La composition des bureaux Jardine Matheson & Co en Chine

Maurice Chabrières avait été accueilli à Shanghai par William Jardine Gresson, qu'il a confondu avec Henry Keswick[3], le fils de William Keswick[4], alors en Europe. Il s'avéra que Gresson n'était qu'un cousin éloigné de William Keswick[5]. À l'époque de l'arrivée de Chabrières, la direction du bureau de Shanghai était composée de deux associés anglais et d'un responsable italien pour le rayon des soies, avec deux employés (un Anglais et un Italien) ainsi qu'une dactylographe et cinq travailleurs chinois travaillant dans le rayon des soies[6].

Chef du bureau de Shanghai et associé de la société, Henry Keswick était en Europe lors de l'arrivée de Maurice Chabrières et prévoyait de rentrer bientôt. Selon Maurice Chabrières, ce H. Keswick n'était pas populaire à Londres, mais sa popularité unanimement applaudie à Shanghai[7] « et parmi la communauté européenne. Il est colonel des volontaires, membre du

---

[1] Lettre de Maurice Chabrières, le 1er août 1906. Cote 242J225, Archives Morel-Journel, Archives départementales du Rhône et de la métropole de Lyon.

[2] Lettre de Maurice Chabrières, le 9 mai 1906. Cote 242J225, Archives Morel-Journel, Archives départementales du Rhône et de la métropole de Lyon.

[3] Henry Keswick (1870-1928), fils de William Keswick et Amélia Sophie Dubeux, la première épouse de ce dernier. https://eehe.org.uk/ ?p=25599

[4] William Keswick (1834-1912), chef de Jardine Matheson & Co. entre 1906-1912, https://archivesearch.lib.cam.ac.uk/agents/people/12499

[5] Lettre de Maurice Chabrières, le 15 juin 1906. Cote 242J225, Archives Morel-Journel, Archives départementales du Rhône et de la métropole de Lyon.

[6] Lettre de Maurice Chabrières à Shanghai le 14 mars 1906. Cote 242J225, Archives Morel-Journel, Archives départementales du Rhône et de la métropole de Lyon.

[7] Lettre de Maurice Chabrières à Shanghai le 15 juin 1906. Cote 242J225, Archives Morel-Journel, Archives départementales du Rhône et de la métropole de Lyon.

conseil municipal, etc. »[1] Une fois H. Keswick revenu à ses fonctions à Shanghai, il fit une très bonne impression, durable, à Maurice Chabrières. Dans une lettre en date du 29 juin 1906, ce dernier écrivait : « Monsieur H. Keswick, dès son arrivée ici, a donné une tout autre tournure aux affaires et je ne peux que me féliciter personnellement de son arrivée à Shanghai »[2].

En revanche, William Jardine Gresson, associé de la société, était plutôt excentrique et assez isolé à Shanghai. Il avait été victime d'une chute de cheval qui lui avait fait perdre une partie de sa mémoire et lui avait altéré le caractère[3]. Depuis l'accident, il vivait seul et était devenu très retiré. Cependant, il travaillait énormément et examinait avec soin toutes les correspondances de la société. De plus, il était capable d'en retenir les contenus pendant plusieurs mois.

Monsieur Camera était le responsable du rayon des soies. Il s'agissait d'un homme au caractère vif-argent[4]. Il parlait beaucoup, mais était en mauvais termes avec M. Gresson. Il exprimait ouvertement son mécontentement envers la société, en réclamant une meilleure rémunération. Il menaçait même de partir pour l'Europe si sa contribution continuait de ne pas être récompensée à sa juste valeur. Monsieur Cheetham était, quant à lui, un employé anglais dans le rayon des soies. Il se contentait de faire ce qu'on lui demandait sans prendre d'initiatives. Il était payé 500 taels ou dollars par mois et s'intéresse surtout aux bénéfices de la société[5]. Monsieur Clerici était le neveu de Monsieur Bretta et c'est lui qui effectuait le plus gros du travail au rayon des soies. Il avait été introduit dans la société par Monsieur Camera et a travaillé pendant 2 ans avant d'être rémunéré. Il était intelligent, travailleur et entreprenant. Il gagne 200 taels ou dollars par mois. Monsieur Keswick est désireux de voir ce jeune homme séjourner quelques mois dans le bureau de Lyon afin de compléter ses connaissances. Dans une lettre, Maurice Chabrières écrit : « Je crois que Monsieur Clerici est le seul homme qui puisse remplacer Monsieur Camera en cas de départ de celui-ci, Monsieur Cheetham manquant d'initiative. Quoique Monsieur H. Keswick ne me l'ait pas dit explicitement, je pense que c'est dans cette intention qu'il souhaite que Monsieur Clerici fasse un séjour dans le bureau de Lyon. »[6]

---

[1] Lettre de Maurice Chabrières à Hangchow le 21 mai 1906. Cote 242J225, Archives Morel-Journel, Archives départementales du Rhône et de la métropole de Lyon.

[2] Lettre de Maurice Chabrières à Hangchow le 21 mai 1906. Cote 242J225, Archives Morel-Journel, Archives départementales du Rhône et de la métropole de Lyon.

[3] Lettre de Maurice Chabrières à Shanghai le 29 mars 1906. Cote 242J225, Archives Morel-Journel, Archives départementales du Rhône et de la métropole de Lyon.

[4] Lettre de Maurice Chabrières à Shanghai le 12 avril 1906. Cote 242J225, Archives Morel-Journel, Archives départementales du Rhône et de la métropole de Lyon.

[5] Lettre de Maurice Chabrières à Shanghai le 9 mai 1906. Cote 242J225, Archives Morel-Journel, Archives départementales du Rhône et de la métropole de Lyon.

[6] Lettre de Maurice Chabrières à Shanghai le 29 juin 1906. Cote 242J225, Archives Morel-Journel, Archives départementales du Rhône et de la métropole de Lyon.

Jardine Matheson & Co détenait une filature à Shanghai, l'Ewo Filature, dirigée par l'Italien Monsieur Baretta. Malheureusement, cet établissement n'engendrait pas de profit pour la société britannique : au contraire, il avait enregistré chaque année une perte d'environ 20 000 à 30 000 taels. « JMC va probablement le fermer, et conserver les bâtiments en les utilisant comme entrepôts pour se rembourser ses avances. L'Ewo filature, bon ou mal ou ne gagne pas et ne perd pas »[1].

Dans sa lettre du 25 janvier 1907, Georges Morel-Journel signalait que de grands changements étaient à prévoir au sein de Jardine Matheson & Co à Shanghai. Il remarquait que la plupart des dirigeants actuels de l'entreprise en Extrême-Orient étaient sur le point de partir. Il posait ainsi la question suivante : « Il va y avoir d'ici un à deux ans de grands changements dans l'état-major de la maison. Que vont devenir les chefs actuels, et quels sont leurs successeurs possibles ? » Il mentionnait ensuite que parmi les trois chefs, un était déjà rentré en Europe et que les deux autres partiraient prochainement, l'un dans un an et l'autre dans deux ans. Monsieur Charles W. Dikson, ancien chef de bureau à Hong Kong, était déjà rentré à Londres cet été et était resté au bureau dans la ville. Henry Keswick, chef de bureau à Shanghai, quitterait l'Extrême-Orient dans un an pour travailler aux côtés de son père à Londres. W. J. Gresson, chef de bureau à Hong Kong, prendrait sa retraite des affaires dans un ou deux ans. Bell, chef de bureau à Yokohama, rentrerait dans trois mois, probablement pour toujours. S'il revenait, ce ne serait que pour peu de temps, après quoi il se retirerait. Georges Morel-Journel a jugé que ces « derniers tuyaux sur le mouvement des chefs de JM en EO (sous toutes réserves) : en mai 1907, Gresson rentra définitivement, H. Keswick le remplaça à Hong Kong, et Laudale remplaçait H. Keswick ici » seraient excellents pour la maison Chabrières Morel & Cie[2].

En 1913, lors du voyage de Henry Morel-Journel, selon la note prise par ce dernier[3], il était apparu une nouvelle entité à Shanghai chez Jardine Matheson & Co. Le chef de cette entité, à savoir le rayon des produits (Produce Department), dont la création avait été le fruit du travail de Maurice Chabrières, était un certain Monsieur Forster. Quant aux affaires importantes, le correspondant de Henry Morel-Journel était un certain Monsieur Anton, chef de bureau de Shanghai[4].

---

[1] Lettre de Maurice Chabrières à Shanghai le 9 mai 1906. Cote 242J225, Archives Morel-Journel, Archives départementales du Rhône et de la métropole de Lyon.

[2] Lettre de Maurice Chabrières à Shanghai le 9 mai 1906. Cote 242J225, Archives Morel-Journel, Archives départementales du Rhône et de la métropole de Lyon.

[3] Note de Henry Morel-Journel du 17 décembre 1913. Cote 242J227 Henry Morel-Journel, voyages en Chine et au Japon (1913-1914), Archives départementales du Rhône et de la métropole de Lyon.

[4] Letter from Anton of 18 march 1914, Cote 242J227 Henry Morel-Journel, voyages en Chine et au Japon (1913-1914), Archives départementales du Rhône et de la métropole de Lyon.

Tableau III.6.2 Les dirigeants de Jardine Matheson & Co en Extrême-Orient en janvier 1907

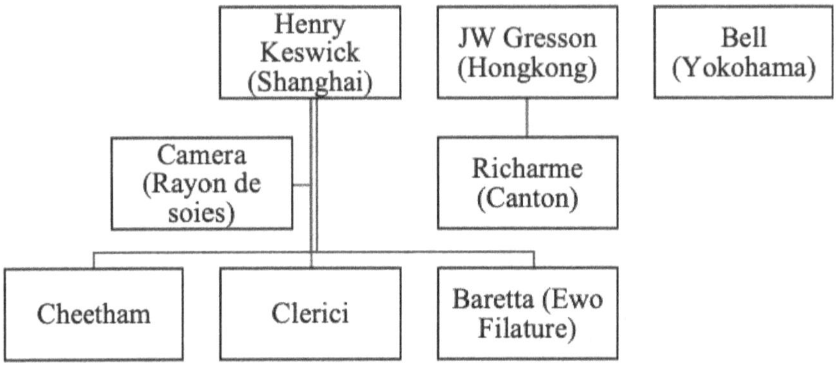

Source : Archives Morel-Journel, Archives départementales du Rhône et de la métropole de Lyon.

Tableau III.6.3 Les dirigeants de Jardine Matheson & Co en Extrême-Orient en mai 1907

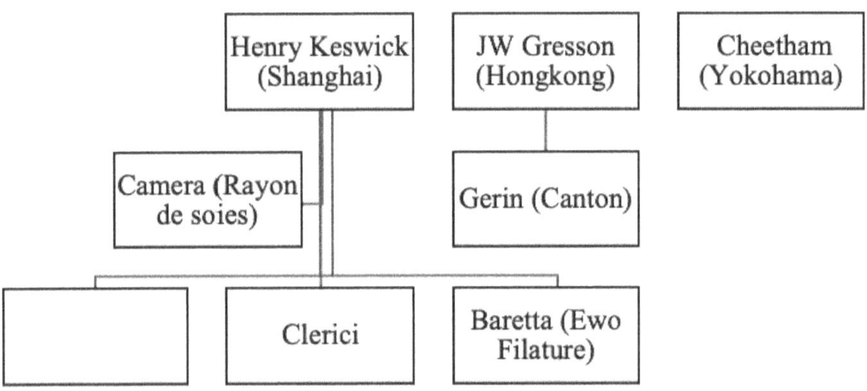

Source : Archives Morel-Journel, Archives départementales du Rhône et de la métropole de Lyon.

2.2.2 – Le cas de Brandt et des affaires de déchets

Prenons l'exemple de M. Brandt, un employé du rayon des déchets du bureau de Jardine Matheson & Co à Shanghai, pour illustrer comment une personne peu serviable peut avoir un impact sur les affaires. À l'arrivée de Maurice Chabrières à Shanghai, M. Brandt était le seul Européen travaillant dans le service des déchets et avait demandé un congé pour rentrer en Europe. Maurice Chabrières lui a alors suggéré de passer par Marseille pour rencontrer le responsable local et, ainsi, développer les affaires liées aux déchets [1]. Pendant le temps où Maurice Chabrières avait travaillé avec Monsieur Brandt, ce dernier semblait lui avoir laissé une bonne impression. « Je dois dire que depuis que je suis ici, j'ai suivi le rayon des déchets de près, j'ai accompagné M. Brand quand il allait inspecter la marchandise, j'ai vu les dépêches, M. Brand m'a fait part de tous ses achats et de ses ventes, et je n'ai pas eu l'occasion de voir la maison JMC spéculer »[2]. Monsieur Brandt avait également laissé une très bonne impression à Georges Morel-Journel, qui l'avait jugé comme un homme « très aimé ici. Garçon comme tous les Suisses, très sérieux et très travailleur. Très actif, connaissant parfaitement son affaire. S'intéressant à son travail, simple, droit, serviable, nature excellente. Le peu de temps que j'ai pu le voir, m'a fait l'impression d'un homme de premier ordre... C'est du reste, l'opinion de tout le monde ici... et nous devons trouver en lui un excellent support pour nos affaires »[3].

Dans une lettre datée du 20 décembre 1906, Monsieur Brandt exprimait à Maurice Chabrières sa volonté de travailler plus étroitement avec lui pour développer les affaires. Il avait proposé que la maison Chabrières Morel & Cie fasse des efforts afin de reprendre les clients de la maison Pila & Co, qui venait de fermer son agence à Shanghai. Il avait aussi suggéré de travailler ensemble afin de développer des affaires avec la Société industrielle pour la Schappe (SIS). Monsieur Brandt avait indiqué qu'il serait volontaire pour effectuer des visites à Lyon afin de donner un coup de pouce à ces mêmes affaires : « [...] l'année prochaine nous doublerons nos efforts et avec un peu d'appui, nous avons toutes les chances de réussir. » Il semble que ces propositions avaient été faites dans le but d'augmenter le volume des affaires entre les deux maisons. Georges Morel-Journel était du même avis dans une lettre où il écrivait qu'« il serait évidemment intéressant de voir, ce que nous pourrons faire avec SIS maintenant que Pila a abandonné son agence ici. Les raisons qui devaient attacher SIS à Pila ne doivent plus exister. »[4] De fait, Georges Morel-Journel avait comparé les compétences de Monsieur Husquet, l'inspecteur des déchets de Pila, avec celles de Monsieur Brandt. Il en avait conclu que ce dernier était bien plus compétent que Husquet. Il avait donc

[1] Lettres de Maurice Chabrières à Shanghai le 29 juin et le 13 juillet 1906. Cote 242J225, Archives Morel-Journel, Archives départementales du Rhône et de la métropole de Lyon.
[2] Lettre de Maurice Chabrières à Shanghai le 7 septembre 1906. Cote 242J225, Archives Morel-Journel, Archives départementales du Rhône et de la métropole de Lyon.
[3] Lettre de Georges Morel-Journel à Shanghai 25 janvier 1907. Cote 242J226, Archives Morel-Journel, Archives départementales du Rhône et de la métropole de Lyon.
[4] Lettre de Georges Morel-Journel à Shanghai 25 janvier 1907. Cote 242J226, Archives Morel-Journel, Archives départementales du Rhône et de la métropole de Lyon.

estimé que cela serait certainement « à l'avantage de SIS » que de « travailler avec nous et de nous donner leurs ordres »[1].

Mais, apparemment, les deux jeunes dirigeants ne savaient pas tout. En fait, en ce qui concernait le chef de la maison Chabrières, Morel & Cie, c'étaient eux qui traitaient les affaires en Europe. Cependant, M. Brandt avait pris la liberté d'entretenir une correspondance personnelle avec la Société industrielle pour la Schappe à Bâle, comme l'indiquait une lettre d'Ennemond Morel en réponse à Maurice Chabrières : « comme, durant toute cette campagne, l'auteur a été en correspondance personnelle constante avec M. Alioth, il tenait à ce que Brand n'allât pas faire ses visites à Bâle sans avoir causé avec nous. Nous avions donc écrit la lettre ci-jointe à M. Keswick à Londres, et comme nous avons également prié Jardine, de New York, d'aviser Brand, au passage, de notre désir de le voir, nous pensons qu'il commencera par venir à Lyon et que nous pourrons nous entendre avec lui pour les affaires de déchets. »[2] Le problème de M. Brandt était un sujet qui persista jusqu'au voyage de Henry Morel-Journel en Extrême-Orient. À son retour en Europe, Henry Morel-Journel rendit visite à Henry Keswick à Londres pour discuter des problèmes rencontrés pendant son voyage. Parmi ceux-ci, le cas de Monsieur Brandt était l'un des sujets de cette conversation entre patrons.

La diminution du volume d'affaires conduisit les dirigeants à recourir à une diplomatie de haut niveau pour trouver une solution. Le rapport de Henry Morel-Journel révélait les effets négatifs d'avoir une personne un peu hostile occupant un poste clé dans les affaires. « J'ai expliqué la situation à Keswick. Brandt ne nous aime guère : il considère notre entremise comme superflue, excepté avec Ringwald ; il ne se soucie pas de faire des affaires avec les grands fabricants de la Combine, sous prétexte qu'ils sont trop difficiles et donnent la préférence à leurs agents »[3]. Au contraire du développement des affaires de déchets à Yokohama qui avaient atteint environ 8 000 piculs pour la campagne, les affaires avec Shanghai, où Brandt dirigeait le rayon des soies, avaient considérablement baissé avec un volume d'à peine 3 000 piculs. La raison de cette baisse se trouvait dans une attitude quasi hostile de Brandt, comme l'analysait le rapport de Henry Morel-Journel, qui indiquait que Brandt avait manifesté une grande insatisfaction quant à la qualité des soies qu'il avait reçues, ce qui avait provoqué un retard dans les transactions. De plus, Brandt avait également fait preuve d'un manque d'enthousiasme dans la recherche de nouveaux

[1] Lettre de Georges Morel-Journel à Shanghai 25 janvier 1907. Cote 242J226, Archives Morel-Journel, Archives départementales du Rhône et de la métropole de Lyon.

[2] Lettre d'Ennemond Morel à Lyon le 29 janvier 1907. Cote 242J225, Archives Morel-Journel, Archives départementales du Rhône et de la métropole de Lyon.

[3] Rapport de la visite de Henry Morel-Journel à M. Keswick à Londres, fait à Lyon le 18 février 1914, Archives Morel-Journel, Archives départementales du Rhône et de la métropole de Lyon.

clients et dans la négociation de contrats. Cela avait eu un impact négatif sur les affaires avec Shanghai et avait conduit à une diminution significative du volume des transactions.

Tableau III.6.4 : Propositions de Brandt entre 1912 et 1914

Années	Nombre de propositions de Brandt	No. des offres CMC	Transactions conclues
1912/1913	13 850 piculs	8 185 piculs	5 075 piculs
1913/1914	6 535 piculs	5 531 piculs	2 996 piculs

Sources : Rapport de la visite de Henry Morel-Journel à M. Keswick à Londres, fait à Lyon le 18 février 1914.

Cela signifiait qu'en 1912/1913, à la fin du mois de janvier, la société Chabrières, Morel & Cie avait reçu des propositions de Brandt s'élevant à 13 850 piculs. La maison lyonnaise avait fait des offres pour 8 185 piculs et avait réussi à conclure des transactions pour 5 075 piculs, soit un taux de réussite de 59 % si l'on rapportait au nombre de propositions le nombre d'offres faites, et un taux de réussite de 62 % si l'on considérait le rapport entre le nombre de transactions conclues et le nombre d'offres faites. Le taux global de réussite, mesuré par le rapport du nombre de transactions conclues au nombre de propositions, n'atteignait donc pas plus de 36,6 %. En 1913/1914, au contraire, à la fin de janvier, Chabrières Morel & Cie n'avait certes reçu que 6 535 piculs de propositions sur lesquelles elle a fait des offres pour 5 531 piculs, mais avait réussi à traiter 2 996 piculs. Cela représentait un taux de 84,6 %, si l'on calculait le rapport entre le nombre d'offres faites par la maison lyonnaise et le nombre de propositions, et un taux de 54,1 %, si l'on rapportait au nombre d'offres faites celui des transactions conclues. En définitive, l'on obtenait un taux global de 45,8 % en rapportant le nombre de transactions conclues à celui des propositions.

De la comparaison de ces chiffres, il ressort que la maison Charbrières Morel-Journel était plus réactive que M. Brandt pour répondre aux propositions de Jardine Matheson & Co. En effet, le taux des offres faites par rapport aux propositions avait augmenté de 59 % à 84,6 %, et le taux global de réussite était passé de 36,6 % à 45,8 % s'agissant du ratio entre le nombre de propositions et le nombre de transactions conclues. Apparemment, comme Henry Morel-Journel l'avait indiqué à Monsieur Keswick à Londres « Ces chiffres montrent que la réduction de notre chiffre d'affaires est imputable à la réduction du nombre des propositions. »[1] En revanche, une possible raison de la baisse du taux de réussite de 62 % à 54,1 % entre le

[1] Rapport de la visite de Henry Morel-Journel à M. Keswick à Londres, fait à Lyon le 18 février 1914, Archives Morel-Journel, Archives départementales du Rhône et de la métropole de Lyon.

nombre d'offres faites et le nombre de transactions conclues pourrait avoir pour explication une dégradation de la qualité des propositions de M. Brandt.

En outre, en traitant directement avec les clients européens, Brandt avait outrepassé l'accord entre les deux maisons. « J'ai attiré l'attention de Keswick sur l'erreur qu'il y aurait, à notre avis, à ne pas conserver le contact avec les grands fabricants dont l'importance vis-à-vis des outsiders se développe chaque année, contact dont nous pouvons, outre les affaires possibles actuellement, retirer un jour de grands avantages dans le cas où l'entente se dissoudrait ou dans le cas où nous pourrions poser notre candidature pour le remplacement de l'un de leurs agents d'Extrême-Orient. Keswick est tout à fait de cet avis et le dira à Brandt. J'ai aussi expliqué à Keswick les rapports directs entre le rayon Déchets de Shanghai et Gutermann, rapports que nous avons supportés pendant plusieurs années bien qu'ils soient contraires à l'esprit de notre entente avec Jardine. »[1]

2.2.3 – *Joint Account Business*

Le gentleman agreement entre les maisons Arlès-Dufour et Jardine Matheson & Co était en fait une entente entre les deux maisons qui concernait la division du travail : Arlès-Dufour ne s'installait pas en Asie et achetait les thés de Jardine Matheson & Co pour les distribuer sur le marché européen. Cet accord dura jusqu'en 1960[2].

L'entente initiale concernait uniquement les affaires de soies. Il semblait qu'en la matière, la maison lyonnaise avait une parole plus prépondérante au niveau de la conduite de ces affaires. En effet, Maurice Chabrières a réitéré, en plusieurs occasions, le fait que « Monsieur Keswick que j'ai vu à mon passage à Shanghai, m'a dit quand je l'ai quitté qu'il recevait toujours avec plaisir vos « suggestions » au sujet de la conduite des affaires de soie en J/A avec Jardine Matheson Company en Extrême-Orient. »[3] Ainsi, dès que Henry Keswick eût pris en charge le bureau de Shanghai, il avait exprimé son intention de développer avec la maison lyonnaise, en Joint Account, les affaires de marchandises générales. Dans la lettre de Maurice Chabrières, il citait les propos de Monsieur Henry Keswick et lui demandait que « je vous prie d'écrire à Monsieur Morel pour avoir son avis sur ce sujet, il faudrait que CMC nous envoyât un employé français parlant anglais si possible et

[1] Rapport de la visite de Henry Morel-Journel à M. Keswick à Londres, fait à Lyon le 18 février 1914, Archives Morel-Journel, Archives départementales du Rhône et de la métropole de Lyon.

[2] Jean-François Klein, *Les maîtres du comptoir : Desgrand père & fils (1720-1878) Réseaux du négoce et révolutions commerciales, op. cit.*, p. 261.

[3] Lettre de Maurice Chabrières à Yokohama le 13 mai 1907. Cote 242J225, Archives Morel-Journel, Archives départementales du Rhône et de la métropole de Lyon.

connaissant bien ces affaires. Mon intention serait "*to work this business on the same lines than the silk J/A business.*" »[1]

A/ La spéculation de Camera dans le J/A business des soies

Monsieur Camera, en tant que chef du rayon des soies, ne semblait pas être aimé dans la maison Jardine Matheson & Co en raison de son caractère violent et colérique. « Henry Keswick lui fait sentir son autorité et Camera en est souvent indigné. À un grief contre la maison J. M., c'est qu'on lui a coupé les ailes, et qu'on entend lui faire faire seulement les affaires du JT AC avec nous, et du House A/C sur ordres avec New York. » À part son caractère peu agréable, comme l'indiquait Georges Morel-Journel, il avait aussi des capacités réelles : « Camera a des défauts, mais c'est un homme très actif, intelligent, connaissant son affaire. Dans tout ce qu'il fait, il suit toujours ses idées personnelles, au détriment parfois de ce qu'on lui demande de faire. »[2]

Georges Morel-Journel raconte qu'autrefois, Camera spéculait beaucoup, soit pour son propre compte, soit en compte commun avec la maison britannique ou ses supérieurs hiérarchiques, comme Monsieur Gresson. Il avait toujours un stock en entrepôt, soit en spéculation, soit un stock sur lequel il faisait des avances aux marchands chinois. Lorsque les conditions semblaient favorables, il achetait, proposait à la maison Chabrières, Morel & Cie de faire un achat en « joint account », et si la maison lyonnaise ne voulait pas acheter la marchandise, il la consignait. De la même manière, il achetait de petits lots dépareillés, les gardait jusqu'à ce qu'il trouve d'autres lots similaires, les regroupait et les proposait à la maison lyonnaise à un prix moyen, avec des cachets fantaisistes. En raison de ces pratiques, Georges Morel-Journel avait plutôt une mauvaise opinion de Camera.

En effet, parce que toujours présent sur le marché, Camera bénéficiait d'une meilleure connaissance des pratiques et des offres des marchands chinois, qui le traitaient avec une certaine préférence et lui faisaient des propositions plus nombreuses. Il pouvait ainsi opérer plus rapidement dès que la maison lyonnaise souhaitait acheter, tandis que les propositions et offres fermes envoyées à Lyon prenaient plus de temps. De plus, ce système lui permettait de prévoir certaines hausses et de réaliser des coups avantageux lors de moments d'activité sur le marché. Dans le cas cité plus haut de lots dépouillés, achetés par Camera, pour être assortis ensuite, « nous bénéficions certainement des prix spéciaux qu'on obtenait pour ces quelques balles, ou ne peut guère nous offrir de ces lots composites, composés de 30 à 50 balles, dont de titre et de qualité différents, une fois assortis, nous les

---

[1] Lettre de Maurice Chabrières à Shanghai le 3 août 1906. Cote 242J225, Archives Morel-Journel, Archives départementales du Rhône et de la métropole de Lyon.

[2] Lettre de Maurice Chabrières à Shanghai le 3 août 1906. Cote 242J225, Archives Morel-Journel, Archives départementales du Rhône et de la métropole de Lyon.

avions à des prix avantageux. »[1] Il continuait à citer, de l'autre côté, les inconvénients du système de « *joint account* ». Même pour lui qu'« il choque un peu les idées du JTAC, puisqu'une des parties peut se trouver vendre à l'autre, avec bénéfice, la moitié d'une marchandise lui appartenant. » Instinctivement, Camera pouvait être incité à favoriser ses propres spéculations en les faisant passer par la maison lyonnaise, et à insister pour qu'elle propose un lot plutôt qu'un autre par convenance personnelle, toutes pratiques qui pouvaient le rendre partiel et partial. Par conséquent, il n'était pas garanti qu'il fût absolument impartial. En outre, du point de vue de Jardine Matheson & Co, cela représentait un risque qu'ils décidèrent peut-être de ne plus prendre en compte.

Un ordre arrivé de Londres demanda en effet d'arrêter les activités personnelles et les spéculations, et de se limiter à ce que la maison Chabrières Morel & Cie recommanderait en « *joint account* ». En d'autres termes, il était demandé à Camera de se concentrer sur les affaires recommandées par les marchés de vente plutôt que sur les activités personnelles. Cependant, Georges Morel-Journel estimait que cette décision de cesser le système était venue après un incident isolé et ne prouvait pas que le système lui-même eût été défectueux. Le système de compte joint plaisait à Camera, qui s'intéressait aux affaires et travaillait avec ardeur lorsque son intérêt personnel était en jeu. Après l'ordre de la maison britannique interdisant ses activités personnelles et spéculatives, il se désintéressa de son travail régulier et continua de travailler sur sa petite routine tout au long de l'année. Il affirmait que tout le monde pouvait effectuer ce travail et que cela ne nécessitait pas de recourir à un homme de sa valeur. Il prit plaisir à montrer que depuis l'interdiction des activités de spéculation, les choses n'allaient pas aussi bien qu'avant et qu'il n'avait plus la même motivation pour réussir.

B/ La spéculation sur le marché de soies à Shanghai

La raison pour laquelle Camera était si attaché aux activités de spéculation était simple « Shanghai est par excellence une ville de spéculation. »[2] Pour tous les inspecteurs de soie et de déchets, il y avait une grande tentation de se lancer dans ce type d'activités. Il existait souvent des occasions sur le marché pour acheter des lots à meilleur marché que d'autres, et il était assez facile de prévoir une hausse à certains moments. Deuxièmement, les Chinois apparaissaient comme très secrets. On ne savait jamais exactement quelles étaient les transactions effectuées. Il était possible pour un individu de spéculer à grande échelle sans que personne ne fût au

[1] Lettre de Maurice Chabrières à Shanghai le 3 août 1906. Cote 242J225, Archives Morel-Journel, Archives départementales du Rhône et de la métropole de Lyon.

[2] Lettre de Georges Morel-Journel le 25 janvier 1907 à Shanghai. Cote 242J226, Archives Morel-Journel, Archives départementales du Rhône et de la métropole de Lyon.

courant. Le vendeur ne dirait rien, et on pouvait acheter de la soie pour une livraison ultérieure sans avoir à la stocker immédiatement, ce qui facilitait la dissimulation de telles opérations. Enfin, la spéculation constituait un mode de vie à Shanghai. Les nombreux spéculateurs qui gagnaient de l'argent encourageaient les autres à les imiter. Certaines personnes à Shanghai, malgré des revenus modestes, vivaient très confortablement grâce à leurs opérations de spéculation. La vie à Shanghai était très coûteuse, avec des dépenses dans de nombreux domaines. Le salaire pouvait donc paraître insuffisant à beaucoup de personnes qui auraient aimé se lancer dans la spéculation.

En un mot, les tentations étaient très fortes à Shanghai, en particulier dans le marché des déchets où les spéculations étaient fréquentes. Les ordres n'étaient pas donnés à tout le monde en même temps, les acheteurs européens étant moins nombreux que les inspecteurs locaux. Les personnes qui n'avaient pas d'ordres et qui voyaient les autres acheter étaient naturellement tentées de spéculer pour leur propre compte. En observant les affaires de spéculation à Shanghai, Georges Morel-Journel en était venu à la conclusion que, selon lui, la spéculation constituait un grand danger dans cette ville. Il notait que les jeunes en particulier auraient moins de force pour résister aux tentations quotidiennes de spéculer sans que personne ne le sache.

C/ Le bureau de Jardine Matheson & Co à Canton

D'après les observations de Maurice Chabrières, qui séjourna dans la région entre décembre 1906 et mars 1907[1], soit quelques mois avant Georges Morel-Journel, la société Jardine Matheson & Co était impliquée dans le transport maritime, l'assurance et la fourniture de bois, notamment de C. D. F. (bois de construction). Le rôle du bureau de JMC à Canton était assez simple : « il ne sert qu'en effet d'intermédiaire du bureau à Hongkong »[2], qui était un port de transit pour l'Europe[3]. Toutes les activités commerciales de la société passaient par Hong Kong, et le bureau de Canton n'agissait jamais de son propre chef. Toutes les dépêches envoyées ou reçues à Canton étaient immédiatement transmises à Hong Kong par courrier, qui prenait environ 8 à 9 heures pour arriver à destination. Le chef du bureau de Canton était Monsieur Richarme, qui entretenait de bonnes relations avec Monsieur Gresson, chef du bureau de Hong Kong.

Le séjour de Georges Morel-Journel à Canton lui permit de prendre conscience des difficultés rencontrées pour développer les affaires de soie

---

[1] Lettre de Maurice Chabrières à Canton le 29 mars 1907. Cote 242J225, Archives Morel-Journel, Archives départementales du Rhône et de la métropole de Lyon.

[2] Lettre de Maurice Chabrières à Canton le 13 décembre 1906. Cote 242J225, Archives Morel-Journel, Archives départementales du Rhône et de la métropole de Lyon.

[3] Lettre de Maurice Chabrières à Shanghai le 10 août 1906. Cote 242J225, Archives Morel-Journel, Archives départementales du Rhône et de la métropole de Lyon.

avec Jardine Matheson & Co. Tout d'abord, il avait été frappé par la gestion du bureau de cette entreprise à Canton. Le personnel ne connaissait pas vraiment le marché et le chef malade n'avait pas réussi à bien organiser le travail. Les Chinois ne venaient pas spécialement au bureau pour faire des propositions car ils ne considéraient pas que la maison était dans le marché. Au contraire, s'ils étaient convaincus qu'un acheteur important était dans le marché, ils allaient le voir en premier et venaient régulièrement au bureau pour savoir si la maison avait besoin de quoi que ce soit. Georges Morel-Journel avait ainsi constaté que JMC était hors marché, une remarque qui avait également été faite par Maurice Chabrières. Il soulignait l'importance d'être « toujours dans le marché » et a évoqué les avantages de cet engagement pour construire l'image d'un acheteur important et impliqué : « D'abord, cela permet à l'inspecteur de savoir où il en est, de tâter le terrain, de se rendre compte des prix et des dispositions des acheteurs, et, par la suite, de vous tenir mieux renseignés. Ensuite, cela encourage les Chinois à venir vous voir, à vous donner des engagements, à vous favoriser dans certains cas ; on reste « in touch » avec eux, et ils sont plus disposés à faire des affaires avec vous. Ce sont des êtres d'habitude, et ils préfèrent continuer des affaires avec un acheteur qui leur a déjà acheté beaucoup, que d'aller à un autre… Enfin, un autre fait digne de remarque, c'est l'inégalité des prix. Il n'y a rien de fixe et d'absolu dans les prix. Un Chinois est très capable, si vous êtes un bon client et s'il veut vous ménager, de vous céder de la soie à un prix très avantageux, et dans ces cas-là, l'inspecteur peut profiter de bonnes occasions, soit en vous télégraphiant des engagements, soit s'il est bien renseigné par vous sur l'état du marché, en achetant de suite, comme vous lui en laissez la latitude dans certains cas. »[1]

Il avait ensuite remarqué qu'au fond, contrairement à ce qui se passait en Europe où l'acheteur méprisait souvent le vendeur, ici, l'acheteur devait être plein de ménagements envers le vendeur s'il ne voulait pas que celui-ci se désintéresse de lui. Il avait constaté qu'à une époque où le marché était ferme et les stocks faibles, certains acheteurs allaient à la ville chinoise pour visiter les marchands, et parmi eux, « ce sont Pasquet et Reiss qui ont la corde et les sympathies des Chinois leur vont toutes » et les Chinois en rencontrant les acheteurs ne se gênaient pas de dire : « Ce n'est pas la peine de venir vous voir. Pasquet et Reiss ont toujours plus d'ordres que vous et nous avons bien plus d'intérêt à les ménager. »[2]

Maurice Chabrières ne laissa pas passer les opérations de ce concurrent pendant son séjour à Canton. Notamment, il remarquait dans sa lettre que « la maison Pasquet et Co a fait de nombreuses et bonnes affaires cette

[1] Lettre de Georges Morel-Journel, le 2 mars 1907 à Canton, 242J226, Archives Morel-Journel, Archives départementales du Rhône et de la métropole de Lyon.

[2] Lettre de Georges Morel-Journel, le 2 mars 1907 à Canton, Cote 242J226, Archives Morel-Journel, Archives départementales du Rhône et de la métropole de Lyon.

année-ci, mais en spéculant tout le temps. D'après ce que j'entends dire, elle a tout le temps acheté pour son propre compte et grâce à la hausse continue des prix de la soie elle a pu vendre, en Europe et en Amérique, meilleur marché que les maisons concurrentes, tout en faisant un bénéfice appréciable. » Au niveau de la direction de cette maison, il apprit que c'est le premier employé de Monsieur Pasquet « Monsieur Schultz, un Suisse, intéressé dans les bénéfices (30 %, je crois) qui conduit les affaires » car « Monsieur Pasquet paraît beaucoup plus âgé qu'il ne l'est réellement, il a été dernièrement assez souffrant à deux reprises, et on vit ici sous l'impression, qu'il ne peut pas suivre ses affaires de très près. »[1]

En résumé, en établissant des relations avec les chefs et le personnel de Jardine Matheson & Co, qui servaient de lien entre les deux entreprises, les futurs dirigeants pourraient développer des relations professionnelles et personnelles qui leur seraient utiles lorsqu'ils prendraient la direction de leur entreprise, après avoir effectué des apprentissages et des visites auprès des bureaux de Jardine Matheson & Co en Chine et au Japon.

2.3 – Comprendre les affaires des soies en Chine

Maurice Chabrières eut ainsi l'occasion d'acquérir une expérience précieuse dans l'achat des cocons. Dans une lettre du 3 mai 1906, il avait été informé par un courtier que « Le marché des cocons dans l'intérieur ouvrira probablement vers le 23 de ce mois. »[2] Il partit le 10 mai 1906 pour l'intérieur de la Chine en compagnie de Monsieur Baretta, directeur de l'Ewo Filature. Ils amenèrent des dizaines de bateaux chargés de coolies pour étouffer et emballer les cocons, depuis Shanghai. Au départ, l'achat devait se dérouler à Hangchow, mais Monsieur Baretta tomba subitement malade et dut retourner à Shanghai. Ce fut donc Maurice Chabrières qui prit en charge l'achat à Hangchow. Il constata que Jardine Matheson & Co était la seule entreprise étrangère à disposer d'un établissement dans la concession européenne : aucune autre présence étrangère n'était enregistrée à part celle-ci. « Toutes les affaires à Hangchow sont exclusivement chinoises et en dehors de l'établissement JMC, il n'y a pas une seule maison étrangère ici. Le thé est envoyé à Shangahe, et les Chinois ont construit eux-mêmes deux superbes usines pour filer le coton. »[3]

L'établissement de Jardine Matheson & Co se trouvait dans la concession étrangère, à 4 kilomètres de la ville. Il se composait de trois entrepôts et de bâtiments où se trouvaient des fours à sécher les cocons. Les fours étaient construits de manière assez primitive : un fourneau en dessous et un four de

[1] Lettre de Maurice Chabrières à Canton le 19 janvier 1907. Cote 242J225, Archives Morel-Journel, Archives départementales du Rhône et de la métropole de Lyon.
[2] Lettre de Maurice Chabrières à Shanghai le 3 mai 1906. Cote 242J225, Archives Morel-Journel, Archives départementales du Rhône et de la métropole de Lyon.
[3] Lettre de Maurice Chabrières à Hangchow le 21 mai 1906. Cote 242J225, Archives Morel-Journel, Archives départementales du Rhône et de la métropole de Lyon.

9 pieds de hauteur sur 6 pieds de largeur et de profondeur au-dessus. Des plateaux en bambou contenant des cocons étaient placés dans le four pour être séchés. La température était maintenue aux alentours de 65 degrés et un ventilateur est installé pour évacuer la chaleur excessive. Les plateaux en bambou devaient être déplacés du haut vers le bas toutes les deux heures pour garantir un meilleur résultat de séchage. Le travail de séchage des cocons nécessitait beaucoup de main-d'œuvre, que Jardine Matheson & Co avait ramenée de Shanghai. Travailler près d'une chaleur excessive était pénible[1].

Il n'existait qu'une filature chinoise dans la région. Elle faisait de la concurrence en achetant des cocons avec un prix plus élevé, car la demande locale de la consommation de soies était elle aussi forte. « Il n'y a ici, en dehors de JMC, qu'une filature chinoise, qui achète des cocons. Cette filature achète sur la base de T$40 par pic de cocons frais, ce qui met le coût de la soie au change d'aujourd'hui T$ 880 à Shangahe par pic. Monsieur Baretta considère que c'est de la folie d'acheter à ces prix-là. Les Chinois achètent à environ 35 kilos de l'endroit où nous sommes. »[2] Une autre raison pour laquelle la filature chinoise offrait un prix plus élevé tenait à ce que la filature était ouverte pour bénéficier aux *shroffs*[3] et aux directeurs impliqués, car il y avait toujours du capital chinois à Shanghai qui était levé pour investir dans la filature, et il existait toujours quelqu'un pour reprendre l'affaire si l'ancienne devait être fermée. Monsieur Baretta estimait que, du point de vue de la concurrence commerciale, la filature chinoise ne représentait pas une menace pour les filatures européennes.

Pendant cette opération, il apprit que le prix moyen d'achat pour les cocons frais par Jardine Matheson & Co dans la région de Hangzhou s'élevait à 38,50 taels par picul, ce qui mettait le prix de soie sèche à 830 taels par picul. Le change de Tael à 4 mois sur la France atteignait 3,755 francs. Le prix de soie sec revenait à 3 116,65 francs par picul. Étant donné que le prix à Hangzhou était jugé trop élevé, on n'avait pas pu acheter autant que le besoin réel qui s'élevait à 3 500 piculs de soie sèche. Jardine Matheson & Co avaient acheté pour l'Ewo Filature par contrat de 800 piculs de cocons secs de Jiashing à T$ 138 par picul, ce qui donne la soie sèche à 784,50 taels. Tenant compte que l'achat effectué dans la région de Hangzhou n'est qu'entre 300 et 350 piculs de soie sèche, il faudrait donc compléter la lacune au marché de Woosie[4], qui ouvrait vers la fin de mai. Les cocons de

[1] Journal de Maurice Chabrières relatant l'achat des cocons à l'intérieur de 10 mai 1906 à 4 juin 1906. Cote 242J225, Archives Morel-Journel, Archives départementales du Rhône et de la métropole de Lyon.

[2] Lettre de Maurice Chabrières à Hangchow le 21 mai 1906. Cote 242J225, Archives Morel-Journel, Archives départementales du Rhône et de la métropole de Lyon.

[3] Le terme « shroff » était utilisé en Inde pour le poste de manager local, on l'employait en Chine continentale pour désigner le personnel travaillant dans le service des liquidités.

[4] Woosie, Wuxi, ville se situe dans la province du Zhejiang.

Woosie étaient de bonne qualité, ils étaient petits et fermes. De plus, c'étaient ceux qui donnaient les meilleurs résultats pour filer les titres fins.

2.3.1 – Les pratiques de *squeeze* des Chinois

Selon le récit de Maurice Chabrières, l'achat de cocons à l'intérieur du pays s'était avéré être une vraie opportunité pour comprendre comment mener l'achat vis-à-vis des *compradors*, des *shroffs*, des paysans et des *coolies*. La raison pour laquelle la maison Jardine Matheson & Co achetait elle-même les cocons à l'intérieur était que les cocons vendus à Shanghai étaient plus ou moins abîmés en raison de la chaleur subie pendant le processus de séchage. Il était nécessaire qu'un Européen fût présent pendant le séchage afin que les cocons fussent correctement séchés. On lui confia la tâche de finir l'achat et le séchage des cocons à Hangzhou avant de partir à Woosie pour y rejoindre Monsieur Baretta, le directeur de la filature Ewo, qui réussit à tenir compte du fait qu'on ne pourrait pas acheter suffisamment ici à Hangchow. L'établissement de Hangzhou.

Le *squeeze*, une pratique clandestine aux yeux des Européens consistant à prendre une commission sur l'affaire conclue, était injuste et frauduleux, selon le jeune Maurice Chabrières, qui a constaté que cette pratique était courante chez les *shroffs* lors de l'achat des cocons. Ces mêmes *shroffs* pensaient que le *squeeze* n'était pas prélevé sur le compte de JMC, mais sur celui des paysans, donc cela ne regardait pas la maison JMC. Maurice Chabrières essayait de leur expliquer que si les paysans étaient conscients qu'un *squeeze* serait prélevé sur le montant payé lors de la vente des cocons, ils demanderaient un prix plus élevé pour couvrir cette partie, ce qui se traduirait par un surcoût pour le compte de JMC.

2.3.2 – Un jeune homme d'affaires courageux et intelligent

Maurice Chabrières et Monsieur Baretta rencontrèrent trois Chinois envoyés par le mandarin du bureau de *Likin* – une sorte de bureau de douane domestique – qui demandèrent à être logés et nourris auprès de l'établissement de Jardine Matheson & Co. En entendant cette demande, leur réponse spontanée fut assez arrogante et impulsive, car ils voulurent frapper ces trois Chinois et les expulser immédiatement. Cela paraissait peu scrupuleux étant donné que Monsieur Baretta avait dû connaître des expériences similaires auparavant. Finalement, ils décidèrent de consulter les consuls anglais et américain avant de répondre à la demande du mandarin du bureau de *Likin*. En effet, il n'y a pas de consul français disponible : « Comme Européens ici, il y a 12 employés de la douane, un consul anglais, un consul américain et c'est tout. Les Japonais ont obtenu une concession pour eux-mêmes et ils sont très nombreux.es » [1]. Leur réponse initiale s'expliquait par la conviction que le but de ces hommes était de prendre une

[1] Lettre de Maurice Chabrières à Hangchow le 21 mai 1906. Cote 242J225, Archives Morel-Journel, Archives départementales du Rhône et de la métropole de Lyon.

commission sur les ventes de cocons des paysans. Par conséquent, il était primordial de ne pas faire entrer ces trois hommes chinois dans l'établissement où se feraient l'achat et le séchage des cocons.

Le lendemain, après une rencontre avec les consuls anglais et américain, ils donnèrent une réponse écrite assez courtoise pour ne pas faire perdre la face au mandarin et éviter toute conséquence indésirable. Ici, Maurice Chabrières remarqua un point intéressant concernant le concept de « perdre la face » dans les interactions avec les Chinois[1]. Il notait que pour les personnes ayant perdu la face, le suicide était une option envisagée devant la personne qui les avait fait perdre la face. Dans leur réponse, ils s'excusaient de ne pas pouvoir accueillir ces gentilshommes dans l'établissement car celui-ci était trop petit et la chaleur excessive des fourneaux pourrait leur nuire. Ils ajoutaient que, si jamais le mandarin souhaite parler directement avec eux – ce qui n'est pas autorisé en Chine – le consul anglais était prêt à en discuter avec lui. Les trois Chinois partirent avec cette réponse. Le problème potentiel de *squeeze* semblait être résolu.

Il est à noter que le mandarin avait le droit de prélever le *Likin*. Cependant, la préoccupation de Maurice Chabrières, quant à la présence de ces trois hommes et leur capacité à effrayer les paysans en extorquant un *squeeze*, était également légitime. La raison pour laquelle le mandarin du bureau de *Likin* n'insista plus pour installer ses hommes dans l'établissement de Jardine Matheson & Co était la crainte d'une intervention potentielle des consuls étrangers. En effet, ces derniers pourraient toujours prendre contact avec les légations à Pékin, qui presseraient les mandarins supérieurs à donner des ordres à ceux qui étaient concernés (souvent des inférieurs) pour régler l'affaire au profit des étrangers. Il était intéressant de noter que le comportement des mandarins envers les étrangers avait beaucoup évolué au fil du temps, comparé à la situation que les marchands français avaient connue trente ans auparavant lors de la révision du traité de T'ien-tsin.

> « Il est en effet reconnu que la question difficile des taxes illégales imposées par les autorités provinciales ne peut pas être traitée d'une manière satisfaisante loin des lieux où elles sont prélevées, les réclamations transmises à Pékin par l'intermédiaire des consuls et des ministres sont toujours soumises aux lenteurs désespérantes et au mauvais vouloir de la diplomatie chinoise, le plus souvent, il n'est fait aucun cas des réclamations les plus justes et les mieux fondées. »[2]

[1] Ce qui n'est pas forcément le cas en Chine. Ainsi, Maurice Chabrières a écrit que « quoique le Chinois se suicide pour des motifs peu importants, dans ce cas-là, une issue de ce genre n'était pas à craindre. J'ai dépassé ma pensée en écrivant ceci, mais il n'en reste pas moins vrai que si nous n'avions pas répondu de façon à lui sauver. »

[2] « Révision du traité de Tien-tsin », mémoire adressé par les négociants français de Shanghai, 1868-1870, Cote : REC 010 04, Archives de la Chambre de commerce et d'industrie de Lyon.

2.3.3 – Une fausse alerte et une nuit blanche

Maurice Chabrières fut laissé en charge du travail à Hangchow lorsque Monsieur Baretta retourna subitement à Shanghai. Le lendemain du départ de Monsieur Baretta, un *shroff* qui l'accompagnait de Shanghai lui dit qu'une rumeur circulait parmi les Chinois selon laquelle des « flemmards » [en fait, des vagabonds] allaient attaquer leur établissement ce soir-là et y mettre le feu. Bien qu'il n'ait pas cru en cette information, Maurice Chabrières décida de se préparer à toute éventualité, convaincu que le mandarin du bureau de *Likin* pourrait être derrière ce complot si un incendie venait à se produire.

Le soir venu, après avoir terminé le travail de séchage des cocons, Maurice Chabrières s'arma d'un revolver, de trois fusils et de deux cent cinquante cartouches de munitions pour faire face à toute urgence éventuelle. Heureusement, la nuit se passa tranquillement et à 8 heures du matin, les trois hommes du bureau de *Likin* arrivèrent pour peser les cocons avant leur embarquement pour Shanghai. Maurice Chabrières joua le rôle d'un bon diplomate en offrant des cigares et du champagne à ces hommes. Le pesage se déroula sans le moindre souci et les cocons furent correctement emballés et embarqués pour Shanghai[1]. Ainsi, Maurice Chabrières avait terminé son travail à Hangzhou et partit le soir même pour Soochow et Woosie.

2.3.4 – Zéro tolérance du *squeeze*

En rejoignant Monsieur Baretta à Soochow, ils se séparèrent à nouveau pour s'occuper de l'achat de cocons dans différentes villes. Maurice fut désigné pour prendre en charge la station à Payfoong, une commune située à une journée de distance de Soochow et de Woosie. À Payfoong, contrairement à Hangzhou, le local ainsi que les équipements pour sécher les cocons n'appartenaient pas à la maison Jardine Matheson & Co. En effet, c'était le *comprador* de cette dernière qui entrait en contrat avec le propriétaire du local et des équipements. La maison britannique payait tout cela moyennant des frais de 3 dollars par picul de cocons traités dans le local. Étant donné que le propriétaire était rémunéré selon la quantité de cocons achetés, il avait donc tout intérêt à acheter autant de cocons que possible.

Maurice Chabrières remarqua, dès le premier jour, des manœuvres suspectes du *comprador*, car il avait donné l'ordre d'acheter à 44 $ par picul, mais le soir, quand il reçut le compte rendu, le prix d'achat de quelques postes était à 55 $ par picul. Il posa la question au *comprador*, en espérant une réponse satisfaisante, mais en vain. Convaincu désormais du rôle soupçonné joué par le *comprador*, il décida de régler les choses par lui-même. Le lendemain, il prit deux heures pour apprendre les chiffres chinois

---

[1] Journal de Maurice Chabrières relatant l'achat des cocons à l'intérieur du 10 mai 1906 au 4 juin 1906. Cote 242J225, Archives Morel-Journel, Archives départementales du Rhône et de la métropole de Lyon.

et observa comment les *shroffs* traitaient les achats vis-à-vis des paysans. Le résultat confirma sa préoccupation : les *shroffs* pratiquaient le *squeeze* envers les paysans, moyennant une commission de 3 %. Maurice Chabrières confronta directement les *shroffs* chinois, en utilisant sa connaissance nouvellement acquise des chiffres chinois, pour leur montrer qu'il savait bien leur pratique de *squeeze* et leur demanda d'arrêter. Les *shroffs* nièrent tous dans un premier temps, mais, après que Maurice Chabrières leur eut montré qu'il connaissait maintenant les chiffres chinois, ils s'excusèrent en arguant qu'il ne s'agissait pas d'un *squeeze* de Jardine Matheson & Co mais d'un *squeeze* de paysan.

Pour mettre fin au *squeeze* pratiqué par les *shroffs*, Maurice Chabrières fit rédiger une annonce déclarant que la maison Jardine Matheson & Co s'engageait à payer le prix total indiqué sur le reçu de vente et l'a fait coller à l'entrée du local d'achat, tout en déchirant les autres papiers affichés sur le mur. Pour éviter que les *shroffs* ne se moquent du contenu de l'annonce en chinois, il fit isoler trois *shroffs* dans différentes salles et a demandé au premier shroff d'écrire ce qu'il voulait dire en chinois. Ensuite, il a fait traduire ce que le premier shroff avait écrit par le deuxième *shroff* et a vérifié la traduction avec le troisième *shroff* en lui demandant de traduire également ce que le premier *shroff* avait écrit. Lorsqu'il a entendu que la traduction du troisième *shroff* était identique à celle du deuxième *shroff,* il fit reproduire plusieurs copies pour les coller à l'entrée du local d'achat. Le lendemain, il prit la place du *shroff* à la caisse et paya de ses propres mains les paysans le prix total indiqué sur le reçu de vente.

En réponse à la mesure prise par Maurice Chabrières, le propriétaire du local inventa un autre *squeeze* au nom d'un fonds pour le soulagement des personnes en détresse. Cette fois-ci, Maurice Chabrières menaça le propriétaire avec une batte pour qu'il ne se présente plus devant les *shroffs* ou les paysans qui venaient pour vendre leurs cocons. Cette action de Maurice Chabrières fut efficace, car pour le reste de son séjour ici, le propriétaire resta dans sa chambre en fumant de l'opium. Une autre tentative des *shroffs* s'avéra encore pire, car ils mélangèrent des cocons de bonne qualité avec des cocons de mauvaise qualité appelés « espèces de spéculation », afin d'obtenir un prix d'achat moins élevé. Ces derniers ne pouvaient pas être filés en raison de leur qualité médiocre. Maurice Chabrières dut fermer la porte arrière avec des bandes de papier portant sa signature afin de ne permettre l'entrée d'aucun mauvais cocon par les *shroffs*.

En voyant tous les cocons embarqués pour Shanghai, Maurice Chabrières découvrit la dernière pratique de *squeeze du comprador* : au lieu de faire payer à Jardine Matheson & Co le *Likin*, qui s'élevait à $9 par picul de cocons secs, le *comprador* faisait payer $ 3 par picul de cocons frais, sachant qu'en moyenne, 3 ½ piculs de cocons frais donnent 1 picul de cocons secs. Le *comprador* empochait ainsi $ 1,5 par picul de cocons secs. Une fois tout le travail terminé, Maurice Chabrières put calculer le montant du *squeeze* que la maison britannique avait payé pour les cocons achetés à l'intérieur. Le *squeeze* total s'élevait à environ 9 % de la valeur des cocons achetés. Il en conclut que l'achat de cocons à l'intérieur était souvent une opération déficitaire pour les maisons européennes.

Lorsqu'ils se réunirent après la récolte, le prix moyen d'achat de Maurice Chabrières était inférieur de 4 % à celui de Monsieur Baretta et de Monsieur Bedoni, le directeur adjoint de l'Ewo Filature, grâce aux mesures prises contre les pratiques de *squeeze* des Chinois. Ayant déjà discuté de ce sujet avec Monsieur Baretta lors de leur rencontre à Woosie, ce dernier n'apporta aucun commentaire et répondit simplement qu'il continuait à faire la même chose. Apparemment, Monsieur Baretta était au courant de ces pratiques. Il avait peut-être lui-même adopté cette méthode lorsqu'il avait commencé à acheter à l'intérieur. Toutefois, il était extrêmement difficile pour les Européens de changer les pratiques commerciales locales en échange d'une économie de quelques pourcentages sur le prix d'achat. La raison pour laquelle il n'avait pas divulgué ce fait pourrait être de ne pas décourager Maurice Chabrières dans son travail. En fin de compte, Maurice Chabrières avait réalisé que le *squeeze* était considéré comme un frais légitime par les Chinois et qu'il faisait partie des coutumes commerciales locales. Il résumait son expérience en disant que si les maisons européennes tentaient de réformer les coutumes locales, elles risqueraient de se heurter au boycott des marchands chinois. Il concluait son rapport en citant une phrase en anglais *pingin* que les Chinois utilisent souvent : « A man blong very stupid, if he can catch chance, no takee. »[1]

Le voyage de Maurice Chabrières dans l'intérieur s'était avéré être une suite d'étonnements. Il avait remarqué les difficultés que rencontraient les Européens lorsqu'ils voulaient traiter directement avec les Chinois pour conclure des affaires. Tout d'abord, il était impossible de le faire sans passer par l'intermédiaire des *compradors* chinois, car ils pouvaient aider ou empêcher l'aboutissement des affaires. Chaque maison européenne disposait de son propre *comprador*, qui garantissait certains risques tels que le non-paiement, les vols et les faillites, moyennant une commission « et que d'un autre côté, ce comprador ne se faisait aucun scrupule pour vous voler, semblant considérer que c'était là un des attributs de sa charge… mais le *Squeeze* n'est pas considéré comme un vol. »[2] Le *comprador* fournissait également des renseignements sur le marché et les marchands chinois avec lesquels les maisons européennes souhaitent conclure des affaires. Deuxièmement, « les affaires à Shangha sont dans les mains de ces gens-là

---

[1] « Un homme est très stupide, s'il peut saisir la chance, et ne la prend pas ». Journal de Maurice Chabrières relatant l'achat des cocons à l'intérieur de 10 mai 1906 au 4 juin 1906. Cote 242J225, Archives Morel-Journel, Archives départementales du Rhône et de la métropole de Lyon.

[2] Lettre de Maurice Chabrières à Shanghai le 6 juillet 1906. Cote 242J225, Archives Morel-Journel, Archives départementales du Rhône et de la métropole de Lyon.

bien plus que dans celles des Européens. Beaucoup de ces *compradors* n'ayant pas suffisamment d'argent à donner en garantie prennent des commanditaires, forment une société, ils en servent le capital à la maison qu'ils représentent et servent des intérêts à leurs commanditaires »[1]. Dernièrement, il n'existait pas de contrat signé entre les maisons européennes et les Chinois, mais il entendait dire « qu'il n'y a pas d'exemple de chinois ayant refusé de livrer la marchandise à l'époque fixée, quelle que soit la baisse qui ait pu survenir sur le marché depuis le moment où il a conclu l'affaire. »[2]

2.4 – Code « BORDEAUX » : percée dans le négoce de marchandises générales

Les voyages de Maurice Chabrières et Georges Morel-Journel témoignaient de l'acquisition de connaissances de première main. Elles s'avérèrent très utiles dans les carrières professionnelles de ces deux jeunes hommes. En particulier, le voyage de Maurice Chabrières à Hankeou contribua de façon décisive au début des affaires de marchandises générales avec Jardine Matheson & Co à Marseille. Son intérêt particulier pour le négoce des produits généraux à Hankeou contribua grandement au développement de la maison à Marseille et, à long terme, à l'indépendance et à la reprise en main de la maison, résultat de la sécession avec Morel-Journel & Cie, qui se livrait au négoce de marchandises générales en provenance d'Extrême-Orient.

Monsieur Henry Keswick était également intéressé par le potentiel des deux maisons en vue de faire du commerce de marchandises générales, à l'instar de l'affaire J/A des soies. Jardine Matheson & Co disposait d'un bureau, de quais, de magasins et de bateaux qui effectuaient le trajet de Shanghai à Hankeou. La raison pour laquelle Monsieur Henry Keswick voulait faire ces affaires était que cela leur rapportait des bénéfices ainsi que des frais de transport, que les Allemands gardaient pour eux en faisant tout pour l'enlever à la maison britannique. Les marchandises étaient exportées de Hankou en descendant la rivière Yangtsé sur les bateaux de Jardine, Melchers, Racine Ackermann, etc. ensuite transbordées à Shanghai pour les débouchés étrangers. Afin d'atteindre cet objectif et prévoir une croissance des affaires entre Jardine Matheson & Co et Chabrières, Morel & Cie, Monsieur Henry Keswick proposa que Monsieur Ennemond Morel envoie en Chine quelqu'un qui connaissait bien ces affaires et qui parlait si possible anglais.

---

[1] Lettre de Maurice Chabrières à Shanghai le 6 juillet 1906. Cote 242J225, Archives Morel-Journel, Archives départementales du Rhône et de la métropole de Lyon.

[2] Lettre de Maurice Chabrières à Shanghai le 6 juillet 1906. Cote 242J225, Archives Morel-Journel, Archives départementales du Rhône et de la métropole de Lyon.

Maurice Chabrières lui répondit que la maison Chabrières Morel & Cie travaillait déjà avec la maison Melchers pour ce type de marchandises, telles que le sésame, le jute, le chanvre de Chine, etc. Il indiqua à Monsieur Henry Keswick que ces marchandises ne pouvaient pas rivaliser avec celles produites ailleurs, comme les arachides d'Afrique et les graines de sésame de l'Inde, en conséquence de quoi, la plupart du temps, l'employé n'aurait pas de travail à faire. Cependant, Monsieur Henry Keswick continuait à avancer son argument, à savoir que ces affaires se faisaient par dépêches, qu'il y aurait d'autres affaires à s'occuper, et que, par conséquent, le salaire d'un employé serait très insignifiant. Maurice Chabrières semblait particulièrement intéressé, car c'était, à Marseille, la maison qui s'occupait des marchandises générales de Chine. Il proposa d'aller voir ces affaires à Hankeou, étant donné que le délai de communication par lettre est trop long. Pour être plus rapide et discret en même temps, il a choisi le code « Bordeaux » en demandant à Monsieur Ennemond Morel de l'indiquer sur la dépêche s'il approuvait la visite à Hankou. Dans la même lettre, Maurice Chabrières joignait une synthèse des renseignements sur les marchandises générales exportées par Hankeou.

La ville de Hankeou était devenue de plus en plus importante en tant que centre des marchandises générales après la construction de la ligne ferroviaire Pékin-Hankeou. Déjà, des banques occidentales s'y étaient installées, telles que « Hongkong & Shanghai Banking Corporation, Banque de l'Indo-Chine, Chartered bank of India, Imperial Bank of China, Mercantile Bank of India, Banque russo-chinoise, Deutsch-Asiatische Bank. Des maisons étrangères se trouvent aussi dans la ville, faisant des affaires en marchandises générales pour l'exportation : Arnhold Karberg-Bavier & Co, Belgian trading Co Ltd., Bielfeld & Son, Boad Croucher & Co, Melchers & Co, Olivier & Co, Ostasiatische Handels-Gesellschaft, Racine Ackermann & Co, Jardine Matheson & Co (font le thé, ont une compagnie de navigation sur le Yangtsé, des magasins, des débarcadères, etc.) »[1]

La réponse concernant la proposition de faire des affaires de marchandises générales était assez conservatrice. Dans sa lettre du 29 janvier 1907, Ennemond Morel répondait que « c'est une question qui est à l'étude. Nous arriverons certainement à trouver un sujet à envoyer chez JM, mais notre opinion n'est pas encore tout à fait arrêtée, car il est probable que, si nous nous organisons fortement avec JM, il faudra lâcher Melchers (je me réfère pour cela à la copie incluse d'une lettre de M. Nicollerat) et l'échange en vaudra-t-il la peine ? Il est très possible, comme cette affaire n'est brûlante, que nous en remettions la solution à votre retour ici. »[2]

---

[1] Lettre de Maurice Chabrières à Shanghai le 1er août 1906. Cote 242J225, Archives Morel-Journel, Archives départementales du Rhône et de la métropole de Lyon.

[2] Lettre de Ennemond Morel à Lyon, le 29 janvier 1907. Cote 242J225, Archives Morel-Journel, Archives départementales du Rhône et de la métropole de Lyon.

III. CHABRIÈRES MOREL & CIE : UNE SOURCE MAJEURE POUR LA COMPRÉHENSION DE L'ÉCONOMIE DE LA SOIE EN CHINE

Les Archives Morel-Journel ne constituent pas seulement un fonds indispensable pour l'histoire des entreprises lyonnaises du négoce de la soie, mais elles apportent aussi beaucoup à notre connaissance de la vie économique et sociale de la Chine durant la seconde moitié du XIXe siècle et les tout débuts du XXe siècle.

3.1 – La monnaie en Chine

À la fin du XIXe siècle, contrairement aux puissances étrangères qui avaient successivement adopté l'étalon-or[1] durant le dernier quart du même siècle, la Chine demeurait fidèle à l'étalon-argent. Cependant, l'adoption de l'étalon-or par l'Allemagne en 1873 avait entraîné une baisse du prix de l'argent et l'Union latine avait été contrainte, en conséquence, d'arrêter la frappe libre de l'argent. En 1872, le prix de l'argent par once était de 60 d. Au moment où les principales puissances européennes avaient adopté l'étalon-or en 1876, le prix est tombé à 46 ¾ d. par once. En 1898, l'argent n'était coté qu'au prix de 26,93 d. par once. Bien que la fluctuation du prix de l'argent soit devenue moins violente au début du XXe siècle, la dépendance de la Chine à l'égard du cours de l'argent exposait le pays à des conditions financières défavorables.

3.1.1 – Le système monétaire chinois : l'étalon-argent et le sycée

Il était important de rappeler que le système monétaire chinois était en réalité plutôt un système dual d'étalon-argent et de monnaie de cuivre, hérité de la dynastie Ming. Ce système reposait sur le principe que, pour les montants importants, on utilisait de l'argent, tandis que pour les montants plus petits, on utilisait la monnaie de cuivre. À l'époque, la Chine utilisait une monnaie appelée tael, qui n'était pas une monnaie de circulation quotidienne, mais plutôt une monnaie de compte. « Les comptes des maisons de commerce et des banques, à Shanghai, sont tenus en T$, toute transaction un peu importante est évaluée en T$. On fabrique en Chine des lingots d'argent d'une forme spéciale, appelés *sycées* (en anglais *Silver shoe*) : le

[1] En 1873, l'Allemagne abandonne l'étalon-argent pour l'étalon-or, Les États-Unis à leur tour adoptent l'étalon-or en 1900. En 1874, La Suède et la Norvège abandonnent l'étalon-argent. En 1875, la Hollande adopte l'étalon-or. En 1897, le Japon a adopté l'étalon-or. Source : Rapport sur la monnaie chinoise par Maurice Chabrières, Cote 242j225, Établissement Chabrières, Morel & Cie, Morel-Journel & Cie, Marchands de soie à Lyon 1811-2013, 242J1-1226, Archives départementales du Rhône et de la métropole de Lyon.

T$ correspond à la valeur d'une portion déterminée de sycée à un titre convenu. »[1]

Le système de règlement en Chine était assez complexe, même pour les Chinois. Il existait différents types de taels qui circulaient dans différentes régions et institutions. En particulier, pour le règlement des taxes auprès du gouvernement central, les provinces devaient fondre différents types d'argent pour produire des lingots appelés *sycées*[2]. Les provenances de l'argent pour fabriquer les *sycées* à Shanghai étaient les suivantes : la première provenance était les *sycées* de différentes régions. « Les sycées des différentes villes, et des différentes provinces de la Chine, n'ayant pas le même titre, chaque fois qu'un payement doit être effectué de ville à ville en sycées, ceux-ci sont fondus et ramenés au titre de la ville où l'on paie. »[3] La deuxième était l'argent des mines indigènes ; la troisième provenance était l'importation des barres de l'argent de l'étranger « qui vient d'Amérique, d'Europe, et surtout de Londres. Ces barres d'argent pèsent environ 50 kg, leur titre est de 17 ½ betterness, soit de 996 à 998 millièmes. Il était inutile d'importer au-dessus de ce titre, parce que les Chinois ne pouvaient pas concevoir de titre supérieur, et ils se refuseraient à payer une somme plus forte, pour la plus-value résultant d'une finesse de titre supérieure à 17 ½ betterness. »[4]

[1] Rapport sur la monnaie chinoise par Maurice Chabrières, Cote 242J225, Établissement Chabrières, Morel & Cie, Morel-Journel & Cie, Marchands de soie à Lyon 1811-2013, 242J1-1226, Archives départementales du Rhône et de la métropole de Lyon.

[2] Sycée (Yinding) était un type de lingot d'argent qui a été utilisé comme monnaie en Chine jusqu'au XXe siècle. Le poids du sycée était généralement exprimé en taels, qui est une unité de poids utilisée en Chine et dans d'autres parties de l'Asie. La valeur du sycée était déterminée par son poids et sa pureté.

[3] Rapport sur la monnaie chinoise par Maurice Chabrières, Cote 242J225, Établissement Chabrières, Morel & Cie, Morel-Journel & Cie, Marchands de soie à Lyon 1811-2013, 242J1-1226, Archives départementales du Rhône et de la métropole de Lyon.

[4] Rapport sur la monnaie chinoise par Maurice Chabrières, Cote 242J225, Établissement Chabrières, Morel & Cie, Morel-Journel & Cie, Marchands de soie à Lyon 1811-2013, 242J1-1226, Archives départementales du Rhône et de la métropole de Lyon.

Tableau III.6.5 Importations d'argent en Chine

Années	Valeur en haikwan T$	Cours moyen du T$
	-	s.d.
1890	-	5,2 ¼
1891	-	4,11
1892	-	4,4 ½
1893	10 804 000	3,11 ¼
1894	26 389 400	3,2 3/8
1895	36 685 000	3,3 ¼
1896	1 720 000	3,4
1897	1 641 500	2,11 ¾
1898	4 722 025	2,10 5/8
1899	1 271 444	3,0 1/8
1900	15 442 212	3,1 ¼
1901	-	2,11 9/16
1902	32 282 133	
1903	29 046 532	
1904	37 128 368	
1905	38 624 911	

Source : Rapport sur la monnaie chinoise par Maurice Chabrières, Cote 242J225, Établissement Chabrières, Morel & Cie, Morel-Journel & Cie, Marchands de soie à Lyon 1811-2013, 242J1-1226, Archives départementales du Rhône et de la métropole de Lyon.

Les banques étrangères importaient des barres d'argent et les vendaient ensuite aux fonderies chinoises, qui les utilisaient pour fabriquer des *sycées*, soit pour elles-mêmes, soit pour les banques chinoises. Le prix était calculé sur la base du tael de Canton ou *haikwan tael* (tael de la douane, car il était le seul tael accepté par les douanes). Il existait un taux de change entre le haikwan tael et le tael de Shanghai, et le paiement se faisait par *sycée* de Shanghai, qui valait environ 50 taels.

Maurice Chabrières a rapporté dans son rapport ses observations lors de ses visites dans les fonderies à Shanghai, les installations de l'atelier étaient rudimentaires et le travail était effectué par des ouvriers « à qui je ne confierais pas mon parapluie ». Il notait que, malgré le manque d'instruments de précision, les ouvriers étaient capables de couper les barres d'argent en morceaux correspondant au poids désiré pour la fonte d'un *sycée*. « L'ouvrier ne peut déterminer le poids qu'au juger, et pourtant, il ne se trompe que rarement. »[1] Pendant la fonte, la manipulation de l'argent était aussi au juger de l'ouvrier. « On jette aussi de temps en temps, pendant la fusion, de la grenaille de cuivre dans le creuset, c'est pour ramener l'argent au titre du sycée de Shanghai. L'ouvrier n'a aucun moyen scientifique à sa disposition pour savoir combien il faut ajouter de cuivre, et il fait cette opération au juger. Lorsque l'ouvrier pense que l'argent est suffisamment pur, il retire le creuset, et verse l'argent fondu dans un moule en fonte. »[2] Pour la finition du sycée, on poinçonnait le numéro de l'ouvrier qui avait effectué la fonte, ainsi que le nom de la fonderie. Cela pouvait être particulièrement utile pour le propriétaire si jamais il avait trouvé qu'un *sycée* était de mauvaise qualité et qu'il souhaitait faire appel à la fonderie en question.

Selon Maurice Chabrières, il existait 7 fonderies équipées de 6 fours chacune à Shanghai, et ce nombre avait été convenu par la guilde de la ville. Il notait également que « pour créer une fonderie, il faut avoir l'autorisation du gouvernement. Le gouvernement n'intervient pourtant pas dans son fonctionnement, il s'est borné à émettre des lois très sévères contre les fraudeurs et leur descendance. »[3] Chaque fonderie produisait environ 200 *sycées* par jour, ce qui donnait une production totale d'environ 1 400 *sycées* par jour. Étant donné que le poids d'un *sycée* de Shanghai était de 50 taels chacun, cela équivalait à une production quotidienne d'environ 70 000 taels de Shanghai. Maurice Chabrières ajoutait ensuite que, lorsque la demande était forte, cette production pouvait ne pas suffire, ce qui pouvait entraîner une hausse de la valeur du tael à Shanghai. Les *sycées* étaient ensuite envoyés à l'essayeur à Koung-kou pour déterminer leur valeur. « On commence par peser le sycée et on inscrit son poids (en Shanghai tael) à l'encre de Chine dans sa partie creuse. Ensuite vient l'évaluation du titre. Le poids du sycée est majoré d'une quantité égale à l'excédent de finesse estimé par l'essayeur. Cette majoration de poids est inscrite à l'encre de Chine à côté de la première marque. »[4]

3.1.2 – La valeur et le change du *sycée*

La valeur d'un *sycée* de Shanghai est basée sur son poids et sa pureté, mais il était également important de tenir compte des pratiques

---

[1] Rapport sur la monnaie chinoise par Maurice Chabrières, Cote 242J225, Établissement Chabrières, Morel & Cie, Morel-Journel & Cie, Marchands de soie à Lyon 1811-2013, 242J1-1226, Archives départementales du Rhône et de la métropole de Lyon.

[2] Rapport sur la monnaie chinoise par Maurice Chabrières, Cote 242J225, Établissement Chabrières, Morel & Cie, Morel-Journel & Cie, Marchands de soie à Lyon 1811-2013, 242J1-1226, Archives départementales du Rhône et de la métropole de Lyon.

[3] Rapport sur la monnaie chinoise par Maurice Chabrières, Cote 242J225, Établissement Chabrières, Morel & Cie, Morel-Journel & Cie, Marchands de soie à Lyon 1811-2013, 242J1-1226, Archives départementales du Rhône et de la métropole de Lyon.

[4] Rapport sur la monnaie chinoise par Maurice Chabrières, Cote 242J225, Établissement Chabrières, Morel & Cie, Morel-Journel & Cie, Marchands de soie à Lyon 1811-2013, 242J1-1226, Archives départementales du Rhône et de la métropole de Lyon.

commerciales pour déterminer sa valeur sur le marché. « Pour avoir la valeur du sycée en Shanghai taels, monnaie de compte, la coutume veut qu'on augmente le chiffre ainsi obtenu de 2/98. Autrement dit, 98 taels poids à Shanghai passent dans le commerce pour avoir la valeur de 100 taels de Shanghai. » Par exemple, si un *sycée* pesait 49 taels de Shanghai et avait une finesse excédentaire de 2 taels et 7 maces[1], pour déterminer sa valeur en termes de monnaie de compte, il fallait appliquer le coefficient 2/98. Cela donnerait une valeur de 52,75 taels de Shanghai. Selon le taux de change de l'époque, 1 tael de Shanghai équivalait à 36,64 francs, ce qui signifiait que le *sycée* en question avait une valeur de 1 932,76 francs.

Contrairement aux échanges entre les monnaies européennes de l'époque, qui étaient déterminés par la demande d'une monnaie par rapport à l'autre et qui étaient régis par l'étalon-or, « le change de Paris sur Londres, par exemple, est déterminé par les dettes et les créances que ces deux places ont l'une envers l'autre : si Paris doit plus à Londres que Londres ne doit à Paris, le change de Paris sur Londres sera le plus cher. La valeur de la monnaie en tant que métal n'intervient pas, les francs et les livres sont de l'or, et c'est le plus ou moins de demande pour l'une ou l'autre monnaie qui en détermine le cours par rapport à l'autre. »[2] Le change entre le tael de Shanghai et les monnaies européennes dépendait plutôt du cours de l'argent à Londres. « Pour le change de la Chine, c'est le contraire, c'est l'évaluation en or d'un certain poids d'argent, ou l'évaluation en argent d'un certain poids d'or. Quand un commerçant à Shanghai veut payer un Chinois, il doit acheter des taels en les payant avec des francs, des livres, ou des marques : c'est-à-dire, acheter de l'argent avec de l'or. Ce qui doit donc influer le plus sur le prix du tael exprimé en monnaie européenne, c'est le cours de l'argent "métal" à Londres. »

Les banques étrangères en Chine étaient très puissantes et dominaient le marché du tael. Les commerçants étaient obligés de passer par leur intermédiaire. En fonction de leur position à la hausse ou à la baisse, elles pouvaient donc orienter plus ou moins le marché dans l'un ou l'autre sens. En général, c'était la Hongkong and Shanghai Banking Corporation qui déterminait le taux, et les autres banques fixaient leurs propres taux en s'écartant plus ou moins de celui-ci. Les fluctuations du taux de change avaient un impact sur l'exportation et l'importation des marchandises en Chine. Une hausse du taux de change était favorable pour l'importation de marchandises étrangères en Chine, tandis qu'une baisse était favorable pour l'exportation de marchandises chinoises à l'étranger. Les attitudes des pays

---

[1] La coupure du tael : 1 tael (两) égale 10 maces (钱), 1 mace égale 100 cashes ou sapèques (文).

[2] Rapport sur la monnaie chinoise par Maurice Chabrières, Cote 242J225, Établissement Chabrières, Morel & Cie, Morel-Journel & Cie, Marchands de soie à Lyon 1811-2013, 242J1-1226, Archives départementales du Rhône et de la métropole de Lyon.

étrangers par rapport à la baisse continue du taux de change entre le tael et les monnaies étrangères différaient en fonction de leur position dans les échanges commerciaux.

Les États-Unis, qui exportaient beaucoup plus qu'ils n'importaient en Chine, voulaient que le gouvernement chinois fixe le taux de change et « donner naissance à de nombreux projets pour fixer le cours du tael, et faire leur possible, pour amener le gouvernement chinois à prendre des mesures à cet effet. » En ce qui concernait la France, qui importait plus qu'elle n'exportait en Chine, elle se contentait de constater cette baisse du taux de change. Quant au Royaume-Uni, il était considéré comme « peut-être, plus une compagnie de transport qu'une maison de commerce vis-à-vis de la Chine, il s'est désintéressé de la question ».

En effet, la fluctuation « artificielle » manœuvrée par les banques européennes a eu également un impact sur les dettes du gouvernement chinois. Une baisse du taux de change signifiait un surcroît des millions de taels pour le remboursement des dettes. Par conséquent, avant chaque échéance de créance, le cours du taux de change baissait à Shanghai. Cette manipulation avait suscité une protestation de la part du gouvernement chinois, qui se sentait lésé par les pratiques des banques européennes.

Dans les ports ouverts, les commerçants chinois étaient parfaitement conscients des fluctuations du taux de change et pouvaient augmenter leurs prix pour gagner davantage. Les commerçants européens et chinois pouvaient également spéculer sur le taux de change. Cependant, cette opération pouvait s'avérer dangereuse et coûteuse pour eux, car si le taux de change ne suivait pas le cours qu'ils avaient anticipé, ils pourraient subir des pertes financières ou une augmentation sensible du coût d'achat. De plus, les banques étaient mieux informées que les commerçants sur les variations du taux de change et pouvaient donc exercer une influence sur le marché.

3.1.3 – Les banques européennes et chinoises

Le rôle principal des banques européennes était de servir d'intermédiaire entre les commerçants chinois et les commerçants européens, ainsi qu'entre les commerçants européens et l'Europe, pour les paiements. Elles recevaient de l'argent qu'elles changeaient en or, et de l'or qu'elles changeaient en argent. Il existait entre le commerçant et la banque un intermédiaire appelé *bullion broker*, un courtier de change qui faisait la navette entre le commerçant et la banque. Sa commission était de 1/8 pour mille, et elle était payée par la personne qui achetait le tael (par le commerçant lorsqu'il s'agissait d'une affaire d'exportation, et par le banquier lorsqu'il s'agissait d'une affaire d'importation)[1]. Cette profession était très lucrative à Shanghai,

---

[1] Rapport sur la monnaie chinoise par Maurice Chabrières, Cote 242J225, Établissement Chabrières, Morel & Cie, Morel-Journel & Cie, Marchands de soie à Lyon 1811-2013, 242J1-1226, Archives départementales du Rhône et de la métropole de Lyon.

et de nombreux courtiers de change comptaient parmi les plus grosses fortunes de la ville.

Les banques chinoises, dont l'histoire remontait à l'Antiquité, avaient les caractéristiques suivantes : les banquiers étaient majoritairement originaires de la province de Shanxi, la plupart d'entre eux disposaient d'un capital très faible, entre 1 000 et 50 000 taels. Leur activité consistait à accorder de petites avances, à effectuer des échanges de monnaie et à recevoir des dépôts pour les banques disposant d'un capital plus important. En ce qui concernait les taux d'intérêt, pour les dépôts, ils s'élevaient entre 8 et 12 %. Ainsi, les banques facturaient des taux plus élevés pour les prêts, allant de 15 à 30 %, voire plus, selon les cas. La durée de ces prêts était généralement très courte, ne dépassant pas six mois sans être renouvelée.

Maurice Chabrières notait qu'à partir de 1905, suite à la visite de quelques mandarins chinois au Japon pour étudier l'organisation des banques dans ce pays, une banque appelée Banque du ministère des Finances[1] fut créée. Elle était directement placée sous la direction du ministère et semblait destinée à devenir une banque d'État si elle ne faisait pas faillite. Elle avait déjà des succursales dans 4 ou 5 endroits. Une banque d'épargne avait également été créée, toujours sur le modèle japonais, qui acceptait de très petits dépôts et payait des intérêts à partir de 5 $. Le montant des intérêts variait de manière assez curieuse. Lorsque le déposant exprimait l'intention d'utiliser son dépôt pour subvenir aux frais de son mariage ou de celui d'un de ses enfants, le taux d'intérêt était moins élevé que s'il était effectué pour subvenir aux besoins de ses vieux parents. Cette banque, si l'on en jugeait par certains articles publicitaires dans les journaux, ne devait pas faire de brillantes affaires. Maurice Chabrières remarqua lors de son passage en Cochinchine que les capitaux chinois occupaient une place importante dans les affaires créées par les Européens. Il constatait la même chose à Shanghai. Il pensait que le désir d'échapper aux exigences potentielles des mandarins chinois pouvait être l'une des raisons de l'afflux de capitaux chinois dans les affaires européennes[2].

3.1.4 – Les monnaies circulant en Chine

La monnaie courante en Chine était en effet la sapèque, une pièce ronde trouée au milieu. Elle était en bronze frappée par le gouvernement chinois, mais les sapèques se détérioraient rapidement. « Il lui est impossible, depuis

---

[1] La Banque du ministère des Finances est établie le 25 septembre 1905 à Pékin, avec un capital total de 10 millions de taels, dont la moitié est souscrite par les commerçants et l'autre moitié par l'État. Les premiers directeurs sont Zhang Yunyan et Rui Feng « xin wen pao, 10 octobre 1905 ». Elle est rebaptisée Banque Daqing en 1906, ensuite Banque de la Chine le 28 janvier 1912 à Shanghai « shen bao, 30 janvier 1912 ».

[2] Rapport sur la monnaie chinoise par Maurice Chabrières, Cote 242J225, Établissement Chabrières, Morel & Cie, Morel-Journel & Cie, Marchands de soie à Lyon 1811-2013, 242J1-1226, Archives départementales du Rhône et de la métropole de Lyon.

quelques années, à cause des prix élevés du cuivre, de continuer la frappe. Un vice-roi a récemment fait un essai mais a dû s'arrêter à cause de la perte qu'il subissait », expliquait-on. Les sapèques se raréfiaient également, car les gens les fondaient pour vendre le cuivre, résultat du fait que la valeur intrinsèque du métal était supérieure à la valeur nominale de la monnaie. Étant donné que les sapèques étaient la monnaie la plus courante pour les dépenses quotidiennes, leur raréfaction entraîna une crise économique en Chine, « une crise d'autant plus grave et dangereuse qu'elle affecte directement tout le peuple », observait Maurice Chabrières.

Pour faire face à ce problème, le gouvernement décida de frapper une nouvelle pièce qui valait 10 sapèques. Cette pièce, appelée cent, avait la même valeur nominale que 10 sapèques. Ainsi, la valeur de change de cette nouvelle pièce diminuait au fil du temps. « Il existe une bourse chinoise où l'on fixe 6 fois par jour à Shanghai la valeur de la sapèque par rapport au tael, au cent et au $. En ce moment, si on compte à peu près 1 400 sapèques au tael et 9 sapèques au cent. »

Le dollar mexicain, frappé par le gouvernement mexicain et importé en Chine, circulait également dans le pays, en particulier à Shanghai et dans les régions où les Européens font des affaires avec les Chinois. Le taux de change entre le dollar mexicain et le tael était exprimé en tant de taels pour 100 dollars mexicains, « et il varie en ce moment-ci entre 72 et 76 taels pour un 100 $ ».

Maurice Chabrières notait que dans la vie quotidienne, les Européens portaient dans leur portefeuille le dollar mexicain et des pièces de cent en argent. Ces pièces en argent étaient frappées par des provinces comme des coupures de dollars mexicains, il existait des pièces de 20 cents, 10 cents et 5 cents en argent. Normalement, 1 dollar mexicain valait 100 cents en argent, mais dans les banques chinoises, on pouvait obtenir 110 cents pour 1 dollar mexicain, ce qui représentait un gain de 10 cents. « Depuis deux ou trois mois, je fais changer un certain nombre de $ tous les mois par mon boy dans une banque chinoise, pour 10 $ au change de 110 cents par $, on me donne 1 100 cents, et je paie mes rickshaws et mes menus achats avec cette monnaie, le gain est de 10 %. Si l'on ne procède pas de cette façon-là, c'est le marchand qui fait le gain et vous qui perdez 10 % de votre argent. Il faut remarquer pourtant que les banques et les marchands n'accepteraient pas d'être payés au-delà de 95 cents en monnaie divisionnaire »[1].

En plus des monnaies métalliques, le gouvernement chinois tenta d'émettre des billets de banque, mais malheureusement, ces tentatives furent toujours vaines en raison de la non-régularisation des paiements des billets. Pourtant, Maurice Chabrières remarquait qu'« à l'heure actuelle, les banques

[1] Rapport sur la monnaie chinoise par Maurice Chabrières, Cote 242J225, Établissement Chabrières, Morel & Cie, Morel-Journel & Cie, Marchands de soie à Lyon 1811-2013, 242J1-1226, Archives départementales du Rhône et de la métropole de Lyon.

chinoises et même de simples boutiques émettent des billets : ces billets sont généralement de 1 000 sapèques en au-dessous, il y a aussi certaines provinces qui émettent des $ en billets ; ces émissions sont faites sans méthode, il n'y a aucune réserve en garantie. Le vice-roi du Houpé, Chang Chih Tong, ayant vu que l'émission des billets de 1 $ avait réussi, vient de faire une grosse commande de billets de 5 $ au Japon. Ce système a l'air de plaire aux Chinois qui font venir des experts, dessinateurs et fabricants de papier, avec l'intention peu cachée de procéder à la fabrication en grand. La chose semble devenir à la mode en Chine, car il y a même des missionnaires anglicans de l'intérieur qui ont procédé, il y a trois mois, à l'émission de billets de banque de 1 $. »

3.2 – À quoi ressemble une filature à l'européenne à Shanghai au début du XXe siècle ?

L'Ewo Filature, détenue par Jardine Matheson & Co à Shanghai, était l'une des premières usines de premier rang à l'européenne. Les journaux et les rapports de Maurice Chabrières et Georges Morel-Journel permettent de se faire une idée de cet établissement où se rencontraient des capitaux européens et des ressources naturelles et humaines chinoises.

La filature Ewo était installée dans des bâtiments anciens et éparpillés, résultat de plusieurs agrandissements successifs. Le matériel utilisé était entièrement européen, soit importé directement d'Europe, soit fabriqué localement selon les modèles européens. Ainsi, « à tous les points de vue, la filature est semblable à toutes les filatures italiennes, sauf le personnel, et on pourrait la transporter en Piémont, sans que personne ne puisse rien lui trouver d'exotique »[1].

À la filature Ewo, environ 500 bassines étaient installées dans divers bâtiments. Toutes les bassines et les bancs en fonte ainsi que les caissons chauffants pour les guindres étaient d'origine européenne. Chaque bassine était équipée d'un tuyau d'adduction d'eau chaude et d'un tuyau d'évacuation, tous deux ayant le même débit. La fileuse pouvait changer l'eau de la bassine sans interrompre son travail en tournant les deux robinets en même temps. Dès que l'eau dans la bassine n'était plus claire, elle était immédiatement remplacée par de l'eau propre[2]. Les cuves étaient maintenues en bon état, et les ouvrières travaillaient efficacement. Les batteuses, souvent âgées de seulement 7 à 12 ans, utilisaient des balais de jonc pour accomplir leur travail. Chaque batteuse était responsable de deux

[1] Rapport de Georges Morel-Journel à Shanghai le 25 février 1907. Cote 242J226, Archives Morel-Journel, Archives départementales du Rhône et de la métropole de Lyon.
[2] Rapport de Maurice Chabrières à Shanghai le 17 septembre 1906. Cote 242J225, Archives Morel-Journel, Archives départementales du Rhône et de la métropole de Lyon.

fileuses dotées de six fuseaux chacune[1]. L'eau constituait un élément crucial pour obtenir de bons résultats lors du filage de la soie à la filature Ewo.

Comme le soulignait Georges Morel-Journel, la question de l'eau était très importante pour toutes les filatures de Shanghai, « car elles n'ont à leur disposition que l'eau des criques, qui court sur ce terrain d'alluvions et est toujours très sale »[2]. Cependant, Maurice Chabrières remarquait que « l'eau de Shanghai est fort bonne pour filer, elle est très peu calcaire »[3]. À la filature Ewo, l'eau était considérée comme un élément crucial pour obtenir des résultats optimaux lors du filage de la soie. Si l'eau devenait sale ou boueuse à cause de la pluie dans l'arrière-pays, il était nécessaire de la filtrer pour éviter tout inconvénient. Pour ce faire, on utilisait de grands caissons successifs contenant du sable fin nécessaire au filtrage de l'eau. Cette eau filtrée était très claire, à tel point qu'on pouvait lire le titre d'un journal placé au fond de la citerne, qui avait une profondeur de 5 mètres. L'Ewo filature utilisait cette eau pour filer les cocons et la conservait aussi pure que possible en la filtrant régulièrement.

Cependant, même une fois filtrée, l'eau devait être changée très fréquemment pour plusieurs raisons. Tout d'abord, les cocons renfermaient beaucoup de poussière, qu'ils abandonnaient dans l'eau en la salissant. Ensuite, les cocons étant étouffés très rapidement et à une très haute température, la chrysalide était grillée et se dissolvait en partie dans l'eau. Contrairement à la filature en France, où on ajoutait du jus de ver dans la bassine et ne changeait l'eau qu'une fois par semaine, à Shanghai, l'eau était changée de 9 à 12 fois par jour, ce qui représentait un coût considérable par rapport à la dépense de charbon. Cependant, cela garantissait que la soie filée était bien blanche. Maurice Chabrières a ajouté que cette méthode de changement fréquent de l'eau était typique des filatures de Shanghai, qui mettaient l'accent sur la qualité du produit final.

George Morel-Journel notait également que dans les régions rurales, les paysans n'avaient pas accès à des filtres pour purifier l'eau. Ils utilisaient plutôt de l'alun pour précipiter les matières étrangères contenues dans l'eau. Cependant, si l'eau chargée d'alun n'avait pas suffisamment reposé, l'alun pouvait se fixer sur les fils de soie pendant la filature et se cristalliser en séchant. Cette cristallisation de l'alun était la cause de la poussière blanche parfois trouvée dans des *Tsatlees*[4] qui pouvait être mal interprétée comme une charge frauduleuse.

---

[1] Rapport de Georges Morel-Journel à Shanghai le 25 février 1907. Cote 242J226, Archives Morel-Journel, Archives départementales du Rhône et de la métropole de Lyon.

[2] Rapport de Georges Morel-Journel à Shanghai le 25 février 1907. Cote 242J226, Archives Morel-Journel, Archives départementales du Rhône et de la métropole de Lyon.

[3] Rapport de Maurice Chabrières à Shanghai le 17 septembre 1906. Cote 242J225, Archives Morel-Journel, Archives départementales du Rhône et de la métropole de Lyon.

[4] Un genre de soie refilée dans la commune de Nanxun.

3.2.1 – Direction et surveillance

Dans la filature Ewo, il y avait à la fois des Européens et des Chinois. À la tête de la direction se trouvait Monsieur Beretta, le directeur, et Monsieur Bedoni, qui était directement sous ses ordres. Ensuite, il y avait six surveillantes italiennes, une pour chaque bâtiment, chargées de l'emballage de la soie et des essais. La surveillance chinoise était exercée par des *shroffs* et un certain nombre de femmes indigènes. Ces femmes indigènes étaient placées sous la responsabilité des Européennes en charge de chaque section. Parfois très sévères, voire cruelles, elles frappaient les petites batteuses avec des bambous et leur projetaient de l'eau bouillante au visage. « Monsieur Beretta est souvent obligé d'intervenir, il interdit cette façon d'agir, mais il ne peut pas être partout à la fois, et, souvent, en entrant subitement dans un des bâtiments de la filature, on est témoin d'un fait de ce genre. »[1] Il est important de mentionner que les punitions infligées aux petites batteuses qui ne faisaient pas bien leur travail semblaient un peu ridicules. On leur suspendait une grappe de cocons à l'oreille jusqu'à la fin du travail. Quant aux fileuses, la punition consistait en une amende pouvant aller jusqu'à la suppression d'une journée de travail entière. Cependant, ces amendes étaient utilisées à des fins charitables, en les distribuant aux fileuses ou à leurs familles dans le besoin, souvent pour fournir des cercueils.

Les fileuses étaient des femmes chinoises, qu'elles soient mariées ou non, âgées de 15 à 30 ans[2]. Les femmes plus âgées étaient très rares car, « je crois qu'il faut attribuer cela, moins au travail réduit qu'elles pourraient fournir, qu'à la coutume chinoise, qui veut qu'une vieille femme soit le chef respecté de la famille et qu'elle ne travaille pas. »[3] Ces ouvrières étaient généralement très propres et soignées, prenant grand soin de leurs dents. Il y avait une brosse à dents suspendue à la monture en fer de chaque bassine et elles s'en servaient trois à quatre fois par jour.

Maurice Chabrières trouvait que « la surveillance ici est plus facile en ce sens que les Chinoises sont plus soumises que les Européennes et que l'on peut mieux les astreindre à faire ce que l'on veut »[4], tandis que Georges Morel-Journel ajoutait que « cette nombreuse surveillance est nécessaire, à cause de l'éparpillement des bassines dans les divers corps de bâtiment, et à cause de l'indolence des Chinoises qui ne travaillent bien que si l'on est tout

---

[1] Rapport de Maurice Chabrières à Shanghai le 17 septembre 1906. Cote 242J225, Archives Morel-Journel, Archives départementales du Rhône et de la métropole de Lyon.

[2] Rapport de Georges Morel-Journel à Shanghai le 25 février 1907. Cote 242J226, Archives Morel-Journel, Archives départementales du Rhône et de la métropole de Lyon.

[3] Rapport de Maurice Chabrières à Shanghai le 17 septembre 1906. Cote 242J225, Archives Morel-Journel, Archives départementales du Rhône et de la métropole de Lyon.

[4] Rapport de Maurice Chabrières à Shanghai le 17 septembre 1906. Cote 242J225, Archives Morel-Journel, Archives départementales du Rhône et de la métropole de Lyon.

le temps sur leur dos. »[1] Cette remarque de Georges Morel-Journel pourrait s'expliquer en partie par le fait qu'il existait des fileuses qui préféraient travailler dans les filatures chinoises si la rémunération était équivalente, car il y avait moins de surveillance dans ces filatures autochtones[2]. Georges Morel-Journel estimait qu'environ 1 200 femmes constituaient le personnel indigène à L'Ewo Filature, Maurice Chabrières donnait une liste plus complète

[1] Rapport de Georges Morel-Journel à Shanghai le 25 février 1907. Cote 242J226, Archives Morel-Journel, Archives départementales du Rhône et de la métropole de Lyon.

[2] Rapport de Maurice Chabrières à Shanghai le 17 septembre 1906. Cote 242J225, Archives Morel-Journel, Archives départementales du Rhône et de la métropole de Lyon.

Tableau III.6.6 Personnel d'une filature européenne de 500 bassines à Shanghai

1	Directeur
1	Sous-directeur
6	Surveillantes italiennes (leur salaire est trois fois supérieur à celui qu'elles ont en Italie et leur voyage de retour leur est payé)
17	Surveillants et surveillantes chinois
5	*Shroffs* pour le *silk room*
30	Chinoises pour le *silk room* (le chiffre de trente Chinoises pour la chambre des soies peut paraître exagéré, mais il est bon de remarquer que ces Chinoises plient la soie, la mettent en paquets et prélèvent les essais qui sont très nombreux, l'année dernière, il n'y a pas eu moins de 420 kg d'essais)
1	Caissier
3	Shroffs pour surveiller le triage des cocons
3	Chinoises pour surveiller le triage des cocons
4	Chauffeurs
5	Mécaniciens
11	Coolies de filature
4	Coolies pour le triage
1	Homme pour le magasin
2	Veilleurs de nuit
2	Concierges
500	Fileuses
250	Batteuses
30	Nettoyeuses des frisons
50	Trieuses de cocons
1	*Comprador* (qui garantit la filature contre les vols qui peuvent être commis par les indigènes, pendant l'achat des cocons et pendant l'année courante. Il doit garantir les livraisons et le payement de toute somme due par les indigènes. Il est rétribué par une commission qu'il touche sur toutes les opérations de la filature, et qui peut être évaluée pour l'Ewo à 10 000 T$ de Shanghai)

Source : Rapport de Maurice Chabrières à Shanghai le 17 septembre 1906. Cote 242J225, Archives Morel-Journel, Archives départementales du Rhône et de la métropole de Lyon.

3.2.2 – La rémunération des ouvrières

Les fileuses restaient souvent des années à travailler dans la filature. Elles étaient rémunérées à hauteur de 30 à 33 cents de dollars mexicains par jour.

Les batteuses, quant à elles, touchaient entre 15 et 18 cents de dollars mexicains, tandis que les choisisseuses recevaient en moyenne 18 cents de dollars mexicains. Il est important de souligner que ces ouvrières ne bénéficiaient ni de logement ni de nourriture[1]. La journée de travail à la filature de l'Ewo durait 10 heures et demie et les fileuses produisaient en moyenne 11,11 onces anglaises (soit 311,08 grammes) par bassine pendant l'exercice 1904/1905. Les salaires des fileuses étaient de 30 à 33 cents de dollars mexicains par jour, tandis que ceux des batteuses étaient de 15 à 18 cents de dollars mexicains et ceux des choisisseuses étaient en moyenne de 18 cents de dollars mexicains. Aucune de ces femmes n'était logée ou nourrie.

Maurice Chabrières citait une comparaison réalisée par le directeur de la filature de l'Ewo, M. Beretta, qui avait constaté que les fileuses chinoises produisaient davantage que les Italiennes. M. Beretta avait mené une expérience en envoyant des cocons de Woosie (la meilleure qualité) en Italie, qu'il avait fait filer en même temps qu'une quantité équivalente de cocons du même lot en Chine. Les résultats montrèrent que la production des fileuses chinoises était supérieure à celle des Italiennes. Les résultats furent les suivants[2].

Tableau III. 6. 7 La production des fileuses chinoises et celle des Italiennes

Production de fileuse italienne	387 grammes de soie en 12 heures soit 339 grammes de soie pour 10 heures et demie
Production de fileuse chinoise	338 grammes de soie pour 10 heures et demie

Source : Rapport de Georges Morel-Journel à Shanghai le 25 février 1907. Cote 242J226, Archives Morel-Journel, Archives départementales du Rhône et de la métropole de Lyon.

Selon les chiffres obtenus, la conclusion de Monsieur Berreta, selon laquelle les fileuses chinoises produisent plus que celles en Italie, ne semblait pas cohérente avec les résultats des essais. Peut-être, y a-t-il eu une erreur de chiffres, mais on pourrait dire qu'au moins, les fileuses chinoises étaient aussi productives que celles d'Italie.

3.2.3 – Méthodes et coûts de production

Les cocons utilisés dans la filature à l'européenne proviennent des provinces du Kiangsu et du Chekiang.

1 Rapport de Georges Morel-Journel à Shanghai le 25 février 1907. Cote 242J226, Archives Morel-Journel, Archives départementales du Rhône et de la métropole de Lyon.

2 Rapport de Maurice Chabrières à Shanghai le 17 septembre 1906. Cote 242J225, Archives Morel-Journel, Archives départementales du Rhône et de la métropole de Lyon.

A/ Les cocons utilisés à l'Ewo Filature

Ils étaient achetés tels quels, au moment de la récolte, sans être dépurés. Ils contenaient non seulement tous les doubles et les cocons infilables, mais également tout le *blaze*[1], ce qui augmentait les coûts des soies. Seuls les Sahoshing étaient achetés par contrat avant la récolte, et au rendement de 4 ½. Comme la province des Sahoshing est un peu éloignée de Shanghai, les contrats étaient passés environ un mois avant la récolte, et au rendement. Par conséquent, les producteurs avaient pour habitude de les dépurer un peu et d'enlever les doubles avant de les consigner.

Les cocons de Woosie avaient l'aspect le plus attractif. Ils étaient presque ronds, très fins et petits, bien que parfois un peu faibles, avec un grain très fin qui facilite leur dévidage. Ils représentaient la meilleure production de Chine et convenaient particulièrement aux titres fins. Les cocons de Moudeu et de Soutchéou, qui étaient de qualité inférieure à ceux de Woosie, mais qui avaient une nature similaire, étaient également utilisés pour les titres fins et ne constituaient qu'une variante des cocons de Woosie. Les cocons de Sahoshing étaient achetés par contrat avant la récolte à Shanghai, car la province de Sahoshing n'était pas encore ouverte au commerce européen. Ces cocons étaient plus gros, mais moins rentables que les cocons de Woosie, et convenaient mieux pour filer les titres fermes. Leur bave était de 2 deniers et leur forme ovale ressemblait assez à celle des Turkestans, mais ils étaient moins volumineux. Leur apparence était râpeuse et leur grain était beaucoup moins fin que celui des cocons de Woosie. Le fil produit était plus épais et convenait mieux pour les titres fermes. Les cocons de Sahoshing étaient vendus avec une garantie de rendement de 4,5. Les cocons de Hangchéou se faisaient de moins en moins nombreux depuis plusieurs années, et la plupart d'entre eux étaient utilisés pour filer les soies indigènes. Ils présentaient des caractéristiques intermédiaires entre les cocons de Sahoshing et de Woosie. Le rendement moyen de tous ces cocons, en tenant compte de tout ce qui n'était pas filable, était d'environ 5 kilogrammes. En revanche, le choix optimal des cocons de Woosie donnait un rendement d'environ 3,5 kg[2].

En raison de la finesse des cocons utilisés à l'Ewo Filature, il fallait environ 5 cocons Woosie ou 4 cocons Sahoshing pour produire un fil de titre 9/11 deniers, et 8 cocons Woosie ou 7 cocons Sahoshing pour produire un fil de titre 13/15 deniers. La filature n'avait pas l'intention de produire des titres plus fermes que 14/16 deniers, car la bave fine des cocons ne s'y prêtait pas. En cas de production de titres spéciaux, la quantité produite serait proportionnellement moins élevée en 18/20 deniers qu'en 9/11 deniers, en

---

[1] Déchet, résidu du dévidage de la soie. *Ces déchets proviennent : [...] 3° De la blaze, gros fil lâche formant le nid sur lequel le ver file son cocon. Généralement, ce blaze reste fixé aux branches sur lesquelles les vers ont fait leurs cocons.* – (D. de Prat, *Nouveau manuel complet de filature ; 1re partie : Fibres animales & minérales*, Encyclopédie Roret, 1914).

[2] Rapport de Georges Morel-Journel à Shanghai le 25 février 1907. Cote 242J226, Archives Morel-Journel, Archives départementales du Rhône et de la métropole de Lyon.

raison du grand nombre de cocons nécessaires par fil et de l'inexpérience des fileuses dans la production de ces titres. De plus, en cas de rejet de ces lots pour des raisons de qualité ou de titre, leur placement serait très difficile. Des offres pour produire ces titres avaient été refusées à la fois à New York et à Lyon, car les prix proposés étaient trop bas pour inciter la filature à les produire.

Les cocons de Chine faisaient très peu de frisons. La proportion, pour les best Woosie, n'était que de 10 %. Maurice Chabrières donnait les chiffres plus détaillés par rapport aux déchets produits lors du filage de différents cocons[1].

Tableau III.6.8 Les déchets de cocons Woosie et de cocons Hangzhou

Déchets en %	Cocons Woosie	Cocons Hangzhou
Frison	14,50 %	16,50 %
Bassiés	5,4 %	8,40 %

Source : Rapport de Maurice Chabrières à Shanghai le 17 septembre 1906. Cote 242J225, Archives Morel-Journel, Archives départementales du Rhône et de la métropole de Lyon.

Le choix des cocons était très méticuleux. Cette opération coûtait cher, car la soie des cocons était fragile et chaque cocon devait être pelé presque individuellement. Ensuite, on effectuait quatre sélections : best, I, II, III. Il n'était pas nécessaire de faire une sélection en fonction de la taille, car les cocons étaient très uniformes dans chaque région. Malgré le grand nombre de personnel affecté à cette tâche, le choix des cocons prenait beaucoup de temps et fournit à peine la consommation quotidienne des 500 bassines. La sélection des cocons ne se terminait que peu de temps avant la récolte, environ un mois avant[2].

B/ Le coût de la filature pour filer un picul de soie

La production totale de l'Ewo Filature pour cet exercice a été de 783 pièces (ou plus). Grâce à l'obligeance de M. Berreta, Maurice Chabrières put, en divisant les différentes dépenses par le nombre de piculs produits, obtenir les chiffres suivants.

[1] Rapport de Georges Morel-Journel à Shanghai le 25 février 1907. Cote 242J226, Archives Morel-Journel, Archives départementales du Rhône et de la métropole de Lyon.

[2] Rapport de Georges Morel-Journel à Shanghai le 25 février 1907. Cote 242J226, Archives Morel-Journel, Archives départementales du Rhône et de la métropole de Lyon.

Tableau III.6.9 Frais pour filer un picul de soie de l'Ewo Filature pendant l'exercice 1904/1905

	Shanghai taels par picul
Coolies	1,07
Gaz	1,19
Huile	0,11
Personnel européen	17,32
Shroffs & coolies	12,83
Fileuses batteuses	86,07
Réparations	2,24
Frais généraux	8,73
Charbon	16,44
Intérêts	30,00
Assurance contre le feu	4.00
Taxe municipale	3.82
	T$ 183,82

Source : Rapport de Maurice Chabrières à Shanghai le 17 septembre 1906. Cote 242J225, Archives Morel-Journel, Archives départementales du Rhône et de la métropole de Lyon.

Au moment où Georges Morel-Journel est arrivé à Shanghai, en 1907, il a indiqué que le coût de filature « en moyenne, de 150/200 (Shanghai) taels par picul, soit, au change actuel de 3 francs 90, 11 francs par kilogramme. Les titres fermes coûtent 30/40 taels de moins que les titres fins »[1]. En comparant le taux de change fourni par Maurice Chabrières lors de son séjour à Shanghai, on remarque que le change augmentait de 3,70 à 3,90 francs par tael en six mois.

Les déchets produits lors du filage des soies étaient vendus. Ainsi, leur prix devait être retranché du coût total. Maurice Chabrières put obtenir les chiffres suivants en divisant le prix des déchets vendus respectivement par le nombre de piculs de soie Sahoshing et Woosie : pour les cocons Sahoshing, le prix des déchets était de 50 T$ par picul de soie et pour les cocons Woosie, il atteignait de 57 T$ par picul de soie. Ce même M. Chabrières soulignait que même si les cocons Woosie étaient de meilleure qualité, il n'y avait plus de déchets car ils étaient achetés auprès des paysans sans garantie de rendement ni tri préalable. « Comme dans l'exercice que j'ai pris, on a filé 2/3 de Woosie et 1/3 % de Sahoshing on a (50 + 57 *2) / 3= 54,66 T$ »[2],

[1] Rapport de Georges Morel-Journel à Shanghai le 25 février 1907. Cote 242J226, Archives Morel-Journel, Archives départementales du Rhône et de la métropole de Lyon.

[2] Rapport de Maurice Chabrières à Shanghai le 17 septembre 1906. Cote 242J225, Archives Morel-Journel, Archives départementales du Rhône et de la métropole de Lyon.

donc 54,66 T$ à retrancher pour 1 picul de soie filée. On obtenait, par conséquent, le coût pour filer 1 picul de soie déchets déduits. Ce coût s'élevait à Shanghai à 129,16 taels. Par conséquent, le coût du filage d'un kilo de soie déchets déduits atteignait à Shanghai 2,13 taels, soit 7,88 francs (change T.T. 3,70). Il fallait ajouter les charges suivantes.

Tableau III.6.10. Les charges du filage des soies

	Taels de Shanghai par picul
Dépenses de filature déchets déduits	129,16
Droits d'exportation par picul (Le droit d'exportation de Shanghai est de 10 haikwan taels, soit 11,14 taels de Shanghai)	11,14
Emballage	1,70
Transport au *godown* de la compagnie	0,05
En tout	142,05

Source : Rapport de Maurice Chabrières à Shanghai le 17 septembre 1906. Cote 242J225, Archives Morel-Journel, Archives départementales du Rhône et de la métropole de Lyon.

Cela donnait un coût total de 142,05 Shanghai taels pour 1 picul de soie filée, soit un coût de 2,34 Shanghai taels par kilogramme de soie filée, équivalent à 8,65 francs (T.T. 3,70). Si l'on ajoutait le fret pour Lyon, qui s'élevait à 8,43 Shanghai taels par picul de soie, soit 0,14 Shanghai tael par kilogramme de soie, cela équivaut à 0,51 franc par kilogramme de soie (au change de 3,70 T.T.). En somme, les frais pour un kilogramme de soie rendu à Lyon au taux de change de 3,70 T.T. seraient de 9,16 francs une fois les déchets déduits (8,65 francs + 0,51 franc)[1].

[1] Rapport de Maurice Chabrières à Shanghai le 17 septembre 1906. Cote 242J225, Archives Morel-Journel, Archives départementales du Rhône et de la métropole de Lyon.

Tableau III. 6.11 Frais pour filer les soies

Frais pour filer les soies	Shanghai taels par picul	Shanghai taels par kg	Francs (ex. T.T. 3,70) par kg
Coût à la filature	183,82	3,03	11,21
Prix de déchets à déduire du frais	54,66	0,90	3,33
Coût à la filature (déchets déduits)	129,16	2,13	7,88
Coût dans le *godown* de la compagnie de navigation (déchets déduits, droit d'exportation inclus)	142,05	2,34	8,65
Coût rendu à Lyon	150,48	2,48	9,17

Source : Rapport de Maurice Chabrières à Shanghai le 17 septembre 1906. Cote 242J225, Archives Morel-Journel, Archives départementales du Rhône et de la métropole de Lyon.

On le voit, le coût rendu à Lyon de la soie filée était en gros 3,5 fois plus cher qu'à Shanghai.

3.2.4 – La production des filatures à Shanghai

La production était de 2 à 3 piculs par jour, suivant le titre et la qualité des cocons, par bassine, soit environ 400 grammes en 9/11 (deniers), 11/13 et 425/475 grammes en 13/15. La filature travaillait toute l'année, soit environ 285 jours[1]. Ayant 500 bassines installées, la production de l'Ewo Filature atteignait entre 750 et 800 piculs par an[2]. La production de toutes les filatures de Shanghai, en admettant qu'elles fonctionnent toute l'année, serait donc de 13 483 piculs.

[1] Rapport de Georges Morel-Journel à Shanghai le 25 février 1907. Cote 242J226, Archives Morel-Journel, Archives départementales du Rhône et de la métropole de Lyon.

[2] Rapport de Maurice Chabrières à Shanghai le 17 septembre 1906. Cote 242J225, Archives Morel-Journel, Archives départementales du Rhône et de la métropole de Lyon.

Tableau III.6.12 Rendement en soie de filatures différentes

	Rendement en soie
Filatures européennes Rendement environ 1,40 piculs par bassine Bassines 1 510	2 114 piculs
Filatures chinoises avec surveillance européenne Rendement environ 1,50 piculs par bassine Bassines 1 926	2 889 piculs
Filatures chinoises Rendement environ 1,75 par bassine Bassines 4 846	8 480 piculs
Total	13 483 piculs

Source : Rapport de Maurice Chabrières à Shanghai le 17 septembre 1906. Cote 242J225, Archives Morel-Journel, Archives départementales du Rhône et de la métropole de Lyon.

Tableau III.6.13 Différents prix de revient des filatures à Shanghai

Steam filatures européennes	Shanghai taels par picul	Shanghai taels par kg	Francs (Ex. T.T. 3,70) par kg
Coût à la filature (déchets déduits)	129,16	2,13	7,88
Coût dans le *godown* de la compagnie de navigation (déchets déduits, droit d'exportation inclus)	142,05	2,34	8,65
Coût rendu à Lyon	150,48	2,48	9,17
Steam filatures chinoises à Shanghai n° 1	Shanghai taels par picul	Shanghai taels par kg.	Francs (Ex. T.T. 3,70) par kg.
Coût dans le *godown*[1] de la compagnie de navigation	120,00	2,14	7,91
Sociétés filatures chinoises	T$ par picul	T$ par kg.	Francs (Ex. T.T. 3,70) par kg.
Coût dans le *godown* de la compagnie de navigation	110	1,81	6,69 ~~6,76~~
Tastlees redévidées	100	1,65	6,10
Cocons filés à façon (les déchets appartiennent à la filature)	100	1,65	6,10
Steam filatures redévidées (ce chiffre est loin d'être certain)	90	1,48	5,47

Source : Rapport de Maurice Chabrières à Shanghai le 17 septembre 1906. Cote 242J225, Archives Morel-Journel, Archives départementales du Rhône et de la métropole de Lyon.

[1] Ou entrepôt.

Le coût des filatures chinoises était donc, d'après les renseignements recueillis, inférieur à celui des filatures européennes. Maurice Chabrières a donné quelques raisons possibles qui pourraient expliquer le coût inférieur des filatures chinoises. Les Chinois n'avaient pas à payer les coûts élevés de la surveillance européenne. Ils pouvaient embaucher les mauvaises fileuses des filatures européennes, mais leur production était supérieure, car ils faisaient tourner les guindres[1] très vite, sans s'inquiéter beaucoup de la régularité de la soie. Ils changeaient l'eau beaucoup moins souvent et n'avaient pas autant de dépenses pour leur combustible[2]. Presque toutes ces filatures étaient louées, et les occupants ne faisaient pas les réparations nécessaires : les filatures étaient donc dans un très mauvais état. Beaucoup d'entre elles ne garantissaient pas la qualité de leurs cocons.

Maurice Chabrières remarquait que « la filature chinoise n'était pas une affaire qui devait rapporter aux actionnaires ou à son propriétaire, mais c'était une affaire qui devait faire vivre tous les *shroffs* et les membres de la famille du propriétaire, peu importait le sort de la filature si le personnel "can catchee good chance"[3]. » Il citait l'histoire de la Kee Chong, particulièrement instructive. En 1891, Russel & Co étaient les agents de la filature, mais ils firent faillite. Une société chinoise reprit l'affaire, mais fit aussi faillite. En 1906, M. Brunat forma une nouvelle société chinoise qui, à nouveau, fit faillite. À cette date, M. Brunat dirigeait la filature pour le compte des créanciers et elle filait des cocons à façon. Bien que la plupart des filatures chinoises eussent fait faillite, elles trouvaient toujours de nouveaux capitaux chinois pour continuer à fonctionner[4].

Notons-le, Georges Morel-Journel constatait que les *steam filatures* ne connaissaient pas une croissance constante en termes de performance financière. Au contraire, ce même Georges Morel-Journel constatait que ces filatures avaient tendance à avoir des résultats financiers médiocres. Plusieurs facteurs affectaient la performance financière des *steam filatures*. Tout d'abord, la concurrence sur le marché des cocons faisait augmenter les prix chaque année, ce qui réduisait les marges bénéficiaires des filatures. En outre, les coûts de main-d'œuvre et les frais généraux augmentaient également. Enfin, le rendement des cocons diminuait, ce qui signifie que les filatures européennes ne pouvaient pas être rentables à moins de prix exceptionnels, comme ceux de l'année 1906. Si une ou deux mauvaises années arrivaient, le nombre de filatures en activité pourrait diminuer

---

[1] Désigne un petit métier servant à doubler les soies filées avant de les passer à l'ourdissoir ou la partie d'un dévidoir recevant les écheveaux de soie.

[2] La filature Ewo brûle environ 200 tonnes de charbon par mois. Rapport de Georges Morel-Journel à Shanghai le 25 février 1907. Cote 242J226, Archives Morel-Journel, Archives départementales du Rhône et de la métropole de Lyon.

[3] Ou « peut attraper une bonne chance ».

[4] Rapport de Maurice Chabrières à Shanghai le 17 septembre 1906. Cote 242J225, Archives Morel-Journel, Archives départementales du Rhône et de la métropole de Lyon.

considérablement. L'Amérique était mécontente du rapport des *steam filatures* en 1905 et, en 1906, se tourna plutôt vers le Japon, où le dévidage était nettement supérieur à celui des *steam filatures* européennes.

Tableau III.6.14 La performance financière de la filature de l'Ewo

	Perte taels de Shanghai	Profit taels de Shanghai
1897/1898		848,61
1898-1899		30 279,48
1899-1900		52 595,30
1900-1	36 513,49	
1901-2		51 308,78
1902-3		36 856,65
1903-4	143 709,74	
1904-5	16 315,24	
1905-6		1 052,80

Source : Rapport de Georges Morel-Journel à Shanghai le 25 février 1907. Cote 242J226, Archives Morel-Journel, Archives départementales du Rhône et de la métropole de Lyon.

Prenons l'exemple de la filature de l'Ewo. Comme on peut le voir ci-dessus, la filature avait enregistré une perte de 23 594,85 Shanghai taels sur une période de neuf ans. Cependant, pendant cette période, 7 % du capital avaient été payés et la filature avait été amortie deux fois [1]. Maurice Chabrières notait que, depuis que l'Ewo Filature appartenait à Jardine Matheson & Co, elle avait toujours versé un intérêt de 7 % sur l'argent avancé et que son capital était entièrement amorti. La filature avait toujours remboursé à Jardine Matheson & Co les sommes avancées. Ainsi, même si le bénéfice moyen de ces dernières années avait été peu considérable, la maison britannique gagnait 7 % de son argent, plus des commissions sur les ventes à New York et à Lyon[2].

CONCLUSION

L'histoire des Lyonnais en Chine dans le commerce de la soie apparaît riche et complexe, avec de nombreux acteurs impliqués, depuis les consulats français jusqu'aux maisons de commerce lyonnaises implantées directement en Chine. Les différents traités et missions diplomatiques marquèrent l'évolution de ces échanges, avec une présence de plus en plus forte des

[1] Rapport de Georges Morel-Journel à Shanghai le 25 février 1907. Cote 242J226, Archives Morel-Journel, Archives départementales du Rhône et de la métropole de Lyon.
[2] Lettre de Maurice Chabrières à Shanghai 10 août 1906. Cote 242J225, Archives Morel-Journel, Archives départementales du Rhône et de la métropole de Lyon.

Lyonnais dans le commerce de la soie en Chine. La maison Chabrières, Morel & Cie laissa également une empreinte durable dans l'histoire de ces échanges, avec ses voyages en Extrême-Orient. Cette histoire permettait de mieux comprendre les relations entre la France et la Chine au début du XXe siècle, ainsi que l'importance de la soie lyonnaise dans ces échanges commerciaux.

CONCLUSION GÉNÉRALE

L'histoire de la soierie française, ou plutôt des soyeux lyonnais et de leur relation avec la Chine du milieu du XIXe siècle à 1914, constitue un sujet fascinant et complexe. De son étude, il ressort que les échanges commerciaux et diplomatiques ont façonné une histoire franco-chinoise de la soierie. Plus encore, l'aventure des soyeux lyonnais en Chine démontre l'importance du rôle des hommes dans l'étude de l'histoire économique, sociale, géopolitique et culturelle.

Au XIXe siècle, Lyon était l'un des centres les plus importants de l'industrie de la soie au monde, en grande partie grâce à ses liens étroits avec la Chine, le plus grand fournisseur de matières premières pour la soierie lyonnaise. En effet, les soyeux lyonnais réussirent à conquérir le marché chinois grâce à leur savoir-faire, leurs ambitions et leurs capacités. Cependant, cette relation franco-chinoise ne fut pas sans heurts. Du milieu du XIXe siècle à 1914, les tensions politiques et économiques perturbèrent parfois les échanges commerciaux entre la France et la Chine, notamment lors des guerres de l'opium et des révoltes internes chinoises. De plus, le monopole des Britanniques sur le marché chinois de la soie empêcha longtemps les marchands lyonnais de progresser sur le marché chinois. En revanche, la situation politique particulière, voire chaotique, de l'époque contribua à laisser une empreinte durable sur la Chine et la France. Les soyeux lyonnais jouèrent un rôle si important dans la modernisation de la France et de l'Extrême-Orient que leur influence est encore visible aujourd'hui. Surtout, notre étude montre comment les soyeux lyonnais ont su tirer profit de cette relation pour étendre leur influence en Asie, contribuant à mieux comprendre l'histoire de l'industrie de la soie et de son impact sur l'histoire de l'économie mondiale, des échanges techniques et des relations internationales[1].

I. LA SOIE, LA FRANCE ET SA PLACE DANS LE SYSTÈME MONDIAL DES ÉCHANGES

En premier lieu, la présente étude fournit un éclairage nouveau sur le marché international de la soie, sur l'importance des échanges auxquels elle donnait lieu, et sur la place spécifique qu'y occupait la France.

[1] Xiaoxuan Shi, "Technological and managerial transfer between France and China : Inverse vector between the middle of nineteenth century and 1914", *Entreprises et histoire*, n° 112, 2023.3, p. 34-46.

1.1 – La soie dans les échanges commerciaux mondiaux

Afin de comprendre la domination de Lyon en tant que premier pôle industriel européen et mondial de la soie au Second Empire, ont été étudiés l'origine, l'essor et le déclin de l'industrie de la soie. Il a été traité aussi de la Fabrique lyonnaise et des différents types de protagonistes qui y opéraient, afin de mieux comprendre le fonctionnement de cette industrie. Enfin, a été explorée la question de l'exportation de la soie en Chine et celle de son système d'échanges commerciaux avec les étrangers. Cela a conduit à s'intéresser, bien sûr, à la présence des soyeux lyonnais en Chine.

A/ Qu'est-ce que l'industrie de la soie ?

La Chine apparaît comme le berceau de l'industrie de la soie : de fait, la tradition de la sériciculture et de la filature y était enracinée, depuis longtemps, dans la vie paysanne chinoise. L'histoire de la soie en Chine remonte à plus de 4 000 ans. Les premières traces archéologiques de la soie furent découvertes dans la province du Shanxi, témoignant de la maîtrise précoce des techniques de sériciculture, de dévidage et de filature par les Chinois[1]. Jusqu'au IIIe siècle avant notre ère, la Chine était le seul pays au monde à maîtriser l'industrie de la soie, gardant jalousement ses secrets pendant des millénaires. La transmission de cette industrie s'effectua le long de la célèbre Route de la soie reliant la Chine à l'Europe.

L'industrie de la soie repose sur quatre éléments essentiels : la sériciculture, la filature, le moulinage et le tissage. Chacun de ces éléments requiert des compétences et des techniques spécifiques ainsi que des conditions environnementales et particulièrement économiques. La filature a connu une concentration croissante avec l'utilisation de la vapeur, mais les économies d'énergie réalisées étaient négligeables. En effet, le moulinage nécessitait une proximité avec les fabricants et l'accès aux forces hydrauliques. Enfin, le tissage de la soie était un art qui fut perfectionné par les Chinois et diffusé dans le monde par les échanges commerciaux. Bien que l'Italie ait dominé le tissage des soieries en Europe jusqu'au XVIIe siècle, la France prit le relais grâce à ses innovations techniques. Elle devint ainsi un centre important de production de la soie en haute qualité.

B/ Les acteurs principaux du marché mondial pendant la période 1850-1914

S'agissant des acteurs principaux du marché de la soie mondial au XIXe siècle, la Chine et le Japon incarnaient une tradition artisanale millénaire. Depuis longtemps, la Chine était l'acteur prépondérant. Hormis la Chine, le Japon apparaissait comme un pays où la production de soie se développa beaucoup durant le Second Empire. En dehors de ces acteurs traditionnels du commerce international de soie, il existait d'autres acteurs incontournables,

[1] J. Li, *Xiyin cun shi qian di yi cun (Les reliques de Haute Antiquité du village Xiyin)*, *op. cit.*

plus industriels, à l'instar de la France, des États-Unis et de la Grande-Bretagne. Compte tenu des évolutions politiques et des changements survenus sur le marché de la soie, ces acteurs rencontrèrent tantôt des opportunités, tantôt des difficultés.

Au début du Second Empire, l'Angleterre possédait une hégémonie maritime sur le monde lui permettant, par voie de conséquence, un accès quasi monopolistique aux soies asiatiques. En effet, les soies venant d'Asie devaient passer par Londres pour être réexportées en France. Plus de 50 % de l'approvisionnement français était introduit de Londres. Mais après 1868, les commerçants français commencèrent à acheter directement leurs soies grèges en Chine au lieu de Londres[1]. En conséquence de quoi, l'importation de la soie chinoise augmenta grâce à l'action des soyeux lyonnais à l'Extrême-Orient. L'augmentation de l'importation des soies permit une réexportation de la part de la France et les soyeux français se développèrent rapidement au Second Empire, Lyon devint ainsi la capitale de la soie mondiale à l'époque. Dans le même temps, l'industrie de la soie américaine tira alors bénéfice de l'expérience de la faillite de la soierie anglaise et connut une reprise. En tant que matières premières indispensables, les soies grèges de la Chine se caractérisèrent par une augmentation régulière sur le marché mondial, tandis que se manifestaient aussi l'apparition, puis la montée en puissance de la soie japonaise après l'ouverture de ce pays à la même époque.

En Europe, il existait plusieurs centres de transaction de la soie tels que Milan, Lyon, Zurich, Amsterdam et Londres. Cependant, contrairement aux autres marchés, il n'existait pas de marché à terme pour la soie en raison de la grande diversité de ses variétés et du manque de standardisation[2]. Les différents types de soie et leurs provenances variées rendaient impossible l'établissement d'un système de transaction universellement accepté. Le marché des soies de Milan était très favorablement placé pour devenir un important centre de commerce de la soie. Cette ville avait accès à des matières premières de qualité provenant de la sériciculture européenne, une grande expertise dans le filage, le moulinage et le tissage de la soie, ainsi que des liens étroits avec les consommateurs des régions centrales de l'Europe, qui étaient facilement accessibles grâce aux passages des Alpes. De plus, Milan avait une expertise avérée dans le transport maritime avec les producteurs asiatiques.

En revanche, Lyon était le marché de redistribution de la soie le plus important avant la Première Guerre mondiale. Sa longue tradition, sa puissance et son influence permirent à Lyon de devenir un centre clé du

[1] Jean-François Klein, *Ulysse Pila, « Vice-Roi de l'Indo-Chine ». Des routes de la soie au pouvoir impérial (1837-1909)/Ulysse Pila, "Vice-Roy of Indo-China". From the Silk Roads to Imperial Power (1837-1909), op. cit.*, 348 p.

[2] P. Clerget, *Les Industries de la soie en France*, *op. cit.*, p. 44.

commerce de la soie à l'intérieur et à l'extérieur de la France. Contrôlé par la puissante Union des marchands de soie de Lyon, le marché lyonnais remplissait les conditions indispensables pour des transactions satisfaisantes. Bien que Lyon eût été affecté par des événements tels que la pébrine, une maladie de ver à soie et l'arrivée des soies asiatiques, la ville continua à prospérer en dépit des fluctuations de prix. Le marché de la soie de Lyon montrait, de façon exemplaire, l'importance de la tradition, de l'organisation et de l'adaptation aux changements du marché dans le développement de la soierie. Enfin, le marché de New York était en plein essor, grâce au développement que connut le tissage aux États-Unis au cours de la deuxième moitié du XIXe siècle. Les États-Unis ne se contentaient plus d'un approvisionnement secondaire, au contraire, ils s'approvisionnaient directement en Asie, surtout au Japon, dont plus de 90 % de la production était destinée au marché américain. Ces différents marchés jouèrent ainsi un rôle crucial dans l'histoire du commerce de la soie à l'échelle mondiale.

1.2 – Le commerce français de la soie

Les facteurs internes tels que l'innovation technologique, les investissements en infrastructure et les pratiques commerciales efficaces jouèrent un rôle clé dans la croissance de l'industrie de la soie française. Mais il est également important de prendre en compte les facteurs externes tels que la concurrence étrangère, les fluctuations des prix des matières premières et les changements dans les politiques commerciales. Entre le milieu du XIXe siècle et le début du XXe siècle, trois changements dramatiques de régimes eurent un impact significatif sur le développement de la soierie française[1] : la fin de la monarchie de Juillet en 1848 ouvrant la voie à la Deuxième République ; l'établissement du Second Empire en 1852 ; l'avènement de la Troisième République, à partir de 1871. Au cours du XIXe siècle, l'économie française connut en outre une modification sensible de son modèle de croissance[2]. La croissance économique du pays était « modérée, mais contrastée », soutenue par une forte demande et, des années 1840 aux années 1880, par une politique économique active[3]. Cette croissance économique modérée mais contrastée eut aussi un effet direct sur l'industrie de la soie.

La consommation de la soie en France entre le milieu du XIXe siècle et le début du XXe siècle se composait de deux parties distinctes : la production nationale, représentant les produits de la soie fabriqués en France, et l'importation de la soie étrangère. En revanche, la production nationale française fournissait à la fois le marché intérieur en France et les marchés

[1] Albert Broder, *L'Économie française au XIXe siècle*, *op. cit.*, p. 23.
[2] Dominique Barjot, *Histoire Économique de la France au XIXe siècle*, *op. cit.*, p. 26.
[3] Dominique Barjot, Éric Anceau, Nicolas Stoskopf, *Morny et l'invention de Deauville*, *op. cit.*, p. 7.

extérieurs, à savoir le marché international. Ainsi, le commerce de la soie demeura l'un des principaux postes au sein des exportations françaises tout au long du Second Empire[1].

Malgré les différentes crises économiques auxquelles la France a été confrontée entre 1860 et 1890, le commerce extérieur de la soie est resté, en valeur (francs courants, mais non francs constants), relativement stable à son niveau du début des années 1860. De plus, en examinant les données fournies par Statistique générale de la France, la France bénéficia toujours d'un excédent en termes d'échanges extérieurs de soie entre 1875 et 1914. En outre, à partir de 1875, les importations de soie en France se maintinrent à une valeur assez stable, tandis que les exportations ont connu une croissance progressive malgré des fluctuations mineures[2]. Le secteur de la soierie française conserva donc un excédent global de valeur au cours de cette période. En outre, ces échanges commerciaux étaient basés sur l'importation de la soie grège, à savoir une matière première, et sur l'exportation de produits finis, tels que des tissus de soie. Ces chiffres mettent en évidence la place prépondérante de l'industrie de la soie en France dans ses exportations globales et son importance pour l'économie française entre le milieu du XIXe siècle et le début du XXe siècle.

L'histoire du commerce extérieur de la soie de la France a été marquée par des changements importants dans la structure des débouchés et dans les politiques commerciales adoptées. Le déclin des marchés européens, à partir de 1849, incita en effet les soyeux français à s'adapter à un marché désormais plus concurrentiel et, en particulier, à s'imposer sur le marché américain. Ce dernier permit à la soierie française de maintenir un débouché stable et précieux, représentant environ 15 % de l'exportation totale de la soie française au cours des dernières décennies du XIXe siècle. Le traité de libre-échange Cobden-Chevalier de 1860 permit, de plus, à la France d'exporter massivement ses produits de la soie à l'Angleterre. Cependant, la loi Méline de 1892 marqua un retour au protectionnisme et conduisit à des guerres douanières avec plusieurs pays en Europe, notamment l'Italie, l'Espagne et la Suisse. Néanmoins, l'industrie de la soie française demeura compétitive et conserva sa position stratégique pour l'économie française jusqu'au début du XXe siècle.

1.3 – Lyon, premier pôle industriel européen et mondial de la soie durant le Second Empire

L'essor de la soierie lyonnaise aux XVIIIe et XIXe siècles a permis à la ville de devenir, au fil du temps, le centre industriel et commercial le plus

---

[1] Dominique Barjot, *Histoire économique de la France au XIXe siècle*, *op. cit.*, p. 274.

[2] *Annuaire statistique de la France 1878-1915*, ministère du Commerce, de l'Industrie, des Postes et télégraphes, Office du travail, Statistique générale de la France, France. Direction de la statistique générale, Bibliothèque nationale de France, département Droit, économie, politique, 4-LC25-276.

important de la soierie en Europe. Bien que la ville ne disposât pas de conditions naturelles particulièrement avantageuses, les ouvriers-tisseurs lyonnais surent innover et développer des techniques uniques qui permirent à la soierie lyonnaise de s'imposer sur la scène internationale. Ainsi, la soierie lyonnaise atteignit son apogée au XIXe siècle, Lyon devenant la capitale de la soie mondiale. Durant le Second Empire, la soierie devint même l'industrie française la plus exportatrice.

A/ Le développement de l'industrie de la soie à Lyon

La ville de Lyon sut développer une industrie prospère de la soie, malgré, au départ, un manque de matières premières et de compétences spécifiques. Les commandes de la Cour impériale et la mode de la soie néogothique favorisèrent son expansion. De même, l'invention du métier Jacquard permit l'industrialisation de la fabrication. En outre, l'éducation scientifique constituait l'une des bases du développement de l'industrie de la soie à Lyon. Les ouvriers pouvaient échanger leurs expériences et diffuser les nouvelles technologies, ce qui autorisait une amélioration de leur travail. Les écoles et les laboratoires de Lyon contribuèrent aussi à l'amélioration de la technique de l'élevage des vers à soie, donc des soies produites en France. De surcroît, la ville de Lyon était l'un des berceaux de la chimie française. De fait, l'engouement pour cette discipline stimula le développement de l'industrie de la soie au cours de la seconde révolution industrielle. Étant un élément clé de la fabrication des tissus en soie, les colorants utilisés pour teindre les textiles eurent un impact direct sur les ventes de produits de soie lyonnais. En fin de compte, la soierie lyonnaise s'adapta bien à l'évolution des marchés, en se tournant vers les pays anglo-saxons et les États-Unis et en diversifiant sa production pour répondre à la demande.

Le développement de l'industrie de la soie à Lyon au XIXe siècle a été aussi marqué par une croissance rapide de la production, elle-même favorisée par l'approvisionnement en matières premières provenant de pays étrangers. Les marchands lyonnais commencèrent à acheter de plus en plus de matières premières à l'étranger, hors des pays fournisseurs traditionnels en Europe. Toutefois, cette période de croissance prit fin en 1865 avec l'apparition de la maladie de la pébrine frappant le ver à soie en Europe, ce qui entraîna une diminution de la récolte de la soie grège et une hausse des prix. La sériciculture française ne pouvait plus fournir assez de soies grèges aux fabricants de Lyon. Les marchands lyonnais commencèrent à importer la matière première en grande quantité depuis l'Extrême-Orient. En effet, les Lyonnais s'étaient déjà lancés en Chine avant même le Second Empire. La signature du traité de Whampoa en 1843 permit, en effet, à la France d'obtenir des droits commerciaux dans les ports ouverts en Chine. Plus tard, le percement du canal de Suez par la Compagnie des Messageries maritimes en 1862 facilita les échanges commerciaux, surtout l'importation des soies grèges de la Chine vers la France. Ainsi, une route de la soie maritime avait été tracée, qui redonna à Lyon sa suprématie dans l'industrie de la soierie.

B/ La fabrique, moteur de la soierie lyonnaise

La soierie lyonnaise fonctionnait sous la forme de la fabrique. La naissance de la Fabrique lyonnaise était étroitement liée aux préoccupations financières du roi Louis XI, à l'époque où le commerce entre la France et les pays producteurs de soieries engendrait une dépense annuelle très lourde pour le royaume. En réponse à ce problème, le roi choisit Lyon pour développer l'industrie de la soie et résoudre ses problèmes de trésorerie. En 1466, l'ordonnance et la lettre patente du roi avaient encouragé la production de la soierie à Lyon[1]. La décision de créer une manufacture de soie à Lyon avait suscité des réactions mitigées de la part des habitants de la ville, mais elle fut finalement mise en œuvre grâce à des privilèges accordés aux ouvriers-tisseurs. Cependant, le coût élevé de la mise en place de cette industrie engendra une pression fiscale accrue sur la ville. Après plusieurs années de tension, le transfert de la manufacture de soie à Tours avait finalement été décidé par Louis XI en 1469.

Néanmoins, Lyon réussit à conserver une partie de son activité de tissage de la soie et même bénéficia du monopole de l'importation des soieries octroyé par lettres royales en 1536. Plus tard, en 1540, par des lettres patentes, François Ier décida d'encourager la production de soieries à Lyon en attirant des ouvriers qualifiés de l'étranger, notamment d'Italie, où l'art de la soierie était déjà très développé. En exemptant de taxes les travailleurs, le roi François Ier espérait stimuler la production de soieries et, ainsi, concurrencer les soieries italiennes, en particulier celles de Gênes, qui étaient considérées comme les meilleures à l'époque. Ces mesures visant à développer une industrie naissante furent appliquées de manière récurrente. Du XVIe au XVIIIe siècle, l'importance commerciale de Lyon profita à sa fabrique de la soie. Au XIXe siècle, la soierie lyonnaise avait acquis une position unipolaire en France, alors que les autres centres de production de soieries, tels qu'Avignon, Nîmes et Tours, étaient nettement en déclin. Ce déclin était en partie dû au retour du pape, qui avait favorisé l'industrie de la soie à Avignon, mais aussi à d'autres facteurs tels que la concurrence étrangère.

Le système industriel de la fabrique était principalement basé sur le capitalisme commercial, avec une chaîne de production complexe. Elle impliquait les sériciculteurs qui fournissaient les cocons aux filatures pour la production de la soie grège ; ensuite, cette dernière était fournie aux

[1] Transcription de l'ordonnance de Louis XI, Vital de Valous, *Étienne Turquet et les origines de la Fabrique lyonnaise : 1466-1536*, *op. cit.*, p. 8-10. Original sur vélia, grand sceau, Archives municipales de Lyon, Cote HH124.

mouliniers ; puis les marchands ou les négociants achetaient des fils auprès de ces filatures ou de ces mouliniers ; ils les confiaient aux ouvriers-tisseurs qui, à leur tour, confectionnaient les étoffes pour le compte de ces mêmes marchands ou négociants. Les compagnons, les apprentis, les chefs d'atelier, les négociants et les marchands-fabricants constituaient les principaux maillons de cette chaîne de création de valeur. Le fonctionnement de la fabrique reposait sur trois préoccupations, à savoir la compréhension des exigences du négociant ou du fabricant par le chef d'atelier, la confiance entre les parties quant à la quantité et à la qualité des produits, laquelle confiance dictait le prix et la réputation du négociant auprès de ses clients, ainsi que la gestion des délais pour éviter les pertes de temps et d'argent. Ces préoccupations témoignaient de l'importance de la communication, de la confiance et de la qualité des produits finis dans le système industriel de la soierie lyonnaise de l'époque. Cet écosystème complexe et interdépendant fut l'un des moteurs dans la Fabrique lyonnaise.

Parmi ces maillons clés de la chaîne de la Fabrique lyonnaise, les chefs d'atelier et les marchands-fabricants étaient les deux protagonistes majeurs. La distinction entre le chef d'atelier et le compagnon résidait dans le fait que le premier était propriétaire des métiers qu'il employait. En tant que responsables directs du produit final de la soie, les chefs d'atelier avaient acquis une certaine aisance financière. En revanche, leur situation économique n'était pas aussi favorable que certains le prétendent. Par exemple, les membres de leur famille participaient souvent aux travaux de confection des étoffes : les heures étaient longues et les conditions de travail pénibles. Leur revenu dépendait uniquement des commandes des négociants et fabricants. De plus, leurs dépenses étaient nombreuses et parfois exorbitantes, par exemple, le loyer de leur atelier, la partie de la façon (commande) versée aux compagnons, l'entretien des métiers, l'achat d'objets de première nécessité, etc. Lorsque les commandes étaient rares, ils devaient faire face à de grandes difficultés financières et certains se voyaient contraints dans l'obligation de recourir à l'aumône, ou à la caisse de prêts.

De plus, l'évolution du nombre de fabricants de soieries et de tulles à Lyon témoignait de l'importance économique régionale de la fabrique. À la veille de la Révolution française, il existait 258 marchands-fabricants de soieries et 36 marchands-fabricants de gaze et de tulle de soie. En 1853, le nombre de fabricants de soieries avait augmenté, s'élevant désormais à 444 et celui des fabricants de tulles, à 58. Cependant, en 1890, ces chiffres avaient chuté, à 282 fabricants de soieries et 44 fabricants de tulles. Cette augmentation des effectifs jusqu'au milieu du XIXe siècle reflétait l'expansion de l'économie locale. Néanmoins, la diminution des fabricants après cette période résultait à la fois d'une évolution économique moins favorable et de la concentration croissante de l'industrialisation. Cette même évolution reflétait aussi les défis et les opportunités auxquels les fabricants de soieries furent confrontés au cours de l'histoire de la fabrique de Lyon.

C/ Les soyeux lyonnais, un rôle clé

Grâce au développement de la production, à la diversification des produits et à l'expansion commerciale de la soierie, les marchands lyonnais accumulèrent rapidement des richesses considérables. Certains des plus grands marchands-fabricants étaient même devenus des banquiers, à l'exemple des maisons Bontoux[1], Dugas[2], Guérin, Payen[3]. Ce succès résultait de la conjonction de tous les secteurs de la soierie à Lyon. D'abord, les marchands-fabricants fournissaient principalement la matière première et se chargeaient des commandes commerciales, tandis que leurs investissements massifs assuraient un renouvellement constant des produits sur le marché. Les maisons de fabrication, les canuts et de nombreux tisseurs indépendants livraient des produits finis en grande quantité. En outre, la France restait le centre de la mode à cette époque, ce qui garantissait l'importance de Lyon dans ce secteur. En effet, le design et l'industrialisation de la production jouèrent un rôle crucial dans la réussite de la soierie lyonnaise et dans le maintien à long terme de son leadership[4].

II. LES LYONNAIS À LA CONQUÊTE DU MARCHÉ CHINOIS

Comment les soyeux lyonnais sont-ils arrivés en Extrême-Orient ? Ont-ils réussi à développer le marché chinois ? Comment leur commerce a-t-il bien fonctionné avec l'Empire chinois au XIXe siècle ? Telles sont les questions auxquelles l'ouvrage a tenté de répondre.

2.1 – Le commerce extérieur de la soie en Chine

La soie grège et les produits de la soie chinoise ont toujours été très demandés sur le marché mondial. Bien que le commerce extérieur ait connu des périodes difficiles en raison de la fermeture des ports et des règlementations strictes, les commerçants étrangers n'ont pas cessé de chercher à se procurer de la soie chinoise[5]. La France, par exemple, a été impliquée précocement dans ce commerce : à l'initiative de La Compagnie de Chine[6], six navires marchands français sont entrés dans le port de

---

[1] « Bontoux Jean-Auguste », dans Pierre Cayez et Serge Chassagne, *Lyon et le Lyonnais*, *op. cit.*, p. 5-28.

[2] « Dugas Prosper », dans Pierre Cayez et Serge Chassagne, *Ibidem*, p. 122-124.

[3] « Guérin Louis-César », *Ibid.*, p. 184-186.

[4] Pierre Vernus, *Art, luxe et industrie. Bianchini-Férier, un siècle de soieries lyonnaises 1888-1992*, *op. cit.*

[5] Églantine Jastrabsky, « Le poids de Canton », in *Outre-Terre*, *op. cit.*, p. 161-177.

[6] La Compagnie de Chine est une compagnie coloniale française fondée en 1660, par Jules Raymond Mazarin, destinée au commerce avec la Chine, le Tonkin et la Cochinchine. Source : Donald F. Lach and Edwin J. Van Kley, *Asia in the making of Europe*, *op. cit.*, p. 232.

Guangzhou en 1716, représentant un tiers du nombre total de navires étrangers arrivés en Chine.

La signature du traité de Nankin en 1842, sous le gouvernement des Qing, a marqué un tournant dans le commerce extérieur de la Chine. Selon ce traité, en plus du port de Canton, l'Empire chinois s'engageait à ouvrir cinq ports supplémentaires au commerce extérieur, ceux de Xiamen, Fuzhou, Ningpo et Shanghai. L'ouverture des ports commerciaux permettait une baisse du prix et une augmentation significative des produits d'exportation de la soie vers les pays occidentaux. Elle se poursuivit jusqu'en 1851. Cette croissance s'accéléra à partir de 1853, en raison des ravages causés en Europe par la maladie du ver à soie. Cette dernière mit fin à la production de soie grège en France et en Italie, obligeant ainsi les pays européens à se tourner vers la Chine pour se procurer de la soie grège. À Shanghai, il y avait près de trois fois plus de balles exportées de la soie grège en 1855 par rapport à 1851. Cette tendance à la hausse se poursuivit jusqu'en 1858, date à laquelle l'exportation de la soie grège de Shanghai dépassait de près de quatre fois son niveau de 1851[1]. Bien que, de 1851 à 1864, la révolte des Taiping[2] ait détruit la plus grande partie de l'industrie de la soie au sud de la Chine et parce que la demande intérieure de la soie grège en Chine a connu une certaine réduction, les soieries chinoises cherchèrent d'autres débouchés et commencèrent à exporter leurs produits.

Quelles étaient les caractéristiques du système d'échange commercial entre Chinois et étrangers ? L'échange commercial de la soie entre la Chine et les pays occidentaux fut marqué par l'émergence des négociants étrangers, appelés *Yanghang,* ou *Hong*. Ayant fait leur apparition au milieu du XVIIIe siècle à Guangzhou, les activités des *Yanghang* avaient été initialement soumises au monopole de la Compagnie britannique des Indes orientales en Chine. En revanche, le nombre des firmes étrangères indépendantes augmenta rapidement à la fin de ce monopole, avec plus de 24 *Yanghang* à Guangzhou dès la fin du XVIIIe siècle. Ils avaient obtenu des conditions avantageuses grâce à leur accès direct aux régions productrices de la soie en Chine et à leurs capitaux importants. Ils s'étaient assurés de la quantité et de la qualité de la soie pour obtenir la confiance de leurs clients en Europe.

À titre d'exemple, la maison britannique Jardine Matheson & Co fournissait la plupart des soies grèges chinoises en Europe. Au début, cette maison exportait les soies grèges vers l'Angleterre et l'Italie, puis le fit vers la France, les États-Unis, la Suisse et les autres pays d'Europe[3]. Elle atteignit son apogée après la Première Guerre mondiale avec environ 10 000 balles de

[1] T. Roger Banister, *A History of the external trade of China, 1834-81 : Being an introduction to the custom's decennial reports, 1882-1931, op. cit.*, p. 25.

[2] Bernard Brizay, *Les trente « empereurs » qui ont fait la Chine, op. cit.*, p. 403.

[3] Carol Matheson Connell, "Jardine Matheson & Company : The Role of External Organization in a Nineteenth-Century Trading Firm", *Enterprise & Society, op. cit.*, p. 99-138.

soies grèges exportées chaque année depuis la Chine[1]. Cette entreprise fournissait ainsi la plupart des soies grèges chinoises de France au milieu du XIXe siècle. En général, les maisons séricicoles chinoises vendaient leurs produits de soie en dégageant un faible profit pour répondre à une forte demande en termes de quantité et à la priorité qu'elles accordaient en matière de règlements de commerce. Les *Yanghang* détinrent le monopole des exportations de soie de la Chine pendant une longue période.

En effet, les firmes étrangères dépendaient énormément des *compradores* chinois pour acheter des produits agricoles, surtout les soies grèges à l'intérieur de la Chine. Au début, les *Maiban*, ou *compradores*, travaillaient généralement en tant que traducteur ou assistant d'un commerçant étranger. Ce système dit du *Co-hong*[2] détint le monopole de l'exportation et l'importation des marchandises à Guangdong sous la dynastie des Qing[3]. Après la suppression de cette guilde, en tant qu'agent ou salarié des *Hongs*, les *compradores* participèrent directement à la négociation de la vente des produits étrangers et l'achat des soies grèges dans les territoires locaux. Avec l'accumulation de richesses, les *compradores* créèrent leurs propres maisons et commencèrent à travailler de façon contractuelle avec les *Hongs*. Le rôle du *comprador* évolua au fil du temps. Ces *compradores* offraient les services d'assurance et de garantie pour les *Hongs* étrangers et les acheteurs chinois dans leurs commerces avec les étrangers. Pour apaiser les inquiétudes des *Hongs* étrangers, ils demandaient toujours des garanties en espèces ou physiques. De plus, les banques étrangères exigeaient aussi des dépôts importants de la part de ces mêmes *compradores*. En plus de sa fonction commerciale, le *comprador* chinois restait un élément clé dans la correspondance entre les marchands étrangers et le gouvernement des Qing pour faciliter le commerce à l'époque.

Avec l'augmentation des exportations de soie, les *compradores* accumulèrent des richesses rapidement grâce aux commissions prises sur les ventes destinées aux firmes étrangères et en profitant d'autres « privilèges ». Le réseau commercial des *compradores* s'était établi tout d'abord à Canton, premier port ouvert au commerce étranger en Chine. Dans les années 1860, Canton fut remplacé par Shanghai, mais les *compradores* de Canton suivirent la tendance et introduisirent des membres de leur famille ou des confrères dans les nouveaux bureaux de Shanghai. Puis les *compradores* de la province du Zhejiang commencèrent à entrer en concurrence avec ceux de Canton en raison de leur spécialisation dans la production et les commerces

---

[1] *L'Annuaire de la soie à Shanghai*, *op. cit.*, p. 64-65.

[2] Yen-p'ing Hao, *The comprador in nineteenth century China: Bridge between East and West*, *op. cit.*, p. 53.

[3] T. Roger Banister, *A History of the external trade of China, 1834-81 : Being an introduction to the custom's decennial reports, 1882-1931*, *op. cit.*, p. 4.

de la soie. Par exemple, la petite ville de Nanxun[1], située dans la région de Jiangnan, était l'un des centres les plus importants de la production de soie sous la dynastie des Qing. L'expression « Quatre éléphants, huit taureaux, soixante-deux chiens » témoignait de la richesse considérable des marchands de soie de Nanxun à l'époque de l'empereur Guangxu[2], et illustrait la hiérarchie économique de ces marchands en fonction de leur capital.

Parmi ces hommes d'affaires de la soie à Shanghai, Fuchang Gu fut le premier marchand chinois à s'occuper d'échanges commerciaux directs avec des marchands étrangers. Il avait ouvert la boutique de soie Fengsheng à Shanghai, laquelle devint l'une des plus grandes boutiques de soie de la ville au XIXe siècle. Il était devenu le *comprador* de Jardine Matheson & Co et avait ouvert l'entreprise d'emballage de cette maison aux firmes britanniques. Fuchang Gu finit par monopoliser les activités d'emballage de Shanghai, gérant le quai Kin-Lee-Yuan[3], seul quai commercial ouvert aux navires étrangers. La famille Gu était une famille typique de *compradores* de soie. Quatre générations durant, certains de ces membres travaillèrent avec Jardine Matheson & Co. Yikang Gu, l'arrière-petit-fils de Fuchang Gu, fut ainsi le dernier *comprador* général de Jardine Matheson & Co à Shanghai[4].

On ne peut ignorer la contribution indispensable de ce réseau des *compradores* au développement économique dans l'histoire contemporaine en Chine. Participant aux investissements financiers et à la construction de l'industrie de la soie, ces *compradores* jouèrent un rôle important dans l'industrialisation moderne de la soierie chinoise au XIXe siècle. Leurs atouts, à savoir leur maîtrise des langues étrangères, leur capital accumulé et leurs interactions avec les étrangers leur permettaient de devenir des investisseurs et des managers dans le transport et la filature de la soie. Shaoqin Wu, qui travaillait en tant que *comprador* d'Arnhold Karberg & Co durant les années 1880, investit dans l'usine de soie et gérait Saey Lun Silk Filature en 1893. Les *compradores* de la province du Zhejiang participèrent aussi à la préparation de la compagnie de navires Shanghai Steam Navigation Co[5].

---

[1] Nanxun, une ville chinoise, se situe au nord-est de la ville de Huzhou. Elle était une des villes les plus riches dans la région de Jiangnan du milieu de la dynastie des Ming au milieu de la dynastie des Qings. Au cours de cette période, avec le développement de l'industrie de la soie, Nanxun a connu une prospérité sans précédent et est devenue le centre du commerce de la soie en Chine au début du XXe siècle. Source : *Nanxun Annals*, Shanghai, Shanghai Science and Technology, Document Press, p. 320.

[2] L'empereur *Guangxu :* empereur de Chine sous la dynastie des Qing, de 1875 à 1908. Source : Bernard Brizay, *Les trente « empereurs » qui ont fait la Chine*, *op. cit.*, p. 430.

[3] *Kin-Lee-Yuan :* « 金利源码头 ».

[4] « Le *Hong* et le *comprador* », *L'Annuaire de la soie à Shanghai*, *op. cit.*

[5] May Holdsworth & Christopher Munn, *Dictionary of Hong Kong Biography*, *op. cit.*

2.2 – Les soyeux lyonnais et leur expansion commerciale en Chine : rôle essentiel de la maison Chabrières, Morel & Cie

La France constituait une destination traditionnelle et importante de l'exportation de soie chinoise au XIXe siècle.

A/ Les Lyonnais à la conquête du marché chinois

Avant les années 1860, les Français achetaient des soies grèges chinoises acheminées par les Britanniques, mais grâce aux efforts des marchands français pour contourner le marché de Londres, ils réussirent à importer directement de la soie grège de meilleure qualité. L'ouverture de la ligne maritime directe entre Shanghai et Marseille en 1867 permit une augmentation significative de l'exportation de soie grège vers la France, qui atteignit un sommet en 1880. Bien que son volume ait diminué à partir de 1882, l'exportation de différentes catégories de soie vers la France demeura importante pour le commerce du port de Shanghai.

En 1844, la France avait envoyé sa première ambassade officielle en Chine, celle du baron Théodose de Lagrené, qui avait conduit à la signature du traité de *Whampoa* entre la France et l'Empire chinois. Par ce traité, les Français obtenaient les mêmes avantages commerciaux que ceux accordés aux Américains et aux Anglais, ainsi que le droit d'établir des consuls dans les cinq ports ouverts au commerce. Dans le même temps, les commerçants français, en particulier les soyeux lyonnais, voyaient dans ce traité une occasion de découvrir les ressources de la soie grège et un énorme marché chinois. Natalis Rondot, plus tard étroitement lié à la soierie lyonnaise et au commerce de la soie sino-français, était arrivé en Chine avec cette mission. Au cours de celle-ci, Lagrené avait constaté que Shanghai offrait les meilleures opportunités commerciales pour la France. En 1847, Charles de Montigny, ancien chancelier de la mission Lagrené, fut nommé comme vice-consulat à Shanghai[1]. Il installa une concession française à Shanghai et s'engagea à ouvrir « le plus riche marché du monde »[2] aux commerçants français. À partir de là s'engagèrent les premières initiatives commerciales de France à Shanghai. Sous le Second Empire, Napoléon III envoya deux missions en Chine, lesquelles étaient dirigées par le général Gros. Par la suite, il signa, dans les années 1850, deux traités importants entre la France et la Chine : le traité de Tientsin et la convention de Pékin. Ces traités donnèrent aux hommes d'affaires français la liberté de mouvement à l'intérieur de la Chine et des conditions tout à fait favorables au développement de leurs activités commerciales avec ce pays.

Lyon manifestait un intérêt considérable au développement des échanges avec la Chine, en particulier en ce qui concerne la soie grège, matière

---

[1] Jean Fredet, *Quand la Chine s'ouvrait, Charles de Montigny consul de France*, Larose, Paris, 1953, p. 11.

[2] *Ibidem*, p. 54.

première essentielle pour l'industrie de la soierie lyonnaise. En 1897, plus de la moitié des soies grèges exportées de Shanghai étaient à destination de Lyon[1]. Les Français étaient les principaux importateurs de soie de Shanghai et de Canton, mais les négociants anglais en contrôlaient directement le commerce. Cela conduisit la Chambre de commerce de Lyon à organiser plusieurs missions commerciales en Chine. Il s'agissait de développer directement les échanges et les relations économiques entre les deux pays. Parmi les treize membres que comportait la mission lyonnaise, quatre étaient délégués de la Chambre de commerce de Lyon et deux s'occupaient de la soie.

Le rapport de la Mission lyonnaise d'exploration commerciale en Chine, diffusé en 1897, était une source précieuse d'informations sur l'économie et le commerce en Chine à la fin du XIXe siècle. Les détails précis sur les voyages, les industries et les conditions commerciales en Chine, ainsi que les perspectives sur l'avenir du commerce français et l'importance de la colonie française d'Indochine étaient tous été consignés dans ce rapport volumineux. La Mission lyonnaise laissa donc un héritage durable en termes d'exploration commerciale et d'échanges culturels entre la France et la Chine.

B/ Des acteurs majeurs : les Desgrand, N. Rondot, Arlès-Dufour & Cie, Chabrières, Morel & Cie

Avec l'installation de consuls français en Chine, les marchands lyonnais s'intéressaient plus au marché chinois. Jouaient deux facteurs majeurs : l'attrait de la soie grège et la difficulté d'obtenir des approvisionnements en soie asiatique, monopolisée par les Britanniques. Les soyeux lyonnais tentèrent avec succès de réaliser des achats et des importations directes depuis la Chine vers la France sans passer par Londres. Cependant, une partie des soyeux lyonnais choisirent de coopérer avec les Britanniques. Natalis Rondot s'imposa comme un intermédiaire majeur au sein du réseau commercial liant les soyeux lyonnais et les marchands de la soie basés en Chine. Paul Desgrand[2], dont le principe commercial était d'éliminer l'intermédiaire dans le commerce de la soie, engagea Natalis Rondot afin qu'il mette ses compétences au service de ce but.

Ce dernier mit en relation son patron, Paul Desgrand, avec Dominique Rémi, négociant français qui exportait les soies chinoises de Shanghai à Londres. Rémi fournissait les soies grèges chinoises à l'agence marseillaise de Desgrand. Avec l'appui de Rondot, Desgrand devint le représentant des premiers commerçants lyonnais qui importaient des soies grèges directement

[1] *Rapport général sur l'origine, les travaux et les conclusions de la Mission lyonnaise d'exploration commerciale en Chine,* résumé par M. Henri Brenier, Lyon : Alexandre Rey, Imprimeur-éditeur, 1897, p. 2.

[2] Jean-François Klein, *Les maitres du comptoir. Desgrand père & fils (1720-1878). Réseaux du négoce et révolutions commerciales*, Paris, PUPS, 2013, 368 p.

depuis la Chine. Cela lui permit de diversifier ses sources d'approvisionnement et d'établir des relations commerciales directes entre Lyon et la Chine. Néanmoins, avec le départ de Rondot en 1857, la maison Desgrand se retrouva marginalisée dans le commerce de la soie chinoise au cours des années 1860.

En effet, la réussite de Desgrand en Chine créait un précédent pour les autres commerçants lyonnais. Plusieurs maisons lyonnaises établirent ainsi des filiales directement en Chine afin de mieux contrôler la qualité de la soie et réduire les prix d'achat. Cette tendance se poursuivit tout au long du XIXe siècle. Eugène-Napoléon Buissonnet, gendre de Dominique Rémi[1], fut envoyé en Chine en 1854 pour travailler en tant que représentant de la maison Chartron, Brisson & Cie. Il acquit une connaissance approfondie du marché de la soie chinoise, établit des relations avec les producteurs et les commerçants locaux, négocia directement avec les fournisseurs de la soie grège. Il introduisit aussi de nouvelles techniques dans l'industrie de la soie en Chine. Buissonnet créa ainsi une filature de soie à Shanghai, en coopération avec les autres maisons de soie lyonnaises établies sur place, ce qui lui permettait de garantir un approvisionnement régulier en soie grège pour les soyeux lyonnais.

Au XIXe siècle, la maison Hilarion Meynard & Cie joua également un rôle important dans le commerce de la soie en Chine. Spécialisée dans la sériciculture et l'importation de cocons de vers à soie de Chine, l'entreprise y envoya Henri Meynard pour y trouver de nouvelles sources de matières premières. Grâce à des techniques innovantes, comme l'étouffoir à l'européenne introduit par H. Meynard[2], les cocons de Chine arrivaient à Lyon en parfait état de conservation. En effet, les filateurs lyonnais étaient très intéressés par ces cocons étouffés . Ainsi Meynard Cousins et Cie acquit rapidement une position de leader sur le marché de la soie en Chine.

Le métier de marchand de soie était réservé aux familles riches et influentes, considérées comme « un élément essentiel de l'aristocratie lyonnaise des soyeux ». L'établissement Morel-Journel & Cie, par exemple, a traversé plus de deux cents ans d'existence, eux-mêmes divisés en trois périodes importantes. La première correspond à la société Arlès-Dufour & Cie, qui, fondée en 1811 par François Barthélemy Arlès-Dufour, cessa ses activités en 1885. La deuxième période s'ouvrit avec la création d'une nouvelle maison Chabrières, Morel & Cie, sous la forme de société en nom collectif et en 1885, par Ennemond Morel, Victor Bizot et Auguste Chabrières, trois associés étroitement liés à l'ancienne entreprise par les

[1] Nicole Bensacq-Tixier, *Dictionnaire du corps diplomatique et consulaire français en Chine (1840-1911)*, Paris, Les Indes savantes, 2003, p. 413.

[2] Éric Hamaide, « Les relations entre Lyon et la Chine au XIXe siècle : essai d'histoire commerciale », thèse de doctorat en Histoire, sous la direction de Christian Henriot, Lyon, Lyon-II, 1999, p. 54.

liens tant professionnels que familiaux[1]. Une scission de la société en 1929 marqua le commencement de la troisième période. D'un côté, la société Morel-Journel & Cie, avec Henry Morel-Journel à la tête, prenait toutes les activités soyeuses et textiles et demeurait toujours à Lyon : la cessation de ses activités survint en 2013 seulement. De l'autre, la société Chabrières et Cie, dont Maurice Chabrières en tant que dirigeant, s'installa à Marseille pour le commerce général.

Leur aventure en Chine avait commencé avec la première génération, c'est-à-dire Arlès-Dufour. La nomination d'Arlès-Dufour en tant que secrétaire général de la Commission impériale de l'Exposition universelle de Paris en 1855 a été une opportunité pour lui de mieux connaître Natalis Rondot. Arlès-Dufour avait déjà vu l'immense potentiel pour les entreprises françaises de se développer dans l'Extrême-Orient en raison de la richesse de ses ressources naturelles et de sa population importante. En profitant de la brouille entre Rondot et son patron Paul Desgrand, il avait invité Rondot à rejoindre son entreprise afin de concurrencer la maison Desgrand dans le commerce de la soie chinoise et de faire de Lyon l'entrepôt mondial de la soie[2]. En tant que représentant d'Arlès-Dufour, Rondot se mit en relation avec Jardine Matheson et Cie, une firme anglaise établie en Chine depuis de nombreuses décennies et à la tête du commerce des soies en Extrême-Orient[3]. Grâce à cette collaboration, la maison Arlès-Dufour avait pu importer de Chine des vers à soie sains afin d'atténuer l'impact de la pébrine, améliorant ainsi la qualité de la soie en France et maintenant les produits finis de la soie française plus compétitive sur le marché mondial. Grâce à l'expertise de Rondot en langue chinoise et en négociation, la maison d'Arlès-Dufour réussit à établir une relation commerciale fructueuse avec les négociants chinois, avec pour objectif de diversifier ses sources d'approvisionnement en soie, de réduire ses coûts d'achat et de renforcer sa position sur le marché mondial de la soie.

L'histoire de la maison Desgrand n'est étrangère à celle de la maison Chabrières Morel & Cie. En effet, Natalis Rondot était passé dans le camp d'Arlès-Dufour et de son successeur, la maison Chabrières Morel & Cie. L'effort visant à réduire tout intermédiaire dans le négoce des soies asiatiques n'avait pas donné de résultat satisfaisant : sans doute même

[1] Canton-Debat indique dans sa thèse qu'Ennemond Morel (1847-1934) rejoignit la maison Arlès-Dufour et Cie en 1869 et Victor Bizot (1845-1931), un an plus tôt que lui en 1868. La fille d'Ennemond Morel, Jeanne Morel-Journel (1879-1966) se maria en 1898 avec Jacques Louis Robert Bizot (1867-1959), fils d'Emmanuel Eugène Bizot (1832-1924), frère de Victor Bizot. Auguste Chabrières (1854-1904) est le fils de Maurice Chabrières (1829-1897), gendre de François Arlès-Dufour (1797-1872).

[2] Jean-François Klein, « Natalis Rondot, un libéral au service des intérêts lyonnais », *L'Empire libéral. Essai d'histoire globale*, Paris, SPM, 2021, p. 242.

[3] Jacques Canton-Debat, *Un homme d'affaires lyonnais : Arlès-Dufour (1797-1872)*, *op. cit.*, p. 391.

s'avérait-il un fiasco, pour formuler les choses de manière plus directe. Une leçon pouvait en être tirée : en matière d'affaires des soies asiatiques, au lieu d'être présent directement dans les pays de production, mieux valait travailler avec le plus puissant acteur intervenant dans le pays concerné. De là s'expliquait le partenariat solidement maintenu entre Jardine Matheson & Co et Chabrières, Morel & Cie.

Jean-François Klein a montré qu'il existait une entente entre la maison lyonnaise Arlès-Dufour & Cie et Jardine Matheson & Co au niveau des affaires de soies asiatiques. Mais un tel accord fut bel et bien passé avec Chabrières Morel & Cie. L'examen des échanges épistolaires entre ces dirigeants montre que cette entente a pris une forme de « *joint account* » (aujourd'hui *joint-venture*, mais avec un caractère secret). Cela signifiait que les achats des soies se faisaient avec les capitaux des deux maisons dans le pays de production et que la maison britannique pourrait ensuite vendre les soies achetées à la maison lyonnaise qui en détenait naturellement la moitié[1]. La maison lyonnaise devait payer à la maison britannique la somme d'argent requise pour l'acheter des soies, le paiement étant fait en tael de Shanghai avec un taux de change journalier entre le tael de Shanghai et le franc[2].

2.3 – Les archives Chabrières, Morel & Cie : un apport historiographique majeur

Les archives Chabrières, Morel & Cie nous livrent effet des informations originales et neuves sur l'activité des milieux d'affaires français, et singulièrement lyonnais. Elles résultent des voyages des dirigeants de l'entreprise en Chine et portent notamment sur les banques françaises en Extrême-Orient et sur les filatures étrangères en Chine, en tant que lieux de transferts de technologie et d'investissements industriels et financiers.

A/ Les voyages de la maison Chabrières, Morel & Cie en Chine : un intérêt archivistique original

La maison Chabrières, Morel & Cie en Chine adopta une nouvelle stratégie axée sur le négoce de la soie, mais combinée aux relations conservées avec l'Asie. Lors du premier séjour de Georges Morel-Journel et de Maurice Chabrières en Chine en 1906, ce dernier avouait que « j'attendrai du reste volontiers quelques mois de plus ici, les affaires étant assez difficiles à connaître à Shanghai, à cause de la multitude des *chops* et du grand nombre de qualités différentes de soies ». En repartant de la Chine, leur connaissance de ces affaires avait été bien enrichie et leur horizon s'était aussi élargi. Ils le devaient aux renseignements de première main obtenus en

---

[1] Lettre de Maurice Chabrières à Shanghai le 13 juillet 1906. Cote 242J225, Archives départementales du Rhône et de la métropole de Lyon.

[2] Le change entre tael de Shanghai et franc s'exprime dans les archives « change T.T. 3,70 », cela signifie qu'un tael de Shanghai égale 3,7 francs-or.

traitant directement les affaires sur place : ainsi, la complexité de la monnaie chinoise, la délicatesse requise par la conduite des affaires, l'ampleur et les effets funestes de la pratique de la spéculation par les maisons étrangères et indigènes.

Les voyages en Extrême-Orient des deux hommes témoignaient de l'acquisition de connaissances de première main. Celles-ci s'avérèrent très utiles dans les carrières professionnelles de ces deux jeunes hommes. Ils devinrent de plus en plus familiers avec les affaires de soies entre la Chine, le Japon et la France, surtout en ce qui concernait les éléments déterminant le prix du cours de soies asiatiques. Ils apprenaient ce que les autres maisons françaises faisaient et ils tissaient des liens d'amitié avec les autres Européens dans différents établissements en Chine.

D'un traitement attentif des lettres et des rapports de la maison Chabrières, Morel & Cie, il est possible de dégager de nombreuses informations concernant les réseaux commerciaux étrangers de la soie ainsi que les difficultés que les soyeux lyonnais ont rencontrées et les moyens de les résoudre ou de s'y adapter en Chine au début du XXe siècle. Par exemple, le système monétaire tel qu'existant en Chine était assez compliqué pour les commerçants étrangers. Cette complexité, résultant d'un côté des taels existants dans différentes régions, et de l'autre du change entre, d'une part, les taels eux-mêmes et, d'autre part, les monnaies étrangères, impactait lourdement les prix d'achat des marchandises en Chine. De plus, la pratique de la spéculation sur le change par des banques et des commerçants aggravait la fluctuation des prix. En conséquence de quoi, les échanges commerciaux entre la Chine et les pays étrangers s'appuyaient fortement sur les banques européennes, qui fournissaient des facilités financières en vue d'effectuer les transactions, ces mêmes banques en tirant de confortables marges. En effet, les banques européennes servaient d'intermédiaire pour les paiements effectués entre les commerçants chinois et européens, tandis que les banques chinoises disposaient d'un capital faible et se concentraient sur l'octroi de petites avances et les échanges de monnaie. Les courtiers de change étaient également très présents à Shanghai à l'époque et pouvaient devenir très riches. Selon Maurice Chabrières, les capitaux chinois occupaient une place importante dans les affaires créées par les Européens à Shanghai, peut-être en raison du désir d'échapper aux exigences des mandarins chinois[1].

B/ Premier apport : les banques françaises en Extrême-Orient

[1] Rapport sur la monnaie chinoise par Maurice Chabrières, Cote 242J225, Établissement Chabrières, Morel & Cie, Morel-Journel & Cie, Marchands de soie à Lyon 1811-2013, 242J1-1226, Archives départementales du Rhône et de la métropole de Lyon.

Les Lyonnais avaient depuis longtemps remarqué l'importance de l'établissement d'institutions financières à leur main. En effet, dans son rapport en 1860, Rondot soulignait la nécessité de développer des mécanismes français de financement et de paiement indépendants en Extrême-Orient. En 1860, le traité Cobden-Chevalier, signé entre la France et l'Angleterre, avait supprimé les barrières tarifaires existant entre les deux pays afin de favoriser les échanges commerciaux, en particulier pour l'industrie textile française. Cela permit aux soyeux lyonnais d'accéder plus facilement aux soies asiatiques à des prix compétitifs. Après ce traité, le Comptoir d'escompte de Paris avait obtenu l'autorisation d'installer des succursales bancaires dans les colonies et à l'étranger, notamment dans le pourtour de l'océan Indien et en Extrême-Orient[1]. Arlès-Dufour avait poussé activement à l'installation de cette banque. Cette présence bancaire française en Asie contribua à renforcer les échanges commerciaux entre la France et l'Asie, surtout dans le domaine de la soie. Cette stratégie visait à concurrencer les banques et le commerce britanniques et à permettre aux entreprises françaises de s'affranchir du monopole britannique sur le commerce et les finances. Les premières agences ouvertes par le Comptoir d'escompte de Paris à Shanghai et à Hong Kong en constituaient un bon exemple, car ces villes étaient alors sous l'influence britannique[2]. Le gouvernement français soutenait cette stratégie en cherchant à renforcer la présence économique et commerciale de la France en Chine.

Néanmoins, le Comptoir d'escompte de Paris était considéré comme une banque contrôlée par le gouvernement, ce qui limitait la marge de manœuvre d'Arlès-Dufour et sa vision concernant l'expansion de la banque en Asie. Henri Germain fonda donc en 1863 une nouvelle banque, le Crédit Lyonnais, avec la participation d'Arlès-Dufour et de Paulin Talabot. Le Crédit Lyonnais devint une institution financière majeure en France et à l'étranger, notamment en Chine. Il offrait des services bancaires spécialement aux soyeux lyonnais en vue de faciliter les échanges commerciaux entre les producteurs de soie chinois et les négociants de soieries français. Il mit en place un service de consignation pour les balles de soie envoyées depuis Shanghai et Canton vers Lyon. Les soyeux lyonnais pouvaient ainsi confier leur marchandise à la banque, qui s'occupait ensuite de son transport, de son stockage et de sa vente sur le marché lyonnais. Le Crédit Lyonnais finança également des projets de développement liés à l'industrie de la soie en Chine, tels que la construction des filatures et la modernisation des méthodes de

---

[1] Gilles Normand, *Les sociétés de crédit et banques à succursales en France. Étude historique, critique et monographique*, Paris, Perrin, 1924, p. 16.

[2] Archives du Comptoir national d'escompte de Paris (1848-1966), fonds de BNP PARIBAS. Consulté le 24 janvier 2023, https://histoire.bnpparibas/nos-fonds-en-un-coup-doeil/comptoir-national-descompte-de-paris/

production de la soie[1]. Ces événements sont décrits dans les archives. Ils montrent l'importance de la coopération internationale et de la libre circulation des biens et des capitaux pour le développement économique.

C/ Second apport : les filatures étrangères en Chine ou la rencontre des technologies et des capitaux européens avec des ressources naturelles et humaines chinoises

Les rapports de Maurice Chabrières et Georges Morel-Journel rendent compte de l'établissement et du modèle de fonctionnement des filatures étrangères en Chine à l'époque. L'Ewo Filature, détenue par Jardine Matheson & Co à Shanghai, était l'une des premières usines à l'européenne, sur le modèle des filatures italiennes : le matériel utilisé était entièrement européen, soit importé directement d'Europe, soit fabriqué localement selon les modèles européens[2]. La filature Ewo employait à la fois des Européens et des Chinois. Les fileuses étaient généralement des femmes chinoises âgées de 15 à 30 ans[3], qui travaillaient sous la surveillance d'Européennes. Leurs conditions de travail étaient assez difficiles : les ouvrières étaient souvent soumises à des punitions sévères, telles que des coups de bambou ou des jets d'eau bouillante. Ces fileuses étaient très propres et soignées. En effet, les Européens considéraient que les femmes chinoises étaient plus soumises que les Européennes lorsque l'on avait recours à une surveillance stricte pour garantir la qualité du travail. Au début du XXe siècle, environ 1 200 femmes indigènes travaillaient à la filature Ewo, mais, selon Georges Morel-Journel, les fileuses préféraient travailler dans les filatures chinoises si la rémunération était équivalente, car il y avait moins de surveillance dans ces filatures autochtones[4]. La journée de travail à la filature de l'Ewo durait 10 heures et demie durant l'exercice 1904/1905. M. Beretta, directeur de la filature Ewo, démontrait en outre que la production des fileuses chinoises par heure était supérieure à celle des Italiennes[5].

Concernant la production de la soie, les cocons utilisés dans la filature à l'européenne provenaient des provinces du Jiangsu et du Chekiang. Le choix des cocons était méticuleux et coûteux car chaque cocon devait être pelé presque individuellement. De plus, les cocons étaient sélectionnés en fonction de leur qualité. Les prix de revient des filatures chinoises étaient

---

1 Jean Bouvier, *Le Crédit Lyonnais de 1863 à 1882. Les années de formation d'une banque de dépôt*, Paris, SEVPEN, 1961, p. 135.

2 Rapport de Georges Morel-Journel à Shanghai le 25 février 1907. Cote 242J226, Archives Morel-Journel, Archives départementales du Rhône et de la métropole de Lyon.

3 Rapport de Georges Morel-Journel à Shanghai le 25 février 1907. Cote 242J226, Archives Morel-Journel, Archives départementales du Rhône et de la métropole de Lyon.

4 Rapport de Georges Morel-Journel à Shanghai le 25 février 1907. Cote 242J226, Archives Morel-Journel, Archives départementales du Rhône et de la métropole de Lyon.

5 Rapport de Georges Morel-Journel à Shanghai le 25 février 1907. Cote 242J226, Archives Morel-Journel, Archives départementales du Rhône et de la métropole de Lyon.

inférieurs à ceux des filatures européennes, principalement en raison de coûts de main-d'œuvre et de combustible moindres, ainsi que d'un manque de régularité dans la qualité de la soie produite. Georges Morel-Journel avait constaté que les filatures à vapeur ne connaissent pas une croissance constante en termes de performance financière. Au contraire, ils ont connu des difficultés financières en raison d'une concurrence croissante sur le marché des cocons, des coûts de main-d'œuvre élevés et d'un rendement des cocons en baisse. Cependant, les filatures britanniques telles que celle de l'Ewo réussissaient à rembourser leurs investissements grâce à un intérêt de 7 % sur l'argent avancé et des commissions sur les ventes à New York et à Lyon.

Jean-François Klein a argumenté que ce n'était la capacité de production de soies des Chinois qui comptait pour le marché international des soies, mais la capacité des Anglais à pouvoir en extraire de ce pays. Aux yeux des jeunes dirigeants de la maison Morel-Journel, agissant en tant que l'un des principaux distributeurs de soies chinoises en Europe, cette capacité d'extraire des soies asiatiques restait assez rudimentaire. Comme l'avait montré Maurice Chabrières lors de son voyage à l'intérieur pour l'achat des cocons, les pratiques d'achat des employés de Jardine Matheson & Co étaient souvent douteuses, ceux-ci n'ayant pas pris des mesures assez efficaces pour empêcher les détournements de fonds. Cela donnait un résultat moins optimal que prévu en termes de prix de revient. Avec une gestion plus rigoureuse, telle que celle pratiquée par Maurice Chabrières, les prix d'achat étaient moins chers que ceux pratiqués par les employés de Jardine Matheson & Co.

En effet, l'ouverture de la Chine au commerce étranger, après la seconde guerre de l'Opium, permit aux soyeux lyonnais de s'implanter et de réaliser des opérations de commerce de la soie en Chine. Ils développaient une stratégie de partenariat avec les négociants locaux en vue d'acquérir des soies grèges directement en Chine et les envoyaient à Lyon sans passer par Londres afin de concurrencer les Britanniques. Puis ce réseau lyonnais travailla avec le plus puissant acteur britannique, qui avait installé des filatures et des ateliers de tissage sur place. Cette stratégie leur permit de devenir des acteurs majeurs du commerce de la soie en Chine et de renforcer leur position sur le marché mondial. Les soyeux lyonnais contribuèrent ainsi à l'expansion du commerce de la soie entre la Chine et l'Europe au XIXe siècle.

Cependant, les réformes politiques et économiques du gouvernement des Qing à l'époque n'étaient pas suffisantes aux yeux des Européens. L'intervention des puissances européennes est-elle vraiment provoquée par l'inertie du gouvernement chinois et ses réformes peu satisfaisantes vis-à-vis des demandes européennes ? Ou plutôt, ne résultait-elle pas de leur intention d'avancer de façon avantageuse leurs intérêts commerciaux ? Le récit de Georges Morel-Journel, à ce propos, ne permet pas de connaître l'opinion des Européens : soit la Chine réaliserait elle-même de véritables réformes ou les puissances européennes la forceraient à les mettre en œuvre, qui pourrait aboutir à un démembrement du pays. Les conditions particulières de la situation en Chine impactaient fortement le commerce des soies au XIXe siècle. Ainsi, les activités des soyeux lyonnais et le développement de leurs échanges commerciaux purent contribuer, dans une certaine mesure, à faire émerger un capitalisme chinois à la fin du XIXe siècle. Les archives des soyeux lyonnais recèlent, on le voit, des informations d'une grande richesse. Travailler sur ces archives ouvre des perspectives passionnantes à nos recherches personnelles dans le futur.

SOURCES

I. ARCHIVES PUBLIQUES

Les sources d'archives publiques peuvent être réparties en deux catégories. La première regroupe les archives des centres nationaux et institutionnels. Les Archives nationales (AN, Paris) et les Archives du ministère des Affaires étrangères (MAE, Paris) possèdent, pour leur part, des fonds très complets sur les échanges commerciaux entre la France et la Chine entre le milieu du XIXe siècle et 1914. La seconde catégorie d'archives comprend les fonds des Archives départementales et ceux relevant des fonds municipaux ou d'organisations locales. Les Archives du département du Rhône et de la métropole de Lyon (ARL, Lyon) s'avèrent indispensables pour l'étude d'un tel sujet car elles renferment des archives complètes sur la soierie lyonnaise.

1.1 – Archives nationales de France (AN, Paris)

Ministère de l'Industrie (F12)

1.2 – Archives du ministère des Affaires étrangères (MAE, Paris)

1.3 – Archives du département du Rhône et de la métropole de Lyon

1.3.1 – Fonds de la Chambre de commerce et d'industrie de Lyon

Sous-fonds Condition des soies

Sous-fonds communication

Sous-fonds rapports

Sous-fonds réception

Sous-fonds relations

1.3.1 – Banque

1.3.2 – Bibliothèque de la Chambre

1.3.3 – Autres fonds

1.4 – Archives nationales de la Chine (ANC, Beijing)

Les Archives nationales de la Chine à Beijing, également connues sous le nom de Premières Archives historiques de Chine, conservent principalement les archives des dynasties des Ming et des Qing. Nous avons souhaité nous concentrer ici sur la consultation des archives des gouvernements centraux et locaux sous la dynastie des Qing, en priorisant la période allant du milieu du

XIXe siècle à la fin de cette dynastie, en 1912. Les archives pertinentes pour notre étude se présentent sous la forme de rapports envoyés à la Cour. Ces derniers, qui sont en chinois, 奏折 (*zou zhe*), sont des archives officielles rédigées en chinois, qui revêtent la forme de rapports présentés par les mandarins au gouvernement central, aux ministres, aux gouverneurs, aux responsables des douanes internes et maritimes, ainsi qu'à des employés étrangers tels que l'inspecteur général de la douane chinoise, Robert Hart.

1.4.1 – Rapports à la Cour

1.4.2 – Les commerces sino-occidentaux sous la dynastie des Ming et des Qing

Ces archives concernent le commerce avec les pays étrangers (taxes, droits de douane), les commerçants étrangers dans les ports ouverts, les navires commerciaux britanniques dans les ports ouverts, la guilde de marchands chinois qui exerçait le monopole de l'importation et de l'exportation à Canton (*Co-hong*), des correspondances entre les consulats étrangers et le gouvernement chinois, etc. Elles ont été conservées dans la Cité interdite sous la dynastie des Ming et des Qing.

1.5 – Archives nationales de la Chine (ANC, Nanjing)

Les Archives nationales de Chine à Nanjing, également connues sous le nom de Deuxièmes Archives historiques de Chine, conservent les archives des gouvernements de la République de Chine (1912-1949). Cette institution a créé une base de données contenant les archives de la douane maritime impériale (Imperial Maritime Customs, puis simplement Chinese Maritime Customs Service)[1], qui nous intéresse, en particulier les compilations par rapport au commerce extérieur. Les circulaires de l'inspecteur général (*the inspector general circulars*) contiennent des renseignements par rapport au commerce extérieur de la soie entre le milieu du XIXe siècle et le début du XXe siècle.

[1] La douane impériale maritime était un Service établi en 1843 ayant pour objet de collecter les taxes pour le gouvernement des Qing, et les gouvernements qui lui ont succédé jusqu'en 1943. Il s'agissait d'un Service sous l'auspice du Zongli Yamen (ministère des Affaires étrangères) auprès du système administratif des Qing, pourtant, ce sont principalement les Anglais qui y occupaient les postes les plus importants, ainsi, tous les inspecteurs généraux étaient anglais, selon des dispositions ayant résulté d'une promesse faite au Foreign Office du Royaume-Uni en 1898. Robert Bickers, "Revisiting the Chinese Maritime Customs Service, 1854-1950", *The Journal of Imperial and Commonwealth History,* vol. 36, n° 2, June 2008, p. 221-226.

1.6 – Archives municipales de Shanghai (AMS, Shanghai)

Les Archives municipales de Shanghai contiennent des publications et des registres du commerce de la soie de cette ville. En tant que principale place de la soie en Chine à partir du milieu du XIXe siècle, Shanghai, qui était administrée tout à la fois par les puissances étrangères dans les concessions et par l'autorité chinoise, témoigne du développement du commerce de la soie. Ces archives, riches en statistiques et en informations sur les corporations et les guildes, permettront de comprendre ce négoce florissant et son intégration dans le marché mondial de l'époque.

1.7 – Archives provinciales du Zhejiang (AZ, Hangzhou)

Le Centre des Archives de la province du Zhejiang, situé dans la ville capitale de Hangzhou, conserve les archives de l'une des plus importantes régions productrices de soie en Chine. Les communes du Zhejiang se sont engagées dans l'élevage de vers à soie, la sériciculture et la filature, et ont produit des titres renommés tels que le *Tsalee*, dans la commune de Nanxun. Les autorités locales ont rédigé des annuaires contenant de riches informations sur l'industrie de la soie locale, qui sont conservés dans ces archives.

II. ARCHIVES PRIVÉES

2.1 – Le fonds 242 J Morel-Journel

Le fonds 242 J Morel-Journel, conservé aux Archives départementales du Rhône et de la métropole de Lyon, renferme les archives de cette maison lyonnaise de soieries depuis son origine jusqu'à sa dissolution en 2013. Il est composé des archives des anciennes sociétés Arlès-Dufour & Cie (1811-1885) et Chabrières Morel & Cie (1885-1929) reprises par Morel-Journel & Cie (1930-2013).

2.1.1 – Arlès-Dufour & Cie (1848-1885)

2.1.2 – Chabrières, Morel & Cie (1885-1929)

III. SOURCES IMPRIMÉES

Annuaire statistique de la France 1878-1915, ministère du Commerce, de l'Industrie, des Postes et télégraphes, Office du travail, Statistique générale de la France, France. Direction de la statistique générale, Bibliothèque nationale de France, département Droit, économie, politique, 4-LC25-276.

ARLÈS-DUFOUR François Barthélemy, *Un mot sur les fabriques étrangères de soierie, à propos de l'exposition de leurs produits faite par la Chambre de commerce de Lyon*, Lyon, S. Durval, 1834, 152 p.

BANISTER T. Roger, *A History of the external trade of China, 1834-81 : Being an introduction to the custom's decennial reports, 1882-1931,* Shanghai, Inspectorate General of Customs, 1931, 193 p.

BARROT Odilon, *Recueil général des lois, décrets, ordonnances, etc. : depuis le mois de juin 1789 jusqu'au mois d'août 1830*, Paris, Administration du Journal des notaires et des avocats, 1839, 266 p.

BEZON Jean, *Dictionnaire général des tissus anciens et modernes : ouvrage où sont indiquées et classées toutes les espèces de tissus connues jusqu'à ce jour, soit en France, soit à l'étranger, notamment dans l'Inde, la Chine, etc., avec l'explication abrégée des moyens de fabrication*, tome 8, 1859, 450 p.

BLANCHARD Guillaume, *Compilation chronologique contenant un recueil en abrégé des ordonnances, édits, déclarations et lettres patentes des rois de France, qui concernent la justice, la police et les finances*, Paris, Veuve Moreau, 1715, 627 p.

BLETON Auguste, *L'ancienne fabrique de soierie*, Lyon, A. Storck Imprimeur-éditeur, monographie, 1897.

BOITEL Léon, *Revue du Lyonnais. Recueil historique et littéraire*, Lyon, Aimé Vingtrinier, 1835, IV série, tome V, 504 p.

BRUNAT Paul, *Exploration commerciale du Tonkin,* Lyon, 1885.

Bulletin des soies et des soieries, 15 juin 1890, Revue hebdomadaire lyonnaise,

Bulletin des soies et des soieries, 7 janvier 1911, n° 1757.

CHARLETY Sébastien, *Histoire du saint-simonisme (1825-1864)*, Paris, Paul Hartmann 1896, 431 p.

CLERGET Pierre, « Les industries de la soie dans la vallée du Rhône », *Géocarrefour*, 1929.

CLERGET Pierre, *Les Industries de la soie en France*, Paris, Librairie Armand Colin, 1925, 196 p.

Collection des archives pendant l'époque de la République de la Chine, Nanjing, Éditions de Phénix, 1991.

CORDIER Henri, *Histoire générale de la Chine et de ses relations avec les pays étrangers : depuis les temps les plus anciens jusqu'à la chute de la dynastie mandchoue*, Paris, librairie Paul Geuthner, 1920, 428 p.

DROHOJOWSKA Antoinette-Joséphine-Françoise-Anne, *Les grandes industries de la France. La teinture, l'impression des tissus*, Paris, Société d'Imprimerie – Paul Dupont Éditeur, 1881, 318 p.

DROHOJOWSKA Antoinette-Joséphine-Françoise-Anne, *Les grandes industries de la France. La soie, production et mise en œuvre,* Paris, Société d'Imprimerie – Paul Dupont Éditeur, 1881, 230 p.

DUBOIS Joseph, *L'empire de l'argent : étude sur la Chine financière,* Paris, Hachette BNF, 1906.

FAIRBANK John King, COOLIDGE Martha Henderson, SMITH Richard J, MORSE H. B., *Customs Commissioner and Historian of China,* Kentucky, University Press of Kentucky, 1995.

FAIRBANK John King, *Trade and Diplomacy on the China Coast: The Opening of the Treaty Ports, 1842-1854. Harvard Historical Studies,* volumes LXII, LXIII, Cambridge Mass., Harvard University Press, 1953.

FREDET Jean, *Quand la Chine s'ouvrait, Charles de Montigny consul de France,* Paris, Larose, 1953, 292 p.

GARNIER Francis, *Voyage d'exploration en Indo-Chine, effectué pendant les années 1866, 1867 et 1868*, Paris, Hachette, 1873, 698 p.

GROFFIER Valérien, « La production de la soie dans le monde », *Annales de géographie*, 1900, vol. 9, n° 44, p. 97-118.

GUILLARD Achille, *Précis chronologique de l'histoire de Lyon*, Lyon, Boitel, 1835, 32 p.

GUYAZ Marc, *Histoire des institutions municipales de Lyon avant 1789*, Paris, E. Dentu, 1884, 372 p.

GUYOT Yves, *Journal de la Société de statistique de Paris,* 1920, tome 61.

GUYOT Yves, RAFFALOVICH Arthur, *Dictionnaire du commerce, de l'industrie et de la banque*, Paris, Guillaumin, 1902.

JAL Auguste, *Dictionnaire critique de biographie et d'histoire*, Paris, Plon, 1872, 1357 p.

HART Robert, "China and Reconstruction", *The Fortnightly Review*, 1901, 1.

HART Robert, "China, Reform and the Powers", *The Fortnightly Review,* 1901, 5.

HART Robert, "Customs System in China before the Treaties of 1842-1843", *Archives nationales de Chine*, 12 p.

HART Robert, "The Peking Legation : A National Up rising and International Episode", *Archives nationales de Chine*, 27 p.

HART Robert, "China and Her Foreign Trade", *North American Review*, 1901, vol. 172, n° 530, Jan., p. 59-71.

HÉNON Louis, *Extrait du Propagateur de l'Industrie de la soie. Biographie séricicole. Notice sur Ferdinand Gendoul.* Lyon, Imprimerie de Carrère Aîné, 1838, 6 p.

HENRI Brenier, *Rapport général sur l'origine, les travaux et les conclusions de la Mission lyonnaise d'exploration commerciale en Chine*, Lyon, Chambre de commerce, 1897.

HOSEA Ballou Morse, *The Chronicles of the East India Company Trading to China: 1635-1834*, Oxford, Clarendon Presse, 1926.

HOWARD Charles Walter, *Sericulture Industry of South China*, Canton, Canton Christian College, College of Agriculture, 1923, 32 p.

L'annuaire de la soie à Shanghai. Shanghai, Édition Académie des sciences sociales de Shanghai, 1998.

L'Écho de la fabrique, 1832, numéro 18, p. 7-8.

La Mission lyonnaise d'exploration commerciale en Chine, 1895-1897, avec cartes, plans, et gravures, Lyon, Chambre de commerce de Lyon, A. Rey et Cie, 1989.

LAMBERT François, *Vers à soie : élevage, produits, plantes*, Paris, Collection A. L. Guyot, 1909, 196 p.

LAMIE O., THAREL A., *Dictionnaire encyclopédique et biographique de l'industrie et des arts industriels,* Paris, Libraire des dictionnaires, 1887.

Le Magasin général des soies de Lyon. Décrets, statuts et rapports, 1863 (Paris, Hachette Livre BNF, 2016), 112 p.

Les archives des commerces sino-occidentaux des dynasties des Ming et des Qing. Beijing, Éditions des Archives, 2010.

Les archives des douanes anciennes de Chine, Beijing, Jinghua, 2001.

MAYBON Ch. B., FREDET Jean, *Histoire de la concession française de Changhai*, publiée sous le haut patronage de SEM le Ministre des Affaires étrangères, du Conseil d'administration municipale de la Concession française et de la Chambre de commerce française de Chine, Paris, Librairie Plon, 1929, 32 p.

MEYNARD Hilarion, *Régénération de la sériciculture en Europe, par les races de vers à soie du Levant/Hon Meynard et Cie, de Valréas (Vaucluse), promoteurs de l'importation des cocons du Levant en France, et inventeurs des éducations à la chute des feuilles*, Avignon, 1856, 16 p.

MONFALCON Jean-Baptiste. *Histoire de la Ville de Lyon depuis son origine jusqu'en 1846* avec des notes par C. Bréghot du Lut et A. Péricaud : *Titel des Umschlags. Haupttitel Armoiries de la Ville de Lyon ou L'histoire de Lyon expliquée par son Blason*, Lyon, Dorier, 1847, 854 p.

MONFALCON Jean-Baptiste, *Histoire des insurrections de Lyon, en 1831 et en 1834 :* d'après des documents authentiques : précédée d'un *Essai sur les ouvriers en soie et sur l'organisation de la fabrique*, Lyon, Louis Perrin, 1834, 334 p.

MOREL Ennemond, *Chronique du monde pendant l'année 1905*, Lyon, A. Bonnaviat, 1905, 33 p.

MOREL Ennemond, *Famagouste*, Lyon, A. Rey, 1914, 23 p.

MOREL Ennemond, *Les monuments de Samarcande et les ruines dans l'Asie centrale*, Lyon, A. Rey, 1909, 18 p.

MOREL Ennemond, *Notes sur la Turquie, le Caucase, la Perse et le Turkestan*, Lyon, A. Rey, 1908, 18 p.

MOREL Ennemond, *Ravenne et l'art byzantin*, Lyon, Waltener et Cie, 1904, 15 p.

MOREL Ennemond, *Les origines florentines de l'industrie de Lyon* (Discours de réception à l'Académie de Lyon, 24 mars 1908), Lyon, A. Rey, 1908, 24 p.

MOREL Ennemond, *Sainte-Sophie de Constantinople*, Lyon, A. Rey, 1913, 8 p.

MOREL Ennemond, *Situation économique du monde à la fin de 1904*, Lyon, A. Bonnaviat, 1904, 24 p.

MOREL Ennemond, *Sur quelques inscriptions assyriennes*, Lyon, A. Rey, 1912, 16 p.

MOREL Ennemond, *Un voyage en Perse* (Conférence faite à la Société de géographie de Lyon, 10 mars 1910), Lyon, Waltener et Cie, 1910, 24 p.

MOREL Henry, *Le pilori des communeux : biographie des membres de la Commune, leurs antécédents, leurs mœurs, leur caractère : révélations*, Paris, E. Lachaud, 1871, 296 p.

MOREL-JOURNEL Henry, *La famille Morel en Lyonnais et ses alliances (1277-1550-1911). Papiers et souvenirs des familles Morel, Journel, Paulinier, de Bernard, Bubaton, de Tinan, Chalandon, Pleney, de Michelet, Valesque*, Montbrison, Imprimerie Eleuthère Brassart, tome I et II, 1912, 1049 p.

MORSE Hosea Ballou, *The Chronicles of the East India Company Trading to China: 1635-1834*, Oxford, Clarendon Press, 1926.

MORSE Hosea Ballou, *The International Relations of the Chinese Empire*, Longmans, Green and Company, 1910, vol. 1.

Nineteenth-Century Trading Firm, *Enterprise & Society*, vol. 4, No. 1, Cambridge, Cambridge University Press, 2003.

North China Herald, 23 septembre1882, p. 315.

PAN Shu-lun, *The Trade of the United States with China*, New York, China Trade Bureau, 1924, 365 p.

PARDESSUS Jean-Marie, « Mémoire sur le commerce de la soie chez les anciens, antérieurement au VIe siècle de l'ère chrétienne, époque où l'éducation des vers à soie a été introduite en Europe », dans *Mémoires de l'Institut de France*, 1842, vol. 15, n° 1, p. 1-47.

PARISET Ernest, *Histoire de la Fabrique lyonnaise, étude sur le régime social et économique de l'industrie de la soie à Lyon, depuis le XVIe siècle*, Lyon, Rey, 1901, 433 p.

PARISET Ernest, *Histoire de la soie*, Paris, Auguste Durand, 1862, 386 p.

PASTEUR Louis, *Études sur la maladie des vers à soie*, Paris, Imprimerie de Gauthier-Villars, 1870, 353 p.

PASTEUR Louis, *Études sur la maladie des vers à soie*, Paris, Imprimerie de Gauthier Villars, 1870, vol. 2, 346 p.

PÉRICAUD Antoine, *Notes et documents pour servir à l'histoire de Lyon*, Lyon, Imprimerie de Pélagaud, Lesne et Crozet, 1838, 1 002 p.

PERRET Adrien, *Monographie de la Condition des soies de Lyon*, Lyon, Imprimerie Pitrat Ainé, 1878, 353 p.

PHILIPON Édouard Paul Lucien, *Notice historique sur la propriété des dessins de fabrique : d'après des documents inédits conservés aux Archives de la ville de Lyon*, Paris, Chevalier-Marescq et Cie, 1888, 70 p.

Rapport général sur l'origine, les travaux et les conclusions de la Mission lyonnaise d'exploration commerciale en Chine, résumé par M. Henri Brenier, Lyon, Alexandre Rey, Imprimeur-éditeur, 1897.

RAVENEAU Louis, « La Chine économique d'après les travaux de la mission lyonnaise 1895-1897 », *Annales de Géographie*, vol. 8, n° 37, 1899.

RAWLEY Ratan C., *The silk industry and trade ; a study in the economic organization of the export trade of Kashmir and Indian silks, with special reference to their utilization in the British and French markets*, London, P. S. King, 1919, 212 p.

REYNIER Élie, « Les industries de la soie en Vivarais ». *Revue de géographie alpine*, tome 9, n° 2, 1921, p. 173-227.

RICARDO David, *Des principes de l'économie politique et de l'impôt*, Paris, J. P. Aillaud, 1835, 330 p.

RICHTHOFEN Ferdinand, *China: ergebnisse eigener Reisen und darauf gegründeter studien*, Berlin, 1877, 815 p.

ROBINET Stéphane, *Mémoires sur l'industrie de la soie : ventilation des magnaneries*, Paris, Millet et Robinet, 1841, 265 p.

RONDOT Cyr François Natalis, 1821-1900, industriel, fils d'un négociant de Saint-Quentin. Source : Dossier de Légion d'honneur, Archives nationales, LH/2379/19. – Léon Galle, *Natalis Rondot, sa vie et ses travaux.* Lyon : Bernoux, Cumin et Masson, 1902. – Franqueville, *Institut de France, le premier siècle.* t. 2, n° 1152. – Nécrologie dans le *Bulletin de la Société d'encouragement pour l'industrie nationale*, 1901-1.

RONDOT Natalis, *L'Art de la soie*, Paris, Imprimerie Nationale, 1885-1887, 622 p.

RONDOT Natalis dans *Le Journal illustré des produits de Lyon, Saint-Étienne, Mulhouse, Roubaix et autres villes manufacturières de France*, 1re année, 1867.

RONDOT Natalis, *Le Rapport sur le commerce de la France avec la Chine*, Lyon, Perrin, 1860.

ROUX Jean-François, GRAVILLON Arthur de, *Les vers à soie : traité pratique, graines, éducation, histoire*, Lyon, Imprimerie Aimé Vingtrinier, 1857, 254 p.

United States Tariff Commission, *Silk and Manufactures of Silk: Schedule L.*, Washington, Government Printing Office, 1918, 166 p.

VALOUS Vital de, *Étienne Turquet et les origines de la Fabrique lyonnaise : recherches et documents sur l'institution de la manufacture des étoffes de soie, 1466-1536 ; notice historique accompagnée d'une généalogie de la famille Turque*, Lyon, Librairie ancienne d'Auguste Brun, 1868, 67 p.

ZHOU Qingyun, *L'annuaire du Nanxun*, 1928, vol. 18.

ZIMMERMANN Maurice, « La production et la consommation de la soie », *Annales de Géographie*, 1916, n° 135.

BIBLIOGRAPHIE

I. INSTRUMENTS DE TRAVAIL

AMBRIÈRE Madeleine, *Dictionnaire du XIXe siècle européen*, Paris, PUF, 1997, 1 375 p.

ANCEAU Éric, *Dictionnaire des députés du Second Empire*, Rennes, Presses universitaires de Rennes, 1999, 421 p.

BARJOT Dominique, « L'historiographie et les entreprises », *in* Le Roux M. (dir.), *Histoire de la Poste de l'administration à l'entreprise*, Paris, Éditions Rue d'Ulm, 2002, p. 19-32.

BÉNÉZIT Emmanuel, *Dictionnaire critique et documentaire des peintres, sculpteurs, dessinateurs et graveurs de tous les temps et de tous les pays*, Paris, Gründ, 1976, 10 vol.

BENSACQ-TIXIER Nicole, *Dictionnaire biographique des diplomates et consuls en Chine (1918-1953)*, Rennes, Presses universitaires de Rennes, 2013, 503 p.

BENSACQ-TIXIER Nicole, *Dictionnaire du corps diplomatique et consulaire français en Chine (1840-1911)*, Paris, Les Indes savantes, 2003, 769 p.

BENSACQ-TIXIER Nicole, *Histoire des diplomates et consuls français en Chine (1840-1912)*, Paris, Les Indes savantes, 2008, 730 p.

BROC Numa, *Dictionnaire des explorateurs français du XIXe siècle*, t. 2, *Asie*, Paris, CTHS, 1997, 452 p.

CHAIX d'Est-Ange G., *Dictionnaire des familles françaises anciennes ou notables à la fin du XIXe siècle*, Évreux, 1903-1929, 20 vol.

CHEN Shaiq, SUN Xiufu, *English-Chinese treasury of common words of modern Chinese Maritime Customs*, Beijing, Customs Press, 2002.

DESCAMPS Florence, *L'historien, l'archiviste et le magnétophone : De la constitution de la source orale à son exploitation*, Paris, Comité pour l'histoire économique et financière, 2005, 892 p.

FEBVRE Lucien, *Combats pour l'histoire*, Paris, Le Grand livre du mois, 2000, 455 p.

HILDESHEIMER Françoise, *Les archives... Pourquoi ? Comment ? La recherche aujourd'hui dans les archives en France*, Paris, Les éditions de l'Érudit, 1994, 190 p.

HILDESHEIMER Françoise, *Introduction à l'histoire*, Paris, Hachette, 1994, 155 p.

LE GOFF Jacques, NORA Pierre (dir.), *Faire de l'histoire*, t. 2, *Nouvelles approches*, Paris, Gallimard, 1974, 252 p.

LEWIS M. J., LLOYD-JONES Roger, *Using Computers in History : A Practical Guide*, London, Routledge, 2009, 2e éd., 272 p.

TULARD Jean (dir.), *Dictionnaire du Second Empire*, Paris, Fayard, 1996, 1 347 p.

VAPEREAU Gustave. *Dictionnaire universel des contemporains*, Paris, Hachette, 1858-1895.

VASSEUR Édouard, *Les archives électroniques*, Coll. « Les petits guides des archives » (sous la direction de Lourdes Fuentes-Hashimoto, avec Lorène Béchard), Paris, Association des archivistes français, 2020.

VEYNE Paul, *Comment on écrit l'histoire. Essai d'épistémologie*, Paris, Seuil, 2013, 527 p.

II. OUVRAGES GÉNÉRAUX

ANCEAU Éric, *Napoléon III. Un Saint-Simon à cheval*, Paris, Taillandier, 2008.

ANCEAU Éric, « Compte-rendu du livre de Jean Garrigues, *Les patrons et la politique, de Schneider à Seillière*, Paris, Perrin, 2002, 335 p. », *Revue d'histoire moderne et contemporaine*. 2003, vol. 50-4, n° 4, p. 211-214.

ARIMOTO Yutaka, NAKAJIMA Kentaro, OKAZAKI Tetsuji, "Sources of productivity improvement in industrial clusters: The case of the prewar Japanese silk-reeling industry", *Regional Science and Urban Economics*, 1er mai 2014, vol. 46, p. 27-41.

ARMOUR Andrew J. L. (dir.), *Asia and Japan. The search for modernization and identity*, London, Athlone Press, 1985.

ASSELAIN Jean-Charles, *Histoire économique de la France du XVIIIe siècle à nos jours*, t. 1, *De l'Ancien Régime à la Première Guerre mondiale*, Paris, Seuil, 1984, 221 p.

BARJOT Dominique, ANCEAU Éric, LESCENT-GILES Isabelle et MARNOT Bruno (dir.), *Les Entrepreneurs du Second Empire*, Paris, Presses de l'Université Paris-Sorbonne (PUPS), 2003.

BARJOT Dominique, ANCEAU Éric, STOSKOPF Nicolas, *Morny et l'invention de Deauville, Paris,* Armand Colin, Col. « Recherches », 2010, 480 p.

BARJOT Dominique (dir.), *Les Patrons du Second Empire. Anjou, Normandie, Maine*, Paris, Picard-Cénomane, 1991.

BARJOT Dominique, *L'Économie française au XIXe siècle*, Paris, Nathan, 1995.

BARJOT Dominique, *La grande entreprise française de travaux publics (1883-1974)*, Paris, Economica, 2006.

BARJOT Dominique et MATHIS Charles-François (dir.), *Le monde britannique (1815-1931)*, Paris, SEDES-CNED, 2009.

BAYARD-SAKAI Anne, DAMON François-Yves, « L'Extrême-Orient dans les années 20 : d'une modernité à l'autre », *Cahiers de la maison de la recherche.* Lille, Université Charles-de-Gaulle-Lille III, 1995, p. 83-94.

BEASLEY William G., *The Meiji Restoration*, California, Stanford University Press, 1973, 513 p.

BEAULIEU C., *Histoire du commerce, de l'industrie et des fabriques de Lyon : depuis leur origine jusqu'à nos jours*. Lyon, Auguste Baron, 1838, 310 p.

BELTRAN Alain, GRISET Pascal, *La Croissance économique de la France : 1815-1914*, Paris, Armand Colin, 1988, 189 p.

BOUVIER Jean, MARKOVITCH T. J., « L'industrie française de 1789 à 1964 ; sources et méthodes », *Cahiers de l'ISEA,* AF, 4 n° 163, juillet 1965, *Revue du Nord,* 1967, vol. 49, n° 192, p. 221-228.

BROCKETT Linus Pierpont, *The silk industry in America. A history: prepared for the Centennial exposition*, New York, George F. Nesbitt & Company, 1876, 340 p.

BRÖTEL Dieter, "French Economic Imperialism in China 1885-1904/1906*", *Itinerario*, mars 1999, vol. 23, n° 1, p. 52-61.

BRUNER K. F., FAIRBANK, J. K. and SMITH R. J., *Entering China's Service : Robert Hart's Journals, 1854-1863*, Harvard, Harvard University, "Council on East Asian Studies", 1986.

CARON François, « Ernest Labrousse et l'histoire économique », *Histoire, économie & société*, 1990, vol. 9, n° 3, p. 423-440.

CHASSAGNE Serge, « L'innovation technique dans l'industrie textile pendant la Révolution », *Histoire, économie & société*, 1993, vol. 12, n° 1, p. 51-61.

CHESNEAUX Jean, *L'Asie orientale aux XIXe et XXe siècles*, Paris, PUF, 1966.

COQUERY Natacha, *L'hôtel aristocratique : le marché du luxe à Paris au XVIIIe siècle*, Paris, Publication de la Sorbonne, 1998, 470 p.

CORDILLOT Michel, *Aux origines du socialisme moderne – La Première Internationale, la Commune de Paris, l'Exil*, Paris, Éditions Ouvrières, 2010, 252 p.

CROUZET François, *L'économie française du XVIIIe au XXe siècle : perspectives nationales et internationales : mélanges offerts à François Crouzet*, Paris, PUPS, 2000, 727 p.

CROWLEY James B., *Modern East Asia: Essays in interpretation,* New York, Harcourt, Brace & World, 1970.

DATTA Rajat K., NANAVATY Mahesh, *Global Silk Industry: A Complete Source Book*, Florida, Universal-Publishers, 2005, 413 p.

DAUMAS Jean-Claude, *Le capitalisme familial : logiques et trajectoires : actes de la journée d'études de Besançon du 17 janvier 2002*. Besançon, Presses universitaires de Franche-Comté, 2003, 252 p.

DAVIET Jean-Pierre, « Mémoires de l'entreprise française du XIXe siècle ». *Revue d'histoire du XIXe siècle. Société d'histoire de la révolution de 1848 et des révolutions du XIXe siècle*, 1er décembre 2001, n° 23, p. 105-119.

DAVIRON Benoit, Chapitre 8 – « Vaincre "la tyrannie de la distance" : innovations techniques et institutionnelles », in *Biomasse : Une histoire de richesse et de puissance*. Versailles, Éditions Quæ, 2021, p. 119-126.

DEANE Phyllis, COLE W. A., *British economic growth, 1688-1959: trends and structure*. Cambridge, Cambridge University Press, 1962, 378 p.

DESCHANEL Boris, « Marchands ou négociants ? Commerce et qualifications sociales dans les campagnes françaises (XVIIIe-XIXe s.) », *Études rurales*, 1er janvier 2019, n° 203, p. 168-187.

DORMOIS Jean-Pierre, « Protectionnisme et productivité du travail en Europe avant 1914 », *Revue de l'OFCE*, 2002, vol. 82, n° 3, p. 11-47.

EMBREE Ainslie, GLUCK Carol, *Asia in Western and world history : a guide for teaching*, Armonk, Sharpe, 1995.

ENG Robert Y., *Economic imperialism in China: Silk production and exports, 1861-1932*. Berkeley, Center for Chinese Studies, Institute of East Asian Studies, University of California, 1986, 243 p.

FAIRBANK John King, REISCHAUER Edwin O., CRAIG Albert M., *East Asia. Tradition and transformation*, Londres, Houghton Mifflin, 1973.

FEDERICO Giovanni, *An Economic History of the Silk Industry, 1830-1930*, Cambridge, Cambridge University Press, 1997, 259 p.

FORCADE Olivier, *La Censure en France pendant la Grande Guerre*, Paris, Fayard, 2016, 473 p.

GIPOULOUX François, *La Méditerranée asiatique : villes portuaires et réseaux marchands en Chine, au Japon et en Asie du Sud-Est, XVIe-XXIe siècle*, Paris, CNRS, 2009.

GODEMENT François, *La renaissance de l'Asie*, Paris, Éditions Odile Jacob, 1993.

HAREVEN Tamara K., *The Silk Weavers of Kyoto: Family and Work in a Changing Traditional Industry*, Berkeley, University of California Press, 2003, 371 p.

HSIAO Liang-lin, *China's Foreign Trade Statistics, 1864-1949*, Cambridge Mass., Harvard Univ. Asia Center, 1974, 297 p.

Institut d'Études rhodaniennes, « La sériciculture en France », d'après Mme M.-A. Carron, avec les repentirs de l'éditeur, *Géocarrefour*, 1951, vol. 26, n° 4, p. 441-443.

JONES S. R. H., “Technology, Transaction Costs, and the Transition to Factory Production in the British Silk Industry, 1700-1870”, *The Journal of Economic History*, mars 1987, vol. 47, n° 1, p. 71-96.

JOYAUX François, *Géopolitique de l'Extrême-Orient.* Bruxelles, Éditions Complexe, 1991.

KRIEDTE Peter, KALINOWSKI Isabelle. « La dynastie des von der Leyen. Une famille de soyeux au XVIIIe siècle entre mennonisme et monde moderne », *Annales*, 1995, vol. 50, n° 4, p. 725-752.

LAMARD Pierre, *Art & Industrie. XVIIIe-XXIe siècle*, Paris, Picard, 2013, 292 p.

LE PICHON Alain, *China Trade and Empire: Jardine, Matheson & Co and the Origins of British Rule in Hong Kong, 1827-1843*, Oxford, Oxford University Press/British Academy, 2006, 626 p.

LEGGETT William F., *The Story of Silk*, New York, Lifetime Editions, 1949, 361 p.

LEMERCIER Claire, « Analyse de réseaux et histoire de la famille : une rencontre encore à venir ? », *Annales de démographie historique*, 2005, vol. 109, n° 1, p. 7-31.

LEMERCIER Claire, « Devenir une institution locale : la Chambre de commerce de Paris au XIXe siècle », *Revue d'histoire moderne & contemporaine*, 2007, vol. 54-3, n° 3, p. 40-62.

LÉON Pierre, « La naissance de la grande industrie en Dauphiné (fin du XVIIe siècle-1869) ». *Revue de Géographie alpine*, 1952, 40-4, p. 601-613.

LEUNG Edwin Pak-wah (éd.), *Historical Dictionary of Revolutionary China (1839-1976)*, New York, Greenwood, 1992.

LEUWERS Hervé, « Présentation », dans BARRIÈRE Jean-Paul et LEFEBVRE Bernard (éd.), *Élites et sociabilité au XIXe siècle : Héritages, identités*, Lille, Publications de l'Institut de recherches historiques du Septentrion, 2012, p. 9-15.

LEVASSEUR E., « Aperçu des résultats de la Statistique comparée du commerce extérieur », *Journal of the Royal Statistical Society*, septembre 1906, vol. 69, n° 3, p. 596.

LÉVY-LEBOYER Maurice, « La croissance économique en France au XIXe siècle. Résultats préliminaires », *Annales*, 1968, vol. 23, n° 4, p. 788-807.

LÉVY-LEBOYER Maurice, « La Décélération de l'économie française : dans la seconde moitié du XIXe siècle », *Revue d'histoire économique et sociale*, 1971, vol. 49, n° 4, p. 485-507.

LÉVY-LEBOYER Maurice, « Les processus d'industrialisation : le cas de l'Angleterre et de la France », *Revue Historique*, 1968, vol. 239, n° 2, p. 281-298.

MARCZEWSKI Jean, *Introduction à l'histoire quantitative*, Paris, Librairie Droz, 1965, 183 p.

MAYAUD Jean-Luc, « Les dynamiques des sociétés rurales en France, de la révolution de 1848 à la Première Guerre mondiale », *Journal of Modern European History*, 1er septembre 2004, vol. 2, n° 2, p. 280-302.

MERGER Michèle et BARJOT Dominique (dir.), *Les entreprises et leurs réseaux : hommes, capitaux, techniques et pouvoirs, XIXe-XXe siècles : mélanges en l'honneur de François Caron*, Paris, Presses Paris Sorbonne, 1998.

MINARD Philippe, HIRSCH Jean-Pierre, « Les deux rêves du Commerce. Entreprise et institution dans la région lilloise (1780-1860) », *Revue d'histoire moderne & contemporaine*, 1997, vol. 44, n° 3, p. 537-540.

PÉREZ Liliane, VERNUS Pierre, *Art, luxe et industrie. Bianchini-Férier, un siècle de soieries lyonnaises 1888-1992*, Grenoble, Presses universitaires de Grenoble, 2006, 431 p.

PÉTRÉ-GRENOUILLEAU Olivier, « Pour une histoire du négoce international français au XIXe siècle : Problèmes, sources et perspectives », *Revue d'histoire du XIXe siècle. Société d'histoire de la révolution de 1848 et des révolutions du XIXe siècle*, 1er décembre 2001, n° 23, p. 23-46.

PONG David (ed.), *Encyclopedia of modern China*, Charles Scribners & Sons, 2009, 4 vol.

PRIVAT-SAVIGNY Marie-Anne, LE CACHEUX Pascale, CHIVALEY Hélène, RONZE Clémence, *Les prémices de la mondialisation : Lyon rencontre la Chine au XIXe siècle*, Lyon, EMCC, 2009.

PUHLE Hans-Jürgen, « Concepts historiques du capitalisme industriel avancé : "capitalisme organisé" et "corporatisme" », *Triviu M. Revue franco-allemande de sciences humaines et sociales – Deutsch-französische Zeitschrift für Geistes – und Sozialwissenschaften*, 30 juillet 2018, n° 28, p. 165-184.

ROSTOW W. W., *The Economics of Take-Off into Sustained Growth*. London, Palgrave Macmillan, 1963, 517 p.

ROSTOW W. W., « Les étapes de la croissance économique », traduit de l'américain par M.-J. du Rouret, *Revue économique*, 1965, vol. 16, n° 4, p. 629-630.

ROTERMUND Hartmut O. (dir.), *L'Asie orientale et méridionale aux XIXe et XXe siècles*, Paris, PUF, 1999.

ROTHSTEIN Natalie, "Silk in European and American Trade before 1783: A commodity of commerce or a frivolous luxury?" *Textile Society of America Symposium Proceedings*, 1990, paper No. 616, p. 1-9.

ROWLEY Anthony, « Deux crises économiques modernes : 1846 et 1848 ? », *Revue d'histoire du XIXe siècle – 1848*, 1986, vol. 2, n° 1, p. 81-90.

SIRA-KAWA (auteur), DE ROSNY Léon (traduction), *Traité de l'éducation des vers à soie au Japon*, Paris, Imprimerie Impériale, 1868, 228 p.

STRAUS André, VERLEY Patrick, « L'économie française au XIXe siècle. Analyse macro-économique, une œuvre isolée ou une ouverture vers des recherches novatrices ? », *Revue d'histoire du XIXe siècle. Société d'histoire de la révolution de 1848 et des révolutions du XIXe siècle*, 1er décembre 2001, n° 23, p. 210-218.

SUGIYAMA Shinya, "The Impact of the Opening of the Ports on Domestic Japanese Industry: The Case of Silk and Cotton", *The Economic Studies Quarterly*, 1987, vol. 38, n° 4, p. 338-353.

TANIMOTO Masayuki, *The Role of Tradition in Japan's Industrialization: Another Path to Industrialization*, Oxford, OUP, 2006, 342 p.

THOMAS Frédéric, « Écologie et gestion forestière dans l'Indochine française », *Revue française d'histoire d'outre-mer,* tome 85, n° 319, 2e trim., p. 59-86.

VANDERMEERSCH Léon, *Le nouveau monde sinisé*, Paris, PUF, 1986.

VASSEUR Édouard, *L'Exposition universelle de 1867. L'apogée du Second Empire*, Paris, Perrin, 2023.

VERLEY Patrick, MAYAUD Jean-Luc, « Principaux ouvrages ou articles publiés depuis 1985, portant principalement sur l'économie française au XIXe siècle (1815-1913) », *Revue d'histoire du XIXe siècle. Société d'histoire de la révolution de 1848 et des révolutions du XIXe siècle*, 1er décembre 2001, n° 23, p. 179-198.

VERLEY, Patrick, « Spécialisations industrielles, structures sociales, activités financières et intégration économique internationale au XIXe siècle : le cas de la Grande-Bretagne et de la France », *Revue d'histoire du XIXe siècle. Société d'histoire de la révolution de 1848 et des révolutions du XIXe siècle*, 1er décembre 2001, n° 23, p. 47-71.

WANG Nora, *L'Asie orientale du milieu monde au XIXe siècle à nos jours*, Paris, A. Colin, 1993.

WARNER Frank, *The silk industry of the United Kingdom. Its origin and development*, London Drane's, 1921, 806 p.

III. OUVRAGES SPÉCIALISÉS

3.1 – Ouvrages sur la banque, la monnaie et le crédit des colonies françaises

ARBULU Pedro, VASLIN Jacques-Marie, « Le financement des infrastructures par la Bourse de Paris au XIXe siècle », *Revue d'économie financière*, 1999, vol. 51, n° 1, p. 27-44.

BIDAULT Capucine, « Le Crédit Lyonnais de 1929 à 1932 », mémoire de maîtrise sous la direction d'Alain Plessis et Olivier Feiertag, Université de Paris X-Nanterre, 1998, 142 p.

BIGO Robert, « La fondation du Crédit lyonnais ». *Banque*, n°s 147 et 148, septembre et octobre 1958, p. 553-558 et 614-621.

CARON François, *Histoire de l'exploitation d'un grand réseau. La Compagnie du chemin de fer du Nord, 1846-1937*, Paris, Mouton, 1973, 619 p.

CARON François, *Histoire économique de la France, XIXe-XXe siècle*, Paris, A. Colin, 1981, 320 p.

CARON François, *La France des patriotes, 1852-1918*, Paris, Fayard, 1985, 640 p.

CARON François, *Les deux révolutions industrielles du XXe siècle*, Paris, Albin Michel, 1997, 528 p.

CARTY Roland, RICHARD Éliane et ÉCHINARD Pierre, *Les patrons du Second Empire : Marseille*, Paris, Picard, 1999, 336 p.

DAGNEAU J., *Les agences régionales du Crédit Lyonnais, années 1870-1914*, New York, Arno Press, 1977, 485 p.

DE MONTELLA Christian, *19 Boulevard des Italiens, le Crédit lyonnais, culture et fondation*, Paris, Crédit Lyonnais, 1987, 93 p.

GONJO Yasuo, *Banque coloniale ou banque d'affaires : la Banque de l'Indochine sous la IIIe République*, Paris, La Documentation française, 1993.

MEULEAU Marc, *Des pionniers en Extrême-Orient : histoire de la Banque de l'Indochine, 1875-1975*, Paris, Fayard, 1990.

MORIN J., *Souvenirs d'un banquier français*, Paris, Denoël, 1983, 327 p.

NOUGARET Roger, *Le Crédit Lyonnais au Portugal, 1893-1993*, Paris, Crédit Lyonnais, 1993, 48 p.

RIVOIRE Jean, *Le Crédit lyonnais, histoire d'une banque*, Paris, Le Cherche-Midi Éditeur, 1989, 239 p.

STOSKOPF Nicolas, *Les Patrons du Second Empire. Banquiers et financiers parisiens*, Paris, Picard/Cénomane, 2002.

3.2 – Ouvrages sur la soierie lyonnaise

ANCEAU Éric, *Dictionnaire des députés du Second Empire*, Rennes, PUR, 1999, 421 p.

ANGLERAUD Bernadette et PELLISSIER Catherine, *Les dynasties lyonnaises, des Morins-Pons aux Mérieux du XIXe siècle à nos jours*, Paris, Perrin, 2003, 830 p.

ARIMOTO Y. *et al.*, "Sources of productivity improvement in industrial clusters: The case of the prewar Japanese silk-reeling industry", *Regional Science and Urban Economics*, n° 46, 2014, p. 27-41.

BARJOT Dominique, « Napoléon III et la modernisation de la France : la prospérité impériale (1852-1869) », *Études danubiennes*, tome XXII, n°s 1-2, 2006, p. 47-65.

BAYARD Françoise, CAYEZ Pierre, *Histoire de Lyon des origines à nos jours : du XVIe siècle à nos jours*, t. II, Roanne, Horvath, 1990, 479 p.

BEASLEY William Gerald, *The Meiji Restoration*, California, Stanford University Press, 1972, 528 p.

BEAUR Gérard, *Fraude, contrefaçon, contrebande de l'Antiquité à nos jours*, Paris, Librairie Droz, 2007, 832 p.

BERGÈRE Marie-Claire, *Chine. Le nouveau capitalisme d'État*, Paris, Fayard, 2013, 310 p.

BERGÈRE Marie-Claire, *L'Âge d'or de la bourgeoisie chinoise, 1911-1937*, Paris, Flammarion, 1986.

BERGÈRE Marie-Claire, *La Chine de 1949 à nos jours*, Paris, Armand Colin, 2000.

BERGÈRE Marie-Claire, « La Chine, un capitalisme sans capitalistes », *Dix questions sur le capitalisme aujourd'hui*, 2014, p. 188 à 191.

BERGÈRE Marie-Claire, *Le mandarin et le comprador. Les enjeux de la crise en Asie orientale*, Paris, Hachette Littératures, 1998.

BERGÈRE Marie-Claire, *Histoire de Shanghai*, Paris, Fayard, 2002.

BERNERON COUVENHES Marie-Françoise, *Les Messageries maritimes. L'essor d'une grande compagnie de navigation française, 1851-1894*, Paris, PUPS, 2007, 839 p.

BIOT Jean-Baptiste, *Études sur l'astronomie indienne et sur l'astronomie chinoise*, Paris, Michel Lévy frères, 1862, 472 p.

BLAIS Hélène, *Voyages au grand océan. Géographies du Pacifique et colonisation, 1815-1845*, Paris, Éditions du CTHS, 2005.

BOËL Éric, « Tisser des fils et tisser des liens ». *Le journal de l'école de Paris du management*, vol. 131, n° 3, 2018, p. 22-28.

BONIN Hubert, HODEIR Catherine et KLEIN Jean-François (dir.), *L'esprit économique impérial ? Réseaux et groupes de pressions du patronat colonial en France et dans l'Empire (1830-1962)*, Paris, SFHOM, 2008, 844 p.

BOUCHER Jean-Jacques, *Arts et techniques de la soie*, Paris, Fernand Lanore, 1996, 225 p.

BOUVIER Jean, *Le Crédit Lyonnais de 1863 à 1882 : les années de formation d'une banque de dépôts*, Paris, 1962.

BOUVIER Jean, *Naissance d'une banque : le Crédit Lyonnais*, Paris, Flammarion, 1968, 382 p.

BOUZARD Marie, *La soierie lyonnaise du XVIIe au XXe siècle dans les collections du musée des tissus de Lyon*, Lyon, Éditions Lyonnaises d'art et d'histoire, 1999.

BROCKETT Linus Pierpont, *The Silk Industry in America: A History Prepared for the Centennial Exposition*, New York, Nabu Press, 1876, 294 p.

BUCHE Joseph, *Essai sur la vie et l'œuvre d'Édouard Aynard*, Lyon, Rey, 1921, 32 p.

BUISSONNET Eugène et LIGARAN Ligaran, *De Pékin à Shanghai, Souvenirs de voyages*, Paris, Ligaran, 2015, p. 258.

CADIER-REY Gabrielle, « Les conséquences du traité de 1860 sur le commerce franco-britannique », *Histoire, économie & société*, 1988, vol. 7, n° 3, p. 355-380.

CAMERON Rondo, *La France et le développement économique de l'Europe (1800-1914)*, Paris, Le Seuil, 1971, 294 p.

CANTON-DEBAT Jacques, « Un homme d'affaires lyonnais : Arlès-Dufour (1797-1872) », thèse d'histoire contemporaine, sous la direction d'Yves Lequin, Lyon-II, 2000, 2 vol., 901 p.

CARLSON Ellsworth C., *The Kaiping Mines, 1877-1912*, Cambridge, MA, East Asian Research Center, 1971, 174 p.

CARON François, *Histoire des chemins de fer en France*, Paris, Fayard, tome 1, 1997, 706 p.

CARON François, *La dynamique de l'innovation. Changement technique et changement social (XVIe-XXe siècles)*, Paris, Gallimard, NRF, 2010, 478 p.

CARON François, *Le résistible déclin des sociétés industrielles*, Paris, Perrin, 1985, 380 p.

CARON François, *Les deux révolutions industrielles du XXe siècle*, Paris, Albin Michel, 1997, 528 p.

CASTELLANI C.-B., *De l'éducation des vers à soie en Chine faite et observée sur les lieux*, Paris, F. Amyot, 1861, 206 p.

CAYEZ Pierre et CHASSAGNE Serge, *Lyon et le Lyonnais*, Paris, Picard, Coll. « Les patrons du Second Empire », n° 9, 2007, 287 p.

CAYEZ Pierre, « Entreprises et entrepreneurs lyonnais sous la Révolution et l'Empire », in François Caron (dir.), *Histoire, économie et société*, 1993, vol. 12, n° 1, p. 17-27.

CAYEZ Pierre, « Industries anciennes et industries nouvelles à Lyon au début du XXe siècle », *Histoire, économie & société*, 1994, vol. 13, n° 2, p. 321-342.

CAYEZ Pierre, « Une proto-industrialisation décalée : la ruralisation de la soierie lyonnaise dans la première moitié du XIXe siècle », *Revue du Nord*, 1981, vol. 63, n° 248, p. 95-103.

CAYEZ Pierre, *Crises et croissance de l'industrie lyonnaise, 1850-1900*, Saint-Étienne, Éditions du CNRS, 1980, 357 p.

CAYEZ Pierre, *L'Industrialisation lyonnaise au XIXe siècle : Du grand commerce à la grande industrie*, Service de reproduction des thèses. Université de Lille III, 1979, 2 136 p.

CAYEZ Pierre, *Métiers Jacquard et hauts fourneaux. Aux origines de l'industrie lyonnaise*, Lyon, Presses universitaires de Lyon, 1978, 475 p.

CAYEZ Pierre, *Rhône-Poulenc 1895-1975*, Paris, Armand Colin/Masson, 1988, 343 p.

CAYEZ, Pierre, *Le Patronat de la seconde industrialisation : études*, Paris, Éditions de l'Atelier, 1979.

Chambre de commerce et d'industrie de Valence et de la Drôme, *De la soie à l'atome ou 100 ans d'industrie drômoise*, 1979.

CHAN Wellington, *Merchants, Mandarins and Modern Enterprise in late Ch'ing China*, Cambridge, Harvard University Press, 1977.

CHASSAGNE Serge, « Le langage d'un banquier lyonnais au XIXe siècle », *Cahiers du centre Pierre Léon 2003*, n° 3, 2003, p. 47-73.

CHASSAIGNE Philippe, *La Grande-Bretagne et le monde de 1815 à nos jours*, Paris, Armand Colin, 2009, 352 p.

CHAUVEAU Sophie, « Le patronat de la Fabrique lyonnaise de soieries dans la seconde partie du XIXe siècle, 1860-1900 », mémoire de maîtrise (sous la direction de François Caron), Paris IV, 1991.

CHEN Shijijun, *On the compradors before the Opium war and the origin of the modern comprador bourgeoisie*, Beijing, Édition Renmen Chubanshe, 1984.

CHENG Linsun, *Banking in modern China: entrepreneurs, professional managers and the development of Chinese banks*, New York, Cambridge University Press, 2003, p. 1897-1937.

CHEONG W. E., *Mandarins and Merchants: Jardine, Matheson, & Co., a China Agency of the Early Nineteenth Century*. London Curzon Press, 1979.

CHEONG, W. E., *The Hong merchants of Canton: Chinese merchants in Sino-Western trade*, London, Routledge, 1997.

CHEYNET Jean-Claude, *Byzance, L'Empire romain d'Orient*, Paris, Armand Colin, 2019, 228 p.

CLAVAIROLLE Françoise, *Le renouveau de la production de la soie en Cévennes (1972-1998)*, Tours, Presses universitaires François Rabelais, 2008, 255 p.

CLERC Pascal, « Les missions commerciales de la Chambre de commerce de Lyon au XIXe siècle. L'investigation rationnelle d'un potentiel spatial », *Histoire, monde et cultures religieuses*, 15 avril 2016, vol. 37, n° 1, p. 49-65.

CONNELL Carol Matheson, "Jardine Matheson & Company : The Role of External Organization in a Nineteenth-Century Trading Firm", *Enterprise & Society*, vol. 4, n° 1, Cambridge, Cambridge University Press, 2003, p. 99-138.

COURDURIÉ Marcel (dir.), *Marseille sur les routes de la soie*. Marseille : CCIMP, 2001, 334 p.

COURDURIÉ Marcel et DURAND Guy (dir.), *Entrepreneurs d'empires*, Marseille, CCIMP, Coll. « Histoire du commerce et de l'industrie de Marseille », tome XIII, 1998, 538 p.

CROUZET François, « La première révolution industrielle », *in* Maurice Lévy-Leboyer (dir.), *Histoire de la France industrielle*, Paris, Larousse, 1996, p. 62-90.

D'AGUILAR Jacques, « Pasteur et le ver à soie », *Histoire des sciences*, n° 99, 1995, p. 19-20.

DAUMALIN Xavier et COURDURIÉ Marcel, *Vapeur et Révolution industrielle à Marseille (1831-1857)*, Marseille, CCIMP, 1997.

DAUMAS Jean-Claude (éd.), *L'Histoire économique en mouvement entre héritages et renouvellements*, Lille, Septentrion, 2012, 406 p.

DAUMAS Jean-Claude, « L'amour du drap Blin & Blin (1827-1975). Histoire d'une entreprise lainière familiale », *XXe siècle. Revue d'histoire*, 2000/1, n° 65, p. 172-173.

DAUMAS Jean-Claude, *La révolution matérielle. Une histoire de la consommation. France XIXe-XXe siècle*, Paris, Flammarion, 2018, 594 p.

DAUMAS Jean-Claude, *Les territoires de la laine, Histoire de l'industrie lainière en France au XIXe siècle*, Lille, Presses universitaires du Septentrion, 2004, 424 p.

DELPAL Bernard, *Entre paroisse et commune. Les catholiques de la Drôme au milieu du XIXe siècle*, Valence, Peuple libre, 1989, 297 p.

DERY Carl, « Quand l'Angleterre inondait la Chine d'opium », *Alternatives Internationales*, 2010/9, n° 48, p. 20.

DÉTRIE Muriel, *France-Chine : quand deux mondes se rencontrent*, Paris, Gallimard, 2006, 128 p.

DOLLAR Robert, *The Memoirs of Robert Dollar*, San Francisco, W. S. Van Cott and Co., 1921.

DORMOIS Jean-Pierre, *La défense du travail national ? L'incidence du protectionnisme sur l'industrie en Europe (1870-1914)*, Paris, PUPS, 2009, 413 p.

DRÉMEAUX François, *Les messageries maritimes à Hong Kong 1918-1941*, Scientrier, Éditions GOPE, 2014, 164 p.

DRÉMEAUX François, *La France et les Français à Hong Kong (1918-1941)*, Rennes, PUR, 2022.

DUPEUX Georges, « Fortunes et structures sociales à Lyon au XIXe siècle », *in* Léon (Pierre), *Géographie de la fortune et structures sociales à Lyon au XIXe siècle (1815-1914)*, Centre d'Histoire économique et sociale de la région lyonnaise, Université de Lyon-II, 1974. *Annales du Midi*, 1976, vol. 88, n° 126, p. 110-112.

DUTACQ François, « Les grèves lyonnaises de la fin du Second Empire », *Revue d'Histoire du XIXe siècle – 1848*, 1931, vol. 28, n° 139, p. 219-236.

ETÈVENAUX Jean, *La Soierie lyonnaise*. Lyon, Éditions La Taillanderie, 2003, 63 p.

FAIRBANK John King, COOLIDGE Martha Henderson, Richard J. Smith, H. B. Morse. *Customs Commissioner and Historian of China*, Kentucky, University Press of Kentucky, 1995.

FAIRBANK John King, *Trade and Diplomacy on the China Coast: The Opening of the Treaty Ports, 1842-1854. Harvard Historical Studies, Volumes LXII, LXIII*, Cambridge Mass., Harvard University Press, 1953.

FAIRBANK John King. *Histoire de la Chine, des origines à nos jours*, Paris, Édition Tallandier, 2013, 752 p.

FAVIER René, GAYOT Gérard, KLEIN Jean-François, TERRIER Didier et WORONOFF Denis (dir.), *Tisser l'Histoire. Entrepreneurs et usines textiles, XVIIIe-XIXe siècles. Mélanges offerts à Serge Chassagne*, Valenciennes, Presses universitaires de Valenciennes, 2008, 405 p.

FEDERICO Giovanni, *An Economic History of the Silk Industry, 1830-1930*, New York, Cambridge University Press, 2009, 276 p.

FOHLEN Claude, *L'Industrie textile au temps du Second Empire*, Paris, Plon, 1956, 534 p.

FOHLEN Claude, *Une affaire de famille au XIXe siècle : Méquillet-Noblot*, Paris, Armand Colin, 1955, 142 p.

FORRAY-CARLIER Anne, VALANTIN Florence, « La reconnaissance internationale : des Expositions des produits de l'industrie française aux Expositions universelles », *L'art de la soie : Prelle, 1752-2002 : des ateliers lyonnais aux palais parisiens*, Paris, Éditions internationales, 2002.

GABBIANI Luca, *Pékin à l'ombre du mandat céleste : vie quotidienne et gouvernement urbain sous la dynastie Qing (1644-1911)*, Paris, École des Hautes études en sciences sociales, 2011, 287 p.

GARRIER Gilbert. *Paysans du Beaujolais et du Lyonnais, 1800-1970.* Grenoble, Presses universitaires de Grenoble, 1973, 2 vol., 960 p.

GENESTE Sylvie, « Édouard Aynard, banquier, député, mécène et homme d'œuvres, 1837-1873 », thèse d'histoire contemporaine, tapuscrit, sous la direction de Régis Ladous, Université Lyon-III, 1998.

GERNET Jacques, *Le Monde chinois : L'époque moderne Xe-XIXe siècles*, Paris, Armand Colin, 2006, 378 p.

GILLE Bertrand, « La Banque de Lyon », *La Banque en France au XIXe siècle*, Paris, 1970, p. 44-59.

GODART Justin, *L'ouvrier en soie : monographie du tisseur lyonnais ; étude historique, économique et sociale*, Genève, Slatkin Reprint, 1976, 542 p.

HAMAIDE Éric, « Les relations entre Lyon et la Chine au XIXe siècle : essai d'histoire commerciale », thèse de doctorat en histoire contemporaine, sous la direction de Christian Henriot, Université Lyon-II, 1999.

HAO Yen-p'ing, *The commercial revolution in nineteenth-century China: the rise of Sino-Western mercantile capitalism*, Berkeley, Los Angeles, University of California Press, 1986, 394 p.

HAO Yen-p'ing, *The comprador in nineteenth century China, bridge between east and west*, Cambridge, Massachusetts, Harvard University Press, 1970, 315 p.

HARRIS Jose, "The Liberal Empire and British Social Policy: Citizens, Colonials, and Indigenous Peoples, circa 1880-1914", *History and Politique*, 2010/2, n° 11, p. 3.

HOURS Henri, ZELLER Olivier, *Lyon, l'argent, le commerce de la soie*, Lyon, La Manufacture, 1986, 138 p.

HOUSSEL Arnaud, HOUSSEL Jean-Pierre, « L'évolution de la Fabrique lyonnaise de soieries/Change in silk manufacturing in the Lyon region », in *Revue de géographie de Lyon*, vol. 67, n° 3, 1992, *L'industrialisation en milieu rural dans la région Rhône-Alpes*, p. 187-198.

JARRIGE François, Compte rendu de l'ouvrage de « David Todd, *L'identité économique de la France. Libre-échange et protectionnisme (1814-1851)* », *Revue d'histoire du XIXe siècle* [En ligne], 38 | 2009, mis en ligne le 4 septembre 2009, consulté le 22 septembre 2020.

JEAN-MICHEL Lucien, *Arlès-Dufour, un saint-simonien à Lyon*, Lyon, Éd. lyonnaises d'art et d'histoire, 1993, 188 p.

JOLY Hervé, *Les Gillet de Lyon. Fortunes d'une grande dynastie industrielle, 1838-2015*, Genève, Droz, 2015, 512 p.

JOURET Auguste, *École centrale lyonnaise 1857-1957*, Lyon, Impr. Lescuyer, 1957, 231 p.

KING Frank H. H., *The History of the Hongkong and Shanghai Banking Corporation: Volume 1, The Hongkong Bank in Late Imperia China 1864-1902: On an Even Keel*, Cambridge, Cambridge University Press, 1988, 752 p.

KLEIN Jean-François, « L'Empire de l'opium (fin XVIIIe-mi-XIXe siècles) », dans BENSIMON Fabrice et ENDERS Armelle (dir.), *Le Siècle de la Grande-Bretagne. Variations sur une hégémonie globale*, Paris, PUPS, Col. « Frontières », 2012, 370 p.

KLEIN Jean-François, « Natalis Rondot, un libéral au service des intérêts lyonnais », ANCEAU Éric et BARJOT Dominique (dir.), *L'Empire libéral. Essai d'histoire globale*, Paris, SPM, 2021, p. 227-247.

KLEIN Jean-François, « Une Chambre de commerce tournée vers l'Empire et le monde », dans Anne Mingous (dir.), *Les Archives de la Chambre de commerce et d'industrie de Lyon à l'épreuve de l'Histoire*, Lyon, Archives départementales du Rhône/CCI Lyon, 2021, 176 p., p. 62-89.

CORNET Christine et KLEIN Jean-François, « La Mission lyonnaise d'exploration commerciale en Chine : un outil de propagande au service des intérêts soyeux ? 1895-1897 », dans MOULIN Isabelle (dir.), *Collection soyeuse. Abécédaire libre d'un monde en soie, vol. 2 « R comme Routes »,* Vaulx-en-Velin, Silck Me Back Éditions, 2017, 272 p., p. 111-123.

KLEIN Jean-François, « La Société de géographie de Lyon : pour la Croix et la Soie ? (1873-1908) », dans SINGARAVÉLOU Pierre (dir.), *L'Empire des géographes. Géographie, exploration et colonisation XIX*e*-XX*e *siècles*, Paris, Belin, Coll. « Mappemonde », 2008, 288 p., p. 94-111.

KLEIN Jean-François, « Ulysse Pila. Des routes de la soie aux coulisses du pouvoir (1837-1909) », dans COURDURIE Marcel et DURAND Guy (dir.), *Entrepreneurs d'empires,* Marseille, CCIMP, Coll. « Histoire du commerce et de l'industrie de Marseille », tome XIII, 1998, 538 p., p. 114-196.

KLEIN Jean-François, « Réseaux d'influences et stratégie coloniale. Le cas des marchands de soie lyonnais en mer de Chine (1843-1906) », *Outre-Mers. Revue d'histoire.* 2005, vol. 92, n° 346, p. 221-256.

KLEIN Jean-François, *Les maîtres du comptoir. Desgrand père et fils (1720-1878). Réseaux du négoce et révolutions commerciales*, Paris, Presses de l'Université Paris-Sorbonne, 2013, 368 p.

KLEIN Jean-François, « Soyeux en mer de Chine : stratégies des réseaux lyonnais en Extrême-Orient (1843-1906) », thèse en histoire contemporaine, tapuscrit, sous la direction de Claude Prudhomme, Université Lyon-II, 2002, 1 200 p.

KLEIN Jean-François, *Ulysse Pila, « Vice-Roi de l'Indo-Chine ». Des routes de la soie au pouvoir impérial (1837-1909)/Ulysse Pila "Vice-Roy of Indo-China". From the Silk Roads to Imperial Power (1837-1909)*, Lyon, Édition du Zeugma, 2017.

KNECHT Robert Jean, *Un Prince de la Renaissance : François I*er *et son royaume*, Paris, Fayard, 1998, 697 p.

KRUMENACKER Yves, *Lyon 1562, capitale protestante : une histoire religieuse de Lyon à la Renaissance*, Lyon, Éditions Olivétan, 2009, 336 p.

LABASSE Jean, *Le commerce des soies à Lyon sous Napoléon et la crise de 1811*, Paris, Presses universitaire de France, 1957, 136 p.

LAFERRÈRE Michel, « Des colorants à la grande chimie organique (XIXe-XXe siècle) », in LEQUIN Yves, *500 années-lumière : mémoire industrielle,* Paris, Plon, 1991, p. 182-206.

LAFERRÈRE Michel, *Lyon, ville industrielle. Essai d'une géographie des techniques et des entreprises*, Paris, PUF, 1960, 546 p.

LANDES David S., "French Entrepreneurship and Industrial Growth in the Nineteenth Century", *Journal of Economic History*, vol. IX, n° 1, may 1949, p. 45-61.

LESCURE Michel, NOUGARET Roger, PLESSIS Alain et STRAUSS André (dir.), *Le Crédit Lyonnais (1863-1986). Études historiques*, sous la direction de Bernard Desjardins, Genève, Librairie Droz, Coll. « Publications d'histoire économique et sociale internationale », 2003, 1 024 p.

LEGAY Jean-Marie et CHAVANCY Gérard, « La phase pastorienne de la sériciculture. La crise de la pébrine et ses conséquences », *Natures Sciences Sociétés*, 2004, vol. 12, n° 4, p. 413-417.

LÉON Pierre, « La Région lyonnaise dans l'histoire économique et sociale de la France. Une Esquisse (XVIe-XXe siècles) », *Revue Historique*, vol. 237, n° 1, 1967, p. 31-62.

LÉON Pierre, *Géographie de la fortune et des structures sociales à Lyon au XIXe siècle 1815-1914*, Lyon, Centre d'histoire économique et sociale de la région lyonnaise de l'Université de Lyon-II, 1974, 440 p.

LÉON Pierre, « Vie et mort d'un grand marché international. La foire de Beaucaire (XVIIIe-XIXe siècles) », *Revue de géographie de Lyon*, vol. 28, n° 4, 1953, p. 309-328.

LEQUIN Yves (dir.), *Rhône-Alpes. 500 années-lumière. Mémoire industrielle*, Paris, Plon, 1991, 500 p.

LEQUIN Yves. *Aspects économiques des industries lyonnaises de la soie (1870-1900) : la fin de la fabrique*. Lyon : DES Lyon, 1958, 307 p.

LEQUIN Yves. *Les ouvriers de la région lyonnaise (1848-1914)*, Lyon, Presses universitaires de Lyon, 2 volumes, 1977, 1073 p.

LÉVY Claude, « La fabrique de soie lyonnaise (1830-1848) », *Revue d'Histoire du XIXe siècle – 1848*, 1947, vol. 38, n° 177, p. 20-47.

LOUA Toussaint, « L'industrie de la soie à Lyon ». *Journal de la société statistique de Paris*, t. 24, 1883, p. 328-334.

MA Debin, *Textiles in the Pacific, 1500-1900*, London, Routledge, 2017, 384 p.

MAITTE Corine, « État, territoire et industries au Piémont au XVIIIe siècle », *Revue du Nord*, vol. 352, n° 4, 2003, p. 747-779.

MARGAIRAZ Michel et PIGENET Michel (dir.), *Le prix du travail. France et espaces coloniaux (XIXe-XXIe siècle)*, Paris, Éditions de la Sorbonne, 2019, 248 p.

MARKOVITCH Tihomir J., *Histoire quantitative de l'économie française : L'industrie française de 1789 à 1964 ; sources et méthodes*, Cahiers de l'Institut de sciences économiques appliquées, AF, 4, n° 163, juillet 1965.

MARTINI Manuela, VERNUS Pierre, « Tisseurs et tisseuses en soie au travail dans les ateliers de la fabrique de Lyon au milieu du XIXe siècle », *Le Mouvement Social*, 2021/3, n° 276, p. 71-92.

MAS Gabriel, « Le cardinal de Bonald et la question du travail (1840-1870) », thèse d'histoire contemporaine, tapuscrit, sous la direction de Christian Sorrel, Université Lyon-II, 2007.

MELINAND Philippe, « Naissance et ascension d'une filature de déchets de soie : Franc et Martelin, 1838-1883 », mémoire de maîtrise d'histoire contemporaine, sous la direction de Serge Chassagne, Lyon-II, 1998.

MILZA Pierre (dir.), *Napoléon III. L'homme, le politique*, Paris, Napoléon III Éditions, 2008, 492 p.

MOGENET Maurice, *Un siècle d'économie française, 1863-1963*, Paris, Draeger, 1963, 241 p.

NOUGARET Roger, « Sagas bancaires : le Crédit lyonnais », in *Banque et Finance, le magazine de la place financière suisse*, n° 47, janvier-février 2001.

PELLETIER André, ROSSIAUD Jacques, BAYARD Françoise et CAYEZ Pierre, *Histoire de Lyon : des origines à nos jours*, Lyon, Éditions lyonnaises d'art et d'histoire, 2007.

PELLISSIER Catherine, *La vie privée des notables lyonnais au XIXe siècle*, Lyon, Éditions lyonnaises d'art et d'histoire, 1996, 240 p.

PEREZ Yves André, « 1892 : l'année où la France est retournée au protectionnisme », *Humanisme et Entreprise*, 2012, vol. 308, n° 3, p. 1-16.

PIQUET Caroline, *Histoire du canal de Suez*, Paris, Perrin, 2009, 327 p.

PIQUET Caroline, *La Compagnie de Suez. Une concession française en Égypte*, Paris, PUPS, 2008, 632 p.

PLESSIS Alain, *Régents et gouverneurs de la Banque de France, 1852-1870*, Genève, Droz, 1985, 354 p.

PLESSY Bernard, CHALET, Louis, *La vie quotidienne des canuts, passementiers et moulinières au XIXe siècle*, Paris, Hachette, 1987, 312 p.

POMMIER Henriette, *Inventaire des Archives textiles des maisons de soieries lyonnaises*, Paris, CNRS, s. d., 77 p.

POMMIER Henriette, *Soierie lyonnaise (1850-1940)*, Paris, Éditions du CNRS, 1980, 71 p.

PONI Carlo, GERVAIS Darla, GERVAIS Pierre, « Mode et innovation : les stratégies des marchands en soie de Lyon au XVIIIe siècle », *Revue d'Histoire moderne & contemporaine*, 1998, vol. 45, n° 3, p. 589-625.

REYBAUD Louis, *Études sur le régime des manufactures : condition des ouvriers en soie*, Paris, Michel Lévy frères, 1859, 430 p.

RIVET Félix, *La navigation à vapeur sur la Saône et le Rhône, 1783-1863*, Paris, PUF, 1962, 619 p.

ROJON Jérôme, « L'industrialisation du Bas-Dauphiné : le cas du textile (fin XVIIIe siècle à 1914) », thèse d'histoire contemporaine, tapuscrit, sous la direction de Serge Chassagne Université Lyon-II, 2007.

SABEL C. & ZEITLIN J. (dir.), *World of possibilities*. Cambridge: Cambridge University Press, 2002, 520p.

Société séricicole. *Annales de la Société séricicole : pour l'amélioration et la propagation de l'industrie de la soie en France*, Paris, Imprimerie Veuve Bouchard-Huzard, 1843, 488 p.

SORIA Audrey, « Au XIXe siècle : la suprématie lyonnaise », *Dossier de l'art*, Éditions Faton, n° 92, décembre 2002/janvier 2003, p. 82-101.

STOSKOPF Nicolas, *Les Patrons du Second Empire. Banquiers et financiers parisiens*, Paris, Picard/Cénomane, 2002, 384 p.

STRUMINGHER Laura, « Les canuts de Lyon (1835-1848) », *Le Mouvement social* n° 105, 1978, p. 59-86.

TASSINARI Bernard, *La soie à Lyon : de la Grande fabrique aux textiles du XXIe siècle*. Lyon, Éditions lyonnaises d'Art et d'Histoire, 2005, 255 p.

TASSINARI Bernard, *Une Fabrique lyonnaise de soieries. Trois cents ans d'histoire. Trois groupes familiaux*, Lyon, Éditions Bellier, 2011, 302 p.

TEISSEYRE-SALLMANN Line, *L'industrie de la soie en Bas-Languedoc : XVIIe-XVIIIe siècles*, Paris, Éditions de l'École nationale des chartes, 1995, 423 p.

TODD David, *L'Identité économique de la France. Libre-échange et protectionnisme 1814-1851*, Paris, Grasset, 2008, 490 p.

TURGAN Julien, *Les grandes usines de France*, Paris, Lévy éditions, 1867, 600 p.

UYEHARA S., *The Industry and Trade of Japan*, London, P. S. King & Son, Ltd. Orchard House, 1926, 284 p.

VALANTIN Florence, « Prelle hier et aujourd'hui ». *Art de la soie Prelle 1752-2002 ; des ateliers lyonnais aux palais parisiens*, Paris/Courbevoie, Paris Musées, 2003.

VASCHALDE Jean, *Les industries de la soierie,* Paris, PUF, Coll. « Que sais-je ? », 1972, 127 p.

VERNUS Pierre, *Art, luxe et industrie. Bianchini-Férier, un siècle de soieries lyonnaises, 1886-1992*, Grenoble, Presses universitaires de Grenoble, 2006, 425 p.

VERNUS Pierre, « Pour une histoire du syndicalisme patronal dans la soierie lyonnaise avant 1914 : l'Association de la Fabrique lyonnaise », *in* VERNUS Pierre (dir.), *Les organisations patronales. Une approche locale (XIXe-XXe siècles)*, Lyon, Centre Pierre Léon, 2002.

VERNUS Pierre, « Relations contractuelles, tarifs et usages dans la Fabrique lyonnaise de soierie au XIXe siècle », Lyon, dans STANZIANI A. (dir.), *Le travail contraint en Asie et en Europe XVIIe-XXe siècles*, Paris, Éditions de la MSH, 198 p.

WARNER Frank, *The silk industry of the United Kingdom. Its origin and development*, London Hardpress Publishing, 2013, 808 p.

3.3 – Ouvrages sur les relations franco-chinoises

BERGÈRE Marie-Claire, *Histoire de Shanghai*, Paris, Fayard, 2002.

BRIZAY Bernard, *Le Sac du palais d'été : seconde guerre de l'Opium*, Monaco, Éditions du Rocher, 2011, 592 p.

BRIZAY Bernard, *Les trente « empereurs » qui ont fait la Chine*, Paris, Éditions Perrin, 2018, 562 p.

DURAND Guy et KLEIN Jean-François, « Une impossible liaison ? Marseille et le commerce à la Chine (1815-1860) », *Revue d'Histoire moderne et contemporaine*, 2010/1, n° 57-1, p. 139-167.

HANSEN Valerie, *The Silk Road: A New History*. Oxford, Oxford University Press, 2015, 328 p.

HOLDSWORTH May & MUNN Christopher, *Dictionary of Hong Kong Biography*, Hong Kong, Hong Kong University Press, 2011, 544 p.

HOWARTH David and HOWARTH Stephen, *The story of P&O, The Peninsular and Oriental Steam Navigation Company*, Londres, George Weidenfeld & Nicolson limited, 1986, 224 p.

JASTRABSKY Églantine, « Le poids de Canton », *Outre-Terre*, 2006/2, n° 15, p. 161-177.

KLEIN Jean-François, *Ulysse Pila, "Vice-Roy of Indo-China". From the Silk Roads to Imperial Power (1837-1909)*, Calcutta, Sampark Éd., 2021, 155 p.

KLEIN Jean-François, « Un système saint-simonien. La route maritime française des soies asiatiques au tournant de l'Empire libéral », dans BARJOT Dominique et KLEIN Jean-François (dir.), *Rencontres impériales : l'Asie et la France. Le « moment Second Empire »,* Paris, Hémisphères Éd., Coll. « Mers & Empires », 2023, 526 p.

KLEIN Jean-François, *Pennequin. Le « sorcier de la pacification ». Indochine-Madagascar (1849-1916)*, Paris, Maisonneuve & Larose, 2021, 525 p.

KLEIN Jean-François, « Réseaux d'influences et stratégie coloniale. Le cas des marchands de soie lyonnais en mer de Chine (1843-1906) », *Outre-mers*, tome 92, n°s 346-347, 1er semestre 2005, p. 221-256.

L'annuaire de la soie à Shanghai. Shanghai, Édition Académie de sciences sociales de Shanghai, 1998.

LACH Donald F. and KLEY Edwin J. Van, *Asia in the making of Europe*, vol. III, Chicago and London, the University of Chicago press, 1993, 578 p.

LAFFEY John F., "Lyonnais Imperialism in the Far East (1900-1938)", *Modern Asia Studies*, vol. 10, n° 2 (1976), p. 225-248.

LI Lilian M., *China's Silk Trade : Traditional Industry in the Modern World, 1842-1937*, Cambridge, Massachusetts, and London Harvard University Press, 1981, 300 p.

LIU Dajun, *L'économie rurale Wuxing*, le Centre de recherche d'économie et statistique de Chine, 1939, p. 124.

MA Debin, "The Modern Silk Road: The Global Raw-Silk Market, 1850-1930", *The Journal of Economic History*, vol. 56, n° 2, Papers presented at the Fifty-Fifty Annual Meeting of the Economic History Association (Jun. 1996), p 330-355.

MA Yinchu, "Zhongguozhimaibanzhi", *Dongfang zazhi*, vol. 20, n° 3, 1923.

MARX Roland, *Histoire de la Grande-Bretagne*, Paris, Éditions Perrin, 2004, 295 p.

MAU Chuan-Hui, « L'industrie de la soie en France et en Chine, de la fin du XVIIIe au début du XXe siècle : échanges technologiques, stylistiques et commerciaux », thèse de doctorat en histoire des techniques sous la direction de Louis Bergeron, École des Hautes études en sciences sociales, 2002.

MEULEAU Marc, *Des pionniers en Extrême-Orient. Histoire de la Banque de l'Indochine, 1875-1975*, Paris, Fayard, 1990, 646 p.

MORSE Hosea Ballou, *The Chronicles of the East India Company Trading to China: 1635-1834*, Oxford, Clarendon Press, 1926.

MORSE Hosea Ballou, *The International Relations of the Chinese Empire*, Longmans, Green, and Company, 1910, vol. 1.

NORMAND Gilles, *Les sociétés de crédit et banques à succursales en France. Étude historique, critique et monographique*, Paris, Perrin, 1924, 364 p.

North China Herald, 23 septembre 1882, p. 315.

PAN Shu-lun, *The trade of the United States with China*, New York, China Trade Bureau, 1924, 365 p.

POMERANZ Kenneth, *La Force de l'Empire. Révolution industrielle et écologie, ou pourquoi l'Angleterre a fait mieux que la Chine*, Alfortville, Éditions Ère, 2009, 160 p.

POMERANZ Kenneth, *Une grande divergence. La Chine, l'Europe et la construction de l'économie mondiale*, Paris, Albin Michel – Maison des sciences de l'homme, 2010, 550 p.

ROBERTS Edmund, *Embassy to the Eastern Courts of Cochin-China, Siam, and Muscat*, New York, Harper & Brothers, 1837.

ROUX Alain, *La Chine au XXe siècle*, Paris, Armand Colin, 2005, 248 p.

SARGENT Arthur John, *Anglo-Chinese Commerce and Diplomacy*. Oxford, Clarendon Press, 1907, 332 p.

STEEN-GUELEN Claude, « Le Musée des Beaux-Arts de Dunkerque. Reflets d'une collection plurielle », dans BEAUFILS Thomas, PENG Chang Ming (dir), *Arts premiers dans les musées de l'Europe du Nord-Ouest (Belgique, France, Pays-Bas)*, Villeneuve-d'Ascq, Publications de l'Institut de recherches historiques du Septentrion, 2018.

SHI Xiaoxuan, “Establishment of European style silk filature in Shanghai at the beginning of the twentieth century: Case of Jardine Matheson & Co. reflected in the Morel-Journel Archives”, *History*, 2024.

SHI Xiaoxuan, “Technological and managerial transfers between France and China: Inverse vector between the middle of nineteenth century and 1914”, *Entreprises et histoire* n° 112, 2023.3, p. 34-46.

SHI Xiaoxuan, « Lyon, premier pôle industriel mondial de la soie sous le Second Empire », dans BARJOT Dominique et KLEIN Jean-François (dir.), *Rencontres impériales : l'Asie et la France. Le « moment Second Empire »*, Paris, Hémisphère Éd., Coll. « Mers & Empires », 2023, p. 123-135.

VASSEUR Édouard, « Quand la France rencontre le Japon, découverte et diplomatie ». *Napoléon III – Le magazine du Second Empire*, décembre 2017.

VERLEY Patrick, *La révolution industrielle*, Paris, Gallimard, 1997, 544 p.

WANG Xiang, *The history of silk industry in the late Qing dynasty,* Shanghai, Shanghai People's Publishing House, 2017.

WANG Yanfen, The Risk Control of Qianzhuang, *International Business and Management*, vol. 16, n° 2.

CHAN Wellington, *Merchants, Mandarins and Modern Enterprise in late Ch'ing China*, Cambridge Mass, Harvard University Press, 1977, 300 p.

WILLIAMS S. Wells, *The Chinese Commercial Guide*, Biblio Life, 2009, 390 p.

WU Zhenyi, « La structure sociale des Chinois dans la concession de Shanghai à la fin de la dynastie Qing », *Journal de l'Université nationale Chengchi* n° 32, 1974.

YAN Nan, « L'histoire de relation extérieure à la fin de la dynastie des Ming jusqu'au début de la dynastie des Qing », *Journal de sciences historiques* n° 10, 2020.

ZHOU Lihong, « Un aperçu de la controverse Furet-Soboul dans le monde universitaire chinois », *Annales historiques de la Révolution française* n° 1, 2017.

3.4 – Ouvrages sur la famille Morel-Journel

ANGLERAUD Bernadette, PELLISSIER Catherine, *Les dynasties lyonnaises, des Morin-Pons aux Mérieux du XIXe siècle à nos jours*, Paris, Perrin, 2003, 830 p.

3.5 – Catalogues d'expositions

BESSE Nadine, *Images de soie. De Jacquard à l'ordinateur, exposition présentée au musée d'art et d'industrie de Saint-Étienne*, Paris, Somogy, 2004, 143 p.

BOUZARD Marie, *La Soierie lyonnaise du XVIIe au XXe siècle dans les collections du Musée historique des tissus de Lyon*, Lyon, Éditions lyonnaises d'art et d'histoire, Société des Amis du musée de la Chambre de commerce, 1997, 80 p.

COLCOMBET Hilaire, *L'art en soie : œuvres de Agam, Alechinsky, Delvaux, Dewasne, Hartung, Hundertwasser, Matta*, Musée des Arts décoratifs de Paris, 14-30 janvier 1982, Lyon, Bucol, 1982.

TABLE DES ABRÉVIATIONS

ACIMC : Archives of China's Imperial Maritime Customs

AMS : Archives municipales de Shanghai (Shanghai)

AN : Archives nationales (Paris)

ANC : Archives nationales de Chine (Nanjing)

ANC : Archives nationales de Chine (Beijing)

ANSOM : Archives nationales, section d'Outre-Mer (Aix-en-Provence)

ARL : Archives du département du Rhône et de la métropole de Lyon (Lyon)

AZ : Archives de la province du Zhejiang (Hangzhou)

CADN : Centre des archives diplomatiques de Nantes (Nantes)

DIMC : Douanes impériales maritimes de Chine

IG : Inspector General (Inspecteur général)

JMC : Jardine Matheson & Co.

MAE : Archives du ministère des Affaires étrangères (Paris)

SCUR : La société chimique des usines du Rhône

TABLE DES MATIÈRES

Structures éditoriales du groupe L'Harmattan

L'Harmattan Italie
Via degli Artisti, 15
10124 Torino
harmattan.italia@gmail.com

L'Harmattan Hongrie
Kossuth l. u. 14-16.
1053 Budapest
harmattan@harmattan.hu

L'Harmattan Sénégal
10 VDN SICAP AMITIE 3
BP 45034 Dakar-Fann
direction@senharmattan.com

L'Harmattan Cameroun
Tsinga/Derrière polyclinique FECAFOOT
BP 11486 Yaoundé
Jacques.koukam@harmattan.fr

L'Harmattan Burkina Faso
Villa 281, secteur 23 623, rue 14.32
Ouagadougou
zagbie@outlook.fr

L'Harmattan Guinée
Almamya, rue KA 028 OKB Agency
BP 3470 Conakry
harmattanguinee@yahoo.fr

L'Harmattan RDC
185, avenue Nyangwe
Commune de Lingwala – Kinshasa
matangilamusadila@yahoo.fr

L'Harmattan Congo
219, avenue Nelson Mandela
BP 2874 Brazzaville
deunovmikhael@gmail.com

L'Harmattan Mali
Immeuble Mgr Jean Marie Cissé
Aci Hamadallaye
BP 145 Bamako
syllaka@yahoo.fr

L'Harmattan Togo
Djidjole – Maison Amela
face EPP BATOME
02 BP 20680 Lomé
didieramela11@gmail.com

L'Harmattan Côte d'Ivoire
Résidence Karl – Cité des Arts
Abidjan-Cocody
03 BP 1588 Abidjan
harmattan.ivoire@gmail.com

L'Harmattan Bénin
Rue 604, (Immeuble à l'entrée
de la rue UCAO- Cite de Saint-Jean)
Cotonou
stepcorpus@gmail.com

Nos librairies en France

Librairie internationale
16, rue des Écoles
75005 Paris
librairie.internationale@harmattan.fr
01 40 46 79 11
www.librairieharmattan.com

Librairie des savoirs
21, rue des Écoles
75005 Paris
librairie.sh@harmattan.fr
01 46 34 13 71
www.librairieharmattansh.com

www.ingramcontent.com/pod-product-compliance
Lightning Source LLC
LaVergne TN
LVHW011155061026
849535LV00003B/741